T0277554

PERTENENCIA

PERTENENCIA

GEOFFREY L. COHEN

**La ciencia de crear vínculos
y tender puentes entre las diferencias**

Traducción de Antonio Rivas Gonzálvez

Argentina — Chile — Colombia — España
Estados Unidos — México — Perú — Uruguay

Título original: *Belonging*
Editor original: W. W. Norton & Company
Traducción: Antonio Rivas Gonzálvez

1.ª edición: febrero 2024

ISBN: 978-84-92917-15-0
E-ISBN: 978-84-19497-50-5
Depósito legal: M-33.372-2023

Fotocomposición: Ediciones Urano, S.A.U.
Impreso por: Rodesa, S.A. – Polígono Industrial San Miguel
Parcelas E7-E8 – 31132 Villatuerta (Navarra)

Impreso en España – *Printed in Spain*

Para mamá, Benie y Emrey.

Índice

Parte III

Estimular la pertenencia en todos los ámbitos de la vida

INTRODUCCIÓN

La crisis de pertenencia
y qué podemos hacer al respecto

A lo largo de los años que llevo dedicándome a la psicología social he aprendido lo importante que puede ser el sentimiento de pertenencia. En la actualidad, muchas personas que en el pasado daban por garantizado ese sentimiento parecen desancladas y a la deriva. Durante la turbulenta época de elecciones de 2016, mis compañeros y yo realizamos una encuesta entre estudiantes de Derecho de una universidad selectiva para determinar quién se sentía más alienado en el campus. Los dos grupos que tenían la sensación de menor pertenencia eran las mujeres negras y los hombres blancos de tendencia conservadora. Estos dos grupos parecían estar en los polos opuestos más alejados de nuestro discurso político. Pero ambos compartían una impresión: se sentían como unos marginados. El rasgo definitorio de nuestra época parece ser que pocos grupos tienen confianza en su sentimiento de pertenencia.

La pertenencia puede parecer un lujo agradable pero no esencial. Sin embargo, tiene efectos potentes de amplio alcance. Todos conocemos el aguijonazo que causa sentirnos como si fuéramos mal recibidos en el trabajo o en la escuela, en una fiesta o en un bar, o incluso en las breves interacciones en una cola de pago o con un camarero descortés en un restaurante. El sentirnos excluidos se experimenta de una forma muy semejante al dolor físico; ambas situaciones activan las mismas redes neuronales en el cerebro. Los psicólogos lo denominan «dolor social» y afirman que las personas están tan motivadas a aliviarlo como a aplacar la sed o buscar refugio[1].

Las investigaciones muestran que cuando nuestro sentido de pertenencia se ve amenazado, incluso por un instante, es más probable que nos sintamos mal sobre nosotros mismos[2], rindamos por debajo de nuestro potencial[3], nos comportemos de forma impulsiva[4], veamos a los demás como enemigos[5] y respondamos a la defensiva[6] cuando nos provocan. Por otro lado, incluso las experiencias efímeras de pertenencia[7], como puede ser ver fugazmente fotografías de gente que se preocupa por nosotros, pueden tener beneficios de largo alcance. Aumentan nuestras sensaciones de bienestar y autoestima, mejoran nuestro rendimiento, disminuyen nuestra defensividad y nuestra hostilidad, aumentan nuestra tolerancia a los extraños y nos vuelven más compasivos. Nos hacemos más humanos.

En este libro se mostrará cómo el sentimiento de pertenencia no es solo un subproducto del éxito sino una condición para este, en la escuela, el trabajo, el hogar, el estado de salud, las negociaciones, la política, las normas de la comunidad y virtualmente todos los dominios en los que los humanos interaccionan con otros humanos. Este libro mostrará también que existe una serie de pequeños pasos específicos, respaldados por las ciencias sociales, que podemos dar para alimentar el sentimiento de pertenencia en nosotros mismos y en los demás.

Encontrar maneras de estimular la pertenencia se ha convertido en una misión social urgente. El sentimiento de ser diferente, un forastero en tierra extraña, e incluso un forastero en la tierra propia[8], parece tan común en la actualidad que el presidenciable Pete Buttigieg declaró que existe una «crisis de pertenencia»[9].

Alrededor de uno de cada cinco estadounidenses sufre soledad crónica[10], y una encuesta de 2020 reveló que los jóvenes adultos son los más afectados. Como implicaba el grupo The Police en su canción «Message in a Bottle», parece que no estamos solos en esto de estar solos[11]. La soledad es «uno de los factores de riesgo ambiental más tóxicos de los que somos conscientes en términos de mortalidad debida a cualquier causa»[12], afirma el investigador de genómica Steve Cole, de la facultad de medicina de la UCLA, y la define como «el extremo al que las personas se sienten desconectadas del resto de la humanidad». La mayoría de nosotros entiende el peligro de la exposición a la radiación, al humo del tabaco y a otras toxinas físicas, pero nos cuesta más trabajo apreciar el poder de las toxinas sociopsicológicas. La soledad crónica es tan destructiva para nuestro cuerpo y nuestra salud como fumar un paquete de cigarrillos al día.

Según los estadounidenses se han ido desconectando de su comunidad y su sociedad, han sufrido lo que Angus Deaton y Anne Case denominan «enfermedades de desesperación»[13]. Estos investigadores descubrieron que, en 2017, 158.000 estadounidenses fallecieron ya fuera por un lento proceso de adicción al alcohol, a los calmantes o a otras drogas, ya por suicidio por arma de fuego o por sobredosis. Esa cantidad es «el equivalente a tres Boeing 737 MAX llenos estrellándose al día, sin supervivientes», escribieron. La cantidad de estas muertes ha ido aumentando a lo largo de las dos últimas décadas, y Deaton y Case argumentan que este incremento se debe en gran medida al dolor social de sentirse desconectados.

El dolor social es algo que también sienten los refugiados por todo el mundo, cuya cifra ha aumentado tanto desde 2015 que en la actualidad constituyen el 1% de la población mundial. Cuando el novelista somalí Nuruddin Farah descubrió que estaba exiliado[14] y no podía regresar al lugar donde se había criado, sintió como si su sentido de autoidentidad se hubiera hecho trizas. «En aquel instante me sentí a la vez desplazado e incrédulo, como si se hubiera roto un espejo. Acabé preguntándome si a consecuencia de lo que había pasado me había convertido en alguien distinto».

La crisis de pertenencia se ve agravada por la desconfianza[15]. Algunos estadounidenses creen que miembros del partido político contrario están dispuestos a destruir el país. En 2016, mis compañeros y yo descubrimos que un 15% de cada partido político consideraba al otro lado como una amenaza terrorista. Según los expertos en ciencias políticas Nathan Kalmoe y Lilliana Mason, alrededor del mismo porcentaje en cada partido afirma que «la violencia estaría justificada» si el partido contrario ganase las elecciones de 2020. El 40% afirmaba que los seguidores del otro lado eran «directamente malvados».

13

La alegría y el sentimiento dé significación que las personas encuentran en los lazos sociales son explotados por los grupos de odio, cuyas actividades están en ascenso. En 2019, los crímenes de odio alcanzaron un máximo en diez años en Estados Unidos [16], y el número de grupos de odio en el país ha aumentado en más del doble desde 2000.

Son muchas las fuerzas que alimentan la división y socavan la pertenencia [17]: racismo, sexismo y otros sesgos institucionalizados; medios de comunicación que monetizan el miedo; redes sociales que han convertido gran parte de la vida social en espectáculo y voyeurismo en vez de algo auténtico; aumento del individualismo; políticas económicas que agravan la desigualdad y la pobreza; desempleo, sueldos bajos e inseguridad laboral; sinhogarismo y desahucios; barrios violentos; falta de oportunidades educativas; debilitamiento de los lazos con iglesias, familias y otras instituciones sociales; polarización política, y muchas cosas más.

Estos poderosos factores sociales pueden hacer que nos sintamos desesperados, pero la ciencia sugiere que cada uno de nosotros puede combatirlos. ¿Cómo? La respuesta es sorprendentemente simple: cambiando la situación en la que estamos, a veces incluso de formas muy pequeñas. Nuestra capacidad para hacer eso es como un superpoder.

A pesar de la toxicidad de nuestros políticos, las traiciones y los traumas de nuestro pasado y las hostilidades e injusticias del mundo en general, muchos hemos experimentado cómo una simple relación o incluso un simple encuentro puede ser una poderosa y sanadora fuente de pertenencia. Cuando estaba estudiando psicología social trabajé en casas de acogida y tutoricé programas para jóvenes y adultos desfavorecidos. Una experiencia que tuve como tutor de un hombre llamado Mike me enseñó a apreciar el poder de un breve encuentro como fuente de pertenencia.

Mike vivía en una casa de acogida y estaba intentando recomponer su vida tras un intento de suicidio. Había intentado ahorcarse; lo rescataron antes de que muriera, pero no antes de que su cerebro hubiera quedado desprovisto de oxígeno, lo que le había causado daños en el hipocampo, la sede de la memoria. Después de aquel trauma tenía dificultades para crear recuerdos nuevos. A menudo olvidaba que teníamos una salida programada, pero a pesar de ello siempre me acompañaba alegremente. Se daba cuenta de que esas pequeñas excursiones le proporcionaban la oportunidad de integrarse con el mundo exterior. Una de nuestras salidas me causó una impresión duradera. Mike quería comprar un equipo de audio, y aunque yo sabía que no tenía dinero, lo llevé a una tienda. Una vez en ella, Mike pidió hablar con un vendedor, y vi con nerviosismo cómo se desarrollaba la escena. Sabía que para cualquier vendedor resultaría claro que Mike era de algún modo «raro». Este hacía las mismas preguntas una y otra vez, y tenía problemas para formar frases coherentes, no digamos ya mantener una conversación. Pero aquel día, Mike tuvo la suerte de que le tocara un joven vendedor que era el ejemplo vivo de la franqueza, la paciencia y el respeto.

Observé mientras el vendedor le mostraba a Mike las ofertas y respondía a todas sus preguntas, algunas repetidas, sin dejar de sonreír amistosamente y asentir mientras escuchaba con atención. Nunca había visto a Mike tan contento como después de aquel encuentro. Le hizo sentirse como alguien que importaba, y me hizo recordar un trabajo de psicología que había estudiado y mostraba que pequeños ajustes en la forma en que interaccionamos con la gente en nuestra vida cotidiana pueden hacer mucho para alimentar la pertenencia.

Este libro convierte la idea más importante de las ciencias sociales y del comportamiento en una estrategia para la autoayuda y el cambio social: el poder de la situación[18]. Las investigaciones muestran que la situación, justo aquí y justo ahora, nos modela mucho más de lo que creemos. Lo que hacemos, pensamos y sentimos no está dirigido solo por fuerzas lejanas e impersonales —o por nuestra personalidad, nuestra capacidad y nuestro carácter inherentes—, sino también por lo que sucede a nuestro alrededor en el aula o en la sala de reuniones, en la mesa del comedor o en el bar. Lo que ocurre en un parpadeo, incluyendo ese parpadeo, puede representar una gran diferencia. Sí: la historia y la cultura importan, pero nosotros, como individuos y hasta un grado mayor de lo que creemos, somos guardianes de hasta qué punto tienen importancia dichas fuerzas en un momento dado.

Hay una metáfora útil. El tiempo atmosférico actual de un lugar es incontrolable y está influenciado por muchas fuerzas, como la presión barométrica, la humedad del aire y la latitud y la longitud, y también por fuerzas históricas, como la sequía y la deforestación. Pero a pesar de estas fuerzas que están fuera de nuestro control inmediato, los seres humanos nos las hemos arreglado para habitar virtualmente todas las zonas del planeta creando refugios a partir de los materiales disponibles, como iglús y cabañas, y también mediante el diseño de moradas y accesorios cada vez más innovadores, incluyendo paraguas, bufandas, abrigos y equipo de supervivencia de alta tecnología para soportar temperaturas extremas. Considero las intervenciones que fomentan la pertenencia como refugios y equipos de protección psicológicos que diseñamos para escudar a las personas de los vientos inclementes de la historia y la lluvia punzante de nuestro mundo social.

Durante casi treinta años, mi investigación ha sentado la base de lo que ha llegado a conocerse como «intervenciones sabias»; intervenciones que alimentan la pertenencia y la autoestima de las personas, un área influyente y en rápido crecimiento de la psicología social que se ha debatido acaloradamente en los medios principales y se enseña en las universidades, en conferencias y en salas de reuniones de todo el mundo. Las intervenciones son soluciones simples y a menudo contraintuitivas que tienen efectos poderosos que incluso son capaces de cambiar la vida.

El término «sabio» entró por primera vez en el canon académico de la mano de uno de mis sociólogos favoritos de todos los tiempos, Erving Goffman[19], cuyas ideas impregnan este libro. Observó que la subcultura gay de la década de 1950 había elegido el término para referirse a personas hetero que «eran conscientes», lo que significaba que se podía confiar en que vieran la plena humanidad de las personas gais a pesar de que estas eran rechazadas por el resto de la sociedad. Mi tutor, el psicólogo social Claude Steele[20], tomó prestado el término para describir enfoques educativos exitosos para estudiantes de color, y Greg Walton lo ha usado más generalmente para describir intervenciones sociales que tienen en cuenta la psicología de las personas. Algo clave en este ser «sabio» es un deseo y una disposición para ver una situación desde la perspectiva de otros con quienes la compartimos, y tomar nota de cómo aspectos de la situación pueden estar afectándolos. Una situación en la que nos sentimos cómodos puede ser amenazadora para otros, algo que puede que no apreciemos a menos que lo tengamos en cuenta.

La investigación sobre las intervenciones sabias[21] está anclada en numerosos experimentos de laboratorio y de campo, rigurosos y a gran escala, que no habrían sido posibles sin gran cantidad de colaboradores y una financiación generosa. La palabra «experimento» es importante porque la mayoría de los estudios asignaban personas aleatoriamente a la intervención y comparaban los resultados con personas de un grupo de control que no participaba en esta. Es la mejor forma de determinar cualquier impacto causal de la intervención.

Aun así, el mensaje general de este extensivo corpus de investigación experta es alentadoramente simple. Las intervenciones sutiles, breves y psicológicamente «sabias» al nivel del encuentro pueden representar un mundo de diferencia en la capacidad de las personas de sacar el máximo provecho de las posibilidades de la vida, desbloqueando nuestros potenciales ocultos.

Las intervenciones sabias no son soluciones genéricas que se puedan aplicar de cualquier forma, en cualquier momento y lugar. Si se aplican de ese modo, tienden a fallar o a ser contraproducentes. Hacer sabias las intervenciones depende de una cuidadosa empatía hacia aquellos a quienes intentamos apoyar. Cuando hacemos sabias a nuestras intervenciones de esta forma, cultivamos la resiliencia y la confianza construidas por un sentimiento de pertenencia, y creamos las condiciones para el éxito en la escuela, en el trabajo, en nuestras políticas y en nuestras comunidades.

En la primera parte del libro presentaré un arte perdido que surgió de las ciencias sociales durante la Segunda Guerra Mundial, al que denomino modelado de situaciones. Otros compañeros investigadores y yo hemos trabajado sobre este modelado para descubrir medios simples para crear situaciones que fomentan la pertenencia y sacan lo mejor del individuo y de la colectividad. Es el oficio de conocer cuándo, dónde y con quién usar intervenciones sabias. En la segunda parte examinaré las fuerzas psicológicas y sociales que amenazan la pertenencia, como el antagonismo nosotros-contra-ellos y los estereotipos, y cómo los combate el modelado de situaciones a través de intervenciones sabias. En la tercera parte analizaré desafíos concretos, junto con sus soluciones, en el reforzamiento de la pertenencia en la escuela, el trabajo, el cuidado de la salud, nuestras comunidades y nuestras políticas. En el último capítulo resumiré las conclusiones clave de nuestro estudio.

La investigación en que se basa este libro ha producido estrategias simples y exitosas en aulas, barrios desfavorecidos, campus universitarios, empresas icónicas de Silicon Valley y comunidades rápidamente diversificadas dentro y fuera del país. Decenas de miles de estudiantes, profesores, empleados, pacientes y médicos se han beneficiado de las intervenciones sabias. En cada capítulo aparecerán historias inspiradoras sobre cómo personas y organizaciones han usado estas estrategias para impulsar logros, conservar talento y fomentar la amplitud de miras, la salud y la felicidad.

Los encuentros que relacionan de formas significativas a personas diferentes entre ellas definen nuestro diverso e incierto mundo. Lo que está en juego en estos encuentros es importante. Tienen el potencial de aumentar tanto el entendimiento como la incomprensión; de unirnos o de dividirnos. Este libro aspira a recordar a los lectores que nuestras diferencias y nuestra incomodidad pueden ser un lazo en común. Andrew Solomon, en su brillante libro sobre la variedad de las experiencias humanas *Lejos del árbol*, señala que «la diferencia nos une»[22]. Del mismo modo, los propios procesos psicológicos que nos separan son los que compartimos y que, unidos, podemos superar.

Aunque cada uno tenemos una capacidad limitada para aliviar las tensiones y males sociales que avivan la crisis de pertenencia actual, las ideas y herramientas que comparte este libro nos darán la capacidad para reforzar nuestro propio sentimiento de pertenencia y de promoverlo en nuestros seres queridos y en las personas a las que enseñamos, dirigimos y gestionamos y en aquellas con quienes discutimos. Nos ayudarán a convertir cualquier encuentro en una oportunidad para reforzar nuestro sentimiento de pertenencia y ayudar a otros a que se sientan más incluidos. Escribí este libro con la esperanza y la creencia de que las ideas y los descubrimientos de las ciencias sociales pueden ayudarnos a convertir los encuentros cotidianos —incluso aquellos que de otro modo podrían llegar a ser hostiles o desalentadores— en oportunidades para el entendimiento, la conexión y el crecimiento.

Parte I

La ciencia y el arte de modelar situaciones

1

El potencial de la situación

Cómo las situaciones nos modelan y cómo podemos
modelar las situaciones

Un amigo que se crio en una zona de bajos ingresos de California me dijo
que muchos chicos de su instituto eran escandalosos y perturbaban las
clases. Pero un profesor era famoso por su habilidad para hacer que todos
sus estudiantes adolescentes estuvieran sentados, escucharan y aprendieran, incluso los que armaban jaleo en las otras clases. Mi amigo creía que
el éxito de ese profesor se debía en parte a un ritual que realizaba con todos sus estudiantes. Siempre se refería a ellos no por su nombre de pila,
sino usando honoríficos, por ejemplo, llamándolos «señor García» o «señorita Castro». Mi amigo creía que esto enviaba un mensaje de respeto.

El ritual de ese profesor es un ejemplo de modelado de situaciones:
dar forma a la situación, incluso de maneras aparentemente triviales, con
el fin de estimular la pertenencia. Un pequeño gesto o un comentario
amable bastan a menudo para alterar una situación, o la percepción que
se tiene de ella, de maneras que alivian las tensiones y hacen que las personas se sientan apreciadas e incluidas.

A mediados del siglo xx, los psicólogos empezaron a realizar descubrimientos sorprendentes [23] sobre hasta qué punto el comportamiento de
las personas —y sus sentimientos y pensamientos— se puede cambiar
cuando se alteran las situaciones sociales. Estas revelaciones contradecían
un extenso corpus de trabajos de psicología realizados hasta entonces. En
este campo, se había puesto un énfasis abrumador en la personalidad,
apoyándose en la idea de que una vez nuestra personalidad ha sido formada,

ya sea por la naturaleza, la crianza o una combinación de ambas cosas, queda fijada en gran medida para el resto de nuestra vida. Desde ese punto de vista, el comportamiento de un individuo emana de dinámicas internas.

El campo cambió de enfoque cuando los psicólogos descubrieron el poderoso efecto de las situaciones en el comportamiento. Por ejemplo, la misma persona puede actuar con timidez en el aula pero ser extrovertida en un evento deportivo. Cierto, la personalidad importa, de acuerdo con el campo que se convirtió en la psicología social, pero la situación tiene más importancia de lo que creemos. En vez de explicar el comportamiento en términos de individuos y sus inclinaciones —buenas o malas, inteligentes o estúpidas—, podemos ver las situaciones como provocadoras de comportamientos que pueden ser buenos, malos, inteligentes o estúpidos. Conforme se desarrolló, a mediados del siglo XX, la investigación sobre el poder de las situaciones, los psicólogos sociales descubrieron que incluso los bien arraigados prejuicios y actitudes de las personas sobre temas sociales importantes podían verse transformados por las situaciones, no solo en el momento concreto sino a veces con efectos duraderos.

Consideremos la historia de un hombre que experimentó una transformación de ese tipo.

Toda mi vida he tenido trabajo, nunca he pasado un día sin trabajar, hacía todas las horas extra que pudiera y aun así no podía sobrevivir económicamente. Empecé a decir que a este país le pasaba algo malo. Trabajaba hasta reventar y nunca parecía capaz de cubrir gastos.

Tenía algunas ideas realmente grandes sobre esta gran nación. [Risas]. Dicen que respetemos la ley, vayamos a la iglesia, nos comportemos bien y vivamos para el Señor, y todo saldrá bien. Pero no salía bien. Las cosas empeoraban cada vez más.

Empecé a estar realmente amargado. No sabía a quién culpar. Intenté encontrar a alguien. Empecé a culpar a los negros. Tenía que odiar a alguien.

Las personas que me resultaba natural odiar eran los negros, pues antes de que lo fuera yo, mi padre fue miembro del Klan. Hasta donde le constaba, el Klan era el salvador de los blancos. Era la única organización del mundo que cuidaba de los blancos.

¿Se trata de un minero disgustado que se ha quedado sin trabajo? ¿Un desilusionado seguidor de Trump que cree que Estados Unidos está asediado por los inmigrantes ilegales que roban el trabajo a los ciudadanos? No. Estas son las palabras de Claiborne P. Ellis, que firma como C. P., dirigidas al historiador Studs Terkel, tal como están transcritas en el libro de Terkel *American Dreams: Lost and Found*[24] («Sueños americanos: Perdidos y encontrados»). Muchos estadounidenses han estado teniendo la sensación de que se los ha dejado atrás y se los ha mirado por encima del hombro durante décadas. Pero lo fascinante sobre C. P. Ellis no es solo que pronunciara esas palabras hace tanto tiempo. Es que experimentó un cambio radical en 1971 a causa de una situación que le mostró un nuevo camino.

Antes de que eso ocurriera, C. P. se había unido al Ku Klux Klan igual que había hecho su padre. Ascendió hasta convertirse en Cíclope Exaltado, o comandante en jefe, del KKK de Durham (Carolina del Norte). En sus conversaciones con Terkel ofreció un relato descarnado y conmovedor sobre sus motivos para unirse al Klan. Procedente de una familia golpeada por la pobreza, abandonó la escuela en el octavo grado porque su padre había muerto y tuvo que mantener a la familia. Jamás tuvo la sensación de importarle a alguien, y explicó que su sentimiento de impotencia lo empujó hacia el Klan. «Puedo comprender por qué las personas se unen a grupos de extrema derecha o extrema izquierda —reflexionó—. Están en el mismo barco en que estaba yo. Excluidas. En nuestro interior queremos ser parte de esta gran sociedad. Nadie escucha, así que nos unimos a estos grupos».

Consiguió un trabajo en una estación de servicio. Todos los lunes por la noche, un grupo de hombres acudía a comprar Coca-Cola y charlar con él. Pronto lo invitaron a una reunión del Klan. «Tío, ¡aquella era una oportunidad que me interesaba de verdad! Ser parte de algo», recordó. Fue iniciado.

Durante la ceremonia de iniciación en el Klan, al escuchar los aplausos de cientos de Klansmen reunidos mientras se arrodillaba ante una cruz, sintió que era alguien «grande». «Para aquella persona minúscula —le dijo a Terkel—, fue un momento emocionante».

El Klan conocía la poderosa tracción que ejercía el ofrecer a la gente un sentido de pertenencia. La pertenencia es el sentimiento de que formamos parte de un grupo mayor que nos valora, nos respeta y cuida de nosotros, y al que sentimos que podemos aportar algo. La palabra «pertenecer» procede de la palabra del latín que significa «relacionarse», «ser de», y nuestra especie ha evolucionado para viajar por la vida relacionándonos unos con otros. Nuestro deseo de ser parte de un grupo está «entre las fuerzas más poderosas que existen»[25], escribió el eminente psicólogo social Solomon Asch. Si nuestra vida carece de un sentimiento de conexión, podemos volvernos vulnerables, como le ocurrió a C. P., a los atractivos de grupos que hacen que la pertenencia que proporcionan sea contingente a la aceptación de puntos de vista y comportamientos que no reflejan nuestros auténticos valores. Investigaciones experimentales han descubierto que, tras ser excluida, la gente se somete más al juicio de los semejantes[26] que ofrecen nuevas fuentes de pertenencia, incluso cuando este juicio es manifiestamente incorrecto. Las personas excluidas son también más propensas a creer en teorías de conspiración que atribuyen los problemas sociales complejos a actores malintencionados que trabajan en secreto. Por suerte para C. P. y su comunidad, aunque al principio sentía que el Klan le proporcionaba estatus y camaradería, empezó a darse cuenta de que no era así, y abandonó el Klan y renegó de su racismo. Esto ocurrió en una serie de pasos.

En primer lugar, empezó a darse cuenta de que estaba siendo manipulado; de que su sentimiento de pertenencia no tenía una base real. Sospechó que los miembros del ayuntamiento de la ciudad de Durham lo estaban utilizando, a él y a sus compañeros del Klan. Por ejemplo, podía recibir una llamada telefónica y una voz decía: «Los negros van a venir esta noche haciendo exigencias indignantes». Le pedirían que acudiera a la reunión con algunos miembros del Klan para armar jaleo y desviar la discusión. Los políticos —y la mayor parte de sus votantes— no querían la integración, pero el ayuntamiento no se podía oponer abiertamente a ella. Así que usaban a los miembros del Klan como agentes encubiertos para hacer el trabajo sucio.

Un día, C. P. caminaba por una calle de la ciudad y vio a un concejal quien, al fijarse en él, se apresuró a cambiar de acera. Aquello plantó una semilla de desconfianza, y C. P. empezó a detectar otras señales de que el ayuntamiento se estaba aprovechando del racismo de la comunidad para sacar adelante su propia agenda. «Mientras mantuvieran a los blancos de bajos ingresos peleando con los negros de bajos ingresos, mantendrían el control», le dijo C. P. a Terkel. Pero cuando compartió estas impresiones con sus compañeros del Klan, estos no le hicieron caso y no mostraron ningún respeto por su preocupación. C. P. empezó a desilusionarse con el Klan.

Entonces se le presentó una oportunidad extraordinaria para encontrar el sentimiento de pertenencia que deseaba, al conocer un tipo de grupo muy diferente. Lo invitaron a unirse al Consejo de Relaciones Humanas de Durham, un grupo de ciudadanos, blancos y negros, procedentes de todas las condiciones sociales, reunidos para debatir temas sociales. El consejo estaba configurado como un «charette», término usado para denominar un grupo que reunía a representantes de todas las partes interesadas en un proyecto específico, como por ejemplo una reforma de las normativas de la comunidad, para encontrar una solución. Hoy día tenemos una gran necesidad de grupos así. La palabra procede de la antigua práctica francesa de enviar un carro —el *charette*— a la ciudad para recoger los proyectos finales de los estudiantes de arte que trabajaban febrilmente en su casa para terminarlos a tiempo. En la actualidad, un charette proporciona un método para resolver con rapidez un problema que lleva mucho tiempo sin solución. En Durham, el problema era la conveniencia de integrar las escuelas locales, porque aquella a la que asistían los estudiantes negros había sufrido un incendio y estaba en muy mal estado.

Invitar a un comandante en jefe del KKK a un grupo así fue un ejemplo genial de modelado de situaciones... y una apuesta arriesgada. El organizador del charette, Bill Riddick, había puesto su atención en C. P. porque era sabido que este se oponía abiertamente a la integración escolar, y porque era influyente en su comunidad. Era lo que el psicólogo social Kurt Lewin, a quien nos encontraremos más adelante en este capítulo, denominaba un «guardabarrera»[27], una persona con control sobre el flujo de información e influencia en un grupo.

¿Por qué aceptó C. P. la invitación? Puede que lo viera como una oportunidad para evitar la integración. Quizá consideró la invitación un honor. Quizá había emprendido una búsqueda renovada de pertenencia, teniendo en cuenta lo que estaba observando en el Klan y entre los políticos. O quizá simplemente se dijo «¿por qué no?» y abrió la puerta cuando llamó esa oportunidad fortuita.

La cosa empezó mal. En la primera reunión, C. P. guardó un silencio enfadado mientras escuchaba a los negros quejarse sobre los prejuicios y la segregación en las escuelas y en el trabajo. Tomó la palabra e hizo un comentario de lo más ofensivo: «No, señor, el problema es el racismo negro. Si los negros no fueran a la escuela, no tendríamos los problemas que tenemos ahora».

Entonces ocurrió algo que dejó estupefacto a C. P. Uno de los miembros del grupo, Howard Clements, que era negro, se levantó y dijo: «Desde luego, me alegra que C. P. Ellis haya venido porque es el hombre más sincero de los reunidos aquí». C. P. quedó desarmado. Se sintió escuchado. «Me sentí un poco más cómodo porque me había sacado unas cuantas cosas de dentro», le dijo a Terkel.

En la siguiente reunión, Clements propuso a C. P. para que fuera uno de los dos presidentes del comité escolar, lo que era otro honor. Salió elegido. Ahora, C. P. tenía la oportunidad de explorar y descubrir algo que nunca habría elegido por su cuenta. Su compañera de presidencia era una destacada activista negra, Ann Atwater, a quien C. P., en sus propias palabras, «odió con todas sus fuerzas». No sabía cómo podrían hacer algo juntos. «Un hombre del Klan y una negra militante, copresidentes del comité escolar. Era imposible. ¿Cómo podía trabajar con ella?», relató. Su descontento con el Klan no había cambiado todavía su punto de vista sobre los negros. Le dijo a Terkel que «los negros seguían sin gustarme» y que «no quería asociarme con ellos». Pero lo que sí quería, dijo, era que aquel nuevo grupo lo respetara porque le proporcionó «otro sentimiento de pertenencia, un sentimiento de orgullo» y lo «ayudó con ese sentimiento de inseguridad» que lo había acosado. Imagino que la pertenencia que sintió en el charette era más auténtica que la que había recibido del Klan, menos condicionada a que subscribiera un determinado conjunto de creencias. Quizá se sintió más aceptado por quién era dentro del charette. En cualquier caso, C. P. estaba decidido a que el comité fuera un éxito.

El charette estaba recurriendo a una poderosa herramienta de modelado de situaciones: proporcionar una meta común a gente adversaria, una misión que no se podría cumplir a menos que las personas trabajaran juntas. C. P. recuerda que le dijo a Ann Atwater: «Tú y yo tenemos un montón de diferencias ahora. Pero hay algo ante nosotros, y si tiene que ser un éxito, tú y yo tendremos que encargarnos de que lo sea».

Ellis y Atwater dirigieron diez días una serie de debates públicos sobre los problemas de las escuelas. Su colaboración respetuosa alimentó el entendimiento y la confianza entre los dos. Un día, después de la reunión, Ann le dijo a C. P.: «Mi hija llega llorando a casa todos los días» porque su profesora se burlaba de ella delante de toda la clase. C. P. contestó: «Chica, lo mismo le pasa a mi hijo». Este sufría las burlas de su «profesor liberal blanco» por tener un padre que era miembro del Klan. En aquel momento, C. P. recuerda que pensó: «Aquí estamos, dos personas de los lados opuestos de la valla, y tenemos los mismos problemas». Ambos habían sentido el aguijón de la vergüenza y el ostracismo. La situación había abierto la puerta a un intercambio de impresiones sincero, incluso doloroso, y hay investigaciones que muestran que compartir las vulnerabilidades es otra poderosa herramienta para tender puentes[28].

En un asombroso giro de los acontecimientos[29], C. P. votó a favor de la integración y rompió ante la audiencia su carnet de miembro del KKK. Se convirtió en un firme defensor de la desegregación, y cuando tiempo después llegó a ser líder sindical, recibió la mayoría de los votos de los sindicalistas negros. Ann y él llegaron a ser buenos amigos, y cuando C. P. murió, en 2005, Ann pronunció el panegírico.

El cambio de ideas de C. P. Ellis no se debió exclusivamente a su experiencia en el charette, por supuesto. Esta experiencia jamás habría tenido lugar si no hubiera empezado ya a sentir ambivalencia sobre su pertenencia al Klan. Como ocurre con muchos puntos de inflexión, este se debió a una venturosa confluencia de sucesos. C. P. puede parecer excepcional, un caso raro de extremista dispuesto a pensar críticamente sobre un grupo aliado. Pero como veremos más adelante, la desafección de C. P. con el Klan es un fenómeno bastante habitual entre los miembros de grupos de odio. Por desgracia, muchos de los dispuestos a repudiar tales grupos no se lo pueden permitir o no aprovechan las oportunidades de salir de ellos, como fue el caso de C. P. Lo que cataliza el cambio es que la situación adecuada se presente a la persona adecuada en el momento y el lugar correctos.

En cierto modo, la historia de C. P. comienza incluso antes, en una historia de la que probablemente él no era consciente. Al adoptar las reglas del charette, Bill Riddick y los miembros del Consejo de Relaciones Humanas de Durham bebían de una tradición de trabajos en psicología social, de la que fue pionero el hombre considerado el padre de este campo, Kurt Lewin[30].

En la actualidad, muchos libros hacen referencia a la nueva ciencia de X o Y. Voy a adoptar un enfoque diferente. Este libro trata sobre una ciencia antigua y largamente olvidada, que es también, creo, un arte. La renombraré como modelado de situaciones, pero tiene sus raíces en una rica tradición de investigación que surgió en otra era problemática, los años anteriores y posteriores a la Segunda Guerra Mundial. Una serie de compañeros científicos sociales y yo nos hemos basado ampliamente en ella para desarrollar nuestra investigación. Hemos añadido nuevas herramientas e ideas. Pero en aquel tiempo, antes de que entrásemos en escena, se denominaba la ciencia de la sociología experimental, que más tarde se incluyó en el canon de la psicología social. En lugar de limitarse a describir y analizar la sociedad tal como era, el objetivo era usar la ciencia para crear un mundo nuevo y mejor mediante la creación de situaciones ingeniosas que desbloquearan nuestro potencial para el bien, incluso cuando la sociedad parecía estar en su peor momento. Mientras que otras ciencias sociales eran la ciencia de *lo que es*, esta era la ciencia de *lo que podría ser*; una ciencia no dedicada a la naturaleza humana sino al potencial humano.

Esta ciencia nació del ascenso del fascismo que culminó en la Segunda Guerra Mundial y en un genocidio que dejó estupefacto al mundo, un crimen a una escala horrorosa perpetrado por un país famoso por su cultura elevada. ¿Cómo pudo ocurrir aquello?

El pionero de la nueva ciencia, Kurt Lewin, era un judío alemán. Lewin emigró a Estados Unidos con su esposa, Gertrud, en 1933, poco después de que Hitler llegara al poder. Viajaron a pesar de que Gertrud se encontraba hacia la mitad de un embarazo difícil. Lewin se dio cuenta de que era urgente. Como profesor de la universidad de Berlín había seguido de cerca la marea ascendiente del fascismo y el antisemitismo que iba envolviendo la cultura. Lewin fue más presciente que muchos sobre la facilidad con que el ejército y la ciudadanía alemanes podrían ser inducidos a perpetrar horrores. Urgió a muchos profesores y amigos reticentes a que abandonaran el país lo antes posible, y muchos le hicieron caso. Pero, por desgracia, a pesar de sus frenéticos esfuerzos no pudo conseguir visados para su madre y su hermana. Las dos fueron asesinadas en campos de concentración.

El ser testigo de los horrores nazis impregnó de urgencia el trabajo de Lewin. No le bastaba con describir, interpretar y explicar a las personas y su comportamiento. Estaba decidido a descubrir formas de catalizar cambios sociales positivos. Su centro de atención era fomentar democracias más robustas; consideraba la democracia como el sistema social con el mayor potencial para permitir desarrollarse a las personas y como un baluarte contra los abusos totalitarios. Su perspectiva difería de la de otros contemporáneos suyos, los psicólogos alemanes Erich Fromm y Theodor Adorno, que consiguieron reconocimiento por promover una teoría de la «personalidad autoritaria». Sostenían que el carácter de las personas queda fijado a edad temprana y que el ascenso nazi se debía a que muchos alemanes habían sido educados de formas que enseñaban obediencia a la autoridad, desconfianza hacia «otros» y ansia por el poder.

Lewin, en contraste, atribuía el ascenso nazi a las elaboradas manipulaciones del público por parte de este grupo, mediante la propaganda intensa, actos públicos de masas y grupos juveniles, en paralelo a un sistema de intimidación brutal. Los nazis habían remodelado sibilinamente las situaciones cotidianas que experimentaban los alemanes. Según Lewin, fue el sistema autoritario que implantaron los nazis, y no un carácter nacional autoritario intrínseco, lo que atrapó en su garra al pueblo alemán.

La teoría de la personalidad autoritaria se fue enturbiando bajo datos contradictorios, y en sus formas más fuertes fue rechazada por los científicos sociales; sin embargo, las investigaciones de Lewin han superado la prueba del tiempo. Lewin desarrolló un audaz enfoque experimental para evaluar el papel de los cambios situacionales en el modelado del comportamiento de las personas, lo que llevó a muchos de los descubrimientos más importantes de este campo. Por supuesto, Lewin sabía que las situaciones no tenían efectos monolíticos. Siempre existe una interacción con las personas implicadas, que interpretan diferentes significados en cada situación y responden de acuerdo a ello. Para entender el comportamiento necesitamos entender la danza entre la persona y la situación.

Gran parte de la investigación de Lewin estaba orientada a ayudar a que las personas se sintieran incluidas, escuchadas y apreciadas. Tal como lo veo, no estaba intentando controlar a las personas sino crear las condiciones que apoyaban su crecimiento conjunto. Fiel a esta misión, Lewin dirigió su enseñanza y sus investigaciones con un estilo abierto y colaborativo. Tutorizó a muchas mujeres estudiantes en una época en que se veían sometidas a un elevado sexismo. Era mucho menos formal con sus estudiantes que la mayoría de los profesores de la época. Bromeaba con ellos como si estuviera con amigos, y los invitaba a que lo llamaran por su nombre de pila. Su estilo era tan poco convencional que un día, en clase, se tumbó en una mesa mientras continuaba moderando el debate. Organizaba veladas en su casa a las que asistían compañeros y estudiantes. Una seguidora[31] que asistió a algunas de esas reuniones, la antropóloga Margaret Mead, escribió que Lewin «era como el fuego alrededor del cual se reúne la gente en busca de calor y luz con la cual leer sus propios pensamientos con más claridad». Su trabajo llegó a ser tan influyente en parte debido a que tutorizó a tantos protegidos. Los invitaba a asistirle en sus propios estudios. Entonces, ellos hacían avanzar el campo a sus propias maneras creativas.

A Lewin le gustaba decir que «si quieres comprender algo de verdad, intenta cambiarlo»[32]; este es el lema de mi laboratorio. En contraste con las ambiciones modestas de gran parte de las ciencias sociales de la actualidad, Lewin publicó uno de sus estudios con el objetivo, nada menos, de entender cuál era la explicación de la tendencia de los grupos a dedicarse a «perseguir cabezas de turco, someterse apáticamente a la dominación autoritaria» y «atacar a los grupos externos», y en correspondencia, a descubrir qué explica que las personas de un grupo se alcen y se rebelen.

Lewin quería saber qué hacía que algunas culturas fueran receptivas a las políticas autoritarias y otras, no. En vez de limitarse a observar culturas, que era la forma en que cualquier otro estudiaba ese tema, Lewin tuvo la atrevida idea de crear culturas.

Una serie de estudios sobre lo que denominó «climas sociales creados experimentalmente»[33], que él y sus estudiantes realizaron en 1938 en la universidad de Iowa, mostró que el comportamiento de grupos de niños de diez años en un club infantil local podía ser alterado de forma espectacular dependiendo del estilo de liderazgo del adulto al cargo. Usó grupos de cinco niños, dedicados a las actividades de entretenimiento de la época: talla de jabón, fabricación de máscaras, pintura mural y construcción de modelos de aviones. Se reunieron una vez a la semana durante tres meses.

En algunos casos, el hombre al cargo usaba un enfoque estrictamente autoritario, diciéndoles a los niños exactamente qué tarea realizar, con quién debían realizarla y cómo debían realizarla. Mantenía a los niños a oscuras sobre la actividad que vendría a continuación, haciendo que para ellos la situación fuera impredecible; una táctica propia de muchos regímenes autoritarios. En general permanecía distanciado de los niños, y solo de vez en cuando les ofrecía alguna palabra de elogio o crítica que, de acuerdo al guion de Lewin, se centraba menos en el trabajo realizado y más en las cualidades personales del niño. Imagino el uso de comentarios sutilmente coercitivos como «Eres un chico respetuoso, Johnny», en vez de comentarios centrados en las tareas, como «¡Qué talla de jabón más bonita!».

En otros grupos, el líder usaba un estilo democrático. Sugería a los niños que presentaran ideas propias para realizar actividades. Aunque los animaba a trabajar en equipo, dejaba que ellos eligieran con quién, y solo si querían trabajar con alguien. No reprimía los conflictos, sino que ayudaba a resolverlos. Si los niños se topaban con algún problema al realizar los proyectos, como por ejemplo tener que compartir una cantidad limitada de pintura, el líder sugería dos o tres soluciones y dejaba que el grupo escogiera cuál aplicar. Creaba espacio para que los niños mostraran disconformidad, sin que dejaran de sentir pertenencia. Los ayudaba a resolver los desacuerdos, de modo que cada niño tuviera la oportunidad de realizar las actividades que disfrutaba más. El líder ayudaba a hacer que el espíritu democrático «de muchos, uno» fuera una realidad en la situación. También se unía al trabajo de los niños y hacía críticas constructivas, elogiando aspectos del trabajo en vez de cualidades personales. De este modo, mostraba que estaba implicado con sus esfuerzos y los ayudaba a desarrollarse. La intervención no era un intento autoritario de hacer que los niños se comportaran de cierta forma, sino un conjunto de prácticas para facilitar que ellos mismos identificaran, integraran y actuaran con voluntad propia. Cada individuo era una fuerza creativa y participante en la dirección del grupo.

En todas estas intervenciones, Lewin tenía como objetivo no un desenlace, sino un proceso. Ahí estaban las decisiones que había que tomar; las que finalmente tomaran los niños era cosa de ellos.

Según se desarrollaban estas situaciones cuidadosamente modeladas, Lewin y sus estudiantes observaban por mirillas dispuestas en una lona divisoria. Que yo sepa, esta fue la primera vez que los investigadores observaron el comportamiento de las personas en un escenario de su propia creación.

El estilo del líder transformaba el clima del club y el comportamiento de los niños. Los de los grupos democráticos eran amistosos entre ellos, se dedicaban con interés a los proyectos y se divertían un montón. Los conflictos que surgían eran mínimos y se resolvían con facilidad. Los niños de los grupos autoritarios actuaban de una entre dos formas. En algunos grupos, los niños acababan siendo abiertamente hostiles unos con otros. Lewin era un recopilador de datos exhaustivo y meticuloso, consecuencia de su deseo de capturar el «clima» en su conjunto en vez de una sola variable. En los grupos que se volvieron hostiles, calculó que un niño maldecía, golpeaba, empujaba o gritaba a alguien casi una vez cada noventa segundos, una frecuencia que era casi el doble de la que aparecía en los grupos democráticos. Los niños imitaban la dominancia agresiva del líder. En otros grupos autoritarios, los niños se volvían dóciles y apáticos, y hacían en silencio y con muy poco entusiasmo lo que les mandaran. Pero cuando el líder abandonaba la sala, a menudo se dedicaban a agredirse entre ellos. Lewin anotó que habían sentido «la tensión acumulada», que se mantenía a raya bajo el estilo de liderazgo autoritario pero que «estallaba de forma inconfundible» en cuanto creían que nadie los observaba[34].

El trabajo de los niños también sufría bajo el líder autoritario. No tenían ningún sentimiento de propiedad sobre el resultado. A menudo abandonaban la tarea en cuanto el líder salía de la sala y se ponían a discutir. El liderazgo autoritario puede generar un buen comportamiento a corto plazo, pero no crea un afecto auténtico hacia otros miembros del grupo ni compromiso con el trabajo. Basándose en sus observaciones[35], el equipo de Lewin se dio cuenta de que el espíritu de equipo y los sentimientos de pertenencia en los grupos autoritarios parecían ir reduciéndose con el tiempo. Los niños bajo la vigilancia de los líderes democráticos, sin embargo, seguían trabajando juntos con alegría cuando el líder se ausentaba. También producían obras más creativas, y había un espíritu de equipo constante que energizaba a los niños. La tensión, esa maldición de la vida grupal, era mínima debido a que los niños sentían que todos pertenecían y tenían voz.

Otro contraste entre los grupos fue que la atención de los niños de los grupos democráticos se dirigía casi por completo a su trabajo colaborativo. Sus conversaciones eran siempre sobre qué deberían hacer, cómo arreglar un problema con un mural, o pedir a algún otro que echara una mano. Pero la conversación entre los niños de los grupos autoritarios era lo que Lewin denominó «ego implicado». Estaban preocupados por intentar atraer la atención del líder o con afirmar que habían hecho un mejor trabajo que otros. A menudo se veían envueltos en humillaciones desagradables. Se habían «vuelto Darwin».

Este pequeño drama experimental era shakespeariano en su capacidad de arrojar luz sobre los orígenes de tantas flaquezas y locuras humanas que surgen cuando se establece una situación. Lo más sorprendente era la capacidad del líder autoritario para desatar la tendencia de los niños a tratarse unos a otros como enemigos en vez de como fuentes de placer y afirmación. Aunque la mayor parte de la agresión tenía lugar dentro de estos grupos, a veces se desencadenaban guerras intergrupales. Habitualmente comenzaban con una provocación. Algunos niños de un club vecino aparecían. «¿Por qué no aprendéis a hablar, nenazas?», puede que les gruñera alguien a los intrusos. «¡Guerra!».

La búsqueda de cabezas de turco también es más probable bajo un régimen autoritario. Lewin organizaba pequeñas frustraciones, como la llegada de un «extraño hostil» que entrara en la sala, criticara el trabajo de los niños y se marchara. Entonces las tensiones en el grupo entraban en ebullición. A veces el grupo concentraba su ansiedad en un cabeza de turco, una persona única a la que acosaban tanto que la víctima se marchaba. Tras esto, al menos durante un tiempo breve, el resto del grupo podría cooperar amistosamente; la expulsión del cabeza de turco parecía haber aliviado la tensión.

Lewin tuvo la precaución de comparar a los líderes democráticos con un grupo de líderes no intervencionistas que produjeron resultados decepcionantes. Estos últimos creían que estaban siendo democráticos, pero en realidad eran, como Lewin los describió, *laissez-faire*. Desde la perspectiva de los niños estaban físicamente presentes, pero eran «psicológicamente intrascendentes». En aquellos grupos era habitual que se armara alboroto.

Los resultados se pueden ver en vídeo[36]. Los descubrimientos de Lewis inspiraron investigaciones posteriores sobre intervenciones que llevaban procedimientos democráticos en los lugares de trabajo, las escuelas e incluso el sistema penitenciario, como veremos más adelante en este libro. Las ideas de Lewin tienen eco en la actualidad dada la propensión de muchos estadounidenses al conflicto y a buscar cabezas de turco entre sus conciudadanos.

La mención de las ideas de Lewin puede despertar críticas relacionadas con que estaba manipulando a los niños. De hecho, los psicólogos sociales llevan décadas viéndoselas con problemas éticos. Hay estudios polémicos que llevaron la manipulación demasiado lejos. Pero tal como sugiere el análisis de Lewin sobre la nazificación de la cultura alemana, estamos siendo manipulados constantemente por fuerzas que no vemos. Gobiernos, negocios, instituciones, culturas y otras personas de nuestra vida modelan nuestras situaciones cotidianas de formas que pretenden producir una respuesta que desean. Lewin demostró que a pesar de estas fuerzas más grandes, un líder, o incluso un individuo corriente con cierta agudeza e influencia, puede contrarrestar las corrientes sociales nocivas con otras más positivas.

El propio Lewin fue el primero en aplicar estas ideas en «el entorno salvaje» de oficinas reales, actuando como consultor de empresas. En un famoso estudio, fue contratado por la Harwood Pajama Factory, sita en la ciudad de Marion (Virginia), para ocuparse del problema del bajo nivel de compromiso entre las costureras. La moral era tan baja, y el resentimiento contra la dirección tan alto, que algunos trabajadores habían llegado incluso a sabotear el equipo, expresar hostilidad hacia su supervisor o abandonar directamente el empleo. La tensión estaba por las nubes, y una mentalidad «nosotros contra ellos» se había instalado entre los trabajadores y la dirección. Los directivos se quejaban de que cualquier pequeño cambio, por ejemplo, reducir el número de botones que se cosían en las chaquetas de pijama para reducir los costes de producción, era recibido con ultraje. Le comentaron a Lewin teorías sexistas sobre por qué las costureras no estaban más comprometidas y eran más productivas; este las descartó. Los directivos habían usado a menudo con las mujeres un enfoque dictatorial de arriba abajo, pero Lewin pensó que un estilo de gestión más democrático podría obtener mejores resultados.

Para empezar, mostró respeto hacia las mujeres pidiéndoles que le explicaran su punto de vista sobre el problema. Al hablar con acento alemán, Lewin podría haber sido visto como un extraño. Pero también hizo sus propios esfuerzos para encajar, hablando de la forma en que hablaban las mujeres. El biógrafo de Lewin cuenta[37] que tras causar diversión a las costureras con «sus primeros intentos torpes de entender el acento sureño de estas», adoptó algunas de sus expresiones, como decir que «eso es aceite de serpiente» cuando creía que las justificaciones que le daban sobre los problemas eran embustes. Basándose en lo que aprendió de ellas y las

35

lecciones que había cosechado en sus investigaciones pasadas sobre las dinámicas de grupos, propuso varias formas de incrementar el rendimiento. Una fue traer de otras fábricas unas cuantas trabajadoras que mostraran un rendimiento elevado para que las mujeres de Harwood pudieran ver lo productivas que eran, ampliando así los límites de las expectativas. Y, en efecto, la productividad empezó a crecer.

Tuvo aún más éxito la sugerencia de Lewin de que la dirección dejara a las mujeres cierto margen para fijar sus propios objetivos de producción[38]. Se reunió a una serie de empleadas en grupos pequeños y de confianza para que debatieran formas de mejorar los procesos de trabajo y fijaran su propio objetivo de producción por trabajadora. Recibieron el título de «operadoras especiales» como reconocimiento a su papel distintivo. La dirección no dio sermones a las empleadas; en vez de eso, intentó hacer que fueran conscientes de los problemas a los que se enfrentaba la empresa, ayudándolas a descubrir por sí mismas que era necesario reducir costes para seguir siendo competitiva. La dirección presentó algunos planes propios, pero también aceptó muchas de las propuestas de las trabajadoras. Las costureras de un grupo de control que siguió operando como hasta entonces mostraron una caída de productividad de un 20 % a lo largo de varias semanas posteriores a la introducción de los nuevos cambios, y un 9 % abandonó la empresa. Pero el trabajo de las que participaron en la intervención sabia no solo remontó una breve caída de la productividad, sino que al final sobrepasó el nivel de producción anterior a los cambios. Ninguna se marchó.

Lewin era un mago del modelado de situaciones. Incluso fue capaz de inspirar un cambio en los hábitos de alimentación de los estadounidenses, un desafío diabólicamente complicado. En otro encargo para el mundo real, esta vez realizado por el gobierno federal durante la Segunda Guerra Mundial, Lewin formó equipo con su admiradora y amiga, la famosa antropóloga Margaret Mead. Los llamaron para presidir una nueva organización, el Comité para los Hábitos de Alimentación, para resolver un problema irritante. Las piezas de carne selectas estaban estrictamente racionadas, de forma que toda la proteína de mayor calidad posible sirviera para alimentar a las tropas en el extranjero. Los agentes del gobierno estaban preocupados por que los estadounidenses del frente doméstico no recibieran suficientes proteínas, de modo que querían que el comité encontrara una forma de convencer al público de que las familias consumieran casquería —hígado, riñón, lengua, sesos e intestinos—, que era manifiestamente impopular pero rica en nutrientes. Lewin dirigió sus esfuerzos al guardabarreras, que en aquel momento y lugar era el ama de casa. Muchos de los esfuerzos bélicos en el frente doméstico empleaban como gancho un mensaje declamatorio «haz esto» o un patriótico «es bueno para el esfuerzo bélico». Bajo la guía de Lewin[39], el Comité para los Hábitos de Alimentación recurrió a un enfoque empoderador, «está en tus manos». El grupo propuso un «Pruébalo para variar», que acabó llevando a que esas piezas acabaran recibiendo el nombre de «carnes de variedad».

Lewin y su equipo de investigación también reunieron a las amas de casa en pequeños grupos[40], lejos de la influencia de sus esposos e hijos, para hablar sobre las barreras que se alzaban a la hora de ofrecer esa carne a sus familias. Preguntaron a las amas de casa si se les ocurría alguna manera de superar tales barreras. Al final, cuando se pidió a las mujeres que levantaran la mano las que estuvieran dispuestas a probar esa carne al menos una vez, todas la alzaron. Quedó establecida una norma grupal, y muchas mujeres mantuvieron su compromiso. Entre las que participaron, el uso de casquería se incrementó diez veces en comparación con un grupo de control al que se le dio una conferencia sobre la importancia de probar comidas nuevas. El resultado contrastaba llamativamente con un intento anterior de aumentar el consumo de verduras, en el que Margaret Mead dio una charla[41] como «experta de prestigio» para «expresar públicamente mi alta estima hacia los nabos, que no tuvo ningún efecto en absoluto».

Los descubrimientos de Lewin sobre el poder de los procedimientos grupales participativos para crear cambios están en el centro de las prácticas de intervención grupal extendidas en la actualidad, como por ejemplo las reuniones de Alcohólicos Anónimos. Las prácticas de gestión participativa en las empresas, que por desgracia no están tan extendidas, también surgen del trabajo de Lewin. Sus estrategias pioneras son claramente diferentes del enfoque ordeno-y-controlo de la persuasión, la propaganda y las técnicas de control mental de las sectas. En ocasiones, sus procesos participativos dieron pie incluso a soluciones colectivas creativas a problemas que ningún individuo por sí solo, ninguna autoridad, habría podido imaginar. El enfoque de Lewin no controla, cataliza.

Del mismo modo lo hizo el charette que ayudó a C. P. Ellis a abrir su mente.

Son raros los casos en que con la simple voluntad podemos cambiar o hacer que otra persona cambie. Sin embargo, los cambios en las situaciones y las experiencias vividas impulsan a las personas a cambiar. El modelado de situaciones es la ciencia y el arte de crear esas experiencias transformadoras. Para hacer esto, existen cinco recursos esenciales.

1. **Oportunidad.** C. P. cambió su punto de vista debido a que asistió al charette en un momento en que estaba desilusionado con la calidad de sus relaciones y por tanto estaba abierto a cambiar. La sincronización de nuestros intentos de influenciar con los periodos en los que las personas pueden estar sintiendo dudas particularmente intensas sobre su pertenencia puede ser especialmente poderosa, en casos como asistir a una nueva escuela, intentar unirse a un equipo deportivo o comenzar un nuevo empleo. Podemos ser capaces de modelar estas situaciones de formas sencillas que envíen mensajes potentes de que las personas son bienvenidas y apreciadas. Y con la intervención temprana, hacemos que el tiempo sea un aliado. Los éxitos tempranos a menudo se convierten en éxitos posteriores aún más grandes[42].

2. **Procesos participativos.** En las intervenciones de Kurt Lewin, el cambio no se imponía de forma autoritaria. De forma similar, C. P. fue un participante completo en el proceso de su propio cambio, y el estilo de liderazgo del charette era democrático[43].

3. **Grupos de referencia.** C. P. no cambió él solo. Cambió con la ayuda de un nuevo grupo de referencia, un grupo de personas

con las que llegó a identificarse y a las que llegó a recurrir. La palabra «recurrir» tiene aquí gran cantidad de significado. Los estudios científicos enfatizan la idea de recurrir al grupo en busca de información sobre qué pensar, sentir y hacer. Como muestra la historia de C. P., la elección de nuestro grupo de referencia es fundamental: tiene que ver con qué corazones y mentes sintonizan con nuestro corazón y nuestra mente. A C. P. acabó importándole Ann Atwater y, a través de ella, otros miembros de una comunidad hacia la que él se había cerrado. Empezó a ver la comunidad desde la perspectiva de esta, apreciando más lo que ellos veían, sintiendo más lo que ellos sentían. Lewin creía que el grupo de referencia era el impulsor más importante del cambio. Un grupo, consideraba Lewin, es como un río en el que nada la persona. Afirmaba que era casi inútil intentar convencer a un individuo de que se mueva en una dirección contraria a las normas del grupo. No tenía sentido intentar convencer a C. P. de que fuera contra las normas del KKK o a las costureras de que fueran contra las normas de producción, diría Lewin. Sería como nadar contracorriente. En lugar de eso, Lewin aconsejaba llevar a las personas a un río nuevo. Sacarlas de su grupo de referencia existente, al menos durante un tiempo —lejos de su familia, por ejemplo—, y colocarlas en un grupo nuevo con nuevas normas y nuevas corrientes[44].

4. **Autoafirmaciones.** El consejo no bombardeó a C. P. con todas las formas en que era ignorante, estúpido y estaba equivocado. Ocurrió de hecho lo contrario. Se sintió afirmado. Primero, su comentario ofensivo fue transformado por Clements en un símbolo de virtud y la base de la inclusión. He aquí un ciudadano admirable que dice lo que piensa, transmitía el comentario de Clements; justo lo que necesita el grupo. Clements había afirmado el valor de C. P. no solo como hombre sino como contribuyente a la misión del grupo. Segundo, en un marcado contraste con el Klan, la aceptación de C. P. no estaba condicionada a la

adhesión a un determinado conjunto de creencias. Tercero, fue elegido para una posición honorífica. Del mismo modo, los líderes democráticos de Lewin creaban situaciones que permitían que cada miembro sintiera que su perspectiva importaba. Todo esto son ejemplos de lo que los psicólogos sociales denominan *autoafirmaciones*: experiencias que hacen que el yo se afirme.

El término autoafirmación, introducido en el canon de la psicología por Claude Steele, se diferencia de las afirmaciones cotidianas parodiadas por Al Franken en el papel de Stuart Smalley en *Saturday Night Live*. Las autoafirmaciones no son loas huecas o autoadulación, sino oportunidades situacionales que creamos para que las personas expresen quiénes son y sean valoradas por ello. Para afirmar verdaderamente el yo es necesario que la afirmación sea creíble y significativa. A lo largo del libro veremos ejemplos del poder de las afirmaciones. En general, las autoafirmaciones mitigan la defensividad y la autoabsorción que hacen presa cuando las personas se sienten amenazadas.

Aunque a menudo es esencial alzar la voz contra el prejuicio cuando este aparece —podemos imaginar el daño que hizo el comentario ofensivo de C. P.—, más adelante analizaremos que la forma en que se responde puede representar una diferencia inmensa. El charette estaba diseñado como un foro que permitiera que todos los puntos de vista se expresaban con libertad, sin censura, a partir del conocimiento de que solo cuando respetamos a aquellos que tienen puntos de vista contrarios seremos capaces de implicarlos en un debate productivo. Si C. P. hubiera recibido una repulsa, sin importar lo justificada que fuera, es posible que jamás hubiera vuelto al grupo ni hubiera llegado a la serie de realizaciones sobre el racismo que cambiaron su vida[45].

5. **Nuevos papeles.** C. P. representó nuevos papeles, primero como líder de la comunidad y después como amigo de Ann Atwater. No adoptó esos papeles todos a la vez. Pero cuando empezó a representarlos, se convirtieron en identidades. La palabra «identidad»

deriva de una palabra que significa «mismidad» o «unicidad», y cuando una persona y un papel llegan a ser una sola cosa, el papel se ha convertido en identidad[46].

Tiempo, procesos participativos, grupos de referencia, autoafirmaciones y papeles no son recursos materiales de la misma forma que, por ejemplo, lo son el dinero o el empleo. Se trata de recursos experimentados psicológicamente, y como tales, su poder depende de la percepción. Incluso el tiempo se experimenta en relación con la propia perspectiva. Lo que cuenta como el «momento adecuado» en la vida social depende en gran medida de la disposición psicológica de la persona. Aunque esto puede ser difícil de percibir, si escuchamos y observamos con atención, a menudo podemos sentir cuándo tenemos la oportunidad de realizar una intervención sabia. Existe un amplio espacio para la creatividad y la expresión personal dentro de las restricciones de lo que llamo «las tres T» del modelado de situaciones[47]. (Las T se refieren a los términos originales en inglés). El mensaje psicológico adecuado (personalización; *tailoring*) se produce para la persona adecuada (selección de objetivo; *targeting*) en el momento adecuado (oportunidad; *timeliness*). Lo que en otro caso habría sido una experiencia intrascendente se convierte en un punto de inflexión.

A lo largo del libro veremos que a menudo, en una situación, existe más potencial para el cambio de lo que imaginamos. Intervenir sabiamente y aprovechar el potencial de la situación requiere que seamos conscientes de algo que con frecuencia nos resulta difícil asimilar: que la situación tal como la ven otros puede ser diferente de la forma en que nosotros la vemos. Cada situación es una mezcla compleja a la que cada participante contribuye y sobre la que cada participante tiene una perspectiva. Una persona puede tener un fuerte sentimiento de pertenencia en una situación en la que otras no lo tienen, pero la misma persona puede experimentar dudas profundas sobre su pertenencia en una situación diferente en la que otros se sienten confiados. Debido a que las situaciones siempre se experimentan desde un punto de vista humano, lo que parece una situación es en realidad muchas, tantas como personas haya en ella. Gran parte de mi investigación tiene como objetivo ilustrar cuándo y para quién las situaciones amenazan la pertenencia de las personas involucradas, por qué nuestra sensación de pertenencia puede ser tan frágil y qué podemos hacer para afianzar la pertenencia en situaciones en las que las personas se sienten como extraños. Esto es lo que analizaremos en el siguiente capítulo.

2

La incertidumbre de pertenencia

La pertenencia puede ser frágil, pero también
se puede estimular

Puede que alguna vez nos haya ocurrido que al volver a casa después de pasar un tiempo fuera no nos hayamos *sentido* en casa. Quizá al regresar al hogar paterno al acabar la universidad, como el protagonista de la película *El graduado*, Benjamin, a quien sus padres y su círculo social le parecen ahora criaturas de otro planeta. Son la misma casa en la que hemos crecido, las mismas personas, la misma realidad física en gran medida. Pero no se *siente* como el hogar. Esta experiencia, que imagino que todos nos hemos encontrado de alguna manera, resalta el hecho de que el hogar es una experiencia psicológica; no es solo un lugar, sino la forma en que ese lugar hace que nos sintamos. Esto es cierto también para casi cualquier situación social. Las investigaciones han mostrado una y otra vez que es nuestra experiencia subjetiva de las situaciones, no solo su realidad física, lo que explica en gran parte el poder que tienen sobre nosotros. Podemos estar rodeados de muchos amigos y aun así sentirnos solos. A la inversa, podemos estar físicamente alejados de aquellos a quienes amamos y sin embargo sentirnos conectados.

De modo que al modelar situaciones para alimentar la pertenencia, tenemos que prestar atención no solo a los rasgos físicos de la situación, sino también a la forma en que esta es percibida, sentida y experimentada. A menudo tenemos problemas para apreciar de qué manera tan diferente otros experimentan una situación, incluso si se trata de personas a las que sentimos cercanas.

Las investigaciones muestran que las personas llevan consigo aspectos de su vida externos a una situación[48], lo que modela la forma en que ven situaciones nuevas y cómo se comportan en ellas. Estas experiencias vitales son a menudo desconocidas para otros, como fuerzas invisibles que torsionan las situaciones. Los estudiantes procedentes de un entorno familiar estricto pueden llevar al aula experiencias del hogar. Los miembros de grupos minoritarios pueden llevar consigo recuerdos de insultos raciales, lo que hace que vean el aula de manera diferente. Una estudiante universitaria comentó que había visto un insulto racial escrito en la puerta del baño antes de ir a clase de geología. Mientras el profesor disertaba sobre la formación de las rocas y la sedimentación, la mente de la estudiante se veía acosada por pensamientos y emociones sobre lo que había visto. ¿Quién había escrito el insulto? ¿Por qué? ¿Era alguien que estuviera sentado ahora cerca de ella? No podía concentrarse lo bastante para aprender.

Existen numerosos ejemplos más de las formas en que arrastramos el pasado con nosotros, cómo nuestros recuerdos y expectativas definen la manera en que interpretamos las situaciones nuevas. Los divorciados cargan con la sensibilidad al dolor de su experiencia, quizá sus nuevas relaciones se ven acosadas por la expectativa de la traición. Las personas que han sufrido humillaciones por tener sobrepeso durante la infancia pueden arrastrar a su vida adulta una carga de vergüenza. Todos tenemos condicionamientos de las experiencias vitales que moldean la manera en que vemos las situaciones, lo que puede hacer que incluso situaciones corrientes sean diferentes para las personas que están implicadas en ellas. De hecho, puede ser discordante darnos cuenta de que un encuentro que hemos tenido fue experimentado de una manera completamente distinta por otra persona.

El pionero de la psicología Abraham Maslow situó la necesidad de pertenecer a mitad de camino en su famosa jerarquía, o «pirámide», de necesidades. En la base puso las necesidades fisiológicas como la comida y el refugio, y fue ascendiendo hasta la necesidad de seguridad, luego de amor y pertenencia, luego de autoestima, y por último de autoactualización. Pero Maslow no realizó una investigación científica formal sobre la necesidad de pertenecer[49].

Uno de los primeros que sí lo hizo fue el inglés John Bowlby[50], a mediados del siglo xx. Estaba interesado en los efectos en los niños de verse separados de sus padres durante la Segunda Guerra Mundial. Dos millones de chiquillos habían sido enviados lejos de sus hogares en las ciudades, llevados al campo para protegerlos de los bombardeos. Muchos fueron acogidos por familias, mientras que otros quedaron a cargo de las instituciones. Bowlby se centró en cómo nuestras experiencias vitales tempranas, especialmente la forma en que fuimos criados, nos marcaban con un fuerte sentimiento de pertenencia que llevábamos con nosotros durante toda la vida... o no. En un impactante informe para la Organización Mundial de la Salud realizado en 1952 y titulado *Cuidado materno y salud mental*[51] cambió la manera en que padres e instituciones trataban a los niños, sosteniendo que la ausencia de unos lazos tempranos dañaba el desarrollo temprano de los niños, incluyendo la madurez física, emocional y cognitiva, con consecuencias que podían perdurar toda la vida. Investigaciones posteriores confirmaron esta osada afirmación[52]. Algunos niños respondían peor que otros, y los individuos se podían recuperar desarrollando un lazo fuerte con otros cuidadores o incluso encontrando una relación comprensiva más avanzada su vida. Pero la idea fundamental ha persistido: un desarrollo sano depende de la conexión. Las prácticas de crianza que hoy damos por sentadas[53], como permitir que la madre sostenga al recién nacido inmediatamente después del parto, provienen de estas investigaciones.

Mary Ainsworth, una compañera de Bowlby, continuó el trabajo de este con la realización de un estudio que es una parábola del papel esencial que representa la pertenencia en la capacidad de desarrollarse de una persona[54]. Hacía que una madre y su hijo entraran en una habitación, y a continuación pedía a la madre que se sentara en una silla colocada a un lado y dejara al niño en el suelo, a sus pies. Al otro lado de la habitación había una serie variada de juguetes llamativos. Ainsworth denominó a este montaje «situación extraña». Su intención era descubrir qué niños eran lo bastante aventureros para ir a jugar con los juguetes.

Algunos permanecieron cerca de su madre, mientras que otros se acercaron a los juguetes para investigar. Ainsworth se fijó también en que los niños que iban a jugar mostraban un gran entusiasmo y curiosidad por los juguetes y se apresuraban a compartir su asombro con la madre. Los niños señalaban los juguetes mientras miraban a su madre, como para compartir la experiencia. Ainsworth describió a estos niños como unos que sentían «deleite al explorar las maravillas del mundo». Parecían *ver* la habitación no como algo extraño, sino como algo lleno de posibilidades tentadoras. Levantaban los juguetes, los dejaban caer, los daban la vuelta; actos joviales en los que el contemporáneo de Ainsworth, Solomon Ash, veía «el germen de las formas más elevadas del comportamiento humano»[55].

Por contraste, muchos de los niños que se quedaban cerca de su madre parecían no tener interés en los juguetes, y a veces ni siquiera los miraban. Cuando Ainsworth, en estudios posteriores, añadió un estresor —un desconocido entraba en la habitación y la madre salía—, los niños aventureros se recuperaban más deprisa, se recomponían y seguían jugando cuando la madre regresaba, mientras que muchos de los niños más apegados no lo hacían.

Aunque puede parecer que los niños pequeños que se apegan a los padres son los que están más ligados, Ainsworth llegó a la conclusión de que era al contrario: los niños que parecían más independientes eran de hecho los que sentían más confianza en la conexión. Un lazo potente entre progenitores e hijos permite que los niños se sientan cuidados estén o no físicamente cerca de los padres[56]. Parecían mostrar fe en que si surgían problemas, sus padres estarían disponibles para apoyarlos. Ainsworth afirmó que los niños que mostraban ese tipo de enlace tenían una «base segura» desde la que afrontar los desafíos vitales, una posición elevada desde la que las situaciones nuevas parecían menos amenazadoras.

Pero incluso una base segura como esa puede sernos arrebatada[57], como han descubierto los psicólogos en las décadas transcurridas desde las ideas comprobadas de Ainsworth y Bowlby. La pertenencia no es tanto una creencia clave como una percepción que está siendo recreada continuamente en cada situación. Me interesé en la investigación sobre la pertenencia en parte a causa de una intensa experiencia propia, en la que tuve la impresión de que mi propio sentido de la pertenencia se desvanecía inesperadamente. Cuando ocupé mi primer puesto de profesor asistente, estuve seguro de que no tardarían en descubrir que era un idiota. Un día, el jefe de mi departamento me dio una palmada en el hombro y preguntó: «¿Cómo te va el curso?», y tuve la sospecha de que había oído algún cotilleo sobre lo malas que eran mis clases. Cuando estuve de acuerdo en dejar que un estudiante de periodismo me hiciera una foto para el periódico del campus, para un artículo sobre los profesores, empecé a pensar que tenía la intención de crucificarme en la primera plana y me imaginé un titular sobre el peor profesor del campus. Le pedí que borrara la fotografía. No había esperado sentirme tan inseguro, pero el entorno del campus me resultaba desorientador e intimidante. Yo creía que había desarrollado una creencia firme en mis capacidades y un sentimiento de pertenencia en mi profesión, pero como han demostrado muchas investigaciones, incluso quienes hemos desarrollado un fuerte sentido de pertenencia podemos vernos sacudidos de repente en unas circunstancias nuevas.

Todos nos sentimos como extraños a veces. Ya seamos alguien perteneciente a una minoría o un estudiante universitario de primera generación en el campus, un miembro de la clase obrera en una sociedad de alta tecnología, un extranjero, una persona queer, un joven en compañía de gente mayor, una persona mayor en compañía de jóvenes, o incluso un miembro de un grupo mayoritario entre otros que están en una situación mejor, todos conocemos el aguijonazo de la sensación de estar fuera de lugar.

Cuando encontramos nuestro nicho, si lo encontramos, nuestra vida puede en ocasiones parecer llena de amenazas potenciales a nuestro sentimiento de pertenencia. Las escuelas pueden ser caldo de cultivo de *bullying* y de culturas elaboradas, a menudo brutales, de humillación social y ostracismo, incluso en los primeros grados. La escuela secundaria puede ser especialmente tensa, cuando los niños se enfrentan a los nuevos desafíos de la adolescencia. Para quienes hemos llegado a la universidad, el entorno puede resultarnos alienante; encontrar nuestro ritmo social puede llegar a ser una búsqueda larga y dolorosa. Muchos estudiantes de color sienten el dolor de los sesgos, al igual que las mujeres que estudian ciencia y matemáticas. Y por añadidura, con el cambio que ha tenido lugar en las últimas décadas hacia una cultura más liberal prevalente en los campus, muchos conservadores y centristas se sienten excluidos. Incluso ser un estudiante de posgrado o un profesor asistente no garantiza un sentimiento de pertenencia a la comunidad académica, y sé por experiencia que puede atormentarnos con el miedo a ser incompetentes.

Los lugares de trabajo pueden estar plagados de discriminación, acoso y mandos autoritarios. Sin embargo, las amenazas a la pertenencia no tienen por qué ser explícitas. Los pecadillos por omisión —un «gracias» omitido, la falta de reconocimiento a nuestras contribuciones— pueden generar una vaga sensación de «no encajo aquí». La profesora de gestión Mary Rowe tuvo hace casi cincuenta años, en la universidad, una experiencia como defensora de los estudiantes en la que ha estado pensando desde entonces[58]. Una mujer negra empleada en la universidad le dijo a Rowe que iba a dejar su trabajo, y cuando Rowe le preguntó por qué, la mujer dijo: «Es solo... *frío*. No pertenezco a este lugar». Rowe la convenció de que retrasara la dimisión unas semanas y llevara un registro de lo que la gente le decía y hacía en las oficinas, de modo que pudieran abordar el problema. Un mes después, la mujer le pasó el registro sin hacer comentarios, y Rowe observó, para su sorpresa, que al lado de cada fecha metódicamente apuntada había... nada. Cuando Rowe le pidió a la mujer que se lo explicara, esta respondió, según escribe Rowe, que «Nadie había hablado con ella sobre su trabajo, o las vacaciones, o un éxito reciente de ese laboratorio, o ni siquiera del tiempo». El problema estaba en lo que no se decía, en la ausencia de la camaradería más elemental.

En nuestras comunidades, pueden darse por sorpresa encuentros desagradables con personas que nos ven como «el otro»: al pasear por el parque, al recibirnos en un restaurante o en la cola del supermercado. En nuestros círculos de amigos y familiares podemos tener dudas sobre qué tan aceptados somos, y nos sentimos desairados por el retraso en responder a una llamada o la falta de empatía de un amigo cuando estamos pasando un momento difícil. A menudo, los niños LGBTQ son avergonzados por su familia, o incluso se ven rechazados directamente. Aun aquellos que normalmente tenemos un fuerte sentimiento de pertenencia, con lazos familiares sólidos, un fuerte apoyo por parte de amigos y compañeros y buena relación con los grupos de nuestra comunidad, podemos sentirnos aislados e inseguros sobre cómo encajamos cuando empezamos un nuevo empleo, nos mudamos a otra ciudad o simplemente vamos a una fiesta.

Las investigaciones sugieren que los medios y las redes sociales tienen un efecto devastador sobre nuestra base de seguridad cotidiana. ¿Cuántos de nosotros hemos estado tranquilos, sintiéndonos bien para con nosotros y con el mundo, quizá preparándonos para ir a dormir, solo para descubrir que se nos acelera el pulso cuando echamos un vistazo a nuestra cuenta de Twitter o la página de novedades de Facebook? En su lado más positivo, estos medios proporcionan beneficios en cuanto a información, entretenimiento y conexión. En el más negativo, son las herramientas de un reino de terror social. Gracias en parte a las investigaciones psicológicas, los magnates de los medios saben que las historias que provocan miedo, disgusto e indignación atrapan la atención de las personas mucho más que las historias que generan emociones positivas o son neutrales [59]. Han sesgado su cobertura y contenidos para aprovecharse de estos apetitos emocionales. Este sesgo es un motivo por el que las encuestas anuales realizadas entre los estadounidenses durante los primeros dieciocho años tras el cambio de siglo muestran que la mayoría de la gente cree que, en el país, la frecuencia de los delitos violentos y contra la propiedad va en aumento, cuando de hecho está disminuyendo [60]. Es difícil confiar en nuestros conciudadanos cuando sentimos que en su mayoría se trata de personas que quieren hacernos daño.

Entretanto, los algoritmos que determinan el contenido de nuestras páginas de noticias *online* están optimizados no para informarnos, sino para captar nuestra atención con historias polémicas y alarmantes que hacen que nos sintamos inseguros [61]. Los medios de comunicación también han ido atrincherándose cada vez más en plataformas partidistas, lo que crea una división de la información y los puntos de vista que consume el público.

Aunque las redes sociales pueden ser una herramienta que nos conecta, están llenas de desinformación y proporcionan un canal muy accesible para esparcir odio y ostracismo. Hacen que el mundo se parezca cada vez más a una cafetería de instituto. Muchas personas sienten además la presión adicional de tener muchas miradas fijas en ellas desde muy temprana edad, lo que hace más difícil establecer un *yo* fuerte y auténtico. La psicóloga Jean Twenge ha enlazado el preocupante aumento de las enfermedades mentales entre los jóvenes con el ascenso de las redes sociales [62]. Un experimento aleatorio realizado sobre miles de usuarios de Facebook [63] descubrió que los participantes a los que se les pedía que cerraran su cuenta durante un mes pasaban más tiempo con la familia y los amigos, en comparación con los participantes a los que no se les solicitaba que abandonaran la red. Los miembros del grupo que salió de Facebook tenían además un consumo de noticias más equilibrado y actitudes políticas menos extremas, y experimentaban cotidianamente menos situaciones en las que se enfadaban con personas que expresaran puntos de vista diferentes de los suyos. En conjunto, se sentían mejor sobre su vida, y estaban menos deprimidos. Un detalle notable es que los investigadores asemejaron el efecto de esta «intervención sustractiva» con los beneficios habituales encontrados en muchas intervenciones psicológicas «proactivas», como el acudir a terapia. Abandonar Facebook tenía aproximadamente un tercio del efecto positivo de muchas de esas intervenciones proactivas. De hecho, un 80 % de los voluntarios notificaron que la desactivación de su cuenta había sido buena para ellos, hasta tal punto que muchos dijeron que tenían intención de no volver a entrar en la red. Como comentó un voluntario: «Estaba más concentrado en mi propia vida... Me sentía más satisfecho».

En otro experimento [64], realizado con adultos que aún no tenían cuenta de Facebook, los que se unieron a la red pasaron a involucrarse menos en actividades cívicas y políticas que los miembros del grupo que no se unió. Entrar en Facebook significa menos tiempo dedicado a participar en grupos de acción políticos y de voluntariado, clubes de aficiones y actividades caritativas, que son, como descubrió la investigación, justo el tipo de trabajos comunitarios que promueven confianza, pertenencia y salud.

Esto no quiere decir que las redes sociales sean invariablemente malas para nosotros. El impacto que nos causen depende de la relación que tengamos con ellas, como sucede con cualquier medio que consumamos. Limitar el uso de redes sociales a unos veinte minutos al día ayuda a minimizar su coste y maximizar sus beneficios[65]. Pero muchos de nosotros, especialmente los jóvenes, no sabemos cómo esquivar las trampas.

Todos podemos ser vulnerables ante las dudas sobre nuestra pertenencia, en cualquier momento, dependiendo de las situaciones en que nos encontremos y de cómo las interpretemos. Greg Walton y yo acuñamos el término «incertidumbre de pertenencia»[66] para referirnos al estado mental en que una persona sufre dudas sobre si está siendo aceptada plenamente en un entorno concreto, o si llegará a serlo alguna vez. Es algo que podemos experimentar en el lugar de trabajo, en la escuela, en un restaurante elegante o incluso en un encuentro social breve. La incertidumbre de pertenencia tiene efectos nocivos. Cuando percibimos una amenaza a nuestro sentimiento de pertenencia, nuestro horizonte de posibilidades se encoge. Tendemos a interpretarnos a nosotros, a otras personas y a la situación de una forma defensiva y autoprotectora. Estamos más dispuestos a inferir que somos incapaces o que no debemos estar ahí, que no comprenderemos y no nos comprenderán. Es menos probable que expresemos nuestras opiniones, especialmente si son diferentes a las de los demás. Somos más sensibles a las críticas percibidas. Estamos menos inclinados a aceptar desafíos en los que corremos el riesgo de fracasar.

Hay quien se pregunta si la incertidumbre de pertenencia puede alcanzar niveles de paranoia o incluso neurosis. ¿Podemos volvernos hipersensibles a las ofensas? Es lo que insinúan quienes denominan «copos de nieve» a los estudiantes universitarios que se quejan de sesgos en el campus. Pero quienes no hemos sufrido experiencias prolongadas de rechazo, prejuicios o abusos puede que no seamos capaces de ver una situación de la misma forma que otros, y tenemos que tener en cuenta esta carencia en nuestra consciencia. Los desprecios pueden ser sutiles pero ir acumulándose hasta conformar un mensaje devastador. Como expresaba un estudiante de instituto negro:

Una vez, un compañero de clase insinuó que solo me habían elegido como jefe de estudiantes por cumplir la cuota de diversidad, no porque me lo mereciera de verdad. En otra ocasión, un profesor supuso que estaba estudiando la asignatura básica de química, cuando en realidad me había inscrito en un programa de créditos adicionales. Es difícil señalar qué estaba exactamente mal en esos momentos, considerados por separado. Pero cuando empiezas a sumarlos —y se dan continuamente—, crean esa sensación de que estás fuera de lugar[67].

Aunque Maslow situó la necesidad de pertenecer a media altura de su pirámide de necesidades, las investigaciones de las últimas décadas sugieren que debería estar colocada más cerca de la base[68], pues es una necesidad casi tan vital como la comida o el refugio. Por añadidura, esto es cierto no solo durante la infancia sino a lo largo de toda la vida.

Dos investigadores, Roy Baumeister y Mark Leary, sintetizaron un extenso corpus de trabajo para demostrar esto, en uno de los artículos más citados de la psicología social[69], publicado en 1995. Recalcan que hemos evolucionado como una especie fundamentalmente social y tenemos el instinto de buscar conexiones sociales. Los biólogos evolutivos argumentan que ser miembros de un grupo fue esencial para nuestra supervivencia, y que nuestra especie desarrolló un miedo a estar aislados[70]. Este miedo provoca una reacción psicológica aguda. Recuerdo lo amenazado que me sentí en una de mis primeras experiencias de rechazo social y los efectos físicos que me causó ese incidente. En un ritual demasiado común en esa época, el instructor de gimnasia de primer curso hizo que dos chicos fueran eligiendo equipos seleccionando entre los alumnos de la clase. Fui el último al que escogieron. Se trata de la primera experiencia de humillación que puedo recordar. Mi reacción fue física además de psicológica: se me encogió el estómago, se me puso la cara roja y me empezaron a sudar las palmas de las manos. Además, la experiencia se convirtió en parte de mi memoria emocional, asentándose en la antigua estructura cerebral de la amígdala, de modo que cada vez que me enteraba de que en la clase de gimnasia se realizaría alguna actividad por equipos tenía una reacción física similar.

En uno de los estudios psicológicos más simples y a la vez más profundos de nuestra época[71], un equipo dirigido por Kip Williams reveló que una forma de rechazo relacionada, aparentemente trivial, afectaba a los adultos. Los participantes jugaban a un videojuego de lanzarse la pelota durante cuatro minutos. El juego se realizaba con los que aparentemente eran dos desconocidos que participaban desde otro terminal instalado en algún otro lugar del mundo. Los jugadores aparecían representados con avatares. Lo que no sabían nuestros participantes era que los otros avatares eran en realidad parte del programa, y los investigadores los habían preprogramado para que en un momento determinado del juego dejaran de pasarle la pelota al participante humano.

¿Cuál fue el efecto observado a lo largo de muchos estudios? En una palabra, como lo expresó Williams: «dolor». En comparación con los participantes que jugaban al mismo juego pero que no eran excluidos, los que sí eran dejados de lado declararon que su sentimiento de pertenencia, su autoestima, su sensación de control y de significado vital eran menores. Además, mostraron una mayor activación de las zonas del cerebro asociadas con el dolor. Aunque algunas personas son menos sensibles al rechazo que otras, los efectos psicológicos de esta experiencia de ostracismo se mantenían para hombres y mujeres, personas nerviosas y tranquilas, extrovertidos e introvertidos. Los efectos se producían incluso cuando los otros jugadores eran descritos como personas a quienes los participantes podrían encontrar repulsivas, por ejemplo, como miembros del Ku Klux Klan. Otras investigaciones mostraron que estas breves experiencias de rechazo pueden poner a las personas en alerta para detectar más rechazos, lo que les lleva a ser hipersensibles a nuevos desaires, como puede ocurrir cuando una amiga dice que nos llamará el fin de semana pero al final no lo hace.

Si las amenazas a la pertenencia que percibimos se vuelven crónicas, los efectos físicos se acumulan[72]. Algunos estudios han revelado que se produce un daño médico acumulativo tras amenazas repetidas a la pertenencia, como puede ocurrir al ser sujetos de una discriminación prolongada. Los genes que estimulan la inflamación se activan; esto es una respuesta biológica a la adversidad que, cuando es crónica, es como un «fertilizante para una muerte prematura», me dijo Steve Cole, un pionero de las investigaciones que relacionan los entornos sociales con la expresión genética. Nuestro sistema nervioso central activa una respuesta a amenazas cuando «percibe» que estamos solos, un mecanismo de supervivencia que eleva la frecuencia cardíaca, la tensión sanguínea y la liberación de hormonas del estrés. La activación crónica de la respuesta a amenazas ayuda a explicar las elevadas tasas de enfermedades cardiovasculares, cáncer y otras enfermedades entre las personas que se ven expulsadas o rechazadas por diversos motivos. Aunque el origen de su desesperación sea diferente, el daño se produce a través de las mismas vías psicológicas y biológicas.

Los efectos de la pertenencia se han medido utilizando un conjunto de métodos sencillos pero potentes[73]. Para aquellos interesados en obtener una buena valoración de su grado de pertenencia, o el grado de otros, ofrezco en mi página web (geoffreylcohen.com) una serie de las mejores encuestas. Un método consiste simplemente en preguntar a la gente cómo de acuerdo o en desacuerdo está con frases como las siguientes:

*Cuando ocurre algo malo, siento que quizá no pertenezca a
[nombre de una escuela o un lugar de trabajo].
Encajo bien en [nombre de una escuela o un lugar de trabajo].*

A veces, los investigadores piden a la gente que responda a preguntas como la siguiente puntuando con cuánta frecuencia se siente de esta forma:

*Cuando piensas en [nombre de una escuela o un lugar de trabajo],
¿con qué frecuencia, si lo haces alguna vez, te preguntas: «Es
posible que no pertenezca a esto»?*

Por simples que parezcan estas mediciones, han sido capaces de predecir gran cantidad de desenlaces vitales en adición a las cuestiones se salud descritas anteriormente, que van desde inscribirse más tarde en una universidad hasta la posibilidad de dejar los estudios, desde la persistencia de las mujeres estudiantes universitarias para conseguir una licenciatura en áreas relacionadas con la ciencia, la tecnología, la ingeniería y las matemáticas (STEM) hasta cómo rendirán en el trabajo los empleados.

Todas estas investigaciones sugieren que tenemos buenos motivos para estar alertas ante las amenazas a nuestra pertenencia. Pero aunque seamos sensibles a lo que pone en peligro nuestra propia pertenencia, tendemos a ser mucho menos conscientes de las amenazas que experimentan otros. Numerosos incidentes en los campus universitarios han demostrado lo repletos que pueden estar de amenazas a la pertenencia, y cómo la medida en que la universidad se siente como un hogar depende de nuestro punto de vista. En 2015 se produjo un llamativo incidente en la universidad de Yale[74]. A la luz de una serie de revelaciones sobre estudiantes universitarios que se pintaban la cara de negro, tanto hace décadas como en los años más recientes, la oficina de diversidad de Yale envió un mensaje general recomendando a los estudiantes que fueran sensibles cuando eligieran sus disfraces de Halloween. Una profesora, Erika Christakis, escribió un e-mail de respuesta en el que argumentaba que los estudiantes deberían ser capaces de disfrazarse como quisieran, pues era una cuestión de libertad de expresión. «Las universidades americanas fueron en el pasado un espacio seguro no solo para la maduración sino para ciertas experiencias regresivas, o incluso transgresoras —escribió—. Parece que se están convirtiendo cada vez más en espacios de censura y prohibición [...] Si no te gusta el disfraz que lleva alguien, aparta la mirada o dile que te ofende».

Muchos estudiantes respondieron con acritud. Uno declaró: «Deberías retirarte. Eres asquerosa. No sé cómo puedes dormir por la noche»[75].

En una confrontación grabada en vídeo, que se hizo viral, el marido de Erika, Nicholas Christakis, fue abordado por un grupo de estudiantes que le exigieron que pidiera disculpas por el mensaje de su esposa, y comprendiera por qué les había hecho daño. En un largo tira y afloja cada vez más acalorado, un estudiante afroamericano le dijo: «Tú [...] no has dicho "os entiendo. Sé que os está haciendo daño, y siento haber sido la causa de que sintáis dolor"». Nicholas respondió: «Pido disculpas por causar dolor, pero no lamento aquel comentario [...] Estoy de parte de la libertad de expresión. Defiendo el derecho de la gente a decir lo que piensa». A partir de ahí, la confrontación no hizo más que escalar, y una estudiante rompió en llanto.

Es duro presenciar tantas emociones en ebullición y ver cómo se logra tan poca comprensión mutua. Entonces, al final de la confrontación, un estudiante exclama: «¡No se trata de crear un espacio intelectual! ¡Se trata de crear un hogar!».

No puedo imaginar un comentario que capture mejor el choque de perspectivas. Para los miembros blancos de la comunidad de Yale es comparativamente fácil ver el campus como una gran mesa de comedor en torno a la cual se reúnen personas iguales, todas sentadas juntas, todas respetadas, que disfrutan la mutua compañía y hablan libremente de cualquier cosa que se les ocurra, como si estuvieran en su casa. Entretanto, para muchos estudiantes pertenecientes a minorías, sentarse a la mesa es un asunto tenso. No saben si son bienvenidos. Una situación que algunos consideran idílica puede estar imbuida de peligro para otros.

En su novela *Vieja escuela*[76], el escritor Tobias Wolff narra cómo un campus que parece «como el hogar» a muchos puede presentar para otros amenazas a la pertenencia sutiles pero poderosas. El narrador es un estudiante que acaba de llegar a una escuela privada, católica y de élite, en 1960. Un día, mientras sube la escalera hacia su dormitorio, va silbando una canción que había oído el verano anterior, mientras trabajaba para un chef alemán. El estudiante ignora que la canción es una marcha militar nazi. Y algo peor: mientras va por la escalera lo oye un conserje judío superviviente del Holocausto. De inmediato llaman al estudiante al despacho del decano. Desesperado por ganarse sus simpatías, le da vueltas a la idea de decirle al decano que su propio padre era judío. Pero al final decide no hacerlo:

No había ningún motivo evidente para ser cauteloso. En el breve tiem-
po que llevaba en la escuela no había visto ningún abuso ni desprecio
manifiesto de ese tipo, y nunca lo vi. Pero me parecía que los mucha-
chos judíos, incluso los que eran populares, incluso los atletas, tenían
como un sutil campo cargado a su alrededor, un aire de distanciamien-
to. Y de algún modo se me había quedado la sensación de que ese dis-
tanciamiento no emanaba de los propios chicos, de cualquier cualidad
o deseo propio, sino de la escuela, como si algún espíritu guardián, in-
diferente a su valía personal, se hubiera alzado de los campos y senderos
y piedras desgastadas para infundirles ese distanciamiento.

¿Todo eso son imaginaciones suyas? No ve ningún abuso claro ni expresiones de antisemitismo. Los judíos están integrados como atletas y
chicos populares. Quizá haya indicios de antisemitismo que el narrador
percibe. Puede que incluso sienta algún distanciamiento, alguna percepción de él mismo como «otro» que es un figmento de su propia imaginación. Pero como capta Wolff, el sentimiento de no pertenencia puede
ser casi por entero atmosférico: un indefinido «aire de distanciamiento»
que sentimos, cuya fuente no podemos señalar. El narrador es consciente
de la larga y dolorosa realidad del antisemitismo, y por tanto está alerta
ante su posibilidad. No *siente* el campus como su hogar de la misma forma que lo sienten los muchachos católicos.

Una amplia serie de investigaciones descubrieron que los estudiantes
experimentan gran cantidad de prejuicios e insensibilidades en los campus universitarios de la actualidad[77], y no solo se trata de estudiantes de
color. Una amiga mía ha estado interesada en estudiar química orgánica
en la universidad, de modo que fue a hablar con el jefe de departamento
para dedicarse a ello. La primera pregunta de este fue: «¿Por qué una chica guapa como tú está pensando en estudiar química orgánica?». El jefe
de departamento podía creer que estaba haciéndole un cumplido, pero
como resultado de aquel único encuentro, mi amiga no volvió a pisar el
departamento de química, a pesar de que le encantaba el tema.

Aunque las situaciones están «ahí fuera» delante de nuestros ojos,
se experimentan detrás de ellos. Gran parte de su impacto depende

del significado que les demos. En el caso de mi amiga no fue solo el comentario objetificador del profesor lo que causó daño, sino el significado que ella le adjudicó. Me dijo que se preguntó si aquel comentario sería el proverbial humo por el que se sabe dónde está el fuego, un indicio temprano del sexismo que se podría esperar si emprendía sus estudios de química. Era muy consciente del problema del sesgo hacia las mujeres en carreras STEM. De hecho, hay investigaciones que muestran que esa consciencia es suficiente para erosionar la confianza de las mujeres y su entusiasmo por dedicarse a trabajar en esos campos[78].

Es demasiado fácil considerar que ese tipo de respuestas son reacciones exageradas. Pero el significado de la situación no es algo que podamos escoger por nuestra cuenta. Cuando dos personas ven una misma situación de formas diferentes, a menudo se debe a que están literalmente en situaciones distintas a la luz de su conocimiento y sus experiencias pasadas. Tomemos por ejemplo el caso de un restaurante situado en un barrio predominantemente blanco en la época anterior a los derechos civiles. Muchos comensales blancos entrarían sin pensárselo dos veces, pero para una pareja negra, ese mismo restaurante sería un lugar amenazador.

Incluso en la actualidad, demasiados entornos sociales son comprensiblemente amenazadores para las minorías, de formas que las personas blancas tienen dificultades para percibir. En un estudio de 2021, se mostró a estadounidenses blancos y negros una fotografía de una mansión de la época anterior a la Guerra Civil norteamericana, alzada en una plantación en la que habían trabajado esclavos[79]. De manera nada sorprendente, los participantes negros comentaron que no se sentirían cómodos viviendo en aquella casa. Cuando se les preguntó qué pensaban, la mayoría mencionó la esclavitud. Pero los participantes blancos previeron que se sentirían a gusto y cómodos en aquel lugar. Pocos mencionaron la esclavitud; en vez de eso hicieron comentarios como «me encantan las columnatas y la pintura blanca». Aunque los dos grupos estaban viendo el mismo edificio físico, psicológicamente se trataba para ellos de una experiencia muy diferente.

Como veremos, a pesar de las fuerzas formidables de la historia y la cultura que modelan las percepciones de las personas aquí y ahora,

seguimos teniendo cierto margen para definir el significado de las situaciones para nosotros y para los demás.

Según los psicólogos sociales, la mayoría de los comportamientos son
adaptaciones a la situación. Hacer que las situaciones sean de verdad más
equitativas es una misión fundamental del modelado de situaciones. En
los recursos humanos y materiales asignados a las escuelas de los barrios
desfavorecidos debería aplicarse un estándar superior al de las escuelas de
las comunidades más acomodadas. Los lugares de trabajo pueden hacerse
más diversos, con equipos de gestión que reflejen la demografía de nuestra sociedad.

Pero mientras intentamos mejorar las situaciones de este modo, a
gran escala, también tenemos que prestar atención a los significados que
tienen las situaciones para las personas. Incluso los intentos de apoyar a
las personas mejor intencionados y con mejores recursos pueden resultar
decepcionantes si transmiten —o no consiguen refutar— mensajes incorrectos sobre la pertenencia. El programa Moving to Opportunity (un
proyecto de mejora de alojamientos) proporcionó a un grupo aleatorio de
familias de bajos recursos la oportunidad de trasladarse a barrios menos
empobrecidos, lo que permitiría que los niños asistieran a escuelas mejor
financiadas[80]. Este programa tuvo muchos efectos positivos años más tarde, y algunos estudiantes tuvieron más posibilidades de ir a la universidad
y ganar salarios más altos. Pero los efectos que se esperaba que tuviera al
principio en los exámenes académicos de los niños no se materializaron, y
resultó que los niños que se trasladaron tenían más posibilidades de participar en actividades delictivas no violentas que los del grupo de control.
Aunque no sabemos con seguridad qué causó ese efecto, un motivo puede ser que muchos de esos estudiantes se sentían inseguros de su pertenencia a los nuevos barrios y escuelas.

Aunque la pertenencia puede descarrilarse fácilmente, también puede
afirmarse con la misma facilidad. Cuando yo era un profesor asistente
lleno de dudas, descubrí que una breve conversación estimulante con un

estudiante o un e-mail que mencionara lo mucho que alguien disfrutaba mis clases bastaban para tranquilizarme. Esos pequeños momentos de conexión pueden tener efectos enormes. En un estudio creativo realizado por Kent Harber y sus compañeros[81], se pidió a unos voluntarios que imaginaran que cargaban con una mochila pesada y que estimaran lo empinada que era una colina que tenían delante. Cuando estaban con un amigo, les parecía que la cuesta era más suave que cuando estaban solos. Y si estaban solos, la cuesta les parecía menos empinada si se les decía que pensaran en algún amigo. En una serie de experimentos dirigidos por Greg Walton, experiencias fugaces y aparentemente intrascendentes transmitían un sentimiento de pertenencia[82]. Cuando se hacía creer a unos estudiantes universitarios que compartían cumpleaños con un estudiante de matemáticas, tenían una mayor sensación de que podían dedicarse a las matemáticas e incluso se esforzaban más para resolver un rompecabezas matemático que los estudiantes que creían que tenían un cumpleaños diferente.

Me ha sorprendido el paralelismo entre las formas en que podemos crear un entorno acogedor y las formas de hospedar una reunión social. Todos sabemos lo que es ir a un evento y sentirse como un extraño. Como saben los buenos anfitriones, no importa lo encantadora que sea la fiesta ni lo maravillosos que sean los invitados: si uno no se siente cómodo, bien podría haberse quedado en casa. Quizá acabemos de mudarnos a otra zona o empezado un nuevo empleo. La fiesta es una gran oportunidad para relacionarnos con los nuevos vecinos o compañeros de trabajo, pero nos preocupa la impresión que causaremos. Esta preocupación puede estar motivada por malas experiencias que hayamos tenido en otras fiestas en el pasado. Podemos sentir inseguridad sobre si encajamos porque la invitación ha llegado tarde y nos preguntamos si de verdad nos quieren ahí, o quizá porque no hemos llevado ningún plato a lo que descubrimos al llegar que se trata de una comida informal donde todos aportan algo, o incluso simplemente porque hemos tropezado en la puerta al entrar en la casa. (Me han pasado todas esas cosas). Un buen anfitrión puede marcar toda la diferencia en la experiencia que tendremos, recibiéndonos con una gran sonrisa y una calurosa palmada en la espalda incluso si cruzamos la puerta dando tumbos. El anfitrión puede presentarnos a los invitados y mencionar algún tema de interés común para ayudar a arrancar la conversación. Ahora, la fiesta parece más acogedora y los otros invitados, menos intimidadores. Empezamos las conversaciones con más confianza y disfrutamos conociendo a la gente. Si percibimos un desaire por parte de uno de los invitados, no nos amenaza con tanta intensidad como si nos sintiéramos incómodos. En las escuelas, los lugares de trabajo y otros entornos sociales, todos podemos hacer nuestra parte para actuar como buenos anfitriones.

Greg Walton y yo diseñamos una intervención sabia para abordar los sentimientos de las personas sobre su pertenencia cuando entran en una situación nueva[83]. La intervención proporciona unos resultados tan buenos que se emplea en muchas universidades, institutos y escuelas de todo el país, además de en escuelas de posgrado y en lugares de trabajo.

Queríamos descubrir si podíamos ayudar a combatir los efectos de la incertidumbre de pertenencia, para ayudar a los estudiantes de color a ver bajo una luz diferente los desaires y adversidades cotidianos que casi todos experimentamos alguna vez. Sabíamos que el problema de la discriminación debía ser combatido de frente y con energía por el gobierno, el sistema educativo y todos los hogares. Al ayudar a los estudiantes a reforzar su sentimiento de pertenencia, a pesar de las amenazas que sufría, pensamos que podíamos ayudarlos a abrirse camino con más confianza por este territorio traicionero.

Para obtener una impresión de cómo era la vida en el campus para los estudiantes de primer curso, pedimos a un amplio abanico de individuos de todo tipo de procedencias que llevaran durante una semana un diario en el que debían anotar las experiencias más importantes de cada día, muchas de las cuales podrían amenazar su sentimiento de pertenencia. Esto es un ejemplo de anotaciones de diferentes participantes:

El profesor me devolvió mi artículo cubierto de marcas rojas.
Todos salen sin mí, y no me tienen en cuenta cuando hacen planes.
El profesor canceló la reunión que teníamos programada.
Un compañero no me contestó al e-mail.

No he tenido ninguna cita.
Nadie me reconoció en la cena de la entrega de premios.
Me dejó mi novia.
Mi novio no me llama.

Por supuesto, no todas las adversidades eran de tipo social:

Estoy escribiendo un artículo que tengo que entregar mañana y estoy
  bloqueado.
He encontrado un ratón muerto debajo de mi pila de ropa.

Al final de cada día enviábamos a los estudiantes un e-mail pidiéndoles que apuntaran un número del 1 al 10 para indicar cómo de malo había sido el día. También rellenaron una pequeña encuesta sobre hasta qué extremo sentían que encajaban en el campus.

Analizamos los diarios y descubrimos una pauta. Aunque en general no había diferencia en el número de experiencias desmotivadoras reportadas por los diferentes grupos étnicos, estos incidentes parecían tener un efecto más dañino en los estudiantes negros, lo que socavaba su sentimiento de pertenencia. El sentimiento podía elevarse si tenían un buen día, pero volvía a caer al siguiente día malo. Era como si la pertenencia de los estudiantes negros estuviera constantemente sometida a juicio, lo que hacía su experiencia del campus más peligrosa y agotadora. Con los estudiantes blancos no existía correlación entre las adversidades diarias y su sentimiento de pertenencia.

Walton y yo decidimos buscar maneras de ayudar a los estudiantes negros a no asociar las experiencias negativas con la idea de que no encajaban. Nos basamos en investigaciones que mostraban que una parte poderosa de nuestra situación son las historias que oímos. Las historias nos dicen qué esperar, qué es «normal» y qué es posible. Nos dan esperanza, especialmente cuando nos sentimos decaídos y aislados, afligidos por el sentimiento de que somos los únicos que sufren.

La primera consideración era el tiempo. Reclutamos a un grupo de estudiantes que se encontraban al final de su primer y estresante año en el campus; la muestra incluía estudiantes blancos y negros. Nos figuramos que tendríamos mucha más influencia en un momento temprano de la transición a la universidad que en un momento más tardío. Si al principio tenemos unos cuantos buenos encuentros, esto nos dispone a tener una experiencia positiva. Pero si se nos deja de lado, es más probable que empecemos a preguntarnos si pertenecemos a aquello. El primer año en la universidad es como una plataforma de lanzamiento para el resto del tiempo que pasemos allí: los amigos que hagamos, los profesores que tengamos, las clases que demos.

Pedimos a los estudiantes que fueran al departamento de psicología para un estudio de una hora sobre «actitudes y experiencias» en su facultad. Les dijimos que queríamos su ayuda para interpretar algunos resultados de una encuesta realizada a los estudiantes y para crear materiales para ayudar a los estudiantes futuros a prepararse para la experiencia universitaria. Esto los reafirmó y los situó en un papel empoderado.

En la primera parte del estudio les pasamos una serie de historias para que las leyeran, basadas en historias escritas por estudiantes más avanzados de su facultad. Este es un ejemplo:

Al principio mi transición aquí fue bastante cómoda. Salir por el viejo campus era agradable y divertido, y conocí pronto a mucha gente. Después de las vacaciones de Navidad, las cosas se pusieron más duras porque me di cuenta de que todos mis buenos amigos de verdad estaban en casa y en la facultad no tenía amigos así. Sin embargo, decidí que en vez de buscar amigos debía centrarme en mis intereses y dejar que las cosas fueran encajando. Me apunté a actividades extracurriculares, y conocí a gente que tenía intereses comunes y perspectivas únicas. También conocí a gente en las clases, y algunos compañeros de estudios se convirtieron en buenos amigos. Encontré una zona de confort explorando mis intereses y dando el salto a una vida activa aquí. Pero esto llevó tiempo, y antes de encontrar mi nicho hubo momentos en que me sentí bastante sola. (Participante número 77, mujer blanca).

Como se trataba de estudiantes universitarios, pensamos que las lecciones de las historias se reforzarían con datos científicos. Compartimos los resultados de una encuesta que habíamos realizado, que revelaban que la mayoría de los alumnos de cursos avanzados se habían preguntado, cuando eran estudiantes de primer año, si realmente encajaban allí. La mayoría se había sentido intimidada, como si fueran impostores; muchos se preguntaron en algún momento si su admisión no habría sido un error. Los participantes leyeron estos resultados como parte de un resumen de la encuesta. Este es un ejemplo:

73 %-86 % de los estudiantes avanzados reportaron que durante su primer año:

- «A veces» o «con frecuencia» les preocupaba si otros estudiantes los aceptarían en el contexto de las clases y los trabajos de curso.
- «A veces» o «con frecuencia» les preocupaba si otros estudiantes de [nombre de la facultad] valoraban sus capacidades de forma negativa.
- «A veces» o «con frecuencia» se sentían intimidados por los profesores.

Los estudiantes que habían tenido esas dudas se pudieron dar cuenta de que tales dudas eran habituales entre la mayoría de los que entraban en la universidad. Para los estudiantes negros fue especialmente beneficioso descubrir que los estudiantes blancos tenían esas mismas dudas. En nuestra investigación habíamos descubierto que los estudiantes negros tendían a interpretar su incertidumbre de pertenencia como algo nacido de ser una minoría en el campus. El material les mostró que dudar de la pertenencia a la universidad es un sentimiento que comparte casi todo el mundo, no solo los miembros de grupos concretos.

También usamos estadísticas para reforzar otro mensaje que había estado integrado en nuestras historias: con tiempo y esfuerzo, la mayoría de los estudiantes llegaba a sentir pertenencia. Por ejemplo:

82%-97% de los estudiantes avanzados reportan que, desde su primer año:

- Su comodidad en el entorno académico en [nombre de la facultad] ha mejorado «algo» o «mucho».
- Se sienten «confiados» o «seguros» de que la mayoría de los demás estudiantes los acepta en el contexto de las clases y los trabajos de curso.
- Se sienten «confiados» o «seguros» de que otros estudiantes de [nombre de la facultad] valoran sus capacidades de forma positiva.
- Se sienten «confiados» o «seguros» de que los profesores de [nombre de la facultad] los aceptan.

En conjunto, los participantes llegaron a ver las perspectivas ocultas de un grupo de referencia: sus compañeros. Las historias y garantías no procedían de profesores o administradores, personas que estaban fuera de su grupo de referencia. Al conocer estas nuevas perspectivas, los estudiantes pudieron contemplar de forma un poco diferente sus adversidades en el campus, como una parte normal de su adaptación a la universidad. Al igual que los ánimos que recibimos de un amigo cercano en un momento en que nos sentimos a la deriva, el mensaje de nuestro estudio pretendía hacer que las personas se sintieran menos como un barco perdido en el mar y más como compañeros de viaje que daban los primeros pasos en un trayecto lleno de posibilidades. Las historias convirtieron la incertidumbre sobre su pertenencia en una base para la conexión en vez de una fuente de vergüenza.

Entonces, como parte final del estudio, tomamos prestada otra página del trabajo de Lewin: pedimos a los estudiantes que participaran. Les preguntamos de qué forma la información que leían reflejaba su propia vida en la universidad. Les pedimos que compartieran las experiencias que habían tenido a lo largo de su primer año en el campus. Les dijimos que podían escribir un ensayo y, si así lo deseaban, leerlo mientras los grabábamos en vídeo para que lo vieran futuros estudiantes. Casi todos optaron por grabar el vídeo. Walton y yo incluimos esos elementos participativos en el procedimiento con el fin de animar a los estudiantes a que hicieran propias las ideas obtenidas en el estudio. De hecho, la investigación mostró que aunque recibir consejos motivadores sobre cómo ir mejor en la universidad tiene poco efecto, *dar* consejos produce resultados maravillosos; los estudiantes sacaban mejores notas cuando daban consejos académicos a otros[84].

Para poder medir el impacto de esta intervención sabia en los estudiantes, hicimos que un grupo de control leyera y respondiera a las reflexiones de los estudiantes mayores sobre cómo los puntos de vista políticos de los estudiantes universitarios podían cambiar con el tiempo, sin comentarios relacionados con la pertenencia. En comparación con este grupo de control, nuestra intervención sabia aumentó el sentimiento de pertenencia a la universidad reportado por los estudiantes negros, mientras que no tuvo efecto en el reportado por los estudiantes blancos. Nuestra interpretación de estos resultados es que, para los estudiantes negros, su incertidumbre de pertenencia nacía en gran parte de su experiencia de ser una minoría en el campus y de enfrentarse al estereotipo racial que insinuaba que «las personas como yo no pertenecen a este lugar». La intervención proporcionó a los estudiantes una comprensión alternativa de su incertidumbre de pertenencia: la mayoría de la gente (no solo los negros) la siente hasta cierto punto.

En comparación con los estudiantes negros del grupo de control, los receptores de nuestra intervención sabia estuvieron también más abiertos a correr riesgos intelectuales. Tras revisar un catálogo de cursos de su facultad, acompañado de comentarios de los estudiantes, fueron más los que expresaron un mayor interés en asistir a cursos exigentes que serían un desafío pero que también los enriquecerían y los harían crecer, en contraposición a los cursos «fáciles» que garantizaban una buena nota pero que aparte de eso no ofrecían gran cosa.

Pero los mayores beneficios de la intervención aparecieron cuando esta finalizó y los participantes la integraron en su vida. Los participantes siguieron manteniendo diarios de adversidades cotidianas, y cuando analizamos esos comentarios posteriores, descubrimos que el sentimiento de pertenencia de los estudiantes negros estaba menos ligado a las adversidades del día a día. Seguían experimentando los mismos sucesos descorazonadores, pero, al parecer, los contemplaban bajo una lente distinta.

La intervención sirvió también como una plataforma de despegue de oportunidades, produciendo más efectos duraderos. Más estudiantes negros del grupo de la intervención empezaron a buscar la asistencia de consejeros y profesores para sus trabajos, y más empezaron a encontrar tutores. Parecían estar psicológicamente más dispuestos a abrazar las oportunidades que ofrecía la universidad. Hay investigaciones que han mostrado que una relación de tutoría duradera con un adulto del campus es uno de los determinantes más poderosos del éxito en la universidad y después de ella. Esto puede ayudar a explicar por qué, tres años más tarde, descubrimos para nuestra sorpresa que los estudiantes negros que recibieron nuestra intervención consiguieron una nota media acumulada final más alta en comparación con los estudiantes negros del grupo de control, reduciendo a la mitad la diferencia entre sus notas y las de los estudiantes blancos.

Y hay más: una investigación dirigida por Shannon Brady siguió la pista a esos estudiantes durante más de una década, y descubrió que muchos de los estudiantes negros del grupo de la intervención mantuvieron el contacto con sus tutores mucho tiempo después de haberse graduado[85]. Una estudiante contó una historia conmovedora sobre cómo su consejero de la universidad había volado hasta Polonia para asistir a una ponencia que ella presentó en una conferencia resumiendo su investigación de posgrado. Además, aunque los estudiantes del grupo de la intervención no acabaron en trabajos más lucrativos o prestigiosos —quizá porque prácticamente toda nuestra muestra, al proceder de una universidad selecta, acabó teniendo buenas carreras profesionales—, sí reportaron que encontraban sus carreras más satisfactorias, menos estresantes y más significativas. Y estaban más implicados en sus comunidades, y eran más felices.

Esta intervención sabia, que Walton y yo denominamos «intervención de pertenencia social», no refuerza las habilidades o el valor de los estudiantes; asume que estos ya tienen esas cosas. La intervención no es la *causa* del éxito de los estudiantes, es un catalizador de este.

Los efectos de las intervenciones sabias son semejantes a los de las pequeñas intervenciones que tienen efectos enormes que aparecen en historias de ciencia ficción como el relato «El ruido de un trueno», de Ray Bradbury[86]. Un viajero temporal va a la prehistoria y accidentalmente pisa una mariposa. Aunque es solo una «cosa exquisita, una cosa pequeña», la muerte de la mariposa cambia el curso de la civilización. Como escribe Bradbury, es simplemente esa cosita que puede «alterar el equilibrio y derribar una fila de fichas de dominó y luego unos dominós más grandes y luego unos dominós gigantes, con el paso de los años en la línea del Tiempo». Las intervenciones sabias son, idealmente, la cosita correcta, justo la que necesita psicológicamente una persona específica en un momento y un lugar específicos para emprender un camino mejor.

Cuando Walton y yo publicamos estos resultados se armó un buen revuelo, y algunos investigadores pusieron en duda nuestros descubrimientos. Pero bajo la dirección de Walton y otros dos psicólogos sociales, David Yeager y Shannon Brady, esta intervención ha sido administrada desde entonces a estudiantes de alrededor de cuarenta universidades y colegios universitarios de todo el país, y los resultados se han repetido consistentemente[87]. Estas intervenciones colectivas han tenido como resultado un incremento del 13 % en las inscripciones universitarias a tiempo completo entre los jóvenes urbanitas de procedencia pobre admitidos en la universidad, y un descenso del 35 % en la diferencia de logros entre estudiantes procedentes de entornos desfavorecidos y estudiantes procedentes de entornos acomodados. Los beneficios se producen con distintas causas de desventaja, no solo de raza sino también de clase social. Según un informe de 2020, los estudiantes con sobrepeso, que se enfrentan al estigma de la obesidad, se benefician también, y no solo en términos de notas más altas, sino que debido a la conexión entre el estrés y el sobrepeso acababan alcanzando un índice de masa corporal menor. También se han producido beneficios llamativos entre mujeres y miembros de minorías étnicas en los cursos de ciencias universitarios, cuando comparten sus historias unos con otros, reduciendo la diferencia de logros tanto en las notas conseguidas como en la persistencia para seguir la ruta científica.

La intervención no tiene como objetivo ayudar solo a personas de grupos desfavorecidos o minoritarios. Es una intervención de propósito general aplicable a cualquiera que esté luchando contra la incertidumbre sobre si se pertenece a algo.

Consideremos, por ejemplo, esa etapa vital que está definida por la incertidumbre de pertenencia: la adolescencia. Son demasiados los niños que dan un mal giro a esta edad, buscando estima y pertenencia mediante la participación en conductas irresponsables junto a sus pares. Cuando realizamos la intervención con estudiantes de secundaria, usando un lote nuevo de historias que recogimos de adolescentes de más edad y más curtidos, obtuvimos efectos positivos parecidos[88]. George Borman y su equipo consiguieron resultados más impresionantes todavía; probaron la intervención de pertenencia social en un distrito escolar entero, no solo una vez sino dos, en dos experimentos realizados en dos distritos diferentes, con más de un millar de estudiantes repartidos entre siete y once centros distintos. La intervención aumentó la nota media final de los alumnos de sexto y séptimo grado y redujo los incidentes disciplinarios y el absentismo; y esto ocurrió con estudiantes de todos los grupos étnicos. En comparación con un grupo de control, los estudiantes que completaron la intervención tuvieron un sentimiento de pertenencia a la escuela más fuerte, confiaron más en los profesores y desearon más tener éxito en los estudios; estos efectos persistieron a lo largo de todo el calendario académico. En conjunto, se evitaron literalmente cientos de ausencias e infracciones disciplinarias gracias a la intervención (los investigadores estimaron 545 y 507, respectivamente). Una intervención similar mejoró la persistencia académica de los refugiados de Oriente Medio que vivían en Europa[89].

La intervención de pertenencia social también puede ayudar a los empleados cuando llegan a un trabajo nuevo. Hace unos años, Google nos buscó a Walton y a mí y nos pidió una consultoría para crear una intervención parecida dirigida a la incertidumbre de pertenencia de las mujeres de la empresa. Aceptamos. Aunque no llegamos a revisar nosotros mismos los datos, Google nos comunicó que la investigación interna de la empresa mostraba que las nuevas empleadas mujeres tendían a desmoralizarse en los primeros nueve meses, mientras que eso no ocurría con los nuevos empleados varones; al implantar la intervención desapareció la caída de moral entre las mujeres contratadas.

Las intervenciones sabias son solo herramientas para modelar situaciones. Están lejos de ser un curalotodo. Ninguna es una solución única que pueda proteger a un individuo de una tormenta de malos tratos, sesgos y discriminaciones. Pero en un entorno donde se presentan oportunidades auténticas, tienden a causar un efecto acumulativo debido a que ayudan a las personas a ver las situaciones que se encuentran como algo que les ofrece más oportunidades para ejercitar sus talentos, para construir relaciones positivas y para recibir el apoyo y el respeto que esperaban. Estas intervenciones pueden poner en marcha un ciclo virtuoso de refuerzo positivo [90], lo que ayuda a las personas a reforzar progresivamente y proteger su sentimiento de pertenencia mucho tiempo después de que la intervención haya finalizado. De hecho, encontramos este ciclo virtuoso en muchos estudios sobre intervenciones sabias, especialmente cuando estas cumplen los requisitos de las tres T del modelado de situaciones: el mensaje psicológico adecuado (personalización; *tailoring*) se produce para la persona o personas adecuadas (selección de objetivo; *targeting*) en el momento adecuado (oportunidad; *timeliness*). Bajo estas condiciones, es más probable que una intervención sabia produzca una auténtica conexión con la vida de las personas.

La metáfora de la protección de los individuos contra el clima adverso sigue siendo útil. Podemos hacer mucho para escudar a las personas de las situaciones adversas que afrontan aquí y ahora. La directora de una empresa importante de Silicon Valley me habló sobre sus primeros tiempos mientras ascendía por las filas de una gran empresa tecnológica. Había leído algunos de mis artículos, y me comentó que «tu investigación es la historia de mi vida». Me contó una experiencia que creía que había representado una gran diferencia en la dirección de su carrera. Estaba a punto de hacer una presentación a los accionistas. Sentía que aquel era un momento «o triunfas o lo dejas» de su carrera. Era muy consciente del hecho de que era una de las pocas líderes femeninas en ascenso dentro de la industria en aquella época, lo que amplificaba su estrés y las dudas sobre su pertenencia. Mientras esperaba a que la presentaran, el director se acercó a ella, la miró a los ojos y le dijo: «Estás cambiando esta empresa». Solo cuatro palabras, pero fueron poderosas, me contó.

El comentario del director, el charette de C. P. Ellis, los pequeños grupos de niños y las amas de casa de Lewin y las intervenciones de pertenencia social para estudiantes y empleados son casos que modelan situaciones, solo en detalles pequeños, pero de una forma poderosa, para hacer que estas sean menos amenazadoras y más inclusivas, permitiendo que personas procedentes de diferentes aspectos de la vida se sientan más apreciadas, respetadas y capaces de aportar algo. Estas y otras intervenciones sabias ayudan a las personas a darse cuenta del potencial que ya está presente en ellas y en su entorno. A veces podemos cambiar aspectos de la situación física para estimular la pertenencia; a veces, no. Pero mientras seguimos explorando, casi siempre podremos ayudar a las personas a aplicar una nueva lente mental a su situación, de manera que esta sea menos amenazadora para su sentimiento de pertenencia.

Parte II

Causas y remedios

3

El pernicioso poder del Nosotros contra Ellos

Por qué buscamos la pertenencia excluyendo a otros

Paige era una del puñado de estudiantes judíos que había en su clase. Estaba emocionada por haber sido admitida en una selecta escuela especializada, en el noveno curso. Pero poco después de entrar en ella en 2016, dos compañeros de clase varones perpetraron un montaje antisemita. Uno le sacó al otro una foto en la que aparecía tumbado en la playa junto a las palabras «I h8 Jews» («Odio a los judíos») escritas en la arena. A continuación, enviaron la fotografía a un grupo de compañeros de clase, incluida Paige. Cuando esta vio la foto tiró el teléfono, disgustada. Cuando sus padres vieron lo que la había alterado, denunciaron la foto al director de la escuela[91].

Paige había visto ya otras señales de antisemitismo en la escuela. Algunos compañeros tenían esvásticas dibujadas en los cuadernos. Una vez había oído a unos estudiantes llamar «asqueroso judío» a un profesor. Un grupo de compañeros se había dedicado ostentosamente a leer el *Mein Kampf* de Hitler en la cafetería a la hora de comer. Algunos habían contado chistes despectivos sobre los judíos estando Paige delante. En respuesta a la fotografía «I h8 Jews», un estudiante había comentado que sería una foto estupenda para la portada del anuario. El antisemitismo no parecía ser solo un aura que emanaba sutilmente alrededor del colegio, como describió Tobias Wolff en *Vieja escuela*, sino algo que parecía una tendencia.

El director aplicó a los dos chicos algunas medidas disciplinarias, pero, según informó el *New York Times*, no se tomó ningún otro tipo de medida abordando el tema del antisemitismo en la cultura estudiantil. No hubo ninguna convocatoria de toda la escuela, y no se intentó realizar ninguna de las intervenciones (de las que ya hablaremos) que garantizaban la reducción de los acosos y los prejuicios. Antes del incidente, la dirección de la escuela parecía haber seguido el enfoque *laissez-faire* que Lewin demostró que podía llevar al caos, y la situación se fue volviendo cada vez más perturbadora para Paige. La dirección podría estar considerando el problema como una cuestión de unos cuantos alborotadores —suscribiendo la teoría de la «manzana podrida»— en vez de una cuestión de clima social. Los amigos de Paige la rechazaron y otros estudiantes le hicieron el vacío, afirmando que los ofendía que ella se hubiera molestado. Era solo una broma, decían, y ella había reaccionado de forma exagerada. También había quebrantado el código social de los estudiantes: no hay que «chivarse» a los adultos. Cerraron filas a la hora de excluirla.

Como ocurre con muchos conflictos, este fue en ascenso; lentamente al principio cuando los padres de Paige exigieron una respuesta por parte de la escuela, pero acalorándose después cuando la escuela apenas hizo nada y los padres decidieron demandarla. El despacho del fiscal general del Estado realizó una investigación. Cuando la cobertura mediática llegó al ámbito nacional, se anularon las admisiones en la universidad de los dos muchachos. En cuanto a Paige, dijo de su escuela que «sabía que no encajaba allí». Al año siguiente se trasladó a otra escuela. Los partidarios de ambos bandos se quedaron con el remordimiento y la confusión por el hecho de que las cosas se hubieran inflamado tanto.

Cuando leí sobre este incidente pensé que la demostración insensible de antisemitismo por parte de los estudiantes ilustraba una paradoja: nos dedicamos a excluir con el fin de sentirnos incluidos. O, como dijo Peter Gabriel en su canción «Not One of Us»: «¿Cómo podemos estar dentro si no hay un exterior?»[92]. Al parecer, expresar antisemitismo se había vuelto popular en aquella escuela; se había convertido en un medio para adquirir capital social y pertenencia[93]. Si se acepta la palabra de los estudiantes que protestaron por la respuesta de Paige y nos creemos que no albergaban creencias antisemitas, entonces parece que estaban motivados por el deseo de ajustarse a las normas de pertenencia que prevalecían entre sus iguales. Este deseo, tal como demuestra un amplio corpus de investigación sobre psicología social, está en la raíz de gran cantidad de comportamientos del tipo Nosotros-contra-Ellos que causan mucho daño.

Teniendo en cuenta las guerras, genocidios y otros enfrentamientos violentos que mancillan gran parte de la historia de la humanidad, es fácil creer que las personas se ven impulsadas de forma innata a dividir el mundo entre un Nosotros y un Ellos, y a degradar, atacar y matar a quien es visto como uno de Ellos. Thomas Hobbes comparó la vida social con una «guerra de todos contra todos». Sigmund Freud argumentó que bajo la punta del iceberg de la consciencia humana yace un turbulento *id* en la mente subconsciente. Adhiriéndose a estas ideas, el héroe del clásico de la ciencia ficción *Planeta prohibido* le increpa a su némesis, un científico fanático con una fe exagerada en el poder de la razón, que «todos los hombres son monstruos en su mente subconsciente, doctor Morbius»[94]. Desde esta perspectiva, el papel principal de las normas sociales y las leyes es poner coto a nuestros impulsos dañinos innatos.

Más recientemente, los biólogos evolutivos han argumentado que la selección natural nos ha criado para formar grupos y para considerar instintivamente una amenaza a aquellos que percibimos como ajenos al grupo. El biólogo Robert Sapolsky relaciona la agresión con la amígdala, una estructura incrustada profundamente en el cerebro que está implicada en el procesamiento de las amenazas. «Desde las barbaridades inmensas y sobrecogedoras hasta los incontables alfilerazos de la microagresiones —escribe en su fascinante libro *Compórtate*—, el Nosotros contra Ellos ha producido océanos de dolor[95]. Aun así, nuestro objetivo genérico no es "curarnos" de la dicotomía Nosotros/Ellos. Es algo que no se puede hacer, a menos que destruyamos la amígdala, y en ese caso todo el mundo nos parecerá un Ellos». Continúa describiendo cómo nuestro «cerebro forma dicotomías Nosotros/Ellos [...] a una velocidad asombrosa». Incluso una «exposición de cincuenta milisegundos a la cara de alguien de otra raza activa la amígdala».

Una de las fuentes de pruebas citadas a menudo que apoya el argumento de un impulso básico de crear dicotomías Nosotros/Ellos es un estudio de 1971 realizado por el psicólogo polaco Henri Tajfel, un judío que combatió en la Segunda Guerra Mundial como soldado del ejército francés y fue prisionero de los nazis[96]. Tajfel quería entender cómo las personas podían ser capaces de mostrar la detestable fidelidad a un grupo que habían mostrado los perseguidores nazis. Para buscar la respuesta diseñó una especie de placa de petri enrarecida: una situación en la que los participantes del estudio no estarían bajo ninguna presión social para alinearse en grupos. El objetivo era ver si el impulso de aliarse con un grupo era tan fuerte que surgiría incluso cuando los grupos estaban basados en distinciones arbitrarias e intrascendentes: en la situación que creó Tajfel no existía ninguna historia previa de conflictos entre los grupos, ninguna interacción dentro del grupo o entre grupos, y ningún interés personal ni otras razones objetivas para favorecer a un grupo sobre el otro.

Tajfel reunió en su laboratorio a muchachos de catorce y quince años procedentes de una escuela pública de los arrabales de Bristol (Inglaterra). Se les dijo que el examinador que dirigía el estudio estaba investigando el tema banal de cómo la gente formaba sus juicios. En una de las tareas presuntamente relacionadas con los juicios, utilizada en diferentes estudios, se mostraban en una pantalla matrices de puntos que luego desaparecían. Se pidió a los muchachos que estimaran el número de puntos y escribieran en secreto la respuesta. Después se los dividió en dos grupos, y se les dijo que estaban siendo separados según las respuestas que habían dado. Una valoración de las respuestas, se les dijo, había mostrado que algunos subestimaban sistemáticamente el número de puntos, mientras que los otros lo sobreestimaban. También se les dijo que aquella era la base de la división en dos grupos: subestimadores y sobreestimadores. Tras llevarlos a un cubículo privado, a cada uno se le decía a qué grupo pertenecía. Un elemento esencial del diseño del estudio era que a los muchachos se les decía también que ninguno de los dos grupos era en conjunto más preciso que el otro. Tajfel quería que pensaran que no había ninguna base objetiva para sentirse orgullosos de estar en el grupo en que estaban. Sin que los participantes lo supieran, la asignación a los grupos era totalmente aleatoria.

A pesar de todo, cuando se les pedía que asignaran privadamente recompensas y castigos monetarios a los otros —sobre una base absolutamente anónima; lo único que conocían de los demás era a qué grupo pertenecían—, los muchachos tendían a premiar con más dinero a aquellos que estaban en su mismo grupo. En el caso de algunos participantes, ese favoritismo bordeaba lo perverso. Cuando se les presentaba la posibilidad de que los dos grupos consiguieran en conjunto bastante más dinero, pero con el detalle de que el grupo propio conseguía un poco menos que el contrario, optaban por una segunda opción: los dos grupos recibían menos dinero en conjunto pero el grupo propio recibía un poco más que el otro. Los muchachos estaban dispuestos a sacrificar una ganancia adicional solo para que los «otros» construidos artificialmente no obtuvieran más que ellos.

Muchos estudios posteriores han reproducido estos resultados, con variaciones en el montaje situacional[97]. Inspirado por esta investigación, le pregunté una vez a mi hija de cinco años si prefería que le diera a ella cinco dólares, y diez a su hermano, o un dólar a ella y cincuenta céntimos a su hermano. Eligió lo segundo sin la menor vacilación. (Muchos años después, tras haber estudiado biología, me dijo que su córtex frontal aún no se había desarrollado lo suficiente para contrarrestar sus instintos amigdaloides).

Tajfel denomina «grupos mínimos» a los resultantes de tales agrupamientos arbitrarios debido a que están basados en apenas una mínima esquirla de justificación para la lealtad. Un estudio más reciente en este campo, dirigido en 2011 por Yarrow Dunham y sus compañeros, mostró que el favoritismo hacia el grupo mínimo propio aparecía incluso en niños de cinco años[98]. Además de mostrar un sesgo en la asignación de los premios, los niños comentaron que los miembros del grupo al que los habían asignado les caían mejor que los niños del otro grupo. La investigación con adultos mostró que los participantes daban una puntuación mayor a los miembros de su grupo en una serie de cualidades virtuosas, incluyendo el ser comprensivos y responsables[99].

Un descubrimiento clave de esta investigación es que las personas asignadas a grupos mínimos no solo favorecen a su propio grupo, sino que consideran que sus miembros son más parecidos a ellos en un amplio abanico de características. Las valoraciones de otros miembros del grupo en una serie de características —aspectos que no tienen nada que ver con la razón por la que se han dividido los participantes— muestran una correlación relativamente alta con las valoraciones de sí mismos. Es como si las personas pensaran hasta cierto punto: «Mi grupo es una extensión de mí mismo».

Nuestra disposición a aferrarnos a distinciones Nosotros-contra-Ellos arbitrarias parece ser un reflejo psicológico. Nos hace vulnerables a la manipulación por parte de aquellos que se beneficiarían de la división del mundo en grupos arbitrarios. Independientemente de que el reflejo sea innato o aprendido, la investigación parece pintar un retrato pesimista de nuestra capacidad para actuar con elegancia y compasión ante divisiones grupales[100]. Pero si esto es cierto, ¿cómo explicamos historias como la siguiente?

En 2007, Wesley Autrey, un obrero de la construcción afroamericano de la ciudad de Nueva York, estaba en el andén del metro con sus dos hijas cuando un hombre blanco sufrió un ataque epiléptico y cayó en la vía del tren. Las luces de un tren se acercaban con rapidez. Autrey saltó a la vía de inmediato para ayudar al desconocido y aterrizó justo a su lado. Como informaba el perfil de Autrey en la lista anual de «Las 100 personas más influyentes» de *Time*[101], «Se dio cuenta de que tenían una posibilidad de sobrevivir si conseguía mantener quieto al hombre hasta que el tren hubiera pasado. El tren les pasó por encima casi rozándolos, tan cerca que la gorra de Autrey quedó manchada de la grasa del tren [...] Fue un acto asombroso de valor y altruismo». Apodaron a Autrey «el Superhéroe del metro».

Que un hombre pudiera entrar en acción con tal rapidez y arriesgara su vida por un desconocido, y además uno perteneciente a un grupo racial cuyos miembros han oprimido a lo largo de la historia a los del grupo propio, demuestra que, lejos de estar simplemente «programados» para denostar «al otro», también somos capaces de ver la humanidad de los demás y ayudar impulsivamente a los desconocidos, incluso a aquellos a los que nuestra cultura nos ha impulsado a ver como ajenos.

Muchos héroes que, corriendo un gran peligro, han ayudado a otras personas afirman que entraron en acción sin pensar, de acuerdo a una investigación realizada por el científico cognitivo David Rand[102]. El impulso era tan fuerte que muchos afirman que no tuvieron elección. Elizabeth Midlarsky, del colegio de profesores de la universidad de Columbia, y sus compañeros expusieron un ejemplo conmovedor de una entrevista con una mujer polaca llamada María[103]. Esta mujer ocultó en su casa a treinta judíos mientras los nazis masacraban a millones en las ciudades polacas. Cuando le preguntaron por qué lo había hecho, María dijo: «Ayudar a dar refugio es lo natural, lo humano. Cuando los miraba a los ojos, ¿cómo podía no importarme? Por supuesto, tenía miedo, siempre tenía miedo, pero no tenía más alternativa que hacer lo que era decente». El poeta y premio Nobel Czeslaw Milosz escribió en *La mente cautiva* que las personas que se alzaron contra la tiranía y la violencia en la Europa de mediados de siglo lo hicieron porque «se les revolvían las tripas»[104]. En nuestras decisiones más cotidianas, las investigaciones sugieren que la cooperación nos resulta más rápida y espontánea que la competición egoísta[105].

Este impulso de ayudar a los demás parece un reflejo psicológico, tanto como el impulso de vilipendiar al «otro». Quizá nunca sepamos hasta qué punto este impulso prosocial es aprendido o está arraigado en nuestra estructura genética. En última instancia, ese detalle no importa, ya que nuestra «naturaleza» se desarrolla mediante el aprendizaje que comienza desde el primer instante de nuestra vida. Una serie de estudios publicados en 2020 por los psicólogos Rodolfo Cortés Barragán, Rechele Brooks y Andrew Meltzoff descubrieron que incluso niños de la temprana edad de dieciocho meses ayudarán espontáneamente a un desconocido, aparentemente a expensas de su propio interés[106].

En uno de estos estudios, los niños y sus padres son llevados a un laboratorio, una pareja cada vez. Un adulto a quien el niño no ha visto nunca está sentado en una mesa cercana. El desconocido deja caer «accidentalmente» una fresa reluciente y aromática de modo que queda al alcance del niño. El drama se desarrolla siguiendo el guion: el desconocido intenta coger la fresa pero no puede alcanzarla. El niño, que está observando, sabe que el adulto quiere la fresa, y ahora tiene la posibilidad de dársela. Pero una fresa es demasiado tentadora para un niño; los padres participantes en este estudio indican que es una de las comidas favoritas de sus hijos. Los niños pueden coger la fresa y comérsela, e incluso tienen la posibilidad de dársela a su progenitor. Pero alrededor del 60 % de ellos no hace ni una cosa ni la otra: recogen la fresa y casi de inmediato, como sin pensar, se la ofrecen al desconocido.

Como me explicó Barragán cuando le pedí más detalles, los experimentadores hicieron todo lo que pudieron para montar la situación de manera que los niños sintieran que podían hacer lo que quisieran. En una sesión de calentamiento habían permitido que los niños jugaran con los juguetes que había en la habitación de la forma que quisieran, con el adulto presente. Algunos estudiosos sugieren que este tipo de compartición espontánea y voluntaria de alimentos inmediatamente comestibles, muy apreciados y sabrosos con alguien no emparentado es una característica únicamente humana [107]. No sabemos si es aprendida o innata. En cualquier caso, la conclusión es lo muy temprano y rápido que aparece en la vida el comportamiento generoso.

Es posible que por naturaleza no seamos más bestias hobbesianas que altruistas atentos. Como comentó una vez jocosamente Erving Goffman: «La naturaleza humana universal no es algo muy humano» [108]. Propongo esta variación: la naturaleza humana *uniforme* no es algo muy humano. Nuestra naturaleza es diferente en situaciones diferentes. Lo que *es* universal es nuestro enorme potencial para comportarnos de formas tan diversas. Como escribió el antropólogo Clifford Geertz: «Uno de los hechos más significativos sobre nosotros puede ser en última instancia que todos comenzamos con la equipación natural para vivir mil clases de vidas, pero al final acabamos habiendo vivido solo una» [109]. La pregunta clave no es «¿cuál es nuestra naturaleza?», sino «¿cuáles son los elementos de las situaciones que sacan los mejores aspectos de nuestra naturaleza?».

+ + + +

El grupo al que pertenecemos o aspiramos a pertenecer, nuestro grupo de referencia, es una de las influencias situacionales más poderosas sobre nosotros[110]. Cuando nos identificamos con un grupo es como si estuviéramos conduciendo acompañados de un insistente «conductor del asiento de al lado» que no dejara de decirnos qué hacer, dónde girar, qué buscar y cómo manejar a los otros conductores. Debido a que queremos pertenecer a nuestro grupo tenemos una fuerte tendencia a seguir esas indicaciones, que a menudo no se mencionan y toman la forma de normas que descubrimos que están respaldadas por el grupo. Con el tiempo podemos llegar a internalizar y anticipar las constricciones de nuestro copiloto. Muchos trabajos de psicología social demuestran que los miembros de un grupo sienten una fuerte compulsión a ajustarse a las expectativas de este. Esto es especialmente cierto cuando el grupo tiene a su disposición medios para imponer el cumplimiento de las normas, y prácticamente todos los grupos disponen como mínimo de métodos informales para mantener a raya a sus miembros.

Buena parte de lo que vemos como comportamientos Nosotros-contra-Ellos está motivada por nuestro deseo de ajustarnos a un grupo; de encajar en el grupo y pertenecer a este. De hecho, aunque la mayoría de los individuos normales aborrecen perpetrar comportamientos violentos, muchos lo harán en nombre de un grupo al que pertenecen. Esto no hace que ese comportamiento sea menos problemático, pero, como veremos, señala algunos métodos poderosos para cambiar tal comportamiento, incluso cuando los perpetradores parecen salvajes por naturaleza.

Cuando leí sobre la experiencia escolar de Paige pensé en un famoso estudio sobre el conformismo, ampliamente conocido como el Experimento de la Prisión de Stanford[111]. Fue dirigido por mi compañero Philip Zimbardo, y he tenido la suerte de disponer de acceso a la documentación original a través de la universidad de Stanford. Aunque el estudio ha recibido bastantes críticas en los últimos años, debido a los métodos empleados, he estudiado las críticas y he recopilado datos de seguimiento de los participantes originales. Creo que el estudio, entendido apropiadamente y contemplado en combinación con otras investigaciones que examinaremos más adelante, proporciona perspectivas útiles para comprender cuándo y por qué las personas se ajustan a las expectativas de comportamientos dañinos del grupo.

El diseño del estudio era complicado, y en la actualidad se considera poco ético en muchos aspectos. Fue realizado antes del empleo extendido de las comisiones de investigación institucionales, que ahora analizan todas las investigaciones para comprobar que se ajustan a estándares éticos. Al leer sobre los detalles del modelado de situación que llevó a cabo Zimbardo, me sorprendió el hecho de que algunos de ellos se pasan habitualmente por alto en los relatos sobre el estudio, incluso en los libros de texto más importantes.

El año era 1971, y Zimbardo se había unido hacía poco al departamento de psicología de Stanford. Creó una falsa prisión en el sótano del edificio del departamento y puso un anuncio en el periódico local pidiendo voluntarios para «un estudio psicológico de la vida en prisión». Investigaciones posteriores han sugerido que aquellos que responderían a una petición de ese tipo podrían poseer altos niveles de agresividad, narcisismo y autoritarismo[112]. Esto no niega la importancia de los descubrimientos, creo, pues indica que un grupo de personas realmente más aleatorio podría haberse comportado de forma diferente a la mostrada por los voluntarios del estudio de Zimbardo. A los veinticuatro hombres adultos que respondieron al anuncio se les asignaron aleatoriamente los papeles de prisioneros o de guardias.

El estudio dio comienzo con el sheriff local, el auténtico, ejecutando el proceso de detener a los hombres elegidos para hacer de prisioneros, ante los ojos de sus vecinos, familiares y amigos. Les pusieron las esposas, les leyeron sus derechos y los llevaron a la comisaría de policía, donde les tomaron las huellas y los ficharon. A continuación, les vendaron los ojos y los llevaron a la cárcel construida en el departamento. Allí se les dijo a los prisioneros que siguieran una lista de reglas, que incluían permanecer en silencio durante los periodos de descanso, usar los aseos durante solo cinco minutos, ponerse en pie cada vez que aparecieran el alcaide o el superintendente de la prisión y «obedecer en todo momento las órdenes que dieran los guardias». Los prisioneros vestían batas de hospital y se les asignaron números de identificación; los guardias se referían a ellos usando los números, por ejemplo, como «Prisionero 416», en vez de usar nombres. Todas estas eran fórmulas de degradación, que tenían el objetivo de privar a los hombres de lo que Goffman consideraba apoyos situacionales que sustentaban nuestro sentido del yo[113].

En cuanto a los guardias, se les dijo que debían mantener «la ley y el orden» y «exigir el respeto de los prisioneros». También se les indicó que imaginaran que los prisioneros eran amenazas reales y que debían estar alerta ante «los posibles peligros» que representaban. Zimbardo había realizado una investigación pionera sobre la desindividualización —el proceso por el que las personas dejan a un lado su identidad individual y se rinden a la voluntad del grupo—, y la intención del experimento era en parte revelar hasta qué punto aquellos designados como guardias se desindividualizarían en esas circunstancias. Zimbardo hizo que los guardias llevaran uniformes caqui, gafas de sol y porras. Mientras tanto, él y sus ayudantes representarían el papel del alcaide de la prisión y el personal administrativo. Funcionaban con un estilo autoritario y daban instrucciones a los guardias para que realizaran rituales de degradación adicionales con los prisioneros: desnudarlos para registrarlos, aplicarles un espray antipiojos y colocarles en el tobillo derecho una argolla unida a una cadena, que debían llevar puesta en todo momento. Los guardias que se resistían eran presionados por el personal administrativo. A uno de ellos le dijeron que «para ser un guardia duro [...] tienes que ser firme y tienes que actuar». La naturaleza autoritaria del contexto en que operaban los guardias se ha pasado a menudo por alto en muchas descripciones del estudio. Un liderazgo autoritario puede convertir una situación en un terreno abonado para el conformismo[114].

Algunos guardias fueron bastante más allá de ser duros y actuaron directamente con crueldad. Zimbardo tomó nota de que al segundo día, después de que los prisioneros se rebelaran, los guardias «usaron un extintor y dispararon un chorro de dióxido de carbono gélido que obligó a los prisioneros a alejarse de las puertas; luego entraron en cada celda, desnudaron a los prisioneros, sacaron las camas y obligaron a algunos de ellos,

los que lideraron la revuelta, a ir a confinamiento en solitario; en general empezaron a acosar e intimidar a los prisioneros». Estos tenían que orinar y defecar en cubos que había dentro de las celdas. Un guardia se volvió especialmente desagradable, se desplazaba por los barracones y daba órdenes a gritos. Realizaba lo que más tarde llamó «pequeños experimentos» para «ver qué tipo de abusos verbales podía soportar la gente antes de empezar a protestar». Por ejemplo, le dijo a un prisionero: «Vete a decirle a ese [otro prisionero] a la cara que es escoria». Los guardias empezaron a llamar «John Wayne» a los más brutales de entre los suyos. Algunos ordenaron a los prisioneros que realizaran actos degradantes y homoeróticos, motivo por el que más adelante se hizo referencia al Experimento de la Prisión de Stanford en muchos artículos sobre el comportamiento vergonzoso de los guardias de las prisiones militares estadounidenses en Abu Ghraib durante la guerra de Irak[115]. Zimbardo declaró como testigo experto en los juicios de algunos de esos carceleros militares.

En cuanto a los prisioneros, algunos sufrieron una angustia intensa. Se describió que uno de ellos experimentó una «perturbación emocional aguda» que incluía «pensamiento desorganizado, llanto incontrolable e ira». Otro contó más tarde, en una entrevista para un documental, que «empecé a sentir que perdía mi identidad [...] Yo era 416, era un número». Unos cuantos prisioneros que sufrieron reacciones psicológicas graves fueron «liberados» con antelación.

En algunos tratamientos populares del estudio, se considera que el comportamiento de los guardias refleja instintos violentos, incluso malvados, que la situación sacó a relucir. Algunas argumentaciones populares indican que al presentárseles la oportunidad de comportarse con sadismo, los hombres que representaban el papel de guardias eligieron hacerlo libre y espontáneamente, lo que revelaba los horrores innatos de la naturaleza humana. En otras coberturas se decía que el comportamiento de los participantes mostraba cómo las personas se ajustan espontáneamente a los roles sociales que se les asigna. Sin embargo, ninguno de estos puntos de vista es correcto. El comportamiento de los guardias estaba lejos de ser natural o espontáneo. La prisión estaba diseñada para ser lo que Goffman denominaba una institución total, caracterizada por un liderazgo autoritario, aislamiento social, rituales degradantes, normas sociales deshumanizadoras y la ausencia de canales para mostrar disensión[116]. Cuando uno o todos estos elementos no se incluyeron en variaciones del experimento, los desenlaces fueron diferentes. Por ejemplo, en una réplica con un tono menos intenso, los prisioneros se rebelaron y alcanzaron la dominancia. La prisión de Zimbardo era una situación «malvada» diseñada cuidadosamente.

Los críticos han señalado también que los prisioneros pensaban que no podían marcharse, y aquellos a quienes se les permitió irse experimentaron —o fingieron experimentar, dicen los críticos— crisis médicas o emocionales. Zimbardo afirma que los prisioneros se habrían podido marchar si lo hubieran pedido. Pero, en cualquier caso, lo que no se discute es algo igual de preocupante, si no más: ninguno de los guardias se marchó, a pesar incluso de que algunos comentaron más tarde que se arrepentían de sus actos. Lo máximo que habrían podido perder si se hubieran marchado habría sido el pago diario de quince dólares por participar en el estudio. Consideraban que «seguir instrucciones» era un requisito del «trabajo». Pero podían haberse marchado o haberse rebelado; ellos no estaban bajo guardia. La puerta de los barracones no estaba cerrada. En cierto sentido, la prisión eran sus propias mentes.

Cuando finalizó el estudio, algunos de los guardias dijeron que habían sido crueles porque estaban actuando. Zimbardo pone en duda sus afirmaciones, y no podemos saber con seguridad qué pasaba dentro de la mente de los participantes. Por supuesto, esta ambigüedad también aparece en la vida, fuera de esas situaciones prefabricadas. ¿Los compañeros de Paige solo estaban bromeando? De nuevo: no lo podemos saber. Pero lo que sí sabemos es que estuvieran actuando o no, esos chicos, al igual que los guardias del estudio, causaron daños reales. «Me duele», le dijo uno de los prisioneros a uno de los guardias en una entrevista posterior al estudio, y aclaró que estaba hablando en presente. El guardia, dubitativo, preguntó por qué. El antiguo prisionero respondió que porque «sé en qué te puedes convertir»[117].

En nuestra vida, los papeles que elegimos libremente representar —o nos presionan para representar— adquieren realidad. En buena medida nos convertimos en nuestros papeles, al menos a ojos de aquellos afectados por nuestro comportamiento.

Independientemente de que los estudiantes que atormentaron a Paige pretendieran o no causar daño, independientemente de que estuvieran conformes con la norma antisemita o se sintieran obligados a seguirla, causaron daño. La experiencia de Paige y el Experimento de la Prisión de Stanford son advertencias sobre el poderoso deseo que tenemos los humanos de ajustarnos a lo que se espera de nosotros, especialmente en entornos e instituciones que nos envuelven con una red de presiones sociales. Es posible que con el tiempo lleguemos incluso a perder nuestro sentido de quién «somos realmente» cuando nos adaptamos a papeles que no están a tono con nuestros ideales y deseos.

Christopher Browning, historiador y respetado especialista en el Holocausto, en su análisis de un batallón policial alemán que asesinó a miles de judíos por orden de los nazis, describe a sus integrantes como «hombres corrientes» que llevaban vidas de clase media: sastres, jardineros y vendedores en la veintena o la treintena, muchos con esposa e hijos. Cuando estos soldados fueron informados de los planes del primer fusilamiento masivo, a los de más edad les dijeron que cualquiera «podía retirarse» si «no se sentía a la altura de la tarea». De los quinientos agentes, solo se marcharon doce. ¿Por qué? Browning escribió que además de la confusión generada por la ambigüedad de la situación, su participación se debió a la «presión de la conformidad: la identificación básica de los hombres de uniforme con sus camaradas y el fuerte impulso de no distanciarse del grupo rechazando la tarea»[118]. En un contexto completamente diferente, el autor James Baldwin escribió sobre el racismo infligido sobre los estadounidenses de color que sus compatriotas contemplaban con pasividad: «Una civilización no es destruida por personas malvadas» porque «no es necesario que la gente sea malvada, basta con que sea sumisa»[119].

Una moraleja es que todos deberíamos ser conscientes de la forma en que los grupos con que nos alineamos pueden estar ejerciendo influencia sobre nosotros. Kurt Vonnegut captó esta lección en la introducción de *Madre Noche*, una novela sobre un espía estadounidense que sobrevive en Alemania haciéndose pasar por un propagandista nazi que representa su papel con celo y creatividad. Al final, mientras espera la sentencia de un tribunal israelí, concluye que sus crímenes contra la humanidad eran fundamentalmente «crímenes contra sí mismo»[120]. Vonnegut escribe que la moraleja de la historia es que «somos lo que fingimos ser, así que debemos tener mucho cuidado con lo que fingimos ser».

En 2018, cuarenta y siete años después del Experimento de la Prisión de Stanford, me recordaron la cita de Vonnegut. Mi equipo había enviado una encuesta de seguimiento a todos los antiguos participantes que pudimos encontrar. A la pregunta de qué había aprendido sobre sí mismo, uno de los guardias contestó: «Había hecho lo que se esperaba de mí en vez de ser fiel a mí mismo».

Esto no quiere decir que es inevitable que cualquier persona en una situación coercitiva vaya a «perderse a sí misma». Es un testimonio del espíritu humano el hecho de que algunos podamos conservar nuestro sentido de la identidad incluso en situaciones que nos privan de todos los apoyos. Incluso los judíos de los campos de concentración, despojados de todas las posesiones materiales y en la más terrible de las circunstancias, fabricaron pequeños mezuzás y otros minúsculos ornamentos religiosos a partir de cualquier cachivache. Pequeños actos como ese, en los que reconectamos con nuestros valores y nuestro sentido de la identidad, hacen más bien de lo que a menudo creemos, ayudándonos a resistir normas sociales y estereotipos dañinos.

Quiénes somos —ya sea monstruos o seres bondadosos— depende en un grado sorprendente de *dónde* estamos: la *situación* en la que estamos, que a menudo ha sido modelada antes de que lleguemos[121]. Como ilustra la experiencia de Paige, ocurre bastante a menudo que los foros en los que pasamos tanto tiempo —escuelas, despachos, campos de deportes, clubs e incluso nuestros hogares— ejercen presión para que nos ajustemos a comportamientos dañinos, como si un campo de fuerza invisible permeara el aire que nos rodea, animándonos a alzar barreras entre un «nosotros» y un «ellos». Para entender mejor la naturaleza de esta fuerza, he investigado para determinar los tipos de influencias sociales que impulsan a las personas a perpetrar comportamientos dañinos, incluso en ausencia de presiones coercitivas.

+ + + +

Creo que casi todos los padres de adolescentes son conscientes de las presiones sociales, a menudo sutiles pero poderosas, que sufren sus hijos. Desde luego, he visto el desgaste en mis propios hijos. En mi investigación he estudiado cómo la presión hacia el conformismo contribuye a los comportamientos dañinos hacia otros, con el fin de descubrir formas de ayudar a niños, padres, profesores y directores —a todos nosotros— a resistirla. Un estudio que dirigí con mi compañero Mitch Prinstein arrojó luz sobre cómo los adolescentes son susceptibles a «dejarse llevar» con el fin de encajar, y también sobre qué tipo de adolescentes corren un mayor peligro[122].

Realizamos el estudio a principio de la década de 2000. En aquella época, los alumnos de Prinstein solían comentar que se parecía al actor Matthew Broderick, quien interpretó a Ferris Bueller en la famosa película de John Hughes. Prinstein poseía el mismo espíritu despreocupado, lo que lo convirtió en uno de los profesores más populares de Yale. Sospecho que su experiencia en el instituto fue muy diferente de la mía. Yo era un muchacho callado de Nueva Jersey en la década de 1980, y mientras crecía sufrí acoso y menosprecios; como suele ocurrir, y me avergüenza decirlo, aprendí a tratar de la misma forma a otros. Una vez me metí en una pelea con otro chico del instituto. Lo empujé sin darme cuenta de que detrás de él sobresalía el afilalápices montado en la pared. Se le clavó en la espalda, y observé con horror mientras el muchacho caía de rodillas. Entonces oí unos aplausos, me giré y descubrí a un gran grupo de compañeros de clase que daban palmas y vitoreaban con aprobación. Aquella fue la cúspide de mi popularidad en el instituto. Me sentí simultáneamente complacido y disgustado conmigo mismo; había aprendido una lección visceral sobre cómo la violencia puede ser un medio para pertenecer.

Sospecho que Prinstein era uno de los chicos «agradables» que ha estado estudiando toda su carrera: el tipo de muchachos que se las arreglan para ser a la vez populares y amables, y sacan lo mejor de sus iguales. Prinstein y yo entablamos unas cuantas conversaciones nocturnas. Su interés en la popularidad adolescente, que llevó a que su libro se titulara

Popular, y mi interés en la pertenencia se combinaron en una década de colaboración. A ambos nos interesaba el poder de las situaciones para impulsar a personas normales a causar daño. En lugar de modelar una situación extrema «total», queríamos explorar las dinámicas de conformidad en las experiencias cotidianas de los adolescentes. Lo hicimos a través de un foro que desde entonces se ha convertido en una parte principal de sus vidas: las redes sociales.

Nos concentramos en los estudiantes de instituto y diseñamos el estudio de acuerdo a estándares éticos estrictos. A todos los estudiantes implicados, y a sus tutores, les dijimos que la participación era voluntaria y que podían abandonar en cualquier momento. Los tutores, informados sobre la naturaleza del estudio, firmaron las autorizaciones para participar. También aseguramos a los participantes que cualquier angustia que pudieran sentir no sería más intensa que la típica de las emociones que los estudiantes soportan en su vida cotidiana. Prinstein y yo estuvimos muy atentos a la aparición de cualquier indicio de perturbaciones más extremas, y estábamos preparados para intervenir si se daba el caso. No les habíamos explicado a los estudiantes el objetivo del experimento, para poder observar sus reacciones naturales —cuando la gente sabe que estás estudiando la conformidad, tiene cuidado de no ser conformista—, pero cuando finalizó el estudio, les explicamos su razón de ser. A continuación, les pedimos que anotaran sus pensamientos sobre la experiencia. Ningún estudiante se quejó. Prácticamente todos mostraron entusiasmo por el estudio, y muchos añadieron que habían aprendido algo valioso de su participación. Creo que cuando abandonaron el estudio, los participantes no solo salieron «completos», sino también más sabios.

El proceso fue el siguiente. Reclutamos un grupo de chicos de undécimo grado de una escuela del extrarradio; el grupo era ampliamente representativo de la totalidad del alumnado masculino. Al principio del curso realizamos tres valoraciones. Primero, los chicos autoevaluaron cómo de antisociales o «depravados» eran. Podríamos denominarlo una medición de la personalidad «hobbesiana». Los chicos puntuaron confidencialmente hasta qué punto se metían en peleas, causaban daños a la propiedad, portaban armas, robaban, se drogaban y bebían alcohol.

Segundo, para complementar esta medición valoramos también la reputación de cada uno entre sus iguales; usamos el denominado «procedimiento de nominación de pares», una forma bien establecida, aunque trabajosa, de determinar la reputación de un muchacho dentro de su escuela. Por ejemplo, se computaba la frecuencia con la que los estudiantes describían a alguno como alguien «que dice cosas hirientes, amenaza o hace daño a otros». También evaluamos lo inseguro que cada estudiante estaba de su pertenencia, usando una medición de la ansiedad social que pide a los chicos que puntúen lo nerviosos que se ponen ante la idea de que ser rechazados por otros compañeros y hasta qué punto les preocupa lo que los demás piensen de ellos.

Queríamos crear una situación en la que a los chicos les importara cómo eran vistos, y que experimentaran las presiones sociales como algo real. Prinstein y yo dedicamos un año a fabricar una falsa sala de chat *online*. Que yo sepa, el nuestro fue el primer experimento que investigó lo que quince años más tarde se convertiría en una epidemia nacional: el *bullying online*.

Creamos varios grupos diferentes compuestos de aproximadamente diez chicos y les pedimos que fueran al aula de informática del instituto. Cada uno se sentó ante un ordenador. Les dijimos que había varias salas de chat activas al mismo tiempo, en las que estaban otros chicos de otras estancias repartidas por todo el edificio, y que podían participar en una de esas salas sin conocer la auténtica identidad de los chicos que estaban en ellas. La finalidad del estudio, dijimos, era entender cómo los chicos se comunicaban *online*.

A cada estudiante le salieron cuatro chicos conectados a la sala; aparecían como estudiantes anónimos identificados en la pantalla como Participante A, B, C y D. De hecho, el único participante de la sala de chat que era real era el propio estudiante, quien, en todos los casos, aparecía como Participante D. Sin que lo supiera el participante auténtico, los otros tres los habíamos programado nosotros con guiones predeterminados.

Habíamos construido la información sobre los tres falsos participantes de modo que parecieran ser todos chicos populares para la mitad de los participantes del estudio, y todos chicos impopulares para la otra mitad.

¿Cómo? Las instrucciones de la sala de chat solicitaban que, inmediatamente después de conectarse, cada participante escribiera cuáles eran sus actividades favoritas, por ejemplo «escuchar música» o «ver deportes», y dieran el nombre y la inicial del apellido de sus tres mejores amigos del instituto. Las respuestas aparecían en la pantalla. Para el primer grupo de participantes, las actividades y los mejores amigos listados junto a cada uno de los falsos participantes sugerían que eran populares. Para el segundo grupo, las respuestas sugerían que los tres falsos participantes eran menos populares, e incluso alguno era directamente friqui. Basamos las respuestas sobre las actividades favoritas en las que estereotípicamente se consideran populares, como «hacer deporte», «ir a fiestas» y «escuchar hip-hop», o estereotípicamente impopulares, como «trabajar con ordenadores» o «leer». Reforzamos la impresión de que los falsos participantes eran de una manera u otra dándoles a sus amigos los nombres e iniciales que se correspondían a miembros de las camarillas apropiadas de la escuela[123].

Prinstein y yo habíamos programado una serie de preguntas para que las respondieran los participantes en la sala de chat; todas las respuestas aparecían públicamente en la pantalla. Las preguntas estaban modeladas para medir hasta qué extremo el estudiante real, el Participante D, apoyaría respuestas dañinas o incluso violentas a varias situaciones sociales. Por ejemplo, una de las situaciones sociales presentadas consistía en estar con amigos cuando uno de ellos empezaba a vandalizar un edificio. ¿Qué harían los participantes?, preguntaba la sala de chat. Proporcionamos una serie de respuestas y se pedía a los miembros de la sala de chat que eligieran una; para esa situación concreta, por ejemplo, podían ser «decirle al amigo que parara» y «unirse a él». Otra situación consistía en que un estudiante que era «un poco pringado» saludaba al cruzarse con el participante por el pasillo, con respuestas que iban de «responder al saludo» a «empujar al chico y tirarle los libros al suelo».

Los falsos participantes respondían primero, uno a uno, y de nuevo las respuestas aparecían en la pantalla para que las vieran todos. Programamos al participante A para que diera la respuesta más antisocial, al participante B para que diera la misma, y al participante C para que eligiera una opción un poco menos antisocial.

Como habíamos teorizado, los chicos que creían que estaban en compañía de los estudiantes populares dieron respuestas más antisociales que los que creían que estaban con estudiantes impopulares. Estos resultados reforzaron la teoría de la psicología social de que los grupos con mayor estatus social —los que es más probable que se consideren un grupo de referencia— ejercen mayor presión hacia el conformismo que los grupos de estatus inferior. De hecho, el elevado estatus percibido de los participantes en la sala de chat tenía tres veces más importancia en la forma en que los estudiantes respondían que cualquier otro aspecto de los perfiles que habíamos compilado sobre su historial de comportamiento o su reputación. La teoría de la «manzana podrida» del comportamiento humano sugiere que los chicos «malos» u «hobbesianos» serían los que darían las respuestas más antisociales. Pero aunque los estudiantes que tenían antecedentes de comportamiento antisocial daban más respuestas antisociales, la presión social para ajustarse a los semejantes de alto estatus tenía mucho mayor peso. Desde la perspectiva de una víctima en potencia, sería mucho mejor estar en compañía de un chico «malo» que no tuviera mucha presión social para abusar que junto a un chico bueno que estuviera bajo una presión fuerte.

Por supuesto, la manera en que los estudiantes respondían a las preguntas podría no reflejar la manera en que se comportarían en la realidad. De modo que Prinstein y yo incluimos un ejercicio adicional para comprobar cómo actuarían, viendo si optarían por excluir a uno de los participantes de la sala de chat. Sabemos que sentirse excluidos es una de las experiencias más dolorosas de la vida de los adolescentes, que a menudo está en la base de la depresión e incluso del suicidio. En la última ronda de petición de respuestas de los participantes, comenzamos haciendo que el Participante A respondiera otra pregunta sobre intereses personales, y, en este caso, daría respuestas impopulares, por ejemplo «pasar tiempo con mis padres». Las instrucciones de la sala de chat indicaban entonces que los participantes podían votar la expulsión de alguien de la sala, pero tres de los cuatro tenían que estar de acuerdo en quién. Las instrucciones hacían énfasis en que no era necesario votar si no se quería. El Participante A estaba programado para votar por no expulsar a nadie, pero tanto el

Participante B como el C votaban por la expulsión de A. El voto decisivo lo tenía el participante real. Entre los estudiantes que estaban en grupos de participantes falsos impopulares, el 52 % votó por expulsar al participante A, pero en los grupos con participantes falsos populares, la cifra ascendió a un 86 %. El impulso de ajustarse a respuestas antisociales estaba a la par con el impulso a ajustarse a acciones antisociales[124].

Por último, Prinstein y yo valoramos si los estudiantes suscribirían ahora realmente los puntos de vista hacia los que habían mostrado su conformidad. En otras palabras, ¿se había tratado todo de una actuación o habían interiorizado como propias las respuestas de los semejantes de alto estatus? Para evaluar esto, pedimos a los estudiantes que abandonaran la sala de chat y, a continuación, que dieran respuestas a las mismas situaciones sociales que se les habían presentado antes, pero esta vez en privado, lo que era una oportunidad para «volver a pensar las respuestas por si acaso no estaban seguros la primera vez». Les aseguramos que nadie vería sus respuestas individuales a esta nueva ronda de preguntas. Se les dijo que «eran libres de dar respuestas diferentes» a las que habían dado antes. Aun así, la mayoría no alteró sus respuestas. De algún modo, para los que habían estado con los falsos estudiantes populares, lo que «ellos creen» parecía haberse convertido en lo que «yo creo». Este es un testimonio deslumbrante de lo poderosamente que nuestras ideas pueden ser modeladas por el punto de vista de un grupo al que queremos ajustarnos e, idealmente, pertenecer. A menudo racionalizamos nuestro conformismo cambiando nuestras propias actitudes, para alinearlas más con nuestro comportamiento público[125]. Puede que incluso adoptemos creencias dañinas para justificarnos. (Como he mencionado, Prinstein y yo mantuvimos sesiones de información detalladas con los participantes al final del estudio, y una encuesta posterior reveló que habíamos borrado esos efectos negativos en sus actitudes expresadas).

¿Quiénes fueron los más vulnerables a esta conformidad excluyente? No fueron los chicos con un historial de abuso y mal comportamiento en el instituto. Fueron los que en la evaluación previa expresaron una mayor inseguridad sobre si encajaban y los que tenían más miedo a ser rechazados por sus compañeros.

Habitualmente no pensamos en que ser vulnerables al temor de sentirnos excluidos sea un factor de riesgo del comportamiento dañino[126]. Imaginemos que somos un profesor o un padre confrontado con un adolescente que ha hecho daño o ha abusado de otros chicos. Podemos diagnosticarlo como falto de sensibilidad, ética o compasión, lo que nos lleva a prescribir un remedio para reparar ese déficit, quizá mediante castigos o persuasión moral. Sin embargo, es poco probable que estas soluciones arreglen lo que quizá sea la causa real del comportamiento dañino: la incertidumbre de pertenencia y el conformismo que genera. Puede que las soluciones incluso agraven el problema.

Muchos años después de que Prinstein y yo realizáramos este estudio, tuve una experiencia como padre que me recordó la situación en que habíamos colocado a los participantes y el poder que tienen las situaciones para apartarnos de nuestros principios. Mi hijo de trece años acababa de hacer algo lamentable junto a otros chicos. Nada demasiado escandaloso, pero algo que él y yo sabíamos que estaba en contra de sus principios. Le pregunté por qué lo había hecho. Los otros chicos ni siquiera le caían demasiado bien. Uno de los mejores momentos de ser padres es cuando tus hijos te dicen algo hablando de corazón. Bajó la mirada y dijo: «A veces me importa más mi ego que yo mismo». Cuando seguimos hablando sobre por qué había participado, quedó claro que lo había motivado el deseo de pertenencia.

Comparar el *bullying* de los chicos del instituto con el comportamiento abusivo de los guardias de prisión y la policía nazi puede parecer exagerado, pero es importante entender que existe una conexión subyacente con el deseo de pertenecer. La fuerza que tiene la necesidad de pertenecer en el comportamiento dañino Nosotros-contra-Ellos, y en las estrategias para remediarlo, ha quedado demostrada con algunos de los practicantes más extremos: los grupos de odio.

Las razones por las que las personas se unen a grupos extremistas violentos son complejas, y los caminos por los que se llega a estos grupos son muy variados[127]. Algunas personas son adoctrinadas en creencias de odio desde una edad temprana, por sus propios padres. Otras acuden a los grupos por voluntad propia, a menudo con la participación de una extensa red de propaganda y reclutamiento *online*. Otros son el objetivo de reclutadores que se hacen amigos suyos. No se ha identificado un tipo de personalidad predominante que sea más susceptible a unirse, y pocos de los que se unen sufren enfermedades mentales. Los traumas de la infancia múltiples y la falta de logros académicos u oportunidades económicas son elementos que pueden contribuir, pero estos factores están lejos de ser decisivos. Como afirma Peter Simi, uno de los principales investigadores de los grupos supremacistas, quien pasó siete años viviendo entre ellos: «Las personas atraídas a este tipo de grupos pertenecen a una muestra mucho más amplia de lo que a menudo nos gusta admitir». Y añade: «Lo que vemos en los datos es que un montón de tipos diferentes de personas se involucran en estos grupos. Incluso las personas con mayor nivel educativo pueden ser susceptibles». Sin embargo, un elemento común es que muchas están buscando reforzar su sentimiento de pertenencia a una comunidad, y no suscriben verdaderamente, al menos al principio, las creencias extremistas del grupo. Arie Kruglanski, pionero de la investigación de la psicología de los extremistas y autor de dos libros sobre el tema, escribe que «los grupos extremistas proporcionan a los individuos un fuerte sentimiento de pertenencia al grupo».

Kruglanski entrevistó a un antiguo miembro de un grupo neonazi, Christian Picciolini[128]. Picciolini acabó creando una organización antiextremista, el Proyecto Radicales Libres, centrada en los motivos por los que las personas se unen a los grupos de odio y en ayudarlas a salir de ellos. La historia de Picciolini refleja gran parte de la investigación psicológica. En una conversación dijo que los antiguos extremistas «te dirán todos lo mismo»: se volvieron extremistas «no por dogma o ideología», sino «porque querían pertenecer a algo». De modo parecido, James Baldwin expresó el atractivo desesperado de alcanzar un sentimiento de seguridad adhiriéndose al racismo. Algunas personas han sido «criadas para creer» que «no importa lo terrible que sea su vida», existe un conocimiento que las consuela como «una revelación divina: al menos no son negras»[129].

Picciolini se adhirió al dogma supremacista blanco debido a sentimientos de rechazo. Recuerda que cuando era niño se sentía aislado socialmente y abandonado por sus padres. Estos eran inmigrantes italianos que regentaban un pequeño negocio en Chicago y casi nunca estaban en casa. También sacaron a la familia de una comunidad de inmigrantes italianos cuando él era pequeño, y fueron a otra donde se sintió como un extraño. Picciolini era una persona introvertida a la que le costaba hacer amigos, lo que hizo que fuera víctima de abusos frecuentes en el colegio. Cuando tenía catorce años fue reclutado por el fundador de los Skinheads del área de Chicago, Clark Martel, quien lo atrajo al principio estimulando su orgullo por su herencia. Según cuenta Picciolini, Martel le dijo: «Eres italiano, deberías estar orgulloso de ello». También le dijo que al unirse «pasaría de ser esa persona solitaria que no tiene ningún amigo a alguien a quien los demás tendrían que respetar y reverenciar». «Me ofreció un salvavidas», recuerda Picciolini, que añade: «la pertenencia y el respeto de mis semejantes era muy importante para mí», hasta el punto de que se tragó toda la propaganda de odio de Martel sobre los judíos y los negros, a pesar de que afirma que «se cuestionaba a diario esa ideología», pero «para mis adentros, porque en aquel entorno no la podía verbalizar [...] No quieres parecer vulnerable». Sus ideas sobre el atractivo del grupo se corresponden con las de muchos otros exmiembros, como muestra la investigación de Kruglanski.

Según Kruglanski, el unirse a un grupo extremista viene motivado a menudo por una pérdida de pertenencia, o la amenaza de la pérdida[130]. Los miembros relatan a menudo experiencias humillantes antes de unirse, como el ser detenidos arbitrariamente en controles; tales experiencias los despojan de su valía social. Es posible que hayan tenido grandes esperanzas en una carrera pero entonces hayan encontrado pocos caminos abiertos para alcanzar el éxito, sintiéndose marginalizados y apartados de las oportunidades a las que creían tener derecho. Algo que también es relativamente común es que los reclutados han sido abandonados por su familia, o al menos se sienten abandonados. Muchos creen también que ellos y las personas como ellos están perdiendo el poder y la posición que les corresponde en la sociedad. Las indignidades como estas, tanto las reales como las imaginadas, son interpretadas como injusticia, lo que hace que las personas se sientan excluidas[131].

Cuando las personas se sienten excluidas tienden a volverse más agresivas hacia aquellas que creen que las excluyen, o, cuanto menos, tienden a apoyar la violencia contra estas[132]. También se vuelven emocionalmente insensibles al daño que causa la violencia que ejercen o apoyan. Kruglanski ha realizado encuestas por todo el mundo a personas que viven en contextos geopolíticos tumultuosos, y ha descubierto una y otra vez que las personas que sienten que ellas o su grupo han estado sujetos a humillaciones y exclusiones prolongadas expresan un mayor apoyo a la violencia[133]. Una serie de experimentos dirigidos por mi compañero Peter Balmi[134] tomaron a estadounidenses procedentes de un amplio abanico de grupos sociales y les pidieron que imaginaran o recordaran una experiencia en la que se habían sentido devaluados debido a su pertenencia a un grupo. Estos participantes expresaron un mayor apoyo al robo, el vandalismo y otros comportamientos antisociales dirigidos a lugares de trabajo, escuelas y otras instituciones, en comparación con los participantes de un grupo de control. Cuando se les pidió que hicieran un examen y comunicaran la puntuación obtenida, hicieron trampa más a menudo.

Un detalle crítico es que no es necesario que la amenaza a la pertenencia social sea experimentada personalmente[135]. También se puede sentir en nombre de otros miembros del grupo. Muchos terroristas islámicos provienen de familias adineradas, y una cantidad desproporcionada ha recibido una buena educación. Pero ven que sus compañeros musulmanes están perdiendo poder en un mundo cada vez más secular y que están sometidos a persecuciones, tienen limitadas sus oportunidades de educación y empleo y carecen de acceso al poder político.

Un estudio dirigido por los científicos políticos J. Eric Oliver y Tali Mandelberg sugiere también que hay una relación entre, por un lado, el sentimiento de que la validez social propia o del grupo al que se pertenece está siendo degradada y, por otro lado, el antagonismo hacia otros grupos sociales[136]. Oliver y Mandelberg querían identificar los elementos predictores de las creencias de odio en Estados Unidos. Descubrieron que el racismo, el antisemitismo y las creencias autoritarias sobre la necesidad de preservar las jerarquías de poder estaban agrupados según los códigos postales. Los investigadores descubrieron además que el número de los que profesaban estas creencias era mayor en los códigos postales con el porcentaje más alto de residentes sin título universitario. Que un individuo fuera liberal o conservador, su grado de conocimiento político y su nivel de ingresos eran factores menores. Aunque hace falta investigar más para obtener una explicación definitiva de por qué los prejuicios arraigan en esas zonas, las evidencias convergentes sugieren que muchas personas que carecen de títulos universitarios en Estados Unidos sienten que no se las respeta y que la economía moderna las está dejando atrás. La falta de un título universitario está, de hecho, entre los predictores más fuertes de los sentimientos de alienación y desesperación en este país. (Por supuesto, también se encuentran bastantes prejuicios entre quienes tienen una buena educación y abundantes recursos).

Por añadidura, para cualquiera de los individuos encuestados en este estudio, los logros académicos no son un predictor de creencias de odio tan fuerte como el porcentaje de ellos que viven en el código postal y carecen de un título universitario. El resultado señala un aspecto preocupante de los prejuicios. Parece ser una forma de contagio social. Cuanta más gente de la zona en que vivimos suscribe los prejuicios, más probable es que los adoptemos también, lo que puede ser otro resultado de una necesidad de pertenencia insatisfecha: lleva a las personas a adherirse a creencias de odio. El amor puede ser o no una enfermedad social, como cantaba Bon Jovi, pero el odio desde luego que lo es[137].

Los grupos extremistas violentos han descubierto que para atraer a las personas para que se unan o los apoyen, una táctica poderosa es proporcionarles un sentimiento de pertenencia y reforzar sus sentimientos de importancia personal. Los líderes de estos grupos entienden también que pueden reforzar su atractivo intensificando los agravios percibidos por la gente mediante venenos cognitivos: ideologías de odio que explican «nuestro» sufrimiento en términos de «sus» acciones. A menudo, estas ideologías enmarcan la lucha como una batalla histórica de «el bien contra el mal», una potente estrategia para movilizar la violencia. Las investigaciones sugieren que cuando creemos que nuestro lado es el lado de la virtud y la razón, y que el otro lado es el del mal y la irracionalidad, somos más partidarios de la acción militante contra «ellos» que de la comunicación y la negociación [138].

Para explotar más el deseo de pertenencia de las personas vulnerables, los grupos extremistas suelen presentar la comisión de actos terroristas como un camino hacia la virtud, así como la oportunidad de hacer algo significativo, incuso histórico, por la causa. Kruglanski me explicó que este aspecto de la ideología proporciona a los extremistas un «permiso» mental para ser coléricos y violentos. Y una vez que los miembros han perpetrado actos violentos, tienden a justificar sus acciones suscribiendo con más fuerza las creencias del grupo, lo que a su vez hace que sea más fácil que vuelvan a hacer daño o matar. Al final pueden llegar a internalizar la ideología como parte de su identidad. La «lógica psicológica» tras el terrorismo explica por qué presentar argumentos lógicos y pruebas a los miembros de los grupos es ineficaz en la mayoría de los casos para hacer que abandonen esos grupos, y a menudo alimenta un compromiso mayor. Esto no tiene que ver con la lógica.

La importancia de que los grupos de odio ofrezcan un sentimiento de pertenencia se muestra también en las investigaciones sobre cómo los miembros de grupos supremacistas blancos reaccionan cuando otro miembro revela que su ADN no cumple los estándares supremacistas de «blancura». Los investigadores Aaron Panofsky y Joan Donovan revisaron las publicaciones de 2004 a 2016 de un sitio web de odio, Stormfront, que se describe a sí mismo como «la voz de la nueva y asediada minoría blanca». Identificaron 639 casos de personas que comunicaban el resultado de las pruebas de ascendencia genéticas que habían realizado, muchos de los cuales indicaban que la mezcla genética del que publicaba el mensaje estaba lejos del ideal que tenían en mente [139].

¿Por qué las personas publican resultados que aparentemente las excluyen del grupo? Muchas buscan una confirmación de que siguen perteneciendo. Por ejemplo, alguien publicó: «He recibido hoy mis resultados, y soy 58 % europeo, 29 % americano nativo y 13 % de Oriente Medio. Estoy bastante seguro de que lo de Oriente Medio es también caucásico, igual que lo europeo, ¿eso significa que soy 71 % caucásico?». En las respuestas, menos del 5 % de los más de dos mil comentarios abochorna-ron o excluyeron a quien publicó aquello, o lo atacaron por no ser verda-deramente blanco. Más de un millar de comentarios le reafirmaron directa o indirectamente su blanquitud. Algunos comentadores hicieron críticas científicas a las pruebas. Otros ofrecieron racionalizaciones reconfortan-tes. Argumentaron que no se podía confiar en las empresas que hacen las pruebas porque están dirigidas por liberales judíos. Hubo incluso otros que simplemente dieron apoyo sin ninguna razón. «Yo no me preocupa-ría —escribió uno—. Cuando te miras en el espejo, ¿ves a un judío? Si no, ya estás bien». En los 639 casos que examinaron los investigadores, gran parte de la intención de las respuestas era ofrecer un «permiso para seguir siendo blanco».

Christian Picciolini sugiere que la forma de alcanzar a los miembros de grupos de odio es ofrecerles una fuente de pertenencia alternativa. Las investigaciones indican que los grupos extremistas violentos tienen un talón de Aquiles a este respecto. Estos grupos están basados a menudo en un liderazgo autoritario y una mentalidad «estás con nosotros o contra nosotros». Están llenos de puñaladas por la espalda y luchas internas[140]. La pertenencia que proporcionan estas organizaciones no es auténtica, sino condicionada a la conformidad de los integrantes. Picciolini recuer-da que él decidió renunciar al supremacismo blanco no a causa de ningún argumento científico o lógico, sino porque en su trabajo como depen-diente de una tienda de música mantenía con regularidad interacciones positivas con clientes pertenecientes a minorías, y prefería la aceptación de estos a la vileza de su experiencia skinhead.

Muchos de los programas exitosos de desradicalización, según ana-lizó Kruglanski, incorporan la potencia derivada de proporcionar una nueva fuente de pertenencia. Modifican los puntos de vista de terroris-tas estimulando los enlaces con la familia, la comunidad y un trabajo significativo. Muchos ofrecen programas vocacionales e implican a las familias y a los líderes comunitarios de los reclusos. Estados Unidos desarrolló un programa de este tipo ya avanzada la Segunda Guerra del Golfo, y solo una pequeña fracción de las decenas de miles de reclusos llegó a reincidir.

El experto en terrorismo Bruce Hoffman [141], cuyo libro *Inside Terrorism* («Dentro del terrorismo») se usa extensivamente en cursos y seminarios sobre cómo combatir el terrorismo, cuenta la historia de una táctica que desradicalizó a miembros del violento grupo terrorista Septiembre Negro, cuya actividad se había desencadenado a principios de la década de 1970. El grupo había asesinado al primer ministro de Jordania en 1971; uno de los asesinos llegó a lamer la sangre que brotaba de la víctima. A continuación, asesinaron a doce atletas israelíes en las olimpiadas de 1972. Pero solo dos años después, el grupo se desmanteló discretamente y sin incidentes. Ninguno de los asesinos había muerto ni ido a la cárcel. ¿Cómo ocurrió esto? La Organización para la Liberación de Palestina (OLP), deseando que se la tomase en serio como una fuerza política en vez de ser asociada con el terrorismo, organizó una misión secreta para resolver la situación pacíficamente; dicha misión ilustra el poder de proporcionar a los extremistas una fuente de pertenencia alternativa.

Primero, los agentes de la OLP recorrieron Oriente Medio buscando mujeres solteras atractivas. A continuación, organizaron la «versión OLP de un encuentro universitario» para el centenar aproximado de hombres pertenecientes a Septiembre Negro. A estos se les dijo que si se casaban, recibirían tres mil dólares (el equivalente a cerca de quince mil dólares actuales), un trabajo estable y un piso en Beirut dotado con un horno de gas, un frigorífico y un televisor en color. Si antes de un año tenían un hijo, recibirían una prima adicional de cinco mil dólares.

No hubo excepciones: todos los hombres se casaron, se asentaron y se convirtieron en ciudadanos respetuosos de la ley. Cuando la OLP los invitó a viajar a otro país, lo que implicaba el peligro de ser encarcelados, ninguno aceptó. Aquellos hombres tenían nuevos papeles como maridos y padres; un nuevo grupo de referencia, su familia y sus compañeros de trabajo; nuevas fuentes de autoafirmación como proveedores de su familia, y vidas nuevas con nuevas oportunidades.

Evidentemente, insinuar que el terrorismo y la violencia en Oriente Medio se resolverán con una serie de encuentros sería increíblemente ingenuo. Las creencias y los resentimientos que incitan al conflicto son numerosos y están muy arraigados. Además, a veces son necesarias las medidas punitivas, si no como parte de la solución, sí como un medio para restaurar la justicia para las víctimas y sus familias, a las que se ha causado tanto dolor. Otro problema es que no sabemos cómo experimentaron la situación las mujeres de esta historia, ni hasta qué punto se consideró su opinión. Pero, como escribe Hoffman, la lección que hay que sacar no es sobre una intervención específica, sino sobre cómo «el pensamiento inteligente y creativo puede alcanzar a veces fines inimaginables». La investigación y la historia del éxito de la OLP en este caso llevó a Hoffman a esta conclusión: en vez de concentrarnos en matar terroristas y destruir sus organizaciones, que es el enfoque predominante del antiterrorismo, «quizá deberíamos concentrar al menos una pequeña parte de nuestra atención en alejar a los individuos de la violencia. Es dudoso que vaya a ser menos eficaz que muchas de las contramedidas que llevan tanto tiempo aplicándose al terrorismo con resultados efímeros, cuando no fútiles».

Una forma en la que podemos ayudar en nuestra vida cotidiana a cultivar la pertenencia de aquellos que suscriben creencias de odio es suspender nuestro juicio sobre ellos y establecer con mente abierta un diálogo productivo. El psicólogo Marshall Rosenberg fue pionero en el arte de trabar conversaciones difíciles con personas vistas como racistas, sexistas, antisemitas y xenófobas. Para ilustrar el potencial de la interacción productiva recuerda que un día, en un trayecto en taxi al aeropuerto, el chófer murmuró: «Esos judíos se levantan temprano para poder exprimirles su dinero a todos los demás». Rosenberg, que es judío, estaba indignado, pero respiró profundamente y le preguntó al taxista por qué se sentía tan frustrado. Aquel hombre, escribe Rosenberg, le contó un montón de historias sobre su tristeza y su dolor. Al cabo de diez minutos de charla, el taxista se interrumpió bruscamente. Se sentía escuchado. Solo entonces intervino Rosenberg para dar su punto de vista, incluyendo sus sentimientos sobre el dolor y la ira que le habían causado las palabras del taxista. Mientras Rosenberg hablaba dejó claro que no intentaba asignar culpas, lo que habría puesto al taxista a la defensiva, sino que solo quería ayudarlo a entender la situación tal como la experimentaba él.

Rosenberg resume el conocimiento que ha recopilado a lo largo de años de conversaciones difíciles[142]: «Cuando mi consciencia está concentrada en los sentimientos y las necesidades de otro ser humano, veo la universalidad de nuestra experiencia. Yo tenía un grave conflicto con lo que le pasaba por la cabeza, pero he aprendido que me caen mejor los seres humanos si no oigo lo que piensan. Especialmente con gente que tiene ese tipo de pensamientos. He aprendido a saborear mucho más la vida escuchando solo lo que está en sus corazones, sin dejarme atrapar por las cosas que tienen en la cabeza».

Christian Picciolini atestigua también el poder de esta forma de escuchar con atención. Dice que cambia los puntos de vista de los extremistas «no discutiéndolos, no debatiéndolos, ni siquiera diciendo que están equivocados». En vez de eso, hace preguntas pacientemente y escucha. Su disposición a extender amabilidad y empatía les asegura que los considera individuos dignos de su atención, e incluso de su interés. Esto proporciona a los extremistas una base segura sobre la que cuestionar su ideología y considerar alternativas. Los conecta a un nuevo grupo de referencia, sus empleados —muchos de los cuales son también antiguos extremistas—, quienes les presentan nuevas normas, ideas y recursos para vivir su vida. Los enfoques utilizados por Picciolini y Rosenberg encuentran eco en los experimentos psicológicos que muestran que breves experiencias de conexión, como imaginarse a un ser querido, reducen la hostilidad entre grupos[143].

Emplear un enfoque punitivo hacia aquellos que profesan creencias de odio o que causan daño, aunque a veces es necesario, puede tener costes no deseados cuando es la única herramienta para abordar el problema, como el antisemitismo que experimentó Paige. Puede causar más división y exacerbar la incertidumbre de pertenencia que podría ser un motivador del comportamiento.

Un artículo sobre este problema, escrito por un estudiante de instituto negro llamado Rainier Harris, me conmovió[144]. Harris describía el «racismo casual» que experimentaba al asistir a un instituto selectivo privado. Aunque llegó al centro con grandes esperanzas, escribió que «incluso en este entorno de alto rendimiento, entre semejantes que "se suponía que tendrían más idea", me sentía degradado constantemente». Un estudiante blanco colgó en las redes sociales una felicitación de cumpleaños para un amigo negro, pero, en lo que creía que era una broma inocente, usó la foto de otro amigo, como diciendo «todos los negros parecéis iguales». Ese mismo estudiante también acostumbraba a usar la palabra «*nigger*» (en inglés, la connotación es más ofensiva) con sus compañeros de clase blancos. Estos y otros incidentes fueron denunciados a la administración del instituto, y los ofensores fueron expulsados cuando Harris estaba en segundo curso. Harris me dijo que aquello fue desafortunado. No quería que expulsaran a los otros chicos; quería que entendieran el impacto que producía su comportamiento y que cambiaran. «Lo que me parecía fundamental —me dijo Harris— era intentar llegar a un entendimiento mutuo y averiguar dónde se habían torcido las cosas» [145]. Además, sabía que la expulsión podía ser devastadora para los estudiantes y sus familias.

Harris habría preferido que la escuela hubiera empleado un enfoque de justicia restauradora para tratar el problema, algo sobre lo que había estudiado en un programa extraescolar, el Youth Justice Board. Esta organización reúne a jóvenes en grupos de debate, al estilo de los que creaba Lewin, para considerar las barreras que se encuentra la justicia social y valorar estrategias para superarlas. En el centro de este enfoque, explica Sean Darling-Hammond, un experto en esta área, está el objetivo de fomentar mejores comportamientos no mediante la exclusión, sino a través de relaciones mejoradas [146]. En las escuelas, esto significa construir mejores relaciones entre los estudiantes y también entre estudiantes y profesorado. El proceso involucra ejercicios de creación de comunidad y de formación de habilidades sociales y emocionales. También se mantienen conversaciones entre ofensores y víctimas, moderadas por facilitadores de confianza que ponen freno a la defensividad y mantienen encarrilada la conversación. Estos trabajos tienen un efecto directo en la mejora de la relación entre víctima y ofensor. También tienen un efecto indirecto al permitir que los estudiantes atribulados aumenten su potencial para formar conexiones nuevas y más profundas. Muchas investigaciones sugieren que las prácticas restauradoras, cuando se implementan adecuadamente como una norma escolar en vez de como eventos especiales esporádicos, tienen efectos espectaculares en la pertenencia y el comportamiento de los estudiantes y en la cultura de la escuela.

Harris creía que este enfoque le habría permitido comunicar su experiencia del tratamiento doloroso, y ampliar la consciencia de sus compañeros sobre los efectos de lo que les parecía una diversión inocente. Me dijo que creía que obraban sin malicia. Al igual que los perseguidores de Paige, simplemente creían que estaban haciendo algo gracioso.

Entendiendo que todos podemos encontrar formas individuales para realizar nuestro propio modelado de situación, Harris decidió contactar con uno de los estudiantes expulsados que había sido amigo suyo. Le mandó un mensaje diciéndole que lamentaba que las cosas se hubieran desbordado de esa manera. En respuesta, el antiguo amigo le escribió: «Lo siento, Rainier. No me daba cuenta de por qué lo que decía estaba mal. No sabía que estaba siendo racista». Los dos siguieron mandándose mensajes, se enviaban memes graciosos y compartían planes sobre las clases a las que asistirían en el último curso. Más adelante aquel mismo año, cuando unos policías mataron a George Floyd, este amigo le envió a Harris otra disculpa.

La justicia restauradora es uno de los enfoques que han demostrado ser eficaces a la hora de salvar las divisiones Nosotros-contra-Ellos, incluyendo algunas de muy larga duración como el conflicto entre palestinos e israelíes. Algunos enfoques han llegado incluso a reducir la hostilidad y la desconfianza en el periodo posterior al genocidio. Mis compañeros y yo hemos desarrollado también intervenciones sabias que han tenido resultados positivos a la hora de tender puentes. En el siguiente capítulo estudiaremos estas soluciones, concentrándonos en un descubrimiento clave de la psicología social: uno de los métodos más eficaces para estimular el entendimiento y unir a las personas que han estado en oposición es reunirlas en la persecución de un objetivo común.

4

Convertir a los Ellos
en Nosotros

Modelar situaciones para salvar las diferencias entre grupos

Una colonia de monos rhesus de Cayo Santiago[147], una pequeña isla situada frente a la costa de Puerto Rico, quedó más unida después de que el huracán María devastara su hábitat en 2017. María golpeó con furia salvaje sobre Puerto Rico y sus alrededores y arrasó más de la mitad de la vegetación de la isla, que proporcionaba refugio a los monos. Treinta y seis murieron. Por suerte, la población superviviente, casi dos mil monos, tenía suficiente comida a pesar de los daños, ya que la isla era desde hacía más de ochenta años un refugio de investigación de primates. Los monos no eran nativos del lugar; el primatólogo Clarence Carpenter había llevado cuatrocientos desde la India en 1938 para poder estudiar su comportamiento social. Tras el huracán se les aprovisionó comida y agua suficientes, pero habían experimentado un intenso trauma. Un grupo de investigadores decidió estudiar de qué forma la destrucción podría haber afectado a las relaciones entre los monos.

A lo largo de los años se han realizado extensas observaciones de las interacciones entre los monos, y los investigadores tienen diagramas detallados de sus relaciones sociales[148]. Saben qué individuos están relacionados entre sí, cuáles son los más sociables y tienen el mayor número de conexiones y cuáles tienden a mantenerse más aislados. En la estela del huracán, los monos aumentaron el contacto social entre ellos; por ejemplo, incrementaron las actividades de acicalado mutuo, una de las principales formas de crear lazos en muchas especies de primates. Además, los monos se congregaban más estrechamente, sentándose más cerca unos de otros. Las hembras iniciaban más contactos con los machos. Los monos que antes habían tenido la menor cantidad de conexiones sociales formaron muchos más lazos. Un aspecto espectacularmente fascinante de los descubrimientos es que los monos se concentraron en crear más lazos fuera de su grupo familiar y sus redes sociales más cercanas. Se concentraron más en ampliar sus redes que en intensificar los lazos con aquellos que ya les eran cercanos. Tal como lo expresaron los investigadores, aquellos monos buscaban «beneficiarse de una integración social más amplia, en vez de concentrarse en reforzar las relaciones» que ya tenían. En otras palabras: no se separaron en grupos de nosotros y ellos; se unificaron más. Además, el antropólogo y biólogo Michael Platt, que había estudiado la colonia, descubrió que algunos de los rituales de enlace que practicaban los monos eran grandes predictores de salud y longevidad. Al afrontar una amenaza horrorosa, «supieron» instintivamente que estar más unidos era bueno para su bienestar.

Esta encantadora historia de lazos sociales entre primos lejanos de los humanos muestra nuestra inclinación primate a acercarnos más entre nosotros cuando hacemos frente a las adversidades. Entendemos en lo profundo de nuestra psique que estamos mejor cuanto más nos unamos. Uno de los experimentos de psicología social más influyentes e intrigantes jamás conducidos usa este conocimiento para explorar cómo el modelado de situaciones puede provocar este vínculo o hacer que nos alejemos.

En un día soleado del verano de 1954, un autocar llegó al campamento de Boy Scouts situado dentro del boscoso y montañoso parque estatal de Robbers Cave, en el este de Oklahoma. Once chicos de entre diez y once años se apearon y se dirigieron animadamente a la cabaña que iban a compartir. Desempacaron las mochilas y empezaron a conocerse entre ellos, y después a explorar juntos los alrededores. El parque es un paraíso para los niños: hay un lago para ir en barca, un arroyo con una poza donde bañarse y cuevas para explorar famosas porque Jesse James y su banda de forajidos se habían escondido en ellas (aquella historia daba nombre al parque: «robbers cave» significa «cueva de los ladrones»). Al día siguiente llegó otro autocar que llevaba a otros once chicos de la misma edad; a estos se les hizo ir a otra cabaña diferente, situada al otro lado de un bosque denso. Ninguno de los grupos tenía idea de la presencia del otro.

Todos los chicos procedían de familias de clase media blancas y protestantes del área urbana de la ciudad de Oklahoma. Ninguno conocía de antes a sus compañeros. Cada grupo cohesionó con rapidez y formó una unidad bien ligada; incluso algunos chicos recibieron apodos simpáticos, como el irónico «cara de bebé» adjudicado a uno de los más grandes. Los dos grupos expresaron su *esprit de corps* dándose un nombre; uno se autonombró «Serpientes de cascabel», y el otro, «Águilas».

Al cabo de dos semanas, algunos chicos empezaron a llorar por la noche y a decirles a los monitores que querían irse a casa. Como se dice a veces de la experiencia por la que pasaron, su encantadora escapada veraniega se había convertido en algo más parecido a la brutal guerra Nosotros-contra-Ellos de *El señor de las moscas*, la novela de William Golding.

El experimento fue concebido y dirigido por el psicólogo social Muzafer Sherif[149]. Su objetivo era corregir el punto de vista psicológico predominante en la época sobre las fuentes de los prejuicios, que los atribuía a traumas de la infancia, un instinto de muerte freudiano, agresión desplazada y mera ignorancia. Sherif opinaba que, al contrario, las semillas del prejuicio no están en *nosotros* sino en la *situación*.

Para poner a prueba este argumento, Sherif tenía que encontrar primero una forma de hacer que esos dos grupos de desconocidos sintieran hostilidad uno hacia el otro. Orquestó una situación cuidadosamente modelada: tras separar los dos grupos, estimuló los vínculos dentro de cada grupo con todo tipo de actividades, como hacer hogueras de campamento, cocinar, dar caminatas, nadar y viajar en canoa. Solo cuando los niños habían desarrollado ya un fuerte sentimiento de camaradería descubrieron que había otro grupo de chicos en el parque. Casi de inmediato, los miembros de los dos grupos empezaron a hacer comentarios denigrantes sobre el otro, incluso a pesar de que todavía no se habían conocido.

A continuación, Sherif introdujo un elemento de competición por recursos escasos. Las dos cabañas se enfrentaron en un torneo que incluía una serie de competiciones, incluyendo tirasoga, fútbol americano, partidos de béisbol y una caza del tesoro, y se les dijo a los niños que solo el equipo que venciera en más competiciones recibiría una serie de premios, incluyendo una recompensa monetaria. Los dos grupos se volvieron con rapidez hostiles uno hacia el otro, e incluso etiquetaron al grupo contrario con nombres crueles y deshumanizadores, como «Apestosos», «Fisgones» y «Tramposos» (eran insultos fuertes para la época). Empezaron a producirse peleas en el comedor. De algún sitio surgió una regla que decía que los miembros del grupo debían participar en estos comportamientos, y la habilidad de un niño para lanzar insultos ingeniosos y planear marrullerías se convirtió en una medalla de honor y una fuente de pertenencia al propio grupo. Los niños se transformaron en lo que Sherif describió como «jóvenes perturbados, salvajes... malvados».

Los Serpientes de cascabel ganaron el torneo y recibieron los premios, incluyendo el dinero. Los Águilas, furiosos por haber perdido, atacaron la cabaña de los Serpientes, pusieron patas arriba las camas y empotraron los colchones entre las vigas y el techo. Los grupos llegaron a ser tan hostiles que los niños preferían no ir a ver una película o a una salida campestre si sabían que el otro grupo estaría también. En medio de todo aquel resentimiento, los monitores, que en realidad eran ayudantes de Sherif, a instancias de este no hacían nada por disciplinar a los chicos. Sherif quería que los monitores representaran el papel de líderes *laissez-faire* descrito por Kurt Lewin.

A continuación, Sherif quiso poner a prueba la hipótesis de que incluso unos grupos tan hostiles se volverían amistosos si la situación cambiaba de forma que los uniera en un propósito común. Pero primero demostró que los enfoques habituales para estimular el entendimiento entre grupos hostiles eran ineficaces, cosas como por ejemplo un sermón sobre el amor fraternal que impartió un sacerdote: los chicos aplaudieron el sermón pero reanudaron las hostilidades. Sherif creía en el poder de lo que denominó «metas *superordinadas*» para unir a las personas. Estas son tareas que tienen un valor elevado para los dos grupos y ninguno de ellos puede realizar por separado.

En la última semana del estudio, Sherif orquestó una serie de falsas emergencias en las que los niños debían ayudar, y se les decía que eran necesarias todas las manos. Los niños no tardaron en empezar a llevarse bien. Un día descubrieron que había un problema con la tubería que llevaba agua al depósito del campamento desde un embalse cercano, y tuvieron que diseminarse para averiguar qué había pasado. Otro día, cuando todos estaban hambrientos al final de una larga jornada, el camión que llevaba la comida quedó encajado en una zanja, y la única forma de sacarlo de allí era que todos los niños trabajaran en conjunto. Para ello, irónicamente, se sirvieron de la misma cuerda con la que se habían enfrentado en el tirasoga. Al final de la semana habían desaparecido los insultos y los acosos. Los grupos se volvieron tan amistosos que cuando los autocares que los llevaban de vuelta a casa hicieron un descanso en el camino, los Serpientes de cascabel usaron el dinero del premio para comprar batidos para todo el mundo.

El estudio de Robbers Cave estuvo modelado tan cuidadosamente que podríamos cuestionar hasta qué punto refleja con exactitud las interrelaciones humanas reales. Pero a menudo, en nuestra vida cotidiana, nos encontramos en situaciones que nos enfrentan a unos contra otros en una competición por recursos limitados —y los recursos están limitados, a veces artificialmente, debido a las políticas de los que están en el poder—. Las escuelas mandan a los estudiantes mensajes contradictorios: típicamente predican el evangelio de la cooperación y la tolerancia, pero a continuación implementan clasificaciones en las clases y listas de honores que implícitamente enfrentan a los estudiantes unos contra otros. En los lugares de trabajo, los empleados se ven a menudo juzgados comparativamente, ya sea de forma explícita o implícita. Los sistemas de bonificaciones y las evaluaciones de rendimiento suelen exigir que los supervisores valoren a los miembros del equipo en relación unos con otros, y los empleados son más que conscientes de que se está haciendo así. En los equipos

112

de ventas es posible que incluso se coloquen públicamente los indicadores de cumplimiento de objetivos de cada persona, estando en juego un importante premio económico. Los científicos compiten por el espacio de publicación en las revistas científicas, a pesar de que ahora muchas investigaciones se pueden publicar *online*. Los políticos estadounidenses compiten en elecciones en las que el ganador se lo lleva todo, lo que los anima a demonizar a sus rivales. A una escala social mayor, algunos estadounidenses blancos de clase trabajadora se han visto animados por los políticos y por la cobertura de los medios a ver a los inmigrantes como competidores por un suministro escaso de trabajos y recompensas económicas [150]. Algunos blancos consideran que estas minorías ganan peso político y estatus social a sus expensas y los desempleados obtienen seguridad social, mientras que las personas blancas como ellos tienen que apañárselas como puedan por su cuenta. Los medios y las redes sociales avivan estos resentimientos.

La separación geográfica también contribuye a la animosidad entre grupos —ya se trate de seguidores de Trump y sus oponentes, defensores de los derechos LGBTQ y evangélicos que se oponen a esos derechos, activistas proelección y provida—, creando lo que James Baldwin denominó «pobreza de empatía» [151]. Un estudio de 2021 descubrió que la segregación política ha permeado tanto Estados Unidos que se forman microclústeres políticos dentro de los códigos postales, es incluso dentro de barrios en esos códigos. Los Demócratas y los Republicanos están tan separados que, para el votante estadounidense medio, menos de la tercera parte de sus encuentros cotidianos lo son con alguien que apoye al partido contrario. Para unos veinticinco millones de votantes que viven en las zonas más urbanas y más rurales de Estados Unidos, solo uno de cada diez de sus encuentros lo son con alguien que esté al otro lado de la barrera partidista. Un número menor de encuentros que crucen líneas de separación ofrece menos oportunidades de descubrir la humanidad de los otros.

Además de reforzar el impacto de la distancia geográfica, Xuechunzi Bai y sus compañeros analizaron el grado en que diferentes localidades —países, estados en Estados Unidos, universidades— estereotipan como inferiores a los grupos étnicos. En cada caso, los mayores niveles de estereotipado étnico estaban asociados a los mayores niveles de segregación étnica[152].

Así pues, parece que una solución a la «pobreza de empatía» es aumentar el contacto social, idealmente en contextos que estimulen la cooperación. De hecho, un estudio de 2020 sobre acampadores israelíes y palestinos[153] descubrió que el grado en que se afiliaban unos con otros a lo largo de tres semanas —medido en términos de si se les había asignado compartir una litera, sentarse a la misma mesa para comer o participar en los mismos grupos de diálogo— barría prácticamente por completo la tendencia a crear relaciones solo dentro de su grupo. Además, las amistades intergrupo que se entablaban en el campamento predecían reducciones duraderas de los prejuicios contra el grupo ajeno y un interés en la paz incluso después de transcurrido un año.

En nuestra vida cotidiana somos libres de socializar por encima de las fronteras y de compartir perspectivas e información. Pero la perspectiva de hacer eso ha empezado a parecer tan inconveniente, desagradable y amenazadora que demasiado pocas personas se toman la molestia de entablar diálogos de ese tipo. Muchos elegimos mirar y leer casi exclusivamente las fuentes de información que apoyan nuestras creencias y posiciones, lo que ensancha el abismo entre «Nosotros» y «Ellos». Nuestra capacidad de autoaislarnos se ha ampliado enormemente en la época moderna, con redes sociales *online*, escuelas privadas y urbanizaciones cerradas. En la sociedad individualista de Estados Unidos, las familias numerosas no son la fuerza que fueron en el pasado, cuando la costumbre exigía un contacto cercano frecuente incluso aunque sus miembros mantuvieran vidas y puntos de vista distintos. Es como si muchos de nosotros nos hubiéramos autoimpuesto un aislamiento social completo de aquellos a los que vemos como externos al grupo.

Pero al igual que Sherif inspiró vínculos proporcionando a los niños objetivos compartidos, podemos modelar situaciones para unir a las personas para trabajar hacia metas comunes. Una de las maneras más potentes de hacer esto es establecer nuevas normas sociales para la vida grupal.

Las normas son como las reglas del juego de la vida social. Nuestra vida está saturada de reglas, explícitas e implícitas, sobre cómo comportarnos unos con otros de cara a «tener éxito en el juego». ¿Creemos en el «sálvese quien pueda» o en el «no puedes ir solo»? Goffman analizó encuentros interpersonales bajo este enfoque[154]. En la conversación, por ejemplo, se nos permite un rango de movimientos. Hablamos por turnos, y si decimos algo útil, divertido o ingenioso de acuerdo a las normas sociales, ganamos puntos. No tendemos a pensar explícitamente en nuestros encuentros sociales como oportunidades para lucirnos en el juego, pero a menudo actuamos de acuerdo a lo que creemos que son las reglas —las normas— de una situación. Incluso el grupo de estudio mínimo de Tajfel —anunciado como prueba de nuestra proclividad innata al pensamiento Nosotros-contra-Ellos, como vimos en el capítulo anterior— insinúa el poder de las normas implícitas: el máximo favoritismo dentro del grupo tiene lugar cuando las instrucciones del experimento *exigen* a los participantes que asignen más dinero a un grupo que al otro, definiendo así la situación como un juego de suma cero.

El grado espectacular al que las normas que alientan el comportamiento cooperativo pueden modificar nuestro comportamiento quedó demostrado en un estudio realizado por Varda Liberman, Steven Samuels y Lee Ross[155]. Pusieron a personas a jugar realmente a un juego, uno que es famoso en el estudio del comportamiento humano: el dilema del prisionero. La «versión» clásica pone a dos personas en el papel de prisioneros y las enfrenta una contra la otra. Están en habitaciones separadas y no se pueden comunicar. A los dos prisioneros se les dice que si delatan al otro y el otro no los delata a ellos, ellos saldrán libres y el otro seguirá en prisión. Pero si los dos delatan al otro, ninguno quedará libre. En el estudio que crearon Liberman y sus compañeros, dos jugadores compiten por una bolsa de dinero. Solo tienen dos opciones en un «movimiento» dado, y los dos deben realizar su movimiento al mismo tiempo. Las opciones son ser egoísta e intentar agarrar la bolsa de dinero, u optar por compartirla. Si los dos intentan agarrar la bolsa, ninguno consigue nada. Si uno recoge la bolsa y el otro ha optado por compartir, el que la cogió se la queda entera y el solidario se queda sin nada. Pero si los dos optan por compartir, cada uno obtiene la mitad de la bolsa. El juego da a los participantes incentivos para ser codiciosos, pero revela que la codicia no funciona tan bien en cuanto al desenlace colectivo, como suele ser a menudo el caso en las situaciones sociales y en la sociedad en general.

Con uno de los grupos de estudiantes, el experimentador se refería a la contienda con el nombre de «Juego de Wall Street», y con el otro grupo, la llamaba «Juego de la Comunidad». En el primer grupo, el 71 % de los jugadores intentaba atrapar la bolsa. En el segundo, el 67 % elegía compartir.

La mayoría cree que el nombre representará solo una leve diferencia en las elecciones de los jugadores. Piensan que el desenlace se predice mucho mejor a partir de la amabilidad o la codicia de los jugadores, algo que han mostrado también los investigadores. Pero, de hecho, la reputación de los jugadores entre sus semejantes como amables o codiciosos no predice en absoluto la elección que hagan. Pocos aprecian la manera poderosa en que el nombre del juego cambia las normas de este y, debido a ello, la forma en que los jugadores definen la situación. El nombre establece la norma que hace que uno sea «un buen jugador». En el Juego de Wall Street, compartir le convierte a uno en un «pringado», ya que las reglas de Wall Street condonan el ser un lobo solitario, y si uno no piensa de la misma forma, los demás se aprovecharán de él. Pero intentar hacerse con la bolsa en el Juego de la Comunidad le convierte a uno en un «parásito», porque las reglas de la creación de comunidades dictan que velemos unos por otros. Las personas juegan basándose no tanto en el autointerés estratégico, como se cree normalmente, sino en las normas que definen lo que significa ser una buena persona en esta situación. El estudio proporciona también una lección sobre la empatía: las personas que se comportan egoístamente puede que lo hagan no porque tengan una personalidad egoísta, sino porque han llegado a definir el «juego» de la vida social —quizá debido a que se los ha preparado así, quizá debido a una traición que los ha dejado quemados— como el Juego de Wall Street.

La moraleja es que las situaciones pueden ser modeladas como juegos con normas que enfrentan a los jugadores unos contra otros o como juegos con normas que llevan a que las personas obtengan placer e identidad al actuar de forma cooperativa, incuso con aquellos a los que podrían considerar como uno de «Ellos». Uno de los mejores ejemplos es el trabajo de Elliot Aronson sobre lo que denominó el Aula Rompecabezas.

Aronson está entre los modeladores de situaciones más ingeniosos de la historia de la psicología social[156]. La lectura de su libro *El animal social* cuando estaba en la universidad fue lo que me llevó a la psicología social. Aronson era un gran narrador, y tuve la fortuna de asistir a algunas conferencias que dio. Era capaz de fascinar al público con las historias de sus estudios, algo que no es de extrañar teniendo en cuenta los resultados. Su original estudio del Aula Rompecabezas proporcionó resultados tan sólidos que las escuelas han adoptado ampliamente variaciones de su intervención.

La inspiración de Aronson para realizar esta investigación surgió de su experiencia de la segregación racial residencial en su ciudad natal, Austin (Texas), donde una superautopista separaba el barrio poblado principalmente por negros pobres y personas de ascendencia mexicana de la zona habitada principalmente por blancos acomodados. En 1971, Austin estaba intentando integrar sus escuelas por primera vez, a pesar del hecho de que el Tribunal Supremo había fulminado la segregación patrocinada por el estado mucho tiempo atrás, en 1954, y había ordenado a los estados que integraran «a toda velocidad». Al principio, la integración no fue bien. La animosidad racial se fue calentando, y las notas y la autoestima de los estudiantes procedentes de minorías sufrió un buen golpe; este patrón se reflejó por todo el país.

Aronson quería remodelar la situación de las aulas de modo que la integración tuviera más posibilidades de triunfar. Su primer paso fue echar un vistazo a cómo eran las aulas.

Aronson y seis estudiantes de posgrado a su cargo visitaron las aulas de las escuelas primarias y no hicieron nada más que observar. Les dijo a sus estudiantes que listaran por orden de prevalencia las características que notaran. Cuando compararon las notas, se sorprendieron al descubrir que todos habían puesto lo mismo en el primer puesto de la lista: las normas del aula eran realmente competitivas. El profesor podía hacer una pregunta, y seis o siete manos se alzaban a toda velocidad, con los niños prácticamente saltando del asiento, compitiendo por el recurso exiguo de la atención y la aprobación del profesor. Cuando este señalaba a uno de los niños, brotaba un quejido de todos los demás que habían levantado la mano. «Mientras tanto —me dijo Aronson—, había otra veintena de niños, casi todos negros y latinos, con la vista fija en el suelo porque no sabían la respuesta. Y esto sucedía una y otra vez». Aronson añadió que: «no tardó en quedarnos claro que los [...] niños negros y latinos tenían casi garantizado que iban a perder» en el juego de la competición en el aula «porque habían llegado desde escuelas de calidad inferior».

Aronson sabía que fueran cuales fueran los cambios que introdujese, los niños tenían que participar ellos mismos en el proceso de cambio. Sermonear a los niños para que fueran amables y cooperadores no iba a funcionar. Hacía falta cambiar la naturaleza del juego que estos creían que estaban jugando. Meditó sobre cómo conseguirlo. Se le había quedado fijada en la cabeza una historia sobre Ben Franklin. Cuando Franklin era legislador del estado en Pensilvania, quiso caerle bien a un legislador anciano y cascarrabias. Pensó en hacerle un regalo, pero entonces decidió darle la vuelta al guion. Pensó que tenía que conseguir que el legislador le hiciera un regalo a él. Tenía que hacer que el otro simulara que Franklin le caía bien, y su corazón y su mente se acoplarían a ello. De modo que le preguntó al legislador si podía prestarle un libro poco común, que Franklin le devolvió más tarde agradecidamente. El legislador no tardó en empezar a apreciar a Franklin, y el hecho de que al principio este no le hubiera caído bien aumentó su necesidad de justificar que le hiciera favores. Dos de los compañeros de Aronson, Jon Jecker y David Landy, demostraron experimentalmente que el hecho de elegir por voluntad propia hacerle un favor a alguien hace que esa persona nos caiga mejor[157]. De modo que Aronson pensó que fuera cual fuera la situación que modelara, tenía que ser una en la que los niños se regalaran cosas unos a otros.

Mientras consideraba la forma de cambiar las reglas del juego del aula, Aronson sacó inspiración de los deportes, un lugar donde personas de diferentes procedencias aprenden a reunirse como hermanos y hermanas. Estaba pensando en algo «como un equipo de baloncesto, con cinco o seis miembros». Esto le llevó a la idea de hacer que los niños trabajaran en grupo, en pequeños equipos. También se basó en el trabajo de Muzafer Sherif e incorporó una meta superordinada.

En la versión original de la intervención de Aronson, en cinco aulas, todos los niños estudiaban primero individualmente una única «pieza de rompecabezas», un fragmento de una lección más grande. Si la lección trataba sobre las culturas americanas nativas, una pieza podía pertenecer a los cheroquis, y otras cuatro a los navajos, siux, apaches e iroqueses. De este modo, cada estudiante se convertía en un «experto» en una de las piezas. A continuación, los niños se unían en «grupos de aprendizaje» de cinco; el profesor debía asegurarse de que eran grupos racialmente diversos y que contenían un experto en cada una de las piezas de la lección. El profesor decía a los niños que al final de la clase los examinaría sobre la lección completa. Para aprenderla, los niños tenían que trabajar juntos.

Cada estudiante tenía un regalo que dar, y cada uno tenía que representar dos papeles. En uno, como profesor, tenía que transmitir su conocimiento a los otros niños del grupo; este era un papel de autoafirmación empoderador. En otro papel, tenían que ser buenos estudiantes y aprender lo que sabían los otros cuatro. La meta superordinada era que todos aprendieran la lección completa, algo que solo se podía conseguir trascendiendo las divisiones raciales y trabajando juntos.

Aronson creó una situación en la que los estudiantes tenían que aprender a ser emocionalmente inteligentes y hábilmente sociales para tener éxito. Si un niño era lento comunicando su conocimiento, interrumpirlo o abroncarlo no iba a ayudar. Poco a poco se dieron cuenta de que les interesaba ser buenos cooperadores, en vez de competidores. Tenían que aprender a hacerse buenas preguntas unos a otros y a escuchar con atención y respeto lo que decían los demás. En el proceso, aprendieron a motivarse mutuamente y a evitar estereotipos dañinos. Un elemento clave, afirmó Aronson, es que «los estudiantes tenían que desaprender la competitividad».

Aronson evaluó el impacto del método seis semanas después, comparando las cinco aulas que habían practicado el aprendizaje rompecabezas con otras similares que habían estudiado el mismo material de la forma tradicional. Los niños que pasaron por el proceso del rompecabezas mostraron una marcada reducción de los prejuicios e hicieron más amigos superando las fronteras raciales, en relación a los niños de las aulas tradicionales. Además, mostraron mejoras en la autoestima y en el rendimiento escolar. Los efectos positivos sobre los estudiantes fueron visibles. Cuando Aronson dirigió algunos talleres para mostrar su método, los profesores que acudían como observadores podían preguntar: «¿Qué hacéis en esta clase?».

Aronson señala una serie de rasgos importantes de este método, que aprovechan los recursos para el modelado de situaciones que se listaron en el capítulo 1. En primer lugar, está la *oportunidad*. Al instituir el rompecabezas cuando los niños están en edad formativa, en quinto o sexto curso, se empiezan a abrir sus corazones, y para cuando llegan a décimo o undécimo curso, «están un poco más abiertos a las diferencias de todo tipo». Además, los niños entran en un nuevo *grupo de referencia* con nuevas normas y *nuevos papeles* que ofrecen formas nuevas de relacionarse. También es importante que la *autoafirmación* esté insertada en la situación. Todos los niños sienten que importan y pertenecen. Por último, la *naturaleza participativa* del proceso estimula aún más el sentimiento de pertenencia.

El estudio original inspiró cientos de continuaciones e innovaciones en las aulas. La frecuencia con que los profesores ponen a los niños a realizar ejercicios rompecabezas puede variar muchísimo, de una vez al día a quizá una o dos veces a la semana. Los investigadores han jugueteado con la estructura de incentivos y los objetivos del juego, consiguiendo grandes efectos. Una estrategia ganadora es hacer que los equipos de aprendizaje compitan, pero el premio no va para el grupo que tenga la máxima puntuación media en el examen sino para el que muestra una mayor mejora media. Los niños empiezan a enorgullecerse del crecimiento de los demás;

el éxito de otros se convierte en el éxito propio. El rompecabezas se ha usado con éxito no solo en la escuela primaria, sino también en los institutos y en la universidad.

En 1982, Aronson recibió una carta conmovedora en la que un estudiante le contaba lo importante que había sido para él el Aula Rompecabezas:

Estoy en el último curso de la U.T. [Universidad de Texas]. Hoy he recibido una carta comunicándome que me han aceptado en la Escuela de Derecho Harvard. Puede que esto no le parezca raro, pero deje que le diga algo. Soy el sexto de los siete hijos que han tenido mis padres, y soy el único que ha ido a la universidad, no digamos ya graduarme, y en ir a la escuela de Derecho.

Ahora probablemente se estará preguntando quién es este desconocido que me escribe presumiendo de sus logros académicos. En realidad, no soy un desconocido, aunque nunca nos hayamos presentado. Verá, el año pasado estaba asistiendo a un curso de psicología social y estábamos usando un libro escrito por usted, El animal social, *y cuando leí sobre los prejuicios y el rompecabezas todo me sonó muy familiar... y entonces me di cuenta de que yo estuve en la clase en la que usted aplicó el rompecabezas por primera vez, cuando yo estaba en quinto curso. Según fui leyendo, me di cuenta de que yo era el chico al que llama Carlos en el libro. Y entonces recordé cuando usted llegó por primera vez a la clase y lo asustado que estaba yo y lo mucho que odiaba la escuela y lo estúpido que era y que no sabía nada. Y usted entró, todo me vino a la mente cuando leí el libro; era muy alto, más de metro noventa, y tenía una gran barba negra y era gracioso y nos hizo reír a todos.*

Y lo más importante, cuando empezamos a hacer el trabajo en grupos de rompecabezas, empecé a darme cuenta de que no era tan estúpido. Y los niños que yo creía que eran crueles y hostiles se convirtieron en mis amigos y el profesor era amistoso y amable conmigo y realmente empecé a amar la escuela, y empecé a amar aprender cosas y ahora estoy a punto de ir a la Escuela de Derecho Harvard.

Debe de recibir muchas cartas como esta pero he decidido escribirle de todas formas porque deje que le diga algo. Mi madre me dice que cuando nací casi me morí. Nací en casa y el cordón estaba rodeándome el cuello y la matrona me hizo el boca a boca y me salvó la vida. Si ella estuviera viva todavía, también le escribiría, para decirle que crecí listo y bueno y voy a ir a la escuela de Derecho. Pero murió hace unos años. Le estoy escribiendo a usted porque, no menos que ella, también me salvó la vida.

Sinceramente, Carlos

Otra historia de éxito sobre la creación de vínculos mediante normas y metas superordinadas es Outward Bound, un programa de supervivencia al aire libre que lleva a grupos de niños de todo tipo de orígenes a correr duras aventuras en la naturaleza, en las que tienen que trabajar en común para sobrevivir una o dos semanas. Los científicos políticos Donald Green y Janelle Wong, que dirigieron un importante estudio sobre los efectos del programa, escribieron que: «La naturaleza funciona como igualador, empujando a todos los participantes hasta sus límites físicos» [158]. Además, los niños están aislados de su familia y sus grupos de amigos, «descongelándolos», como diría Kurt Lewin, para ser modelados por un nuevo grupo y nuevas normas. La experiencia está también repleta de oportunidades para la autoafirmación. Los niños superan adversidades, y escriben diarios para reflexionar sobre los valores según los cuales quieren vivir su vida. Hay estudios que han mostrado que participar en Outward Bound fomenta la autoestima.

En su estudio, Green y Wong pidieron a los administradores de Outward Bound que dividieran aleatoriamente en el campamento base a los participantes entre los catorce y los diecisiete años en grupos de diez. En algunos grupos, todos eran blancos, incluyendo el instructor adulto. En otros, tres de los diez niños eran negros o latinos.

Tres semanas después de que los niños completaran el programa, los investigadores se pusieron en contacto con los participantes y evaluaron su tolerancia racial con una encuesta que les preguntaba si estaban de acuerdo o en desacuerdo con frases como: «Si una persona de raza diferente estuviera a cargo de mí, no me importaría aceptar sus consejos e instrucciones», o, más allá de la raza: «No me gustaría estar cerca de un adolescente que sea gay». Aunque el programa solo duraba dos semanas, el efecto fue inmenso. Un 58 % de los participantes de los grupos diversos dio la respuesta más tolerante a las cinco preguntas, en comparación con un 32 % de los grupos exclusivamente blancos. La experiencia de los grupos diversos pareció enseñarles una profunda lección sobre su humanidad común, pues expresaban actitudes más positivas hacia las minorías étnicas y también hacia las personas gais.

Es fácil pasar por alto lo que falta en el rompecabezas y en Outward Bound y que sí está presente normalmente cuando intentamos crear espacios inclusivos: no hay sermones. No se hace ninguna mención a la tolerancia y la igualdad. Los intentos de combatir los prejuicios mediante esos métodos instruccionales han demostrado ser en gran medida ineficaces[159]. El poder de estas situaciones cuidadosamente modeladas es hacer que los niños sean participantes plenos del proceso de su propio cambio.

Una de las principales estudiosas de los prejuicios, la psicóloga social Elizabeth Paluck, realizó estudios notables que demostraban otras formas en que las situaciones podían ser modeladas para despertar nuevas normas y combatir la hostilidad entre grupos[160]. El trabajo de Paluck es particularmente valiente, pues pone a prueba los enfoques sobre el campo, entre grupos en conflicto, en contraste con buena parte de la investigación psicológica de la actualidad, que se realiza en los confines de laboratorios y universidades o mediante muestras *online*. En el año 2000, cuando Paluck era una estudiante de doctorado en mi departamento, tomó la audaz decisión de ir a Ruanda para probar una intervención que esperaba que pudiera ayudar a sanar las profundas heridas sociales producidas por la horrible masacre de tutsis ejecutada por sus conciudadanos, los hutus, personas de las que a menudo eran vecinos.

Las tácticas de divide-y-vencerás de los ocupantes alemanes primero, y luego de los belgas, en la primera mitad del siglo xx, habían alimentado la división en Ruanda, convirtiendo una sutil distinción entre esos dos grupos étnicos en una línea de falla, concediendo favores y posiciones a un grupo por encima del otro. Los resentimientos resultantes fueron inflamados por el gobierno ruandés. En cien días de carnicería en 1994, se estima que fueron asesinados 800.000 tutsis, en su mayoría con machetes y armas de fuego que había distribuido el gobierno[161]. Eso son 8.000 asesinatos al día. Al igual que en masacres anteriores como el Holocausto, ciudadanos normales demostraron estar demasiado dispuestos a hacer el trabajo sucio. La mayor parte de la masacre sucedió en lugares donde la gente se había criado y había vivido casi toda su vida, y muchos casos ocurrieron a manos de sus vecinos. Incluso se reportó que sacerdotes y monjas habían asesinado a tutsis que habían buscado refugio en sus iglesias. Otros se apartaron a un lado y no hicieron nada por detener el horror.

El recuerdo del genocidio aún estaba fresco cuando llegó Paluck. Muchos aldeanos vivían con sufrimiento y dolor psicológico. El temor a nuevos estallidos de violencia era palpable. Los aldeanos se enfrentaban a lo que Paluck describió como «una crisis de confianza monumental». ¿Cómo podían vivir en paz y buena voluntad con esas heridas tan profundas? Las barreras parecían insalvables.

Pero ¿qué mejor forma de construir esperanza y abrir los ojos de la gente a nuevas posibilidades de relacionarse que una historia de amor? Las historias pueden trascender divisiones uniendo a las personas alrededor de una esperanza compartida sobre lo que podría ser. Parafraseando al autor Philip Pullman, la información y los argumentos pueden alcanzar la cabeza, pero «hace falta un "érase una vez" para alcanzar el corazón»[162]. Paluck formó equipo con los creadores de una radionovela radiofónica titulada *Musekeweya* (Nuevo amanecer). La radio fue usada como herramienta para esparcir el odio durante el genocidio. ¿Podría la propia radio revertir el daño?

La radionovela de reconciliación fue creada por funcionarios ruandeses y la organización no gubernamental holandesa «Radio la Benevolencija», bajo la dirección de Ervin Staub, un profesor de psiquiatría y superviviente del Holocausto que había escrito extensamente sobre las raíces del comportamiento violento. La historia de *Musekeweya* va en la misma línea que el *Romeo y Julieta* de Shakespeare: trata sobre amantes de dos poblados rivales. Hablar sobre la etnicidad estaba prohibido tras el genocidio, de modo que los guionistas tuvieron que usar dos pueblos ficticios como sustitutos de los hutus y los tutsis. Al igual que en el conflicto real, en la radionovela crecen las tensiones debido a la falta de tierras, el favoritismo del gobierno hacia un grupo y los demagogos que fomentaban el belicismo. Un poblado ataca al otro. Muerte, traumas y dolor llegan a continuación.

El romance apasionado de los dos desventurados amantes actúa como pararrayos del conflicto entre los dos poblados. Pero a diferencia de la tragedia de Shakespeare, la pareja triunfa y se convierte en un faro de las nuevas normas. Desafían al destino y a la presión social de sus comunidades organizando a los jóvenes en un grupo de protesta. Como cualquier historia de esperanza que suena a verdadera, *Musekeweya* no esquiva los temas difíciles. Muchos personajes sufren traumas. Hay escenas de dolor desgarradoras. Los personajes lloran, se rinden, cambian a peor. Pero también brota la esperanza, como cuando los aldeanos se apoyan unos a otros, cuidan de los enfermos y afrontan juntos los problemas. Bromean, cantan, ríen y beben cerveza de plátano juntos, rituales que les recuerdan lo hermosa que era la vida en tiempos de paz.

Para valorar el impacto de la radionovela de reconciliación en salvar la división social del país, Paluck identificó doce poblaciones representativas de Ruanda. Organizó un equipo de ayudantes de investigación, muchos de ellos ruandeses, que llevaron un equipo estéreo y cintas de casete al espacio comunitario de esos poblados una vez al mes durante un año. En seis poblados seleccionados aleatoriamente, los ayudantes reprodujeron cintas de la radionovela que se concentraban en la reconciliación, y en los otros seis, reprodujeron cintas de otra que tenía el foco puesto en la educación sobre el sida; estas últimas poblaciones sirvieron como grupo de control. Los aldeanos decidían libremente si se acercaban a escuchar.

Más allá del contenido del programa, un elemento clave de la situación que crearon Paluck y sus colaboradores fue que los lugareños escuchaban *juntos*. Se sentaban en torno a la radio en espacios comunitarios. Cuando los amantes sufrían un contratiempo, los aldeanos lloraban de angustia. Cuando los personajes los frustraban, gritaban consejos. Cuando el idiota del pueblo de la radionovela se burlaba del demagogo, los lugareños reían a la vez. Cuando los amantes se reunían, vitoreaban. Cuando un anciano sabio de la historia hacía un comentario, a veces expresaban su acuerdo. Por ejemplo, después de que uno de los ancianos mencionara la importancia de la tolerancia y el respeto, el público lo aclamó; «¡Deberíamos repetir esas palabras!». Cuando finalizaba el espectáculo por aquel día, a menudo los lugareños se quedaban reunidos y comentaban la historia.

Cuando al final del año hicieron una encuesta entre los participantes de Paluck, el 95% dijo que los personajes les recordaban a gente de su pueblo. Algunos llegaron a apodar a otros paisanos con nombres de los personajes, lo que puede que los haya ayudado a relacionar la historia con sus propias vidas y sus propios vínculos. La historia parecía haber humanizado a vecinos a los que tenían motivos para temer u odiar.

¿Qué otros tipos de cambio se podían esperar de semejante experiencia en un lugar con un pasado reciente tan doloroso? Es ingenuo creer que llevaría a que los oyentes abandonaran la desconfianza, el odio y el miedo. Pero pudo inspirarlos a pensar que podrían y deberían adoptar algunas normas sociales nuevas, especialmente teniendo en cuenta que habían estado escuchando la historia junto a otros vecinos que parecían sentir del mismo modo. Eso fue lo que encontró Paluck.

Los aldeanos que habían escuchado la radionovela de reconciliación estuvieron más dispuestos a aprobar matrimonios entre hutus y tutsis. Estos aldeanos, más que los que habían estado escuchando la radionovela sobre la educación sobre el sida, respondieron en desacuerdo con la frase «Aconsejaré a mis hijos (o a los que tendré en el futuro) que solo deberían casarse con una persona de nuestro mismo grupo regional, religioso o étnico».

La radionovela de reconciliación también animó a los aldeanos a estar más dispuestos a confiar unos en otros. Los que la escucharon estuvieron menos de acuerdo con la frase «es ingenuo confiar» que los del grupo de control. Estos aldeanos también estuvieron más intensamente en desacuerdo con la norma preponderante de que la gente «debía callarse» cuando «no estaba de acuerdo con algo que otro está haciendo o diciendo». El programa parecía haberlos motivado a adoptar una postura de no violencia, un descubrimiento clave teniendo en cuenta que la masacre se había extendido en parte porque los observadores no habían intervenido. La radionovela también abrió a los aldeanos a adoptar estrategias positivas para encontrar identidad y pertenencia a través del apoyo social, en vez de en la búsqueda de cabezas de turco. Estuvieron más en desacuerdo con la norma de que «no debo hablar nunca de las experiencias que me han causado mucho dolor y sufrimiento».

Por último, como medida de la empatía, los investigadores preguntaron a los aldeanos si alguna vez «habían imaginado los pensamientos y sentimientos» de cuatro grupos: prisioneros, supervivientes del genocidio, personas pobres y líderes políticos. Hubo más que contestaron «sí» a todos los grupos entre los que escucharon la radionovela de reconciliación que entre los que escucharon la radionovela sobre salud.

No es que las personas que escucharon la radionovela de reconciliación abrazaran y perdonaran a los otros. Aquello no hizo borrón y cuenta nueva. Pero se suavizaron. Dieron lo que según muchas investigaciones es a menudo el primer paso hacia el cambio: adquirieron una percepción expandida de lo que podría y debería ser, un cambio en las normas sentidas.

Un efecto de estos cambios es que los aldeanos deberían sentirse más dispuestos a expresar disensión y más esperanzados sobre que las diferencias podían resolverse sin violencia. Recordemos de la investigación de Lewin que los grupos sanos deliberan de forma democrática. El programa de reconciliación parecía promover justo eso. Como premio por la participación, todos los poblados recibieron un equipo estéreo y seis cintas de casete. Solo había un estéreo y muchas personas querían usarlo. ¿Cómo afrontaron ese dilema? Los ayudantes de la investigación grabaron subrepticiamente el debate y lo analizaron más tarde.

En las aldeas que habían escuchado la radionovela sobre salud, las deliberaciones fueron típicamente rápidas, con una persona que recomendaba que el uso del estéreo fuera supervisado por los ancianos de la aldea, lo que era seguido de silencio y aceptación. Pero para los aldeanos expuestos a la radionovela de reconciliación, las deliberaciones fueron «más vivas y más peleadas». Tras la primera recomendación, a veces otro lugareño se mostraba en desacuerdo y recomendaba una solución diferente. A ello seguía un debate. Pero estos aldeanos también expresaban esperanza junto a la disensión, un elemento distintivo de un proceso democrático en el que la pertenencia está protegida a pesar del desacuerdo. Además, los aldeanos hicieron más comentarios positivos sobre su capacidad para encontrar una solución. Como dijo uno: «Hemos venido a escuchar todos juntos todo este tiempo, ¿por qué no podemos reunirnos para seguir escuchando, igual que hemos hecho antes?».

Cuando Nueva Jersey aprobó legislación antiabusos para las escuelas, le tocó a Elizabeth Paluck proporcionar otro enfoque para establecer nuevas normas para reducir los conflictos grupales[163]. En escuelas de secundaria repartidas por todo el estado reclutó alrededor de veinticinco estudiantes de séptimo y octavo cursos para formar un «grupo semilla» en cada centro, de una forma no muy diferente al ecléctico grupo de chicos de la película *El club de los cinco*, supongo, pero con más diversidad racial. Los grupos semilla del programa de Paluck son «clubes de los cinco» que no se dispersan después de la tarde pasada juntos. Siguen insistiendo en el tema y convierten su revelación de tener una humanidad común en una nueva norma.

La intervención se desarrolló así. En las 28 escuelas en que intervino, reclutó 728 alumnos en total, de los cuales 500 siguieron adelante y participaron. Estos chicos formaron el grupo semilla de cada escuela. Los grupos eran realmente una semilla, pues entre todos constituían menos del 3 % de los 11.938 estudiantes que asistían a esos institutos. De una media de 450 estudiantes por centro, alrededor de 15 participaron en el grupo semilla. Estos 15 chicos eran representativos de la población escolar. Se reunieron en pequeños grupos diez veces a lo largo de un año, cada vez durante alrededor de una hora, y acompañados de un adulto que trabajaba con ellos adoptando el estilo de liderazgo democrático de Lewin. Otros 28 institutos formaban el grupo de control, donde no existían más intervenciones aparte de los programas estándar de cada centro y las normativas para tratar con los abusos.

El líder adulto jamás sermoneaba ni presionaba a los chicos con el tipo de influencia enérgica habitual en la persuasión y las campañas educativas. En lugar de eso, especificaba el propósito, el objetivo final, y dejaba a los chicos la determinación de los medios para alcanzar adecuadamente ese objetivo, un sello del buen liderazgo democrático. El programa, les dijeron a los chicos, iba sobre «hacer de la escuela un lugar donde todos los estudiantes se sientan aceptados». Los estudiantes estuvieron de acuerdo en que sería estupendo reducir la cantidad de alumnos que «se meten en conflictos y dramas» con otros y «se meten en situaciones donde una persona es avergonzada o excluida, o se siente mal sobre ella misma».

Los chicos de los grupos semilla se afirmaron y adoptaron papeles empoderadores como «hacedores de cambios» e «influenciadores». El líder les dijo que las investigaciones mostraban que las acciones de una sola persona podían extenderse por una red social entera, y dado que ellos eran los principales expertos de la vida en su instituto, sabían mejor que nadie cuáles eran los problemas y cómo resolverlos. No tenemos las respuestas, admitió el líder adulto. Vosotros, sí. Todos juntos las tenemos; trabajando unidos, las crearemos. Se les prometió a los chicos que la reunión del grupo sería un espacio seguro donde podrían hablar abiertamente y con sinceridad. «Está bien hacer comentarios negativos sobre la escuela, y está bien estar en desacuerdo con otro compañero siempre que todos mostremos respeto».

Adoptando una idea de Sherif, Paluck hizo que los chicos participaran en juegos cooperativos entretenidos para aumentar el sentimiento de pertenencia de los estudiantes, e introdujo numerosos canales para que los chicos participaran más plenamente en los procesos del grupo, otro elemento clave del modelado de situaciones. Por ejemplo, los estudiantes podían presentar ideas anónimamente usando un «Buzón de Cambios». Cuando los estudiantes salían del grupo podían seguir estando en contacto *online* y compartir sus ideas a través de una página web que habían creado los investigadores.

A lo largo del año, el líder adulto guiaba a los chicos para que se convirtieran en modeladores de situaciones en su instituto, haciendo preguntas como: ¿Cuáles son los disparadores de amenazas al sentimiento de pertenencia y aceptación de los estudiantes? Cuando hay drama, peleas, bromas crueles, rumores y cotilleos, ¿qué pueden hacer las personas para mejorar la situación? ¿Cómo se pueden materializar esas mejoras? El líder intentó animar a realizar acciones públicamente visibles porque son estas las que crean nuevas normas sociales. Los chicos lanzaron soluciones como las campañas «devolver el favor», en las que se fijaba la norma de realizar actos de amabilidad aleatorios y el beneficiario devolvía el favor realizando otros a su vez; una campaña de anuncios «antidrama»; *hashtags* para prevenir conflictos, que los chicos publicaban en las redes sociales y escribían en las pizarras de toda la escuela, y un «banco de comportamientos» que listaba formas concretas en que los chicos se podían ayudar unos a otros a sentirse incluidos y respetados en situaciones disparadoras. Una actividad popular era que los chicos de los grupos semilla repartieran muñequeras naranjas con las etiquetas «Respeto» o «Crea el Cambio» a estudiantes que consideraban que ejemplificaban las nuevas normas. Distribuyeron más de 2.500, creando así otro indicador visible de que las normas habían cambiado.

Al final del año, los registros oficiales revelaron que, en relación con las escuelas de control, las que habían implementado la intervención de Paluck mostraban una reducción del 25 % en incidentes disciplinarios entre todos los estudiantes. Esto se traduce en casi setecientos incidentes disciplinarios menos.

Hubo un elemento que dio potencia extra a la intervención. Por simple casualidad, algunos de los grupos semilla tenían más «referentes sociales», un concepto que Paluck tomó prestado de Sherif y que recuerda a la noción de guardabarreras[164]. Se trata de chicos popularmente apreciados a los que los demás estudiantes miran como ejemplo y con los cuales intentan pasar tiempo, como los estudiantes de alto estatus cuya poderosa influencia demostramos Prinstein y yo en nuestro estudio de las salas de chat. Paluck identificó el número de chicos de cada grupo semilla que habían puntuado en el 10 % superior de las nominaciones realizadas por los estudiantes en la frase «me gustaría pasar tiempo con...»; una especie de índice de popularidad.

El número de chicos más populares en cada grupo semilla, los referentes sociales, representaba una diferencia enorme. En las escuelas donde, por casualidad, solo uno de los miembros del grupo semilla era un referente social, la intervención era ineficaz. Pero bastaba con añadir dos más para que empezara a notarse un impacto. Si se añadían otros dos, la eficacia se duplicaba: la tasa de incidentes disciplinarios en todo el centro se reducía a menos de la mitad. Una cantidad minúscula de líderes estudiantiles puede sembrar una norma transformadora por todo el centro.

Todos los institutos de este estudio, incluyendo los de control, adoptaron el programa tras recibir un entrenamiento por parte de Paluck y su equipo. Australia ha puesto en marcha una prueba general del programa. El currículo completo de Paluck, basado en la investigación científica y expuesto maravillosamente en una serie de módulos ilustrativos, está disponible públicamente en su página web (http://www.betsylevypaluck.com/roots-curriculum).

Cuando vemos que las divisiones grupales surgen de fuerzas situacionales y no solo de malos actores, se nos abren los ojos a formas de alterar situaciones para tender puentes incluso en divisiones Nosotros-contra-Ellos profundamente arraigadas. Un estudio de 2020 realizado por la científica política Salma Mousa examinó el poder de otro método para usar objetivos superordinados, y las normas para usarlo: los deportes[165]. Quería descubrir formas de sanar la división entre ciudadanos cristianos y musulmanes en un Irak destrozado por la guerra y el genocidio. Empezando en 2014 con la captura por el Dáesh de la ciudad de Mosul,

19.000 ciudadanos iraquíes habían sido asesinados, principalmente cristianos y miembros de otras religiones y minorías étnicas como los yazidíes y los chiitas. Aquellos que no habían sido asesinados, habían sido esclavizados o habían huido del país. El resultado fue un desplazamiento masivo de tres millones de iraquíes. Ciudades que habían sido el hogar de cristianos durante siglos estaban ahora vacías de estos. Después de que la violencia finalizara casi por completo, persistieron los efectos psicológicos. La relación entre cristianos y musulmanes siguió siendo tensa, marcada por la desconfianza.

Mousa había estado pensando en la victoria de Sudáfrica en la Copa Mundial de Rugby, en 1995. Después de que cayera el régimen del apartheid, el nuevo presidente del país, Nelson Mandela, organizó la creación del primer equipo de rugby integrado, con jugadores blancos y negros. Mandela creía que los deportes podían ayudar a unir un país que estaba amargamente dividido tras cincuenta años de hegemonía racial[166]. Desafiando las probabilidades, el equipo ganó la copa. En una ceremonia conmovedora, los jugadores blancos y negros se alzaron unidos, cubriéndose mutuamente los hombros con los brazos, y cantaron el himno de la vieja Sudáfrica y el del movimiento de resistencia negro.

Trabajando con una organización local en ciudades del norte de Irak sacudidas por la violencia, Mousa creó una liga de fútbol adulto, con equipos que competían en un torneo de ocho semanas. Sobre una base aleatoria, creó dos grupos de equipos. En un grupo, todos los jugadores eran cristianos, lo que debido a que la región es predominantemente cristiana, representaba las cosas como siempre. En el otro grupo, tres jugadores de cada equipo eran musulmanes. Para ayudar a establecer una relación entre musulmanes y cristianos, Mousa pidió a los entrenadores que rompieran el hielo al principio de la temporada. También les pidió que se aseguraran de que todos los jugadores pasaran aproximadamente el mismo tiempo sobre el campo. Mousa me explicó que los entrenadores también realizaron sobre la marcha otro acto de modelado de situación: ordenaron a los jugadores que solo hablaran en árabe. Mientras que los cristianos del país son generalmente capaces de hablar en árabe, la mayoría de los musulmanes desconocen el idioma nativo de los cristianos, el arameo oriental. Cuando, en los primeros partidos, los jugadores cristianos hablaban unos con otros en arameo, sus compañeros musulmanes se sentían marginados. Esta pequeña improvisación de los entrenadores marcó un «punto de inflexión en la integración de los jugadores musulmanes», explicó Mousa.

Por desgracia, había demasiado pocos jugadores musulmanes para poder analizar rigurosamente cualquier cambio que experimentaran. Pero en cuanto a los cristianos de los equipos integrados, conforme los jugadores se iban conociendo unos a otros, realizaron numerosos actos de camaradería cruzando las fronteras étnicas y religiosas. Cuando los musulmanes de un equipo decían que no se podían permitir ir en taxi a los partidos, sus compañeros de equipo cristianos ponían dinero para pagárselos. Cuando algunos cristianos quisieron invitar a sus compañeros de equipo musulmanes a una cafetería en la que estos no eran bienvenidos, los cristianos negociaron con los propietarios que los admitieran. Cuando ningún jugador musulmán acudía a alguna comida oficial de los equipos, varios cristianos telefoneaban a sus compañeros musulmanes para convencerlos de que fueran. Al final de la temporada, muchos cristianos describieron de varias formas que habían creado vínculos con sus compañeros de equipo musulmanes. «Cuando acaba el partido —dijo uno— nos abrazamos, nos besamos, nos felicitamos unos a otros incluso si hemos perdido». Los jugadores invitaban aun a sus compañeros a su casa, al otro lado de la frontera entre religiones.

Mousa midió también de manera más formal los efectos de la integración de equipos. Por ejemplo, les preguntó en una encuesta que hasta qué punto creían que la división del país entre musulmanes y cristianos era «arbitraria». Los miembros de los equipos integrados coincidieron en que la división era arbitraria más intensamente que los miembros de los equipos no integrados. Mousa creó también una serie de oportunidades para que los jugadores cristianos actuaran en apoyo de los jugadores musulmanes. Por ejemplo, podían nominar a un jugador de otro equipo para un premio a la deportividad, y anotó cuántos nominaban a un musulmán. También evaluó cuántos jugadores cristianos se apuntaban a un equipo mixto para la siguiente temporada, y cuántos entrenaron con musulmanes en el periodo entre estas. En todos los casos, los jugadores cristianos de los equipos integrados mostraron claramente más tolerancia. Por ejemplo, mientras que solo un 14 % de los jugadores cristianos de los equipos no integrados entrenaba con regularidad con musulmanes entre temporadas, el 63 % de los de equipos integrados lo hacía.

Mousa midió también el efecto en el comportamiento «fuera del campo» de los jugadores. Cosas como que cuatro meses después de la temporada, los jugadores cristianos asistieron a una gala de cena y baile para musulmanes y cristianos; que los cristianos utilizaran un cupón para un restaurante en la ciudad musulmana de Mosul, y que donaran dinero a una organización humanitaria genérica o a una que trabajaba exclusivamente con cristianos. En conjunto, no descubrió ningún efecto en estos casos al comparar los equipos integrados y no integrados. Por otro lado, había pruebas de que simplemente por estar en la *liga* integrada que Mousa había creado —sin importar que los jugadores estuvieran o no en un equipo integrado— había aumentado la tolerancia en esas áreas. Además, cuando Mousa miró el subconjunto de equipos que habían llegado a las finales, los equipos integrados no solo mostraban mayores niveles de tolerancia fuera del campo, sino que, si ganaban, demostraban los mayores niveles de tolerancia en total. Estos descubrimientos señalan otras ideas para modelado de situaciones que pueden ser exploradas en el futuro. Quizá si los jugadores fueran motivados a definir el éxito del equipo en términos de cooperación, esfuerzo y crecimiento en vez de por las victorias en la liga, los beneficios podrían extenderse más.

El daño al tejido social de Irak debido al exceso de violencia es profundo, y se necesitarán muchos años y esfuerzos a gran escala para remediarlo. Pero el estudio de Mousa subraya el valor de crear oportunidades para que los grupos que han estado en conflicto trabajen unidos hacia un objetivo común, y al hacerlo así, establezcan nuevas normas para relacionarse. Competiciones deportivas integradas racial y étnicamente; proyectos de mejora comunitarios, como días de limpieza de basuras; actos interreligiosos; recaudaciones de fondos para ayudar a los necesitados; iniciativas públicas bipartidistas, y muchas otras actividades de este tipo pueden lograr a veces progresos notables a la hora de tender puentes.

+ + + +

Las presiones para ajustarse a las normas de un grupo con el fin de sentirse aceptados pueden ser fuerzas para el mal, pero también fuerzas para el
bien. Como analizaremos en la tercera parte, podemos encontrar muchas
formas en nuestra vida cotidiana, nuestras escuelas, nuestros lugares de
trabajo y nuestras comunidades para ayudar a cambiar las percepciones
de las maneras correctas de comportarnos con aquellos a los que vemos
como otros.

No hemos evolucionado para vilipendiar y humillar a otros, sino para
responder adaptativamente a las situaciones según las percibimos... o según nos han impulsado a percibirlas. Si percibimos a los otros como amenazas, estaremos probablemente más inclinados a distanciarnos de ellos o
a mostrarnos agresivos con ellos; si no los percibimos como amenazas,
seremos más receptivos. A lo largo de las épocas, algunas personas han
resistido las presiones conformistas y han alzado la voz por los oprimidos
y los denostados. Pero demasiados de nosotros no llegamos a hacerlo. La
psicología social sugiere que nuestro fracaso para alzar la voz surge en
buena medida de normas, grupos y temor al ostracismo, todo lo cual
puede ser abordado mediante el modelado de situaciones.

Sin embargo, muchas amenazas a la pertenencia surgen de algún aspecto desafortunado de la psicología humana que ha sido criado en nosotros por la cultura o la evolución. Estos aspectos nos llevan a malinterpretar
las situaciones y a las personas que nos encontramos. Si queremos combatir la crisis de pertenencia, debemos entender cómo estos rasgos de nuestra
psicología pueden causar que humillemos y excluyamos a otras personas.

5

Culpar a la persona, ignorar la situación

Cómo vemos y respondemos a lo que está pasando realmente

Elliot Aronson dijo en cierta ocasión: «La psicología social es una historia de pecado y redención»[167]. Esto es debido a que los psicólogos sociales estudiamos los comportamientos humanos menos atractivos, como el ostracismo, la agresión, el prejuicio y el genocidio. Pero también podemos ofrecer esperanza para sacar los mejores aspectos de nuestra naturaleza.

Uno de los «pecados psicológicos» más extendidos y menos reconocidos, que causa desastres en la pertenencia, se denomina *error fundamental de atribución* (del inglés «fundamental attribution error», o FAE), y la siguiente historia ilustra lo catastróficas que pueden ser sus consecuencias.

A aproximadamente las 10:00 p. m. del 23 de julio de 2015, Robert Doyle y su esposa volvían a su casa en Beverly Hills (Florida). Mientras cruzaban la cercana Citrus Hilla, Doyle llamó al 911 y dijo: «Hay un maníaco que intenta seguirme y echarme fuera de la carretera».

Al mismo tiempo, en el coche que iba detrás de los Doyle, Cathy González, la esposa de Candelario, el conductor, a quien Doyle había llamado maníaco, estaba al teléfono con otro operador del 911. Estaba denunciando que *Doyle* los había puesto en peligro a *ellos* con su conducción agresiva. «Estamos conduciendo una camioneta con tráiler. Simplemente no puedes conducir como un idiota —dijo, refiriéndose a Doyle—. Alguien tendría que darle una paliza a este imbécil».

Entretanto, Doyle se estaba acalorando y le decía al operador del 911: «Ya he sacado la pistola. Está amartillada y cargada».

El matrimonio González tenía en el asiento trasero a su hija de ocho años y a su nieto de siete, a quienes se pudo oír en la grabación de la llamada al 911 de González gritando: «¡Tiene una pistola!». Aun así, Candelario siguió a los Doyle a su casa, a pesar de que su esposa le rogó que no lo hiciera. Él dijo que quería darle a la policía la dirección de Doyle. Los dos hombres y sus mujeres creían que el otro conductor era el agresor, y los dos aparentemente consideraban que la situación justificaba por completo su propio comportamiento.

Cuando Doyle se detuvo en su entrada cochera, González aparcó la camioneta en la carretera, frente a la casa. Salió y se acercó a Doyle, que empuñaba la pistola. La mujer de Doyle le rogaba a su marido que no disparara. Pero este disparó... cinco veces, acertando con cuatro balas a González y matándolo. La quinta bala se hundió en la pared de la casa del otro lado de la calle. Doyle retuvo a Cathy y a los dos niños a punta de pistola hasta que llegó la policía, que lo detuvo. Un año después, un juez retiró los cargos contra Doyle porque determinó que este había actuado en legítima defensa, conforme a sus derechos estipulados por la ley Stand Your Ground («Defiende tu terreno») de Florida [168].

¿Quién fue el auténtico agresor? ¿Quién empezó? ¿Por qué este conflicto escaló hasta un final tan violento? Se me pasó por la cabeza un «¡Qué idiotas!» cuando leí la noticia. Entonces me di cuenta de que estaba cayendo en el mismo sesgo que probablemente originó esta tragedia de «furia de la carretera». Es el sesgo que entra en juego como un reflejo mental. Aunque ninguna explicación sencilla puede dar cuenta de las calumnias que arrojamos sobre otros conductores, un factor que sin duda interviene es el error fundamental de atribución [169]. Se trata de un sesgo cognitivo impulsivo que nos lleva a suponer que el comportamiento de los demás emana de alguna esencia subyacente —quién es la persona— y no de la situación en la que se encuentra. En vez de considerar la posibilidad de que alguien que se nos cruza en nuestro carril estaba distraído por la preocupación por un problema en el trabajo o quizá estaba esquivando un peligro en su carril, tendemos a considerar su comportamiento algo personal, tanto en el sentido de que lo atribuimos a algún defecto de su naturaleza como en el de tomárnoslo personalmente. A menudo hacemos esto a pesar de no saber virtualmente nada sobre las otras personas. Decidimos que son groseras, egoístas, prejuiciosas, sexistas, estúpidas y muchas cosas más, menospreciándolas con supersimplificaciones a veces descabelladas. Cuando más cometemos este error es cuando alguien hace algo que creemos que nosotros no haríamos jamás; cuando parece ser *diferente*. El error fundamental de atribución es el molino cognitivo que convierte el grano de nuestra vida social en cotilleos, juicios y rabia.

Cometemos este sesgo con personas que no conocemos, como los desconocidos que encontramos en la calle y las celebridades sobre las que leemos en las noticias. Si miramos el hilo de comentarios de prácticamente cualquier publicación en Twitter o en otra red social sobre alguien que hace o dice algo diferente, desagradable o lamentable, veremos los venenosos productos del error fundamental de atribución. Pero también cometemos a menudo este sesgo con personas a las que conocemos y que nos importan.

El actor Clarke Peters compartió en el programa de televisión *Good Morning Britain* un ejemplo destacado de malinterpretación del comportamiento de una persona, incluso habiendo llegado a conocerla[170]. Peters trabajó con Chadwick Boseman en el plató de una película después de que Boseman hubiera alcanzado el estrellato por su papel en *Pantera Negra*. Cuando estaban trabajando juntos en una película sobre un grupo de milicia, en papeles que eran extremadamente exigentes en lo físico, Peters se quejó de Boseman. Dijo que se había convertido en una gran estrella, que estaba «rodeado de gente [...] que lo adulaba todo el tiempo», con un «especialista chino que le masajeaba la espalda cuando salía del plató, una maquilladora que le masajeaba los pies, su novia [...] sosteniéndole la mano». Peters llegó a la conclusión de que a Boseman se le había subido el éxito a la cabeza y exigía que lo mimaran demasiado. Unos cuantos meses después se dio cuenta de su error cuando se anunció la muerte de Boseman a consecuencia de un cáncer de colón en estadio IV. Boseman había estado sufriendo un dolor terrible. Durante la filmación, en aquella situación estaban pasando más cosas de las que la mayoría podía ver.

A menudo caemos en el error fundamental de atribución en nuestra vida cotidiana, con compañeros de trabajo y jefes, amigos, e incluso familiares y cónyuges. Una novia que de repente corta con nosotros es una aprovechadora cruel. Un profesor que se ha mostrado insensible al discutir los efectos del racismo es un privilegiado intolerante. Un jefe que ha desechado con brusquedad el punto de vista que hemos expresado en una reunión es un egomaníaco hambriento de poder. Un estudiante o empleado que no cumple nuestros estándares es un vago. También arrojamos esas calumnias categóricas sobre grupos enteros de gente y culturas, razas y etnicidades completas. Muchos griegos piensan que «los albaneses son conductores malísimos», mientras que los alemanes creen que «los holandeses son los peores conductores»[171]. Generalizaciones como estas han estado en la raíz de muchos chistes ofensivos contra grupos raciales y étnicos.

En nuestra vida cotidiana, el error fundamental de atribución nos lleva a desacreditar el poder de un desaire, o, por el otro lado, el poder de una sonrisa o un acto básico de cortesía. No lleva a subestimar el poder que tenemos para afectar el comportamiento de otros porque somos parte de su situación. El error fundamental de atribución también nos vuelve demasiado simplistas en nuestra comprensión de los demás. Creemos que una acción representa una esencia simple con la que se corresponde: argumentas por X; debes de creer en X. Se te ha dado mal algo; debes de ser poco hábil. Cometes un delito; debes de tener poco carácter. Tenemos la sensación de que siempre estamos pillando a la gente cuando revela cómo es realmente, cuando deberíamos darnos cuenta de lo poco que sabemos sobre sus circunstancias.

Uno de mis antiguos profesores, Kenneth McClane, escribió un ensayo sobre su crianza en Harlem y su relación con Lynwood, uno de los abusones más duros del barrio[172]. Aquel hombre había matado a alguien delante de la casa de McClane. Se decía de Lynwood que «dejaba una estela de destrucción y horror» y tenía reputación de «matar por divertir-se» y «no sentir nada por nadie». Pero McClane escribió que ese mismo hombre, para él, era amable e inspirador. Según McClane, Lynwood adoptó con él el papel de figura paterna, miraba las notas que sacaba y le decía que llegara a ser algo y fuera a la universidad. El error fundamental de atribución no deja mucho espacio en nuestra mente para imaginar las complejidades y las contradicciones de las personas.

Aprender sobre este sesgo puede ayudarnos a ser más atentos en el día a día en nuestros encuentros, y a buscar las influencias situacionales del comportamiento de otros. La historia del «descubrimiento» del error comienza con un estudio engañosamente simple realizado hace más de cincuenta años por Edward Jones y Victor Parris en la universidad de Princeton[173]. Pidieron a los participantes que describieran el punto de vista del escritor de un ensayo político. A algunos participantes se les dijo que el escritor había recibido instrucciones de defender cierta postura, y a otros se les dijo que el escritor tenía libertad para elegir. El resultado sorprendente fue que incluso cuando se les decía que el autor no había podido elegir, los participantes reportaban que creían que el escritor suscribía la postura que había defendido. En otras palabras, atribuían el punto de vista del escritor a su persona y no a la situación en que se encontraba.

Este descubrimiento inspiró buena parte de las investigaciones posteriores que establecieron lo omnipresente y fuerte que es lo que acabó denominándose error fundamental de atribución (FAE). El estudio central lo realizó uno de mis tutores en Stanford, Lee Ross, el creador del término FAE. Se dio cuenta de que él mismo no había tenido en cuenta su situación al juzgar lo preparado que estaba para ser docente. En su defensa de tesis, uno de los examinadores le hizo una pregunta inesperada; Ross no supo responder y eso le hizo dudar de sí mismo. Recuerda que dado que había ocupado un puesto de profesor en Stanford, «le dio vueltas a su falta de preparación». En relación a los peces gordos de Stanford, sintió que estaba fuera de lugar. Pero más tarde le pidieron que fuera uno de los examinadores en la defensa de tesis de otro estudiante de la universidad, y descubrió que le encantaba tener la oportunidad de mostrarles a sus compañeros que «sabía un par de cosas sobre nuestro campo». No es que supiera más que cuando él era el estudiante que estaba defendiendo su tesis, pero se sentía de una forma completamente diferente respecto a sí mismo cuando estaba en la posición de examinador.

Para estudiar la manera en que la mente humana subestima el papel de las situaciones en nuestras evaluaciones de otras personas y de nosotros mismos, Ross realizó un estudio que resulta ser otro de los más influyentes de la historia de la psicología social, el estudio del juego de preguntas[174].

Ross llevó a dos estudiantes a la vez a su laboratorio, y un experimentador les dijo que representarían respectivamente los papeles de concursante y de interrogador en un juego de preguntas. El papel se determinaría de forma aleatoria usando dos cartas que llevaban escritas (pero ocultas) las palabras «interrogador» o «concursante» y que ellos mismos elegirían. A los que tomaron la carta de interrogador se les pedía entonces que crearan sobre la marcha diez preguntas difíciles «de cultura general» a partir de sus propios conocimientos e intereses. Los que habían tomado la carta de concursante tenían treinta segundos para responder a cada pregunta. Por término medio, solo respondían correctamente cuatro de cada diez.

A continuación, se les pidió a todos los participantes que valoraran sus propios conocimientos generales y los del otro estudiante contra el que habían jugado. El 80 % de los que habían representado el papel de concursante se puntuó por debajo del interrogador. Pero eso es absurdo. Sabían que los papeles habían sido asignados aleatoriamente, y que el juego estaba trucado de forma evidente para permitir que los interrogadores quedaran como más expertos. Todos tenemos almacenes esotéricos de conocimiento, pequeñas colecciones de datos triviales que hemos ido acumulando a lo largo de los años, y que otra persona conozca o no esas mismas cosas especializadas no dice nada sobre su cultura general. Además, cuando Ross enseñó vídeos de los juegos a otros estudiantes que no habían participado pero a los que se les había explicado el montaje, todos valoraron a los interrogadores como más instruidos. Por su parte, los interrogadores se valoraron a sí mismos solo un poquito por encima de los concursantes. Parecían tener más en cuenta que disponían de una ventaja situacional. Lo más sorprendente es que los otros estudiantes no lo tuvieran en cuenta. En la mente de las personas, una ventaja situacional se deforma y convierte en un signo de mérito individual.

Investigaciones adicionales sobre el error fundamental de atribución han mostrado que demasiado a menudo no tenemos en cuenta la forma en que también se han modelado las situaciones en la vida real, intencionadamente o no, para dar ventaja a algunos y poner en desventaja a otros. Esta tendencia contribuye a la creencia en que los estudiantes procedentes de hogares problemáticos están menos motivados o son menos capaces debido a lo que *son*, en vez de a cuál es su situación doméstica. También provoca que empleados que se enfrentan más que otros a burocracias que consumen más tiempo, o que se encuentran más desafíos en sus situaciones laborales, sean valorados como menos competentes o menos trabajadores. El error fundamental de atribución lleva a muchas formas de juzgar con demasiada dureza a otras personas.

Ross denominó *fundamental* a este sesgo porque involucra una cuestión de atribución básica que hacemos sobre el comportamiento de las personas: ¿Tiene que ver con ellas fundamentalmente? Además, por desgracia, el error fundamental de atribución es fundamental en nuestra vida cotidiana. Está entre los efectos más establecidos en la psicología social. En los intentos a gran escala de replicar numerosos efectos psicológicos, el error fundamental de atribución destaca como el efecto más robusto: se ha replicado en el 100 % de los estudios que lo han puesto a prueba [175].

Una salvedad es que existen algunas circunstancias en las cuales tendemos a no pasar por alto los factores situacionales. Tendemos a apreciar el poder de los incentivos económicos y la amenaza de violencia como influencias en el comportamiento. Pero somos ciegos a demasiadas otras influencias situacionales, especialmente las sutiles y no-tan-sutiles que amenazan el sentimiento de pertenencia de las personas.

En julio de 2017, el ingeniero de Google James Damore publicó un informe de diez páginas en la lista de correo interna de la empresa, titulado

«La cámara de eco ideológica de Google» [176]. Allí escribió que «creo rotundamente en la diversidad racial y de género, y creo que deberíamos aspirar a más. Sin embargo, para lograr una representación más igualitaria del género y la raza, Google ha creado varias prácticas discriminatorias», las cuales incluían «programas, tutorías y clases solo para personas de un determinado género o raza» y «tratamiento especial para los candidatos "diversos"».

Una de las cosas en que se centraba el informe era la objeción de Damore a que «en Google se nos dice regularmente que los sesgos implícitos (inconscientes) y explícitos están frenando el avance de las mujeres en tecnología y liderazgo». Ofreció una serie de explicaciones alternativas de la cantidad comparativamente baja de mujeres en trabajos tecnológicos, afirmando que había «causas biológicas» y que, en término medio, las personalidades de las mujeres eran diferentes de las de los hombres. Por ejemplo, afirmó que «las mujeres tienen en general un mayor interés en la gente que en las cosas» y que expresaban su extroversión «de forma más gregaria que asertiva». Bajo la cabecera «Neuroticismo (mayor ansiedad, menor tolerancia al estrés)», Damore conjeturaba que este neuroticismo «puede contribuir a los mayores niveles de ansiedad que las mujeres reportan en Googlegeist», el nombre de la encuesta anual de empleados de Google. También dijo que «siempre preguntamos por qué no vemos a las mujeres en los puestos más altos de liderazgo, pero nunca preguntamos por qué vemos a tantos hombres en esos cargos», y argumentó que los hombres ocupan más posiciones de esas porque tienen un impulso natural más fuerte hacia el estatus.

El sermón de Damore estaba en la línea de lo que comentó un observador del estudio del juego de preguntas de Lee Ross: «Esos concursantes, sencillamente, no parecen tener la ambición y la motivación que tienen los interrogadores, y además ¡parecen horrorosamente nerviosos y neuróticos!». Por añadidura, las mujeres sobre las que estaba escribiendo Damore estaban trabajando en una de las empresas más prestigiosas y competitivas de todo el sector tecnológico; ese detalle por sí solo no sugería precisamente que les faltara ambición. Damore parecía haber caído presa del error fundamental de atribución al atribuir las diferencias de las mujeres (en su presencia en la empresa y en el avance en su carrera profesional) al hecho de que eran mujeres, y no a sus circunstancias. También se apoyaba en estereotipos, los cuales, como examinaremos en el capítulo siguiente, son una de las formas más generalizadas en las que nos cegamos a las situaciones de los demás y creamos las condiciones para su exclusión y su fracaso.

El informe levantó una buena polvareda en Google y circuló por toda la web. Antes de una semana, Damore fue despedido. Esta historia ilustra también lo fuerte que es la inclinación a culpar a la persona en vez de a la situación. Damore se concentró en un pequeño subconjunto de descubrimientos de investigaciones, ignorando completamente un gran corpus de otros estudios que confirmaban el papel de los factores situacionales en la creación de disparidades de género. Como nos pasa a todos alguna vez, parece que Damore fue víctima de otro sesgo cognitivo, otro de los más perniciosos: el sesgo de confirmación[177]. Este sesgo nos lleva a aceptar información que apoya nuestro punto de vista y a ignorar información que lo contradice. Como dijo Paul Simon en su canción «The Boxer»: «Un hombre oye lo que quiere oír y descarta el resto»[178]. Cuando se combina con el error fundamental de atribución, el sesgo de confirmación nos lleva a tejer historias cada vez más convincentes sobre otras personas y otros grupos, que son más ficciones creadas por nuestra mente que reflejos de la realidad.

Damore parecía haber sido inconsciente del daño causado por la larga historia de discriminación de género. También era inconsciente del daño causado ahora al cargar la culpa de la desigualdad en los individuos y no en las condiciones sociales. En una entrevista, dijo que lo había sorprendido la furiosa reacción al informe[179]. Al parecer no absorbió la lección de que había estado modelando la situación en el lugar de trabajo despreciando a las mujeres.

El error fundamental de atribución también modela nuestra comprensión de la gente como Damore, que se expresa y actúa de formas dañinas. La suposición más extendida es que si las personas exponen puntos de vista sexistas o racistas, lo hacen porque *son* sexistas o racistas irredentos y no están dispuestos a cambiar sus puntos de vista o no son capaces de cambiarlos. Pero aunque existen personas que abrazan puntos de vista prejuiciosos y se resistirán a cualquier intento de disuadirlos, muchas de las ideas de la gente han sido modeladas por los prejuicios que permean nuestras situaciones sociales. Es algo sistémico —lo que significa situacional a una escala institucional o societal— infundido incluso en nuestros encuentros cotidianos. Cometemos el error fundamental de atribución cuando no tenemos en cuenta estas fuerzas sistémicas y condenamos a los individuos que tienen puntos de vista dañinos considerándolos gente que no tiene remedio; individuos que, como C. P. Ellis y Christian Picciolini, podrían cambiar a mejor e incluso convertirse en aliados bajo las circunstancias correctas. Al ignorar los factores situacionales sistémicos, también dejamos que se escape la gente en el poder que modela nuestras situaciones. Algunos de los rasgos de los lugares de trabajo que apoyan o minan la pertenencia son evidentes y se les puede aplicar cierta cantidad de control corporativo, como la visibilidad de líderes entre las mujeres y los grupos minoritarios dentro de la empresa [180]. Los efectos de algunas regulaciones, si los mandos eligen implementarlas, pueden ser impresionantes. Como veremos en capítulos posteriores, está demostrado que las políticas de bajas parentales, los protocolos para fomentar la igualdad salarial y los programas de tutoría tienen un efecto enorme en el éxito de las mujeres.

En cualquier caso específico, no conocemos el origen de los puntos de vista dañinos ni hasta qué punto se pueden cambiar. Pero la cuestión más importante es cómo crear una cultura corporativa que estimule el sentimiento de pertenencia de todos los empleados. Si cambiamos la situación, las mentes y los corazones cambiarán. Ser consciente de incluso los aspectos aparentemente sutiles de la situación puede ayudar. En una ocasión, durante una visita a otra empresa tecnológica, observé que las únicas personas latinas y negras a la vista eran las que trabajaban como aparcacoches o en el mostrador de recepción. Imagino que muchos empleados blancos apenas se darían cuenta, y si se la daban, eso no disparaba ninguna respuesta psicológica. Principalmente me fijé porque sabía que las investigaciones sugerían que ese tipo de pistas situacionales pueden enviar un mensaje a las minorías sobre su pertenencia a otros papeles dentro de una empresa[181]. Es difícil ver la importancia de estas pistas cuando para nosotros no están «cargadas». En mi experiencia, es difícil pasar por encima del punto de vista «manzana podrida» de los problemas corporativos y hacer que los mandos empiecen a preguntarse sobre el contexto situacional más amplio y cómo cambiarlo.

Nuestra ceguera a la manera tan diferente en que las personas pueden experimentar la misma situación hace que sea demasiado fácil caer en el error fundamental de atribución. Una situación que parece estar «ahí fuera» delante de nuestros ojos puede ser experimentada de una forma completamente diferente tras los ojos de otra persona. Por ejemplo, en un instituto, puede que tengamos la impresión de que todos los estudiantes están «en el mismo lugar» y que, en una clase cualquiera, todos están recibiendo la misma educación. Cualquier diferencia entre los estudiantes sobre lo bien que aprenden y cómo se comportan parece originarse en variaciones en sus actitudes, personalidades y capacidades. Pero las diferencias entre los estudiantes pueden nacer de que cada uno de ellos experimenta de forma distinta la situación del aula[182]. Una profesora amiga mía me contó una historia sobre un chico que un día llegó a clase con gafas de sol y se negó a quitárselas cuando ella se lo pidió. Lo mandó al despacho del director para que lo castigaran. Más tarde supo que el chico tenía un ojo morado, resultado de una pelea con otros compañeros de clase, y no quería quitarse las gafas porque le daba vergüenza que hubieran podido con él. Para ese chico, aquel día, el aula se había convertido en un lugar donde podría sufrir vergüenza; era algo que la profesora no podía ver.

Unos alumnos pueden experimentar un aula como un lugar amenazador, y otros pueden experimentar esa misma aula como un lugar acogedor. Unos compañeros y yo realizamos una investigación con más de seis mil estudiantes de más de trescientas aulas de secundaria de todo el país para evaluar cómo experimentaban su aula. Se les preguntó, por ejemplo, si la valorarían como un lugar donde se sentían estresados, y también si era un lugar donde sintieran que el profesor se interesaba por ellos. Las diferencias entre las valoraciones que hacían los alumnos *dentro* de una misma clase superaban de lejos la diferencia media entre distintas clases, e incluso entre centros. Eso mismo era cierto también en cuanto a lo que los estudiantes aprendían durante el curso, medido *grosso modo* por la mejora de los resultados de los exámenes. Los padres tienden a creer que el profesor concreto que tiene su hijo o el instituto al que asiste determinan la mayor parte de la experiencia y el aprendizaje del muchacho, pero estos resultados sugieren que eso no es cierto. Un aula no es solo un lugar físico común para todos los estudiantes, sino una realidad psicológica diferente para cada uno de los que están en ella. En el estudio fue como si algunos alumnos fueran, de hecho, a aulas muy diferentes.

Un factor clave que puede hacer que la experiencia del aula sea distinta para diferentes alumnos quedó expuesto en un famoso estudio realizado en la década de 1960 por Robert Rosenthal, un psicólogo social de Harvard, y Lenore Jacobson, la directora de un colegio [183]. Este estudio es un clásico, una concentración de sabiduría intemporal relevante no solo para profesores sino para directores, educadores, entrenadores y padres. Es otra historia con moraleja sobre cometer el error de considerar únicamente si los individuos tienen capacidades o no, en vez de tener en cuenta la situación en la que están; especialmente la forma en que se los ve y se los trata. Evitar este error puede marcar una diferencia importante en el rendimiento de los individuos en los exámenes, en la realización de tareas y en cualquier otra actividad. Según el psicólogo organizativo Dov Eden, el estudio «es una ciencia excelente que no se aplica todo lo que se debería». Aunque los descubrimientos del estudio han sido confirmados por muchas investigaciones posteriores, el original sigue destacando como el mejor ejemplo.

Rosenthal y Jacobson estudiaron cómo la información que se daba a los profesores sobre la capacidad intelectual de los alumnos, información no basada en una valoración real de esas capacidades, afectaba al rendimiento de estos. Dijeron a los profesores que a determinados alumnos que habían llegado a su clase al empezar el nuevo curso se los había identificado como poseedores de un potencial intelectual mayor que aún no se había mostrado en su rendimiento escolar. Llamaron a estos alumnos «florecientes». En realidad, los alumnos identificados como florecientes habían sido seleccionados al azar por los investigadores.

'El estudio se realizó en la primavera de 1964. Rosenthal fue a la escuela primaria Spruce, de San Francisco, donde Jacobson era la directora. (En el artículo sobre el estudio la llamaron «Escuela Oak»). Jacobson anunció a los profesores que Rosenthal iba a aplicarles a los alumnos un test de CI de un tipo especial. Los profesores recibieron este comunicado:

ESTUDIO SOBRE LA ADQUISICIÓN INFLEXIONADA
(Harvard – National Science Foundation)

Todos los niños muestran cumbres, mesetas y valles en su progreso académico. Este estudio realizado en Harvard con el apoyo de la National Science Foundation está interesado en aquellos niños que muestran un brote inusual de progreso académico. Estos brotes pueden darse y se dan en cualquier nivel de de funcionamiento académico e intelectual. Cuando estos brotes se producen en niños que no han funcionado muy bien académicamente, el resultado es lo que se conoce familiarmente como «florecimiento tardío».

Como parte de nuestro estudio, estamos validando un test que predice la posibilidad de que un niño muestre un punto de inflexión o «brote» en el futuro cercano. El test que se administrará en esta escuela nos permitirá predecir qué muchachos es más probable que muestren un brote académico. El 20 por ciento superior (aproximadamente) de los que puntúen en este test se encontrará probablemente en distintos niveles de funcionamiento académico.

El desarrollo del test para predecir inflexiones o «brotes» no está aún tan avanzado para que todos los que compongan el 20 por ciento superior muestren el efecto de brote o «florecimiento». Pero el 20 por ciento superior de los niños mostrará una inflexión, o brote, más significativa en su aprendizaje durante el próximo año o antes que el 80 por ciento restante de los niños.

Los niños de esta escuela serán sometidos al test al final del año escolar. Durante el verano, los profesores recibirán una lista del 20 % superior de estudiantes de su clase, los «florecientes», por si encuentran interesante conocer cuáles son los alumnos que están a punto de florecer.

La naturaleza del estudio estaba rodeada de misterio. A los padres no se les dijo nada sobre él, y tampoco a los niños. Y aparte del comunicado recibido, a los profesores tampoco se les dio más información. El test de «adquisición inflexionada» no era más que un test de CI estándar para niños, y los profesores se lo administraron a sus alumnos al final del curso. Al principio del curso siguiente, Jacobson envió a los treinta y seis profesores participantes una lista de alrededor de cinco «florecientes» futuros, o presuntos estudiantes de potencial elevado, que supuestamente había detectado el test. Sin que lo supieran los profesores, esos alumnos habían sido elegidos al azar.

La mayoría de las descripciones del estudio dejan fuera el comunicado, pero lo he reproducido aquí porque fue diseñado cuidadosamente por Rosenthal y Jacobson, en un giro de modelado de situación que creo que Kurt Lewin habría admirado. La forma en que se hizo el montaje del estudio enviaba una serie de mensajes implícitos. Uno era que, ya que algunos niños eran florecientes, era importante permanecer atentos a la aparición de indicios de su potencial, sin juzgar prematuramente sus capacidades. También se implicaba que los florecientes eran especiales, de modo que requerían atención especial. El comunicado estaba cuidadosamente redactado para transmitir la idea de que la información sobre los florecientes era fiable; al fin y al cabo, era un estudio realizado por científicos de Harvard, y el lenguaje seudotécnico usado para describir el test —«Estudio sobre la adquisición inflexionada»— reforzaba la idea de que eran expertos, aprovechando así el poder del «efecto prestigio».

Describir este estudio me hace sentir un poco incómodo. La ética del engaño es un tema con el que los psicólogos sociales llevan décadas peleándose. En la actualidad, este estudio no se podría haber ejecutado de la misma manera, pues violaría las guías éticas de la profesión. También encuentro un poco desagradable el tono imperioso del comunicado. Pero la misión del estudio me parece admirable. Rosenthal y Jacobson querían determinar si las percepciones de los profesores sobre el potencial de sus alumnos podrían afectar la experiencia en clase de los estudiantes y la forma en que rendirían. Descubrieron un efecto importante.

Rosenthal y Jacobson volvieron a administrar el test de CI al final del curso siguiente a los mismos niños. En todos los cursos examinados, de primero a quinto, los estudiantes que habían sido etiquetados como florecientes ganaron una media de 4 puntos de CI más que los «no florecientes», lo que, para poner en contexto, es alrededor de un tercio de la diferencia entre minorías estigmatizadas y blancos que se encuentra normalmente en los test de CI[184]. El efecto fue especialmente notable en primer y segundo cursos, donde el promedio de ganancia fue de 12 puntos de CI. En el libro que Rosenthal y Jacobson escribieron sobre el estudio, sacaron el perfil de algunas de las transformaciones más notables. Un estudiante, Mario, ganó 69 puntos de CI, mientras que otra, María, ganó 40. No pareció haber ningún impacto negativo en los no florecientes. De hecho, estos ganaron más puntos de CI en aquellas clases donde los florecientes ganaron más.

Rosenthal y Jacobson llamaron al fenómeno «efecto Pigmalión», por el escultor de la mitología griega que quedó tan enamorado de una escultura que había hecho de una mujer que la diosa del amor, Afrodita, dio vida a la escultura. Los investigadores implicaban la idea de que dedicar un cuidado atento a los estudiantes los animaría. Un profesor es como un escultor del potencial humano, un «Pigmalión en el aula».

El estudio recibió una tormenta de críticas. Algunas afirmaban que los datos eran defectuosos. Pero Rosenthal trabajó con Don Rubin, una eminencia de la estadística, para confirmar su robustez, la cual ha sido reconfirmada por un análisis independiente de los datos realizado por el economista Tom Dee[185]. Otra objeción diferente fue que los investigadores parecían culpar a los profesores por no creer en el potencial de sus alumnos y por ignorar los efectos de la pobreza, el racismo y las políticas sociales en el rendimiento académico[186]. Pero Rosenthal y Jacobson no estaban culpando a los profesores. Estos no tenían más culpa que ninguno de nosotros, porque todos podemos caer presa de sesgos cognitivos que nos ciegan al potencial de los demás.

Además, Rosenthal y Jacobson no pasaban por alto las dificultades que tenían que afrontar los estudiantes. Las subrayaban. De hecho, muchos alumnos del colegio provenían de la primera generación de familias mexicanas inmigrantes y se enfrentaban a desafíos económicos y sociales, y uno de los descubrimientos importantes del estudio fue que los niños que más se beneficiaban del hecho de ser vistos como especiales eran los hijos de esas familias de inmigrantes. El estudio subrayaba que los profesores parecían haber absorbido el estereotipo cultural negativo de que esos niños eran innatamente menos capaces, y la intervención pareció abrirles los ojos al potencial de los niños.

Rosenthal y Jacobson tampoco argumentaban que solo algunos estudiantes merecieran atención especial porque demostraban más potencial, como afirman algunos críticos. Los estudiantes se identificaron *al azar* como florecientes precisamente para investigar si el hecho de que un profesor viera a *cualquier* estudiante como alguien que tenía un buen potencial podría tener efectos positivos en el aprendizaje. La conclusión, respaldada por muchos estudios posteriores, es que todos los estudiantes deberían ser vistos como poseedores de la capacidad de crecer. No debemos cometer el error fundamental de atribución etiquetándolos como «dotados» o «mediocres», o como «manzanas podridas», «abusones» o «zopencos». Como ha argumentado Carol Dweck en su trabajo sobre la mentalidad del crecimiento, todos los estudiantes pueden ser entrenados para adoptar una perspectiva de crecimiento, y se anima a los profesores a que apliquen esa perspectiva a todos sus alumnos, evitando la valoración de «mentalidad fija» que es tan habitual y tan difícil de cambiar una vez que los estudiantes han sido etiquetados[187].

Otra polémica sobre el estudio tiene que ver con lo que los profesores hicieron de manera diferente con los estudiantes florecientes, en comparación con los demás. Algunos investigadores han conjeturado que pueden estar en juego algunos aspectos del comportamiento de los profesores. Estos podrían haber mostrado más señales de interés, quizá sonreído más a los niños que consideraban especiales. Podrían haber dicho las mismas palabras pero con una voz más amable. Paul Ekman, un pionero en el estudio de las emociones, señala que el poder de los pequeños gestos es enorme: «una mirada fija» y «las cejas alzadas» transmiten «esperanzas más altas» en comparación con una «mirada distraída» y una «expresión de aburrimiento»[188].

También es posible que los profesores disculparan los malos comportamientos de sus alumnos «especiales», quizá eran un poco más lentos en aplicar un estereotipo a un niño que consideraban prometedor. Los profesores también podrían observar más atentamente en busca de señales de crecimiento y ser más pacientes con los estudiantes mientras esperaban las mejoras. Podría ser más probable que se dieran cuenta de un comentario inteligente que hiciera un niño, o no dar importancia a una mala caligrafía y apreciar en cambio la perspicacia mostrada en el texto. Rosenthal me dijo también que había otra explicación «ridículamente simple»: cuando los profesores creen en sus alumnos, enseñan más. «Si crees que un crío es tonto, no te molestas en enseñarle mucho», dijo.

En conjunto, los profesores que «esperan más, consiguen más», como expresaron Rosenthal y Jacobson, lo que los lleva a modelar una situación en el aula que inspira a los estudiantes y los ayuda a rendir mejor.

Aunque algunos críticos cuestionan que el efecto Pigmalión se pueda repetir, muchos experimentos de seguimiento lo han confirmado, no solo con las puntuaciones de los test de CI sino con el rendimiento de los soldados en actividades militares y el de los trabajadores en las fábricas[189]. Incluso se ha demostrado que afecta a la calidez y la profundidad que suscitamos en nuestras conversaciones cotidianas. La última edición del libro de Rosenthal y Jacobson incluye un metaanálisis de 345 estudios. Las investigaciones subsiguientes, sin embargo, han descubierto una cualificación importante sobre cuándo aparecerán los desenlaces deseados. Mi revisión favorita del efecto Pigmalión en las aulas, realizada por Stephen Raudenbush[190], descubrió que tras combinar todos los datos de los estudios realizados hasta la fecha, el efecto general positivo de las expectativas del profesor surge junto a una condición clave: los beneficios que tiene para los estudiantes que se los identifique como florecientes se producen solo cuando los profesores reciben su lista de estudiantes «especiales» durante el verano (antes de que los hayan conocido) o en las primeras semanas del curso. Pero si han pasado más de dos semanas de clases antes de que los profesores reciban la lista, los beneficios no aparecen. El momento importa. Es como si la mente de los profesores se cerrara después de que estos se hayan formado una impresión inicial.

Algunos investigadores, trabajando sobre los descubrimientos del estudio original y los continuadores, han recurrido a las enseñanzas de Kurt Lewin para crear talleres de formación para los profesores, para elevar su consciencia de cómo pueden modelar experiencias de aula para sus estudiantes de forma que estos manifiesten su potencial para el aprendizaje. No hay necesidad de engañar a los profesores. Se los puede empoderar con conocimiento[191].

Por ejemplo, Christine Rubie-Davies, psicóloga y estudiosa de la educación, realiza talleres en los que analiza junto a los profesores las investigaciones sobre el efecto Pigmalión, y entonces, actuando como una líder democrática, les pide que generen nuevas ideas de enseñanza basándose en él. También les proporciona foros continuos para discutir sus progresos. Los psicólogos educativos Joseph Allen, Robert Pianta y sus compañeros han realizado sesiones de formación parecidas con profesores de instituto, enfocadas a ayudar a los profesores a crear encuentros emocionales positivos con sus alumnos, y a las que añaden sesiones filmadas en las aulas para que los profesores puedan monitorizar con los formadores sus sesgos y su progreso a la hora de superarlos. Vienen a ser el equivalente en educación de las rondas que practican los médicos. Ambas técnicas de entrenamiento han demostrado que tienen éxito. Rubie-Davies descubrió que los estudiantes a los que enseña un grupo aleatorio de profesores de primaria que han asistido a sus talleres consiguen un 50 % más de ganancia en logros matemáticos que los estudiantes en las clases de profesores pertenecientes a un grupo de control. Joseph Allen y sus compañeros descubrieron que los estudiantes a los que enseña un grupo aleatorio de profesores de secundaria e instituto que han participado en su programa ascienden del percentil 50º al 59º en sus puntuaciones en los exámenes estatales; mientras tanto, los estudiantes de los profesores del grupo de control no mejoran en absoluto.

La investigación sobre el efecto Pigmalión es un testimonio de la importancia de apartar el foco del talento y otras esencias interiores de las personas —no solo en las escuelas, sino en los despachos, el entrenamiento deportivo y los padres que crían a sus hijos— y llevarlo a cómo se puede modelar la situación en la que están aprendiendo, trabajando o funcionando para obtener lo mejor de ellas. Deberíamos recordar que, al igual que los profesores, todos somos pigmaliones de las situaciones de otras personas, a menudo más de lo que creemos[192].

Uno de mis alumnos me contó una historia que ilustra el poder y la complejidad de las altas expectativas y cómo estas pueden inspirar a las personas para que cambien situaciones a mejor. Anderson se crio pobre en Brooklyn y se mezcló con malas compañías. Fue detenido por un delito contra la propiedad y condenado a diez años de cárcel. Mientras cumplía la condena se introdujo el nuevo programa de educación carcelaria de Cornell. Las clases las impartían profesores de la universidad y ofrecían a los reclusos una vía para obtener un título universitario. Anderson impresionó a sus profesores, que lo vieron no como un recluso sino como a un ser humano con potencial. Una de las fundadoras del programa oyó hablar de Anderson y, un día, se reunió con él y le dijo: «Si lo que me cuentan de ti es verdad, te voy a meter en Harvard». Anderson se quedó estupefacto. Se habría contentado de sobras con que le redujeran la condena. Harvard parecía descabellado. «Creí que estaba loca», me dijo.

Pero cuando la reputación de Anderson como un joven con potencial se extendió entre los prisioneros y los guardias, estos cambiaron la situación de formas que hicieron posible que pudiera tener éxito. Incluso si él no creía en sí mismo, ellos sí. «Los pandilleros y los capos de la droga empezaron a creer en mí también», me dijo. Un prisionero, un antiguo capo, se autoasignó la tarea de proteger a Anderson de los otros reclusos y también de los guardias, que podían ser bastante malvados. Aquel prisionero consiguió incluso que asignaran a Anderson a una celda diferente cuando supo que algunos prisioneros envidiosos podrían atacarlo. «Te vamos a sacar de aquí —le dijo a Anderson—. Tú serás el que lo consiga». En otra ocasión, Anderson estuvo a punto de ser enviado a otra prisión, una práctica corriente para evitar que los prisioneros formen lazos demasiados estrechos entre ellos. Anderson fue presa del pánico porque sabía que aquello podía dar al traste con su participación en el programa educativo y sus perspectivas de un futuro mejor. Pero en el último minuto, un guardia intervino. Habló con el alcaide y consiguió que Anderson quedara exento de la normativa de reubicación. Por parte de Anderson, la palabra que usa para describir este cambio en su mentalidad es «aligerado». «La cosa ya no iba de terminar de desayunar sin que me apuñalaran». Al final no acabó en Harvard sino en Stanford, donde estaba en libertad condicional, y consiguió graduarse. Desde luego, tenía capacidades y talento, pero por sí solo, aquello estaba lejos de ser suficiente. Lo que cambió su destino fue la creencia en su potencial y todos los imaginativos actos de modelado de situaciones que inspiró.

El grado hasta el que a menudo elegimos menospreciar e incluso demonizar a individuos en vez de prestar atención a las formas en que una situación puede estar influyendo en ellos es un tema de la novela de Cormac McCarthy *Todos los hermosos caballos*[193]. En una escena, un vaquero estadounidense conoce a un ranchero mexicano, y para sorpresa del vaquero, el ranchero le dice que aunque los anglos tienden a creer que los mexicanos son supersticiosos, los estadounidenses lo son más. Entonces el ranchero relata que una vez contempló asombrado cómo un estadounidense fue con un martillo hasta su coche porque no arrancaba. Explica que un mexicano jamás haría algo así. Un coche «no puede ser corrompido, ¿sabes?». Y continúa: «O un hombre. Ni siquiera un hombre. En un hombre tiene que existir ya cierta maldad. Pero no creemos que sea su propia maldad. ¿De dónde la sacó? ¿Cómo la reclamó? No. La maldad es una cosa verdadera en México. Se mueve por ahí sobre sus propias piernas».

El punto fundamental del ranchero es que los anglos tienen una forma peculiar de pensar, creen que el comportamiento de las personas y las cosas se puede explicar por misteriosas esencias que llevan en su interior. «La mente del anglo está cerrada de esta forma tan rara —dice—. Hubo un tiempo en que creía que era solo que tenían una vida privilegiada. Pero no es eso. Está en su mente. [...] No es que sea estúpido. Es que su imagen del mundo es incompleta. De esta forma rara. Solo mira donde quiere ver».

Cuando vemos a las personas como simplemente malvadas, o como idiotas, maníacos, usuarios egoístas, depravados irresponsables, lo que sea..., estamos adoptando una forma de superstición. Creemos que el comportamiento malvado debe reflejar una esencia malvada correspondiente dentro de la persona, cuando en realidad el mal es el producto de una tormenta de variables que le ha caído encima. El ranchero acierta de lleno también en que esta manera de pensar adquiere una forma extrema en los anglos. Aunque el error fundamental de atribución es evidente en muchas culturas, si no en la mayoría, es especialmente fuerte en Estados Unidos y otras culturas individualistas[194]. En ellas tendemos a atribuir el éxito o el fracaso en la vida a características *internas* al individuo, como la diligencia o la inteligencia, a la vez que ignoramos la importancia de características como la confianza o la pertenencia, que toman forma como relaciones *entre* individuos.

Un resultado de esta peculiar manera de pensar es que los estadounidenses han creado un culto a la personalidad, creyéndose la noción de que la personalidad y el potencial de las personas se pueden resumir en un conjunto de rasgos medibles, usando tests como el Myers-Briggs, y que la gente encaja pulcramente en «tipos». Hace mucho que deberíamos haber aprendido a cuestionar ese argumento.

En 1968, Walter Mischel arrojó una granada en el edificio de la investigación de la personalidad al exponer la escasa capacidad predictiva de los tests de personalidad[195]. Los investigadores midieron un rasgo como la honradez y a continuación usaron las puntuaciones de la gente para predecir su comportamiento. Investigaron si un niño que puntuaba alto en honradez se comportaba realmente de forma honrada, y si un niño que se comportaba de forma honrada en una situación se comportaba igual en otras. Para su sorpresa, las correlaciones fueron minúsculas. En el mejor de los casos, solo entre un 4 y un 10 % de las diferencias entre personas se podían explicar mediante algún rasgo de personalidad subyacente.

Cinco décadas después de que Mischel realizara aquella investigación, seguimos sin prestar atención a lo que descubrió. Cuando yo estaba creciendo, en la década de 1980, mi padre trabajaba en el gremio, y era un gran seguidor del test Myers-Briggs[196]. Concebido en la década de 1920 por el equipo madre-hija formado por Katherine Briggs e Isabel Briggs Myers —dos devotas amas de casa, novelistas y psicoanalistas aficionadas—, el test Myers-Briggs fue diseñado para predicar a las masas el evangelio del psicólogo Carl Jung. Este instrumento lo usa ahora el 80 % de las empresas Fortune 500 y miles de centros clínicos y de salud de todo el mundo. Mi padre se enorgullecía de ser capaz de clasificar instantáneamente a una persona en una categoría Myers-Briggs, y lo hacía con entusiasmo para todos los miembros de la familia. Nos leía la fortuna y el futuro, siempre con confianza en la objetividad de sus pronósticos. Por eso me resultó una sorpresa descubrir años más tarde que el Myers-Briggs es horrible prediciendo el trabajo y los desenlaces vitales de la gente. De hecho, es apenas un poco mejor que la astrología a la hora de hacer predicciones, que es lo mismo que decir que en general no es predictivo en absoluto. Por supuesto, hay medidas de la personalidad más válidas que el Myers-Brigss, pero la conclusión abrumadora de un gran corpus de estudios es que la personalidad importa *menos* de lo que creemos, mientras que la situación importa *más*[197].

Ninguna de estas investigaciones significa que la personalidad no exista. Solo quieren decir que nuestra forma de conceptualizarla está lejos de lo ideal. Incluso Walter Mischel demostró que las personas tienen «firmas conductuales» consistentes a lo largo del tiempo, patrones de comportamiento que se aplican, como un autógrafo personal, sobre situaciones amplias[198]. Algunos niños son honrados con los adultos pero no con otros niños. Hay personas que son laboriosas en el trabajo pero perezosas con las tareas domésticas. Nadie más es exactamente como uno mismo en nuestros patrones peculiares e idiosincráticos sobre diferentes situaciones. Si pasamos más tiempo conociendo a los individuos y comprendiendo sus matices y perspectivas, seremos más capaces de predecir sus comportamientos.

Es cierto que los tests de CI pueden predecir algunos desenlaces, pero no tanto como la gente piensa [199]. Podemos creer que los tests miden cierta esencia subyacente —la inteligencia bruta de alguien— que determina el destino de las personas. Pero la mayoría de los estudios muestran que los tests de CI, al igual que otros instrumentos de personalidad que valoran disposición y escrupulosidad, explican solo entre un 10 y un 20 % de la variabilidad entre las personas en términos de su rendimiento académico, productividad laboral o éxito profesional.

Un estudio publicado en 2021 consolidó los datos de casi cincuenta mil participantes que habían realizado un test estándar de capacidad intelectual en el instituto entre dos y siete décadas antes; los participantes incluían una muestra enorme y nacionalmente representativa de estadounidenses [200]. Los investigadores siguieron el rastro de varios desenlaces relacionados con el empleo, la salud y el bienestar de esos antiguos estudiantes, para entonces ya bien entrados en la vida adulta. Los investigadores querían saber, entre otras cosas, si las puntuaciones de los tests predijeron los mejores desenlaces. Pero, para mí, el descubrimiento más importante fue lo poco que predijeron los tests. Para la salud física y mental, estado marital, tiempo con amigos y familia, participación en papeles de liderazgo, implicación cívica, empleo, ingresos, satisfacción laboral y sentido de finalidad en la vida, las puntuaciones dieron cuenta de no más del 6 % de las diferencias entre quienes hicieron los tests, y en la mayoría de estos desenlaces, predijeron mucho menos. Las dos excepciones fueron el número de años dedicados a una educación formal y el prestigio y la complejidad de sus trabajos. Pero incluso ahí, los tests dejaron sin explicar entre un 75 y un 85 % de las diferencias entre los destinos de los estudiantes. Los resultados subrayan el hecho de que el éxito es difícil de predecir, ya que es el producto de una danza compleja entre una persona y una serie de situaciones a lo largo de toda su vida.

Al darle demasiado peso a tests como estos, causamos daño a muchas personas. Las puntuaciones de los tests se usan ampliamente para, por ejemplo, determinar las oportunidades académicas de los estudiantes, como la posibilidad de entrar en programas para personas ampliamente dotadas. Si recordamos el efecto Pigmalión, deberíamos preguntar: los tests, ¿predicen el futuro o su mal uso crea el futuro?

Mientras tanto, seguimos desarrollando más y más pruebas para medir más y más cosas: inteligencia emocional, inteligencia social, inteligencia práctica, inteligencia musical, etcétera. Soy un entusiasta de la ambición por reconocer la diversidad de los talentos humanos, pero estos tests tienen el peligro de desviar nuestra atención de la situación, lo que nos lleva, como dijo el ranchero, a mirar solo donde queremos ver.

Un ejemplo. Un estudio de 2016 descubrió que el que los empleados hablaran y expresaran sus ideas y preocupaciones en el trabajo era en parte predecible según su personalidad, consistentemente con lo que intuimos. Pero el impacto de la personalidad quedaba sobrepasado por el hecho de que los empleados de la empresa percibieran la existencia de *normas* sociales que favorecieran expresarse[201]. Si una empresa está interesada en que la gente diga lo que piensa, más le vale dedicar sus energías a cultivar nuevas normas en vez de a seleccionar empleados que sean gregarios.

Otros grupos de pruebas mal concebidas incluyen el SAT (test de aptitud escolar), el GRE (una prueba de acceso obligada para realizar estudios de posgrado) y otras «valoraciones de aptitud». No son más que dispositivos de blanqueo de privilegios. Es como si tomásemos las preguntas que los interrogadores creaban en el estudio del juego de preguntas y las convirtiéramos en valoraciones de aptitud innata. En otras palabras: estas pruebas toman las ventajas que las personas han acumulado en virtud de su raza, género o prosperidad económica y las transforman en un indicador de capacidad o mérito. Las investigaciones han mostrado que las puntuaciones del SAT no revelan mucho más sobre la posibilidad de éxito de los estudiantes que sus transcripciones del instituto[202]. Cuando las universidades usan los resultados del SAT como una guía para las admisiones, lo que sí podemos predecir es que pocos solicitantes cualificados pertenecientes a minorías étnicas serán admitidos. Esto es porque esas pruebas no reflejan con precisión la preparación de los solicitantes de las minorías, como han demostrado Greg Walton y Steve Spencer[203]. Por ejemplo, el SAT predice que las minorías obtendrán una nota media en la universidad inferior a la que podrían obtener en una escuela que tome medidas para apoyar su pertenencia, como la implementación de la intervención de pertenencia social analizada en el capítulo 2. En parte debido al reconocimiento creciente de que estas pruebas están sesgadas, la universidad de California y muchas otras por todo el país no piden ya la puntuación del SAT como parte de las solicitudes.

¿Qué tal si los miles de millones de dólares que ahora se gastan en hacer pruebas se emplearan en el modelado de mejores situaciones en las escuelas, los lugares de trabajo y el sistema penal?

Aparte de llevarnos a culpar a los individuos e ignorar las situaciones, el culto a la personalidad da pie a la soberbia. Creemos que una vez que hemos «marcado» a alguien como «introvertido» o «genio», ya podemos predecir cómo se comportará. Pero no podemos, al menos no tan bien como pensamos. Esta arrogancia cotidiana ha recibido el nombre de efecto de sobreconfianza[204]. Cuando los investigadores piden a las personas que predigan el comportamiento de otros, incluso el comportamiento de personas que conocen bien, aciertan bastante menos de lo que creen que acertarán. En un estudio, universitarios que pensaban que podían predecir con una precisión del cien por cien lo que haría su compañero de habitación en varias situaciones sociales menores —cosas como si se peinarían antes de posar para una foto o si aceptarían participar en un cortometraje documental— se equivocaban el 20 % de las veces. Incluso los profesionales son sobreconfiados. Como muestra una investigación realizada por Cade Massey y Richard Thaler, los equipos de la Liga Nacional de Fútbol (NFL) pagan más por sus seleccionados más destacados en el reclutamiento anual que lo que podría justificar casi cualquier análisis del «valor de mercado» posterior de los jugadores. En general, sobreestimamos cuánto del rendimiento de un equipo o una organización, o incluso de la calidad de nuestras propias relaciones, depende de elegir a las personas adecuadas, en vez de crear las condiciones adecuadas para que prosperen.

Incluso nos sobreconfiamos al predecir nuestro propio comportamiento. Pidamos a estudiantes que predigan su futuro: ¿Sacarán una A en su asignatura favorita? ¿Cambiarán de compañero de habitación? ¿Acudirán a los servicios psicológicos? Las predicciones son mucho menos acertadas que lo que piensan que serán.

No es que el concepto de personalidad sea inherentemente defectuoso. El detalle es que la misma persona puede mostrar en determinadas circunstancias ciertos rasgos o comportamientos descritos como parte de la propia personalidad, pero no mostrarlos en circunstancias diferentes. Un encargado de un programa para jóvenes urbanos con quien trabajé me habló de un caso que viene a cuento. Un chico de bajos ingresos que estaba a su cargo mostraba una gran determinación a la hora de encontrar refugio y comida para su madre y él todos los días, manifestando el rasgo que a menudo se denomina «ánimo». Pero ese mismo chico, al afrontar sus bajas notas, había dejado de intentar tener éxito en la escuela. ¿Qué tenían esas dos situaciones para llevar a respuestas tan diferentes? Un factor es que los efectos inmediatos de las bajas notas palidecían en comparación con la falta de comida y techo. A largo plazo, por supuesto, ir bien en la escuela podría ofrecer una solución duradera al problema de la comida y el alojamiento para uno mismo y los seres queridos. Pero es difícil concentrarse en el futuro cuando el día a día es tan precario. Cualidades como el ánimo y el autocontrol no proceden solo del interior del individuo. Ya sea en el aula o en el barrio, estas cualidades viven en la interacción entre la persona y la situación.

El descubrimiento más malvendido de la psicología social y, de hecho, de las ciencias sociales en general, es la absoluta complejidad del comportamiento humano, algo que el error fundamental de atribución nos lleva a simplificar. No nos gusta admitirlo, especialmente a los científicos del comportamiento humano, pero la mayor parte del tiempo no sabemos por qué las personas hacen lo que hacen. Cada situación es una convergencia única y compleja de numerosas fuerzas. A diferencia de las historias de ciencia ficción que presentan futuros distópicos donde algún

«Gran Hermano» tiene la personalidad de cada ciudadano fichada y archivada, y donde la inteligencia artificial predice el comportamiento de cualquiera tan bien que finalmente tenemos que admitir que no existe nada semejante a la libre voluntad, las personas son difíciles de predecir. Un estudio a gran escala publicado en 2020 puso a prueba lo bien que los algoritmos de inteligencia artificial podían predecir desenlaces como la nota media que un chico sacaría en el instituto o si una familia se encontraría en apuros económicos, basándose en extensos datos sobre los niños y sus familias, con sujetos entre cero y dieciséis años[205]. Incluso los mejores algoritmos dejaban sin explicar el 95 % de la diversidad de los desenlaces. Esto significa que a montones de niños y montones de familias les iría mejor o peor de lo que habían predicho los algoritmos. El «qué es» ofrece una guía muy pobre para el «qué será», y añadiría que es incluso peor para el «qué podría ser».

¿Cuál es la lección práctica? La utilidad de la humildad en nuestra vida social. Uno de los científicos más grandes de todos los tiempos, Isaac Newton, tuvo que admitir al final de su vida que se sentía «como un niño que juega en la playa y se entretiene aquí y ahora encontrando un guijarro más suave o una caracola más bonita de lo normal, mientras que el gran océano de la verdad se extiende ignoto ante mí»[206]. Como hemos visto, asumir que conocemos más de lo que conocemos, a menudo, hace más daño que bien, y no solo en la ciencia sino en la vida social.

Una cosa que mi padre exponía era la noción de talento y genio. Era un físico teórico, y creo que estaba embebido de la mitología de los grandes hombres de su campo. Él también era en parte el producto de sus circunstancias. «Einstein simplemente vio las cosas de forma diferente —me decía—. La teoría de la relatividad especial se le ocurrió trabajando a solas en una oficina de patentes». Aunque era cierto que Einstein veía las cosas de forma diferente, también lo es que recibió ayuda de otras personas, incluida su esposa, Mileva, que también era física[207]. A pesar de que colaboró en el primer artículo de Einstein, retiró su nombre de la publicación, al parecer para apoyar la carrera de su marido. Este hecho no disminuye los logros de Einstein, solo recalca que él, como el resto de nosotros, había recibido ayuda de su situación social. Y el error fundamental de atribución predice que quitaremos importancia a hechos como ese cuando contemos la historia de las luminarias del pasado.

La creencia impulsada por el error fundamental de atribución de que el talento innato determina el éxito en un campo de actividad especializado lleva a la discriminación contra las mujeres y los afroamericanos en estos campos[208]. Esto lo demostró una investigación de Sarah-Jane Leslie, Andrei Cimpian, Meredith Meyer y Edward Freeland publicada en la revista *Science*. Hicieron una encuesta entre 1.820 miembros académicos, posdoctorados y estudiantes de doctorado de diversas disciplinas de universidades públicas y privadas de todo Estados Unidos, pidiéndoles que indicaran el grado de acuerdo con varias afirmaciones que señalaban la importancia para el éxito del talento, como: «Ser un erudito importante en mi disciplina requiere una aptitud especial que no puede ser enseñada». Descubrieron que el grado en el que las personas dedicadas a una disciplina concreta respondían de forma afirmativa predecía el grado de infrarrepresentación de las mujeres y los afroamericanos en dicha disciplina. Ese efecto apareció tanto en disciplinas STEM como en disciplinas no STEM. Académicos dedicados a la composición musical, la economía y la filosofía mostraban la misma creencia en la importancia del talento bruto, y esos campos tenían tan pocas mujeres como las matemáticas y la mayoría de las ciencias duras.

Para abreviar, el efecto seguía siendo robusto cuando los investigadores controlaban por la selectividad de la disciplina (medida por el porcentaje estimado de solicitantes admitidos cada año en su departamento, su puntuación media en las pruebas GRE o el número medio de horas semanales que trabajaba la gente). De hecho, esta creencia en el talento bruto emergía como el predictor más fuerte de las brechas raciales y de género.

Un estudio relacionado realizado por las psicólogas Elizabeth Canning y Mary Murphy, junto a sus compañeros, se centró en una única universidad y mostró un patrón similar en las notas de los estudiantes[209].

Entre los 150 profesores encuestados, los investigadores encontraron una gran variabilidad en la cantidad de profesores que estaban de acuerdo con frases como «Para ser sinceros, los estudiantes tienen cierta cantidad de inteligencia, y realmente no pueden hacer mucho para cambiarla». Los profesores que estaban más de acuerdo con esas afirmaciones, expresando una fuerte creencia en la capacidad innata, impartían asignaturas en las que todos los estudiantes sacaban notas más bajas, pero especialmente los estudiantes afroamericanos, latinos y otras minorías étnicas infrarrepresentadas. La brecha racial de logros, según las notas obtenidas, era casi el doble de grande con aquellos instructores que con los miembros del profesorado que eran escépticos en cuanto a la idea de la inteligencia innata. Estos efectos se conservaban incluso cuando se controlaba por edad, género, etnicidad, experiencia docente y titularidad del profesor. De hecho, la creencia de los instructores emergía como el predictor más fuerte de las brechas de logros. Para ilustrar las implicaciones, consideremos este descubrimiento: los estudiantes negros que tenían un profesor blanco que no defendía la idea de la inteligencia innata sacaban mejores notas que los estudiantes negros con un profesor también negro que sí la defendiera.

¿Por qué importan tanto las creencias de los profesores? Las asignaturas impartidas por profesores creyentes en el talento bruto no parecían ser más exigentes desde la perspectiva de los estudiantes. Los estudiantes, en ambos tipos de clases, reportaron que dedicaban cantidades de tiempo parecidas a trabajar en las asignaturas. Donde divergían, en términos de su propia experiencia de la clase, era en cuánto creían que el instructor intentaba motivarlos para que dieran lo mejor de sí, y cuánto enfatizaba ese instructor el aprendizaje. Los profesores pueden mandar mensajes sutiles y no tan sutiles sobre cuánto creen que importa el aprendizaje. En un instituto que conozco, un profesor de ciencias le dijo a la clase: «Hay estudiantes A reales y A falsos, y siempre puedo ver la diferencia. Los estudiantes A falsos son los que pasan montones de horas leyendo el libro de texto y trabajan demasiado. Carecen del sentido común para razonar soluciones sencillas que los A reales sí entienden».

Desde una edad muy temprana adoctrinamos a los niños en el error fundamental de atribución y el culto al genio. Es parte de la situación que nosotros y el resto de la sociedad modelamos para nuestros hijos. Hacemos esto de varias formas, a menudo con buena intención; por ejemplo, alabándoles por su inteligencia antes que por su esfuerzo o su uso astuto de la estrategia. Carol Dweck y sus compañeros han mostrado en varios estudios elegantes que esa «alabanza de la capacidad» enseña a los niños a creer que es la habilidad innata y no el esfuerzo lo que lleva al éxito, lo que contribuye a su fracaso a largo plazo[210]. Andrei Cimpian ha ilustrado lo mucho que el error fundamental de apreciación forma parte de nuestra cultura —y quizá, argumenta, de nuestro cableado cognitivo— al demostrar que los niños jóvenes, de edades entre los cinco y los siete años, tienden a atribuir la ventaja internamente. Si se les pregunta: «¿Por qué los Blarks del planeta Teeku tienen más dinero que los Orps?», tienden a contestar: «Porque son más listos». Y el grado al que lo hacen predice el grado al que creen que el grupo más poderoso merece estar en la cumbre.

Muchos padres y educadores se preocupan por la exposición de los niños a conductas violentas y contenidos sexuales, como debe ser, pero también deberían prestar atención al daño que hace la programación de los medios que envía mensajes tóxicos sobre quién pertenece. Consideremos tres descubrimientos que sugieren que, a veces, «los genios pertenecen» puede enviar el mensaje implícito de que ciertos otros grupos no[211]. En varios estudios realizados tan recientemente como en 2017, los niños de seis o siete años, cuando se les pide que elijan a alguien que es «muy muy» listo, son más propensos a elegir a algún varón. Volviendo al estudio que encuestaba a miembros del profesorado de diferentes disciplinas, las personas en campos caracterizados por una creencia en el talento bruto es más probable que estén de acuerdo con afirmaciones como «Aunque no es políticamente correcto decirlo, los hombres son a menudo más aptos que las mujeres para hacer trabajo de alto nivel en mi disciplina». En investigaciones experimentales posteriores, Cimpian y sus compañeros obsequiaron a hombres y mujeres con la oportunidad de hacer prácticas en uno o varios campos. En algunos, los representantes de la empresa aislaban la «brillantez» bruta como clave del éxito. Uno tenía que ser una «fiera intelectual» con una «mente aguda y penetrante». En otros se enfatizaba «gran concentración y determinación» o «estar apasionado por el trabajo». Sin que importara el campo, las mujeres expresaban menos interés en las prácticas y más ansiedad sobre la pertenencia al campo cuando la descripción enfatizaba la brillantez. Los hombres, por su parte, expresaban *más* interés y más confianza.

¿Qué podemos hacer para luchar contra el error fundamental de atribución? Primero, podemos entrenarnos para considerar cómo la situación en que están las personas puede estar afectándolas (y afectarnos a nosotros). Las investigaciones muestran que los liberales tienden a hacer afirmaciones más comprensivas que los conservadores cuando hay que explicar problemas sociales, pero cuando se trata de explicar las indignaciones más corrientes de la vida cotidiana, parecen revertir al error fundamental de atribución[212]. Una pequeña actividad que practico con mis alumnos y mis hijos puede ayudar. Presentar una ofensa, quizá algo de la vida personal o de las noticias, a veces tan simple como «Un hombre se coló delante de mí en la cola de la tienda». A continuación, preguntar: ¿por qué lo hizo? Una vez agotadas las atribuciones internas habituales como «Es un hijo de puta egoísta», podemos plantear la posibilidad de atribuciones situacionales y solicitarlas. Algunas serán simples: «Quizá no vio que había una cola». Otras serán bastante imaginativas: «Quizá tenía prisa por volver a casa con su perro enfermo». Las personas se sienten ansiosas por ofrecer explicaciones. Veo esto como ejercicios de calentamiento mentales. Reentrenamos nuestra mente de modo que las explicaciones que van más allá de las programadas culturalmente aparecen con rapidez. En términos técnicos, se vuelven más *accesibles* o *disponibles* cognitivamente, y es más probable que aparezcan en nuestra consciencia en momentos clave y guíen nuestra respuesta[213]. Incluso se han usado variaciones de este enfoque para disminuir la reactividad de los niños que se dejan provocar fácilmente para agredir, lo que a menudo contiene un sesgo de ver hostilidad en las acciones de los demás[214]. Al hacer públicos estos tipos de actividades, por ejemplo, en aulas, también podemos crear una norma de «caridad atribucional» en nuestras escuelas, nuestros lugares de trabajo y nuestros hogares[215].

Un ejemplo poderoso de los beneficios de este tipo de calentamiento mental proviene de una intervención sabia diseñada por Daphne Bugental y sus compañeros para prevenir el abuso infantil[216]. Por extraño que parezca, el abuso infantil, al igual que otras formas de violencia, parece nacer en parte del error fundamental de atribución. Los padres piensan a veces que su bebé está llorón y gruñón porque o bien ellos mismos son malos padres, o bien porque el niño es malo e intenta manipularlos y controlarlos. Corren un peligro especial de hacer esto bajo estrés, y Bugental, en su investigación, se dirigió primero a padres en riesgo de abuso porque podrían haber sufrido abusos ellos mismos o podrían estar enfrentándose a estresores vitales importantes. Bugental intervenía en un momento oportuno, poco después de que naciera el bebé.

Unos paraprofesionales visitaban a estos padres aproximadamente cada dos o tres semanas durante un año, con una media total de diecisiete visitas. Lo primero que hacían era dar a los padres información sobre cómo apoyar el sano desarrollo físico, emocional e intelectual de sus hijos. Pero el elemento clave de la intervención era una actividad de calentamiento mental para ayudar a los padres a «reformular y resolver» los desafíos del cuidado del niño. Para esto, los paraprofesionales no sermoneaban o criticaban a los padres, sino que planteaban preguntas socráticas que convertían a los padres en participantes activos en el proceso de su propio cambio cognitivo. Cada semana, los paraprofesionales preguntaban a los padres si habían experimentado algún desafío de cuidados durante los días anteriores, y a continuación ajustaban la actividad en torno a ese problema. Por ejemplo, muchos padres se quejaban de que el bebé a veces parecía inconsolable. Entonces se les preguntaba: «¿Por qué creéis que ocurre eso?». Si respondían: «porque el bebé me odia» o «porque soy una madre horrible», el paraprofesional volvía a preguntar: «¿Qué otro motivo puede haber para que el bebé esté alterado?». Las preguntas continuaban hasta que los padres generaban una razón que no cargara la culpa en ellos mismos o en el bebé. Para empujar suavemente a los padres en esa dirección, el paraprofesional podría añadir un comentario como:

«A veces, los bebés se alteran porque algo los incomoda, como su digestión, el pañal o la leche de fórmula. ¿Creéis que puede ser una posibilidad?».

El siguiente paso era concentrar a los padres en estrategias para resolver el problema, basadas en el nuevo análisis causal. Los padres planteaban soluciones situacionales, como usar una cantidad diferente de fórmula, probar otra marca de pañales, acunar al bebé o cantarle algo. En cada sesión se los incitaba a repasar las estrategias que habían probado después de la sesión anterior y determinar cuáles habían tenido éxito. A los padres no se les daban simplemente motivos y estrategias, sino que se les enseñaba a generarlas por su cuenta y monitorizar su impacto.

Al final del año, Bugental comparaba los resultados de los padres que habían sido sujetos de esta intervención sabia con un grupo de padres elegidos al azar para que recibieran solo la información sobre el desarrollo sano de los niños durante visitas domésticas similares. Los padres de ambos grupos rellenaban cuestionarios valorando la frecuencia con la que entablaban comportamientos abusivos como sacudir al bebé, que es una causa habitual de trauma infantil y de muerte y de la que, trágicamente, muchos padres no son conscientes de que constituye abuso. Solo un 4 % en el grupo de la intervención abusaba del niño, en comparación con el 23 % del grupo de control. Se juzgó también que los niños del grupo de la intervención estaban más sanos, algo que determinaba una evaluación médica independiente. Además, Bugental y sus compañeros siguieron la pista acerca de dos tercios de las familias después de la intervención, y descubrieron que los padres que la habían recibido estaban menos deprimidos y evitaban menos estar con sus hijos. Es decir: era menos probable que estuvieran de mal humor, se apartaran del niño o no hablaran con él como respuesta a los conflictos, reacciones todas que amenazan la pertenencia y por tanto hacen más daño que bien. Los investigadores descubrieron incluso pruebas de que los hijos de esos padres tenían menos estrés psicológico y se comportaban con menos agresividad.

También es importante comprobar nuestro estado mental cuando descubrimos que empezamos a irritarnos o a sentirnos dolidos. Sentirnos ocupados, quemados, estresados, inseguros o cansados agrava nuestra tendencia a caer en el error fundamental de atribución. Darnos lo que la eminencia en felicidad Sonja Lyubomirsky denomina un «tiempo muerto psicológico» puede ayudar[217]. Hay varias actividades que pueden abrir cierto espacio mental para calmarnos y renovar nuestra energía de modo que podamos hacer una pausa para considerar un abanico más amplio de explicaciones del comportamiento de otra persona y elegir sabiamente nuestra respuesta. Veamos algunos ejemplos de esos tiempos muertos.

Un estudio hizo que los testigos de un ataque violento escribieran sobre sus pensamientos y sentimientos, lo que era una forma de calmar sus reacciones[218]. Después de eso estuvieron menos dispuestos a afirmar que la víctima del ataque podría haber hecho algo para merecerlo, comparados con los que no escribieron sobre sus pensamientos y sentimientos.

En un estudio inspirado por el trabajo de Ethan Kross, una intervención *online* de veinte minutos llevó a parejas casadas a pensar sobre sus desacuerdos de la «perspectiva de un tercero neutral que quería lo mejor para todos los implicados, una persona que veía la cosas desde una perspectiva neutral»[219]. A continuación, se les pedía que crearan estrategias para tener en mente esa perspectiva cada vez que los desacuerdos se acaloasen. En comparación con las parejas casadas que no habían sido orientadas a mirar sus desacuerdos de esta forma, el grupo de la intervención se sintió más feliz en su matrimonio a lo largo del año siguiente.

Otra forma más de comprobar cómo estamos y calmar nuestra mente es a través de un tipo de autoafirmación conocida como *afirmación de valores*: retroceder un paso mental y recordarnos cuáles son nuestros valores[220]. Esta técnica, establecida por Claude Steele, implica responder a dos preguntas —«¿Cuáles son mis valores?» y «Por qué son importantes para mí?»—, habitualmente poniendo por escrito las reflexiones que provoquen. (Típicamente, se proporciona una lista de valores ejemplo para ayudar a las personas que realizan la tarea, y habitualmente, esta lista excluye cualquier valor relacionado con la situación amenazadora; en geoffreylcohen.com hay disponibles ejemplos de actividades de «afirmación de valores»). Debido a que nuestros valores reflejan nuestro compromiso más profundo, cuando reflexionamos sobre ellos enfocamos más claramente nuestro sentido de quién somos, y especialmente la consciencia de nuestra mejor naturaleza, lo que refrena la necesidad defensiva de culpar a otros.

En una investigación en la que colaboré con Shannon Brady y Camille Griffiths, descubrimos pruebas de que la afirmación de valores hace que, en su primer año, los profesores de jóvenes pertenecientes a minorías sean menos susceptibles de caer en el error fundamental de atribución. Después de poner por escrito sus valores esenciales, los profesores calificaban a un hipotético estudiante que rendía mal como alguien que tenía más posibilidades de dar la vuelta a su rendimiento en cursos futuros, en comparación con un grupo de control formado por profesores que habían escrito sobre algún valor poco importante. Los profesores con sus valores afirmados reportaron también que tenían mejores relaciones con sus estudiantes varios meses más tarde, en comparación con los profesores del grupo de control. Al final del curso, unos expertos externos juzgaban a los profesores que habían afirmado sus valores y consideraban que habían ofrecido a sus alumnos una experiencia de aula más rigurosa y exigente. Interpretamos este descubrimiento como algo que sugería que la afirmación disminuía la tendencia de los profesores a ver a sus alumnos como personas que tenían inherentemente un bajo potencial para aprender.

Tenemos más posibilidades de vencer al error fundamental de atribución si modelamos nuestras propias situaciones y las situaciones de otros de formas que estimulen la consciencia y la perspectiva que necesitamos para anular nuestros reflejos mentales. Por supuesto, podemos hacer esto por nuestra cuenta, pero los hogares, las escuelas y los lugares de trabajo también pueden crear entornos que repongan nuestro espacio mental y emocional, en vez de agotarlo.

En un episodio de la serie televisiva de ciencia ficción *Black Mirror*, una mujer pierde a su marido en un accidente de tráfico[221]. Para sustituirlo, ordena por correo un autómata que, tras descargar todos los *tweets*, e-mails y publicaciones *online* del esposo fallecido, es capaz de imitarlo casi a la perfección. Y de hecho existen algunos beneficios adicionales: es mejor en la cama que su esposo fallecido (tras haber descargado un buen lote del porno favorito de ella). Pero, como descubre más tarde, no es realmente *él*. El autómata es diferente en esos detalles sutiles y minúsculos que dicen mucho. Es de conocimiento general que su esposo fallecido odiaba la música disco, pero pocos sabían, como ella descubrió una ocasión en que discutieron por la emisora que sintonizaban en el coche, que él adoraba la canción «How Deep Is Your Love», de los Bee Gees.

Lo que la mujer descubre es que su amor por su esposo nacía en parte de la capacidad de este para sorprenderla justo cuando ella creía que ya lo tenía bien fichado. Eso es una bendición, parece estar diciendo el episodio de *Black Mirror*.

Nuestro encasillamiento de las personas —suponer que podemos resumir quiénes son y quiénes serán siempre— no solo causa exclusión y daño, sino que vacía nuestra vida social de una gran cantidad de potencial, asombro y posibilidades de vincularnos con otros. Para usar un término psicológico, «ordinariza» la experiencia social, convirtiendo en ordinario lo que en realidad es —y podría seguir siendo— extraordinario.

Un estudio realizado por Nick Epley y Juliana Schroeder demuestra la felicidad que las personas tienden a extraer de los encuentros casuales con desconocidos[222]. En un artículo poéticamente titulado «Mistakenly Seeking Solitude» («Buscando la soledad equivocadamente») muestran que los viajeros en ferrocarril que entrevistaron predecían de forma consistente que iba a ser desagradable mantener una conversación con un desconocido. Pero cuando los investigadores encargaron aleatoriamente a algunos de los pasajeros que hicieran justo eso, experimentaron precisamente lo contrario. Los alegró. Aunque no sabemos qué hace que estos encuentros fortuitos sean más placenteros que la soledad que elegimos a menudo, sospecho que la respuesta tiene que ver con la agradable sorpresa de conectar con una mente que no nos es familiar.

En vez de sacar conclusiones precipitadas sobre las personas y sobre por qué se comportan como lo hacen, podemos trabajar para ser conscientes de los efectos dañinos del error fundamental de atribución en nuestras relaciones con los demás. Podemos entrenarnos, y entrenar a nuestros hijos, para retroceder un paso y considerar la situación en vez de saltar a conclusiones sobre una persona.

Esta tarea puede ser un desafío, especialmente cuando nuestra cultura ha contaminado nuestra mente con estereotipos de raza, etnicidad, género, discapacidad física, estatus económico y muchas cosas más. Los estereotipos son un error fundamental de atribución aplicado no solo a un individuo sino a un grupo entero. En el capítulo siguiente examinaremos lo arraigados que están en nuestra mente, lo dañinos que son y qué podemos hacer para luchar contra ellos.

6

Todos son iguales

Por qué estereotipamos a los demás
y cómo podemos dejar de hacerlo

En *Hombre invisible*, la novela clásica de Ralph Ellison sobre la raza en Estados Unidos[223], el narrador asemeja ser negro con ser invisible «debido a una disposición peculiar de los ojos de aquellos con quienes entro en contacto. Es cuestión de la construcción de sus ojos *internos*, esos ojos con los que miran la realidad captada por sus ojos físicos». Los que no consiguen verlo están mirando a través de las construcciones mentales denominadas estereotipos: las generalizaciones toscas y las caracterizaciones en su mayor parte negativas de grupos sociales enteros. Los estereotipos cometen el error fundamental de atribución sobre categorías enteras de personas: «basura blanca», «rubias tontas», «cerdos sexistas». Los estereotipos son uno de los contaminantes más arraigados y dañinos del pensamiento humano, y pueden ser notablemente inasequibles a la refutación. Impregnan no solo a la cultura estadounidense, sino a otras culturas de todo el mundo, y en todas partes dividen a las sociedades en un «Nosotros» que goza de pertenencia y un «Ellos» que no.

En la introducción a una edición posterior de la novela, Ellison comenta: «Sobre todo, tuve que enfocar los estereotipos raciales como un hecho consumado de los procesos sociales y proceder [...] a revelar la complejidad humana que los estereotipos pretenden ocultar». En mis investigaciones me he tenido que enfrentar al hecho social de los estereotipos, con su poder para cegarnos a la individualidad distintiva, sorprendente y complicada de aquellos con quienes nos encontramos. Los estereotipos llevan a que nosotros, gente normal en nuestra vida cotidiana, amenacemos la pertenencia de otros, incluso aunque conscientemente no creamos tales estereotipos.

La mayoría no elegimos estar ciegos de esta forma. Todos, al criarnos en cualquier sociedad, aprendemos una cantidad enorme de estereotipos. Aunque podemos llegar a rechazar conscientemente muchos de ellos, acechan en nuestra mente, distorsionando nuestra visión de los individuos que nos encontramos y modelando la forma en que los tratamos. Por añadidura, nuestros sesgos no necesitan ser abiertamente visibles para causar grandes daños, y no es necesario que sintamos disgusto, desdén, miedo o ira hacia otros para tratarlos de formas sesgadas y nocivas. Elie Wiesel, ganador del premio Nobel de la Paz por su obra sobre el Holocausto, sugiere que para que no nos importen aquellos a quienes consideramos diferentes de nosotros —que no empaticemos con ellos ni les mostremos comprensión, amabilidad y apoyo—, no es necesario en absoluto que los odiemos. «Lo contrario del amor no es el odio. Es la indiferencia», afirma[224]. Esta indiferencia nace de nuestra incapacidad para ver, y por tanto para sentir, la humanidad de los otros. Somos indiferentes hacia qué son realmente y no los consideramos individuos únicos; en vez de eso, permitimos que nuestra mente siga un guion sobre ellos.

El cómico afroamericano Dave Chappelle trata este problema en uno de sus números[225]. Describe su reacción mientras conducía por una zona rural de Ohio y veía a muchos blancos pobres adictos a la heroína y otros opiáceos. «¿Sabéis a qué me recuerda esto? —pregunta—. Me recuerda a nosotros». Afirma que aquellos blancos pobres se ven exactamente igual que se veían los afroamericanos durante la epidemia de crack de las décadas de 1980 y 1990. Y prosigue diciendo que la experiencia le proporcionó «una perspectiva de cómo se habría sentido la comunidad blanca viendo a la comunidad negra bajo el azote del crack. Porque —azuza al público— a mí también me dan igual». Su actitud es: «Un momento, blancos. Simplemente decid "no". ¿Tanto trabajo cuesta?». Está satirizando lo insensibles que podemos ser en la manera en que vemos a los «otros». Está hablando de la indiferencia que condena Elie Wiesel.

Cometemos un grave error si creemos que los prejuicios solo los tienen las personas que son intolerantes, y que es solo una cuestión de odio o repulsión explícitos. Los prejuicios también tienen que ver con indignidades cotidianas, desaires sutiles pero hirientes. Y son una cuestión de pensamientos y sentimientos que no tenemos, de acciones que no realizamos. Los actos de odio rotundo captan la atención de los medios, pero el peaje acumulativo de comportamientos sesgados menos explícitos, como no entrevistar a un aspirante a un empleo o no apreciar la aportación de otra persona, acaba siendo grande. Cuando no entendemos la manera en que los estereotipos afectan nuestra propia forma de percibir y tratar a los demás, somos como una colonia de hormigas: cada una carga con un minúsculo grano de arena una y otra vez, y se acaba creando el hormiguero de la discriminación [226]. Si queremos estimular mejor la pertenencia dentro de nuestras sociedades, debemos corregir nuestra visión de los demás, de modo que los veamos como individuos y no como caricaturas basadas en estereotipos.

El narrador de Ralph Ellison no es invisible. Se trata simplemente de que no lo ven. Pero ¿qué queremos decir con esto? Por supuesto, su presencia física se percibe con claridad. Pero ese no es el tipo de visión que está subrayando Ellison. Ver no es solo una cuestión de percepción visual. Ver, como han mostrado los psicólogos, es un acto mental y emocional. Nuestra mente tiene sus expectativas a la hora de percibir a las personas que tenemos delante. Si estamos paseando por la calle de una ciudad y vemos algo que corretea atravesando la acera, podemos creer que es una rata y asustarnos antes de darnos cuenta de que se trata de una bolsa de plástico arrastrada por el viento. Captamos pistas visuales y fabricamos en nuestra mente imágenes basadas en gran medida en expectativas aprendidas. Muchos pintores, como los impresionistas o los cubistas, han explorado esta naturaleza de nuestra visión. Intentaban ver de una forma elemental para apreciar más la maravilla de la visión y para honrar un antiguo significado de la palabra «ver»: «contemplar en la imaginación» y «reconocer la fuerza de» los paisajes e individuos que retrataban [227].

Para empezar a apreciar hasta qué punto los estereotipos distorsionan nuestra visión y cómo podemos mejorarla, imaginemos que estamos observando desde el fondo de un aula mientras Hannah, una estudiante de cuarto curso, responde las preguntas que le hace un examinador. Algunos problemas fáciles le salen mal, y otros difíciles le salen bien. ¿Qué conclusión deberíamos sacar sobre su capacidad?

Esta es la situación a la que se enfrentaron los participantes adultos de un estudio de 1983 realizado por John Darley y Paget Gross [228], salvo que ellos no estaban en un aula sino divididos en dos grupos y se les había dicho que primero verían un vídeo de Hannah en su vida cotidiana en su barrio. Un grupo la vio jugando en el patio vallado de una escuela que parecía un almacén abandonado, en un barrio salpicado de casas de mala muerte. A este grupo se le dijo que el padre de Hannah era un empacador de carne y que la madre hacía trabajos de costura a tiempo parcial. Otro grupo vio a Hannah jugando en un parque exuberante rodeado de casas grandes y bien cuidadas con céspedes caros. Al grupo se le dijo que el padre era un abogado y la madre, una escritora. A continuación, los dos grupos vieron exactamente el mismo vídeo de Hannah respondiendo preguntas, y se les pidió que valoraran su capacidad intelectual. El hecho de que respondiera bien algunas preguntas difíciles y respondiera mal algunas preguntas fáciles es importante, porque si lo hubiera hecho todo de maravilla o muy mal, las valoraciones estarían menos abiertas a interpretación. La ambigüedad es alimento para los estereotipos. De hecho, los dos grupos valoraron las capacidades de Hannah de formas espectacularmente diferentes.

Cuando se les pidió que estimaran cuántas preguntas había respondido bien Hannah en el vídeo del aula, los participantes que creían que era de familia pobre estimaron por término medio que acertaba un 30 % de las veces, mientras que los que creían que era de familia rica aventuraron por término medio que acertaba el 67 % de las veces. Por añadidura, los que creían que era pobre juzgaron que su capacidad se correspondía a algo a mitad de camino entre el tercer y el cuarto cursos, mientras que los que creían que era rica la juzgaron un curso entero por encima, entre cuarto y quinto.

Cuando se pidió a los participantes que dieran una valoración cualitativa de las capacidades intelectuales de Hannah, describieron a dos chicas completamente distintas. «Hannah tiene dificultades para aceptar nuevas informaciones» fue uno de los comentarios dedicados a la Hannah «pobre». La Hannah «rica», en comparación, se llevó comentarios como que tenía «la habilidad de aplicar lo que sabe a problemas poco familiares». Los dos grupos percibieron incluso que la naturaleza del examen que había hecho era diferente. Aunque todos escucharon las mismas preguntas, los que creían que Hannah era pobre las calificaron como más fáciles. Los que veían a la Hannah pobre dijeron que «Hannah ha fallado en un examen fácil», y los que veían a la Hannah rica concluyeron que «Hannah lo ha hecho bastante bien en un examen difícil». Al igual que el hombre invisible de Ellison, a Hannah no se la veía directamente, sino a través del filtro de un estereotipo.

Los estudiantes procedentes de familias menos acomodadas están sujetos a diario a este tipo de sesgo inintencionado en las aulas. Que los profesores crean o no que un alumno tiene bastante potencial para aprender puede afectar a la calidad de la experiencia educativa que tendrá ese estudiante, como vimos en el estudio de Pigmalión. Además, los estudiantes tienden a ser «fichados» como de alto o de bajo potencial, y los etiquetados como bajos potenciales van a parar a programas de recuperación[229]. Las investigaciones muestran que esos programas tienden a ser canales de fracaso académico y que los estudiantes pobres o pertenecientes a minorías son asignados a ellos en cantidades desproporcionadas. Un estudio crítico de los sesgos en la evaluación del potencial académico de los estudiantes mostró que si la decisión de a quién aceptar en programas de alumnos dotados y talentosos se basara en la medida relativamente más objetiva de los resultados de una prueba estandarizada —en vez de en los juicios subjetivos de los profesores—, aumentaría espectacularmente la cantidad de estudiantes pertenecientes a minorías alistados en ese tipo de programas. Teniendo en cuenta que las pruebas estandarizadas también pueden tener sesgos, este resultado sugiere que existe un grado sorprendente de sesgo en las valoraciones que realizan algunos profesores sobre el potencial de los estudiantes.

Verse sujetos a sesgos también puede llevar a que los alumnos se desentiendan de los estudios y se desilusionen. Una antigua alumna mía, que era mexicana estadounidense de primera generación y ahora es profesora en una universidad, me dijo que su hermano cayó en una espiral descendente de ese tipo. Era tan inteligente como ella, me dijo, pero un incidente en el instituto lo hizo descarrilar. Un día sufrió un ataque de epilepsia a la hora de comer. Cuando se despertó en el suelo de la cafetería, rodeado por el director y varios profesores, le preguntaron: «¿Qué has tomado?». Creían que se había drogado, y la acusación —que implicaba que estaba materializando el estereotipo de ser un latino pobre— le hizo mucho daño. Al final se libró de la acusación de haber hecho algo malo, pero no de la creencia de que sus profesores tenían mala opinión de él. Dejó de importarle estudiar. Tanto sus tareas como su relación con los profesores se deterioraron, y no tardó en andar con malas compañías. Acabó dejando los estudios.

Las investigaciones sobre por qué los estudiantes caen en espirales descendentes de esta manera han mostrado que el proceso comienza a menudo con alguna acción disciplinaria sesgada[230]. Cuando los profesores no parecen respetar a los estudiantes, estos se dan cuenta a menudo. Sienten que tienen bajas capacidades y se comportan en consecuencia, lo que hace que los profesores los vean más negativamente aún, y así sucesivamente, en una larga cadena de acciones y reacciones que se realimentan mutuamente. Los chicos pueden ir haciéndose una mala reputación según los profesores van compartiendo entre ellos sus juicios estereotipados. En dos estudios de varios años realizados por mis compañeros y yo, los chicos de minorías en la escuela de secundaria (de sexto a octavo curso) reportaron que cada vez desconfiaban más de los profesores. La confianza decaía solo un poco en cada curso, pero era un descenso constante, de modo que al acabar la secundaria había una brecha amplia entre la confianza expresada por los estudiantes de minorías y la de los estudiantes blancos. Esta caída de confianza predecía una mayor probabilidad de que los estudiantes de minorías se comportaran mal. La trayectoria descendente parecía ser disparada por el hecho social de la discriminación: en cuanto empezaban la secundaria, los estudiantes de minorías tenían una probabilidad desproporcionadamente mayor de recibir castigos disciplinarios más duros que los estudiantes blancos, especialmente en situaciones ambiguas que dependían de juicios personales de los profesores, lo que llevaba a esos estudiantes a poner en tela de juicio la legitimidad de la escuela y sus reglas.

El estudio de Hannah es uno entre muchos que han demostrado que las personas perciben las mismas acciones bajo una luz menos halagüeña cuando las comete alguien estereotipado negativamente (aunque hay un estudio que muestra resultados diferentes)[231]. En un ejemplo asombroso, un estudio realizado en 2010 y concentrado en el sesgo de género en los lugares de trabajo, la psicóloga social Victoria Brescoll pidió a los participantes que evaluaran a un hipotético jefe de policía[232]. A un grupo se le hizo creer que el jefe era un hombre, y al otro, que era una mujer. A los dos grupos se les dijo que tenía un historial impoluto en el departamento de policía. Con solo esa información, no hubo diferencias significativas en la valoración realizada por los participantes. A otros dos grupos se les dio la misma información, pero se les dijo también que el jefe tenía amonestación en su historial debido a que no había enviado suficientes agentes para aplacar una protesta que se había vuelto violenta. Los participantes no valoraron al jefe hombre de forma diferente a causa de ese único error, pero a la jefa mujer le asignaron un estatus mucho más bajo y la consideraron menos merecedora del puesto. Los hombres y las mujeres participantes mostraron el mismo grado de sesgo, lo que sugiere que incluso fue más fuerte que el deseo de favorecer a alguien del propio grupo.

Brescoll ha seguido realizando muchos más estudios que han revelado las valoraciones sesgadas de las mujeres[233]. Por ejemplo, cuando estas se enfadan o simplemente hablan mucho, tienden a ser percibidas como menos competentes y de estatus inferior. Pero cuando los hombres hacen eso mismo, tienden a ser vistos como más competentes y de un mayor estatus. Algunas investigaciones fascinantes sugieren que las mujeres tienden a ajustar su comportamiento para no ser calificadas bajo este estereotipo, reprimiendo las expresiones de ira y cuánto hablan en situaciones dominadas por los hombres. En el Senado, por ejemplo, aunque los senadores varones con mayor estatus hablan más que los senadores varones con menor estatus, las senadoras no pasan a hablar más cuando van alcanzando un estatus mayor.

Muchos estudios sobre los efectos de los estereotipos en Estados Unidos han examinado su impacto en los afroamericanos, debido a que, como Ellison transmitió tan visceralmente, los han sufrido intensamente. Un corpus de investigación, reportado en 2015 por los psicólogos sociales Jason Okonofua y Jennifer Eberhardt, ha examinado el trato que reciben los niños negros en las escuelas[234]. Se les pedía a los profesores que juzgaran el comportamiento de un estudiante basándose en su expediente escrito. A algunos profesores se les decía que el estudiante se llamaba Jake, que generalmente se percibe como un nombre blanco. A otros se les decía que se llamaba Darnell, que generalmente se percibe como un nombre negro. Ambos grupos de profesores pasaban a leer cosas como que el estudiante se quedaba dormido en clase, e incluso después de que el profesor le dijera que prestara atención, se limitaba a apoyar la cabeza en las manos y cerrar los ojos. A continuación, valoraban el carácter del estudiante y recomendaban diversas medidas aplicando escalas numéricas.

Solo con esa información, los profesores puntuaron a Jake y a Darnell de forma similar en términos de hasta qué punto eran problemáticos y cómo de duros tenían que ser los castigos. Esto puede parecer sorprendente, pero, después de todo, los profesores se dedican en general a cuidar a los estudiantes y tratarlos con equidad. Sin embargo, en la siguiente fase del estudio, se les decía que, en otra ocasión, el estudiante se puso a andar por el aula, hablando con los amigos y causando una perturbación. Ahora había más alimento para el estereotipo. Las valoraciones de los estudiantes divergieron. Los profesores evaluaron a Jake prácticamente de la misma forma, pero Darnell fue otro cantar. Los profesores le cayeron encima, calificándolo como más problemático, percibiendo su comportamiento como parte de un patrón más amplio y recomendando acciones disciplinarias más severas; algunos incluso aconsejaron la suspensión. Fue como si los profesores le aplicaran al niño negro una política de «a la segunda va la vencida».

Los juicios estereotipados pueden arruinar vidas. Hay bastantes investigaciones que muestran que una suspensión puede causar un daño irreparable al sentido de pertenencia de un estudiante y a sus perspectivas de éxito[235]. Las suspensiones son una «solución» que empeora mucho más el problema, socavando el sentido de pertenencia de los niños y, en algunos casos, poniéndolos en el camino al desempleo y la cárcel. Es un destino al que se somete de forma desproporcionada a los niños de minorías, y las quejas de que no ha sido justo a menudo se desestiman.

Se han planteado preguntas sobre si los experimentos de laboratorio como los mencionados reflejan la forma en que actúan los estereotipos en la vida real[236]. Para intentar responderlas, Travis Riddle y Stacey Sinclair evaluaron los datos de más de 32 millones de estudiantes asistentes a 96.360 centros de enseñanza de todo Estados Unidos. Descubrieron que en los distritos con mayores niveles de racismo, medidos por datos encuestados de otra fuente de datos nacional, a los estudiantes negros se les aplicaban medidas disciplinarias más duras que a los estudiantes blancos. Este efecto se mantenía incluso cuando los investigadores tenían en cuenta estadísticamente la población del distrito, la media de logros educativos, la tasa de criminalidad, la zona geográfica y el nivel de movilidad económica. Es cierto que se trataba de un efecto pequeño, pero cuando estamos tratando con unos desenlaces tan importantes combinados sobre millones de estudiantes, incluso los efectos pequeños tienen peso, especialmente para los niños afectados y sus familias.

Estos descubrimientos de sesgos en la formación académica de los estudiantes negros recuerdan un comentario de Martin Luther King Jr., quien dijo que una cosa que temía de la desegregación escolar era que los niños negros iban a aprender que los profesores blancos no los querían.

Puede parecer poco realista esperar que los profesores quieran a sus estudiantes, pero cuanto más me sumerjo en la investigación sobre la enseñanza, más parece convergir en la importancia del amor; no del tipo que hay entre padres y sus hijos, desde luego, pero sí amor en el sentido que le daban Martin Luther King J., Gandhi y Nelson Mandela: una fe que elegimos tener en la valía y la dignidad inherentes de otro ser humano. Los estereotipos socavan esta fe, constriñendo nuestro corazón y cegándonos a la plena humanidad de los demás. Como se citó anteriormente, el escritor y superviviente de los campos de concentración Elie Wiesel creía que lo opuesto del amor no era el odio sino la indiferencia. También dijo que la indiferencia era «el epítome del mal». Las numerosas formas en que los estereotipos han distorsionado la visión que tienen las personas de otros grupos, privándolos de la fe y el amor que merecen recibir de los demás, sin duda han causado efectos perversos.

Las distorsiones perceptivas causadas por los estereotipos originan muchas formas de crueldad. Por ejemplo, nos es más fácil querer a los niños que a los adultos, y una forma en que las personas blancas evitan querer a los niños negros es viéndolos como más mayores y menos inocentes.

En 2014, en Cleveland, un agente de policía blanco mató a tiros a Tamir Rice, un niño de doce años afroamericano que estaba jugando con una pistola de juguete en un parque de la ciudad. El psicólogo social Phillip Goff, que estaba desconsolado por los muchos casos parecidos de jóvenes negros victimizados por la policía y los tribunales, demostró que los niños negros son menos susceptibles de ser vistos como niños[237]. Goff descubrió que a partir de los diez años de edad, los niños negros, como grupo, están calificados como necesitados de «menos protección» y «menos cuidados» que los niños blancos. También se los ve menos como «lindos» e «inocentes». Incluso preguntó a varias muestras de adultos, formadas principalmente por blancos e incluyendo agentes de policía de entorno urbano, que intentaran adivinar la edad de niños blancos y negros que habían quebrantado la ley basándose en fotografías de estos. Los delincuentes blancos y negros fueron seleccionados por atractivo físico, lo que está demostrado que afecta las valoraciones de la gente, y estaban en el rango de edad de los diez a los diecisiete años. Los participantes tendían a considerar a todos los delincuentes como mayores de lo que eran, sin duda debido a que ya habían sido etiquetados como «criminales». Pero sobreestimaron la edad de los niños negros por el doble de la cantidad en que sobreestimaban la edad de los niños blancos; por término medio, a los niños negros les calculaban una edad casi cinco años mayor que la que realmente tenían.

El daño que causan los estereotipos no se detiene una vez que los niños han crecido. La lente distorsionadora aplicada a los adultos negros ha sido puesta claramente en evidencia al investigar sobre las decisiones de contratación de empleados. A pesar de la cobertura popular y las citas frecuentes de un estudio realizado por dos economistas, Marianne Bertrand y Sendhil Mullainathan, uno de los descubrimientos del estudio se menciona raras veces. El resultado que llegaba a los titulares era el de que los currículos falsos enviados a empresas de la ciudad de Nueva York y de Chicago tenían el doble de posibilidades de recibir una llamada si el nombre que los investigadores colocaban en el currículum era uno habitualmente percibido como blanco, como John o Quinton, respecto a los enviados con nombres percibidos como negros, como Jamal o LaKeesha[238]. De hecho, un candidato negro tendría que tener ocho años más de experiencia laboral para recibir al menos la misma cantidad de llamadas que un candidato blanco. Por añadidura, los evaluadores de los currículos de los candidatos negros revelaban además una especie de ceguera al leerlos, pues no llegaban a apreciar la calidad de las credenciales de los candidatos. Para cada grupo de nombres, los investigadores enviaron dos versiones del currículum, una con credenciales sobresalientes —más experiencia laboral, más habilidades, menos periodos desempleados— y otra con credenciales más flojas. Las buenas credenciales predecían más llamadas para los candidatos blancos, pero no tantas para los negros. Es como si las credenciales de los candidatos negros fueran invisibles.

Otro estudio que expuso la discriminación sistemática de las personas negras en las decisiones de contratación fue realizado por Devah Pager, una socióloga[239]. Pager entrenó a actores blancos y negros para solicitar empleos de bajo nivel en Milwaukee. Elaboró cuidadosamente las credenciales de los dos grupos de solicitantes, de forma que fueran equivalentes. En total, estos actores, todos hombres, realizaron 350 entrevistas de trabajo por toda la ciudad. Quién solicitaba qué trabajo lo decidió al azar el equipo de investigación. ¿El resultado? Los solicitantes blancos recibían una llamada el 26 % de las veces; a los negros los llamaban menos de la mitad de veces, solo un 10 %. Pager examinó también el efecto de que el solicitante tuviera antecedentes penales o no, y el tipo de antecedente también variaba entre los solicitantes. En conjunto, el castigo por haber cometido algún delito era prácticamente el mismo que el castigo por ser negro, lo que llevó a Pager al resultado más llamativo y preocupante: era *más* probable que llamaran para un empleo a un solicitante blanco con antecedentes penales que a un negro sin antecedentes (17 % contra 14 %).

Para rematar, si un solicitante era negro y además tenía antecedentes, las llamadas para el trabajo descendían al 5 %. Las mentes de los empleadores parecen estar cerradas casi por completo a la idea de que un solicitante negro que ha estado en la cárcel debería recibir alguna oportunidad, ser visto como alguien que tiene algún potencial. Sin embargo, cuando los empleadores hablaban con solicitantes blancos que habían estado en la cárcel, podían hacerles una advertencia seria, del tipo de que si robaban algo o no iban a trabajar, «hemos acabado», pero también decían a menudo que creían en conceder el beneficio de la duda. En la entrevista con un solicitante blanco, varios empleadores hicieron un comentario como este o parecido: «No me preocupa que hayas estado en la cárcel, no tengo ningún problema con eso». Cuando alguien había cometido un error, veían más potencial en el solicitante blanco que en el negro.

La discriminación en centros de enseñanza y lugares de trabajo va unida a un goteo incesante de indignidades cotidianas, al que se somete a las personas estereotipadas. Un estudio especialmente bien modelado ilustra las maneras claramente diferentes a las que tienden a ser tratados los blancos y los negros durante una experiencia que crea tensiones: que nos manden parar cuando cometemos una infracción de tráfico.

Jennifer Eberhardt ha dedicado su carrera a comprender por qué la raza modela tanto la vida social en Estados Unidos. Eberhardt es negra, y ha escrito un libro importante: *Biased: Uncovering the Hidden Prejudice That Shapes What We See, Think, and Do* («Sesgados: Descubriendo los prejuicios ocultos que dan forma a lo que vemos, pensamos y hacemos»)[240]. Parte de su trabajo ha examinado el racismo sutil pero potente que muestran los agentes de policía en interacciones aparentemente benignas con personas negras.

A principios de la década de 2000, Eberhardt organizó una conferencia que reunió a científicos sociales y agentes de policía para analizar la avalancha de tiroteos policiales sobre sospechosos negros que se había producido en aquella época. Para sorpresa de los académicos asistentes, por parte de la policía, aunque admitían que los tiroteos eran un problema grave, decían que no era el problema que más los preocupaba. Afirmaban que un agente podía llegar a disparar su arma quizá una vez en toda su carrera profesional. Con lo que necesitaban ayuda de verdad, decían, era con la gestión de los encuentros cotidianos en la ronda policial, como las paradas habituales de vehículos y las conversaciones con miembros de la comunidad negra. Demasiado a menudo, esos encuentros escalaban innecesariamente, a veces con desenlaces catastróficos. Pero incluso cuando el desenlace no era catastrófico tenía tendencia a dejar un pozo de desconfianza entre los miembros de la comunidad. Eso socavaba la capacidad de la fuerza policial para luchar contra el crimen, afirmaban. Sin confianza, no había cooperación de la comunidad, y disponían de menos información que pudiera ayudar a la policía a mantener la paz y proteger a la gente.

Eberhardt formó equipo con Nick Camp, un estudiante de doctorado, y con Rob Voigt, un lingüista, en una asociación inusual con el departamento de policía de Oakland para estudiar justo ese tipo de encuentros[241]. Informaron de sus descubrimientos en 2017. El departamento de policía de Oakland tomó la valerosa decisión de compartir con los investigadores las grabaciones de las cámaras corporales de 981 paradas a vehículos realizadas por 245 agentes diferentes, una montaña de datos que nadie había examinado. Eberhardt y su equipo se concentraron en los encuentros mundanos que muchos hemos tenido, aquellos en los que no se producen detenciones; eran la inmensa mayoría de las paradas que había en las grabaciones. Las conversaciones en esas paradas parecían en principio no tener nada destacable en general. Pero un análisis detallado reveló que se les enviaba a los conductores una serie de potentes mensajes psicológicos, y los mensajes eran sistemáticamente diferentes en función de la raza del conductor.

Las conversaciones fueron transcritas, y tras ello, unos codificadores, que no conocían la raza del conductor, evaluaron el contenido de un gran subconjunto aleatorio de comentarios de los policías (había demasiadas grabaciones para analizar todas).

Estos son algunos extractos de cómo los agentes se dirigían a los conductores blancos:

Disculpe que le pare. Soy el agente Ryan, del departamento de
  policía.
Puede irse, señora. Conduzca con cuidado, por favor.
Aquí dice que lo ha arreglado. No hay problema. Muchas gracias,
  señor.

Estos son algunos extractos que ilustran cómo los agentes se dirigían a los conductores negros:

Vale, tío. Hazme un favor. Pon ahora mismo las manos en el
  volante.
John, ¿puedo ver otra vez el permiso de conducir?... ¿Este...? ¿Este de
  la foto eres tú?

¿Se nota alguna diferencia?

Los codificadores valoraron los comentarios que los agentes dirigían a los conductores negros como menos amistosos y menos respetuosos que los que dirigían a los conductores blancos. También fueron valorados como más «sentenciosos», con más palabras negativas.

A continuación, Eberhardt y sus compañeros aplicaron modelos lingüísticos computacionales a la totalidad de los 36.768 comentarios que habían hecho los agentes, una técnica de inteligencia artificial que es capaz de medir la frecuencia de palabras y frases que se acumulan en torno a temáticas lingüísticas. Este análisis proporcionó una comprensión más detallada de las diferencias en la forma en que actuaban los agentes con los conductores blancos y negros. Primero, los agentes expresaban más *solidaridad* con los conductores blancos. Era más probable que hicieran comentarios como «conduzca con cuidado». Segundo, parecían más *cómodos* con los conductores blancos. No tropezaban tanto con las palabras, no decían tan a menudo «uh» o «hum», ni interrumpían con tanta frecuencia sus frases con pausas incómodas. Hay investigaciones que muestran que las personas negras pueden ver esas señales de incomodidad como pruebas de sesgo racial [242]. Por último, los agentes eran más *corteses* con los conductores blancos. Decían «por favor» y «gracias» mucho más.

Se disculpaban más, por ejemplo, diciendo «perdone que le moleste». Usaban títulos formales como «señor» o «señora» en vez de llamar al conductor por su nombre de pila o, si el conductor era hombre, como «tío» o «colega». Con los conductores blancos usaban más preguntas y menos órdenes; decían «¿Le importa poner las manos en el volante?» en vez de «Ponga las manos en el volante».

Y algo que sugiere lo mucho que los estereotipos se pueden infiltrar en la mente de cualquiera: los investigadores descubrieron que los agentes negros mostraban el mismo sesgo que los agentes blancos.

Para los conductores blancos, el mensaje que se transmitía más a menudo era: «te respeto», «me importas» y «te veo». Para los conductores negros, el mensaje era más a menudo: «Haz lo que te digo, no me importas» y «no te veo». Como resumen, los autores: «Al margen de la causa, hemos descubierto que las interacciones de los agentes de policía con los negros tienden a ser más tensas» no solo en términos de desenlace, como detenciones, uso de fuerza excesiva y muerte, «sino también interpersonalmente, incluso cuando no se realizan detenciones ni se usa la fuerza». Además, añaden: «Estas disparidades podrían tener efectos secundarios adversos, ya que las experiencias de respeto o falta de respeto en las interacciones personales con los agentes de policía tienen un papel central en la valoración de los miembros de la comunidad sobre cómo de justa es la policía como institución, además de en la disposición de la comunidad a apoyar a la policía o colaborar con ella»[243].

El impacto acumulado de estas indignidades cotidianas, como documentaron Eberhardt y sus compañeros, puede salir caro. El presentador de noticias afroamericano Bryant Gumbel se refiere a él como un «impuesto»[244]; lo llama «el coste adicional que corresponde a ser negro en Estados Unidos. Y se paga rutinariamente sin importar la educación que tengas, el dinero que ganes o el éxito que hayas obtenido [...] Consiste en las numerosas instancias de falta de respeto e incivilidad que parece provocar tu color».

El abuso infligido por el estereotipado y la estigmatización se ha perpetrado sobre muchas otras poblaciones de personas amontonadas en grupos sociales[245]. Los blancos pobres, especialmente los de comunidades rurales, se han estereotipado como «basura blanca», «*rednecks*» y «paletos», y se los considera vagos, estúpidos, sucios y degenerados. Los discapacitados físicos han estado sujetos a estigma a lo largo de la historia; de forma sutil o no tan sutil, las personas tienden a apartarse de ellos o se niegan a establecer contacto visual con ellos. Los discapacitados sufren además paternalismo, como si fueran menos inteligentes, y se los discrimina en las contrataciones para los empleos. Los tartamudos están estereotipados como demasiado tímidos, nerviosos, timoratos y, de nuevo, cortos de inteligencia.

Incluso lo que podría parecer un estereotipado positivo puede ser dañino. Los asiáticos estadounidenses están sujetos al estereotipo de la «minoría modélica», que los representa como «una minoría racial uniformemente aplicada, que se ha asimilado bien en la sociedad estadounidense mediante el trabajo duro, la obediencia a las costumbres sociales y los logros académicos»[246]. Pero este estereotipo contribuye al hecho de que se concedan pocos fondos para el estudio de las necesidades de los inmigrantes asiáticos y los estadounidenses de ascendencia asiática que experimentan pobreza y problemas educativos. Wesley Yang escribe con elocuencia en su libro *The Souls of Yellow Folks* («Las almas de los amarillos») que: «[...] como portador de una cara asiática, se paga un precio adicional, nunca absoluto pero siempre omnipresente, que significa [...] que eres presumiblemente un nadie, una figura muda y servil, distinguible sobre todo por tu total incapacidad para amenazar a nadie [...] una carga peculiar de no reconocimiento, de invisibilidad». Este estereotipo puede ayudar a explicar también la infrarrepresentación de los asiáticos en la política, en Hollywood y en los liderazgos empresariales.

¿Cómo de conscientes somos de la infinidad de estereotipos que afectan a la vida de otras personas? Muy poco. Eso se debe en gran parte a que los estereotipos pueden operar de manera inconsciente, incluso en las personas que profesan valores igualitarios. Las investigaciones sugieren que la mayoría de los estadounidenses valoran el igualitarismo, y que muchos repudian conscientemente los estereotipos. Pero cuando tenemos una excusa para excluir, en situaciones de ambigüedad, a menudo lo hacemos[247]. Nuestra mente se las arregla para racionalizar los comportamientos injustos.

Algo que forma parte del problema es que cuando se les señala a las personas que están estereotipando, a menudo responden a la defensiva. Pero cuando alguien reacciona como si le hubiéramos faltado al respeto, deberíamos considerar la posibilidad de que hemos cometido algún acto sesgado, por comisión o por omisión. De hecho, a menudo el problema es lo que *no* hacemos. No sonreímos. No decimos «por favor», «gracias» o «disculpe». Transmitimos que no vemos del todo a esa persona.

+ + + +

¿Cómo podemos trabajar para recudir el poder de los estereotipos en la forma en que tratamos a los demás? El primer paso es reconocer que podemos caer bajo su influencia, por mucho que no queramos.

En su ensayo sobre las pseudociencias, «Ciencia culto de cargo», el famoso físico Richard Feynman escribió: «El principio fundamental es que no debes engañarte a ti mismo..., y tú eres la persona más fácil de engañar». Estaba hablando de creencias científicas, pero bien podría haber estado refiriéndose a las creencias sociales. Tanto los científicos como las personas corrientes encuentran muy fácil señalar los sesgos que distorsionan las percepciones de sus pares, pero les resulta difícil ver los sesgos propios. Es una tendencia humana perenne. Hace dos mil años, san Mateo imploraba: «¿Por qué ves la mota de polvo en el ojo de tu hermano pero no ves la viga en el tuyo propio?»[248].

Una noche, hace no mucho tiempo, fui a cenar a un restaurante hindú y, como tenía mucha hambre, estaba impaciente por sentarme a una mesa. Me acerqué a un hombre de piel tostada que llevaba un gran delantal blanco y le pedí mesa.

—No trabajo aquí —dijo, frunciendo el ceño.

Por supuesto que trabajaba ahí, me dije: lleva un delantal. Entonces bajé la mirada y me quedé horrorizado al descubrir que lo que me había parecido un delantal eran en realidad unos pantalones cortos blancos que llegaban hasta debajo de las rodillas. Mi visión había sido engañada por un estereotipo: un hindú en un restaurante hindú es un miembro del servicio. Por un momento, mi mente maleducada se puso a la defensiva.

Me decía que la culpa era de aquel hombre: «¿A quién se le ocurre ponerse unos pantalones cortos tan largos?».

Por suerte, mi mente racional venció a mi cerebro reptiliano y pedí disculpas. Ya sentado en mi mesa me sentí como un conductor que mira con incredulidad el desastre que ha causado. ¿Cómo era posible que yo, alguien que llevaba décadas estudiando los sesgos de percepción, hubiera cometido tal ofensa? Por supuesto, sabía que los estereotipos pueden actuar inconscientemente. Pero de verdad que no creía que pudiera ser tan vulnerable; que mi propia percepción pudiera darme una lectura falsa de la realidad. Estamos sujetos a un condicionamiento cultural que nos hace vulnerables a esas transgresiones. Cuando mi mente se calmó, pensé que había tenido la suerte de haberme dado cuenta de que había cometido un error. Pero mi humor autocongratulatorio no duró demasiado; ¿cuántos otros errores de juicio habría cometido en el pasado sin darme cuenta de haberlos cometido? Un error visual se puede refutar rápidamente, pero no ocurre así con muchos errores de juicio social. Y la mayoría de las veces que cometemos esos errores y los desprecios que causan, seguimos alegremente con nuestra vida sin darnos cuenta del daño que hemos hecho.

No nos falta motivación para ser justos y objetivos. Nos ponemos a la defensiva si se insinúa otra cosa. Las encuestas muestran que, en principio, la mayoría de los estadounidenses valoran la igualdad y la justicia. Pero la reacción habitual a que nos digan que tenemos que corregir un sesgo es ponernos a la defensiva. Por eso no funcionan la mayoría de las soluciones que se proponen contra los prejuicios. La formación antisesgos en los centros de enseñanza y los lugares de trabajo ha obtenido resultados decepcionantes, igual que no funcionaron los intentos de Muzafer Sherif de enseñar a los chicos del campamento echándoles sermones religiosos de «ama a tu vecino». La investigación de Taylor Phyllips y Brian Lowery muestra que el mero hecho de recordar a los estadounidenses blancos que los estadounidenses negros sufren desventajas en educación, vivienda, salud y trabajo lleva a los blancos a afirmar defensivamente que su propia vida también es dura[249]. Las personas acomodadas de cualquier raza hacen lo mismo cuando se les dice que los pobres están en desventaja. Por supuesto, todas las vidas tienen sus durezas. Pero no hay un motivo lógico para que al oír hablar del sufrimiento de un grupo saltemos en el acto a quitar importancia por comparación a los problemas ajenos. Lo lógico sería expresar empatía.

Mientras trabajamos para encontrar formas de combatir el poder de los estereotipos, es importante que tengamos en cuenta nuestra contraproducente defensividad. Pedir a la gente que sea justa y objetiva no funciona bien, porque las personas ya creen que *son* justas y objetivas. El sociólogo Emilio Castilla pidió a un grupo de supervisores que evaluaran a varios empleados para ascenderlos, hombres y mujeres y todos igual de cualificados, y le dijo al grupo que era muy importante que fueran justos[250]. Esta intervención, ¿disminuyó el sesgo contra las mujeres en las decisiones de ascenso y subidas de sueldo? No; lo aumentó.

Eric Uhlmann y yo hemos encontrado resultados similares. Pedimos a un grupo de participantes que indicaran si estaban de acuerdo o no con una serie de frases que les recordaban lo importante que era ser objetivos a la hora de hacer juicios[251], por ejemplo: «En la mayoría de las situaciones, intento hacer lo que parece razonable y lógico». Cuando comparamos sus decisiones en una hipotética tarea de contratación con las de las personas que no habían respondido al cuestionario, descubrimos que aquellos a los que se les recordó la importancia de la objetividad respondieron aplicando un sesgo de género mayor. Aplicaron estereotipos de género que se les pasaron por la cabeza gracias a un pequeño «empujoncito» que Uhlmann y yo les dimos antes, un conjunto de rompecabezas verbales que contenían palabras como «rosa» y «Barbie». Al parecer, cuando a las personas se les recuerda lo mucho que valoran la objetividad, creen que *son* objetivas, y por tanto se sienten más libres de materializar los pensamientos sesgados que se les pasan por la cabeza, permitiendo de hecho que el estereotipo tenga más poder sobre ellos. Es como si las personas se dijeran a sí mismas: «Si lo pienso, debe ser verdad».

Así que, ¿qué podemos hacer? Mientras trabajamos para cambiar nuestras instituciones y leyes, podemos hacer también muchas cosas en nuestra vida cotidiana para minimizar el daño debido a los estereotipos.

Una estrategia consiste en considerar la *situación* en la que estamos; cómo esta puede contribuir a nuestro sesgo, a menudo de forma inconsciente. Una ilustración potente de esta idea viene de la investigación de Heidi Vuletich y Keith Payne[252]. Analizaron los efectos de las intervenciones psicológicas realizadas con estudiantes de varias universidades y dirigidas a anular el sesgo implícito contra las personas negras. Aunque unas pocas de esas intervenciones redujeron el sesgo inmediatamente después de haber sido administradas, ninguna tuvo un impacto duradero a largo plazo. Los investigadores argumentaron que la naturaleza de las facultades a las que asistían los estudiantes tuvo un papel en esta disipación. Midieron el nivel medio de sesgo mostrado por los estudiantes del campus en general, y descubrieron que el sesgo mostrado por los estudiantes que habían experimentado las intervenciones había revertido al nivel normal en el campus.

¿Qué tenía la situación del campus para ejercer esta fuerza? En parte, quizá, eran las actitudes expresadas, abierta o inconscientemente, por los estudiantes y el profesorado. Pero en algunos campus había un rasgo físico que también parecía representar un papel: la exhibición pública de una estatua confederada. Los estudiantes de campus con estatuas así tenían niveles más altos de sesgo racial implícito. Este descubrimiento destaca los efectos persistentes de las expresiones históricas de racismo. Esas estatuas no solo causaban dolor a muchos estudiantes y profesores negros: también podían estar ayudando a mantener un sesgo antinegro implícito. Otro factor que predecía niveles mayores de sesgo a nivel de campus era una menor diversidad étnica en el profesorado. En la tercera parte veremos ejemplos de profesionales en escuelas y lugares de trabajo que han echado una mirada crítica a las características de su entorno y las han cambiado para combatir los sesgos y promover pertenencia para todos. A nivel individual, podemos modelar nuestras situaciones para bien[253]. Podemos buscar amistades y unirnos a grupos de referencia que refuercen las actitudes que queremos tener, además de exponernos a información que desafíe estereotipos culturales extendidos; todo ello son estrategias simples pero poderosas apoyadas por las investigaciones.

También podemos entrenarnos de formas que fomenten el *respeto*; esta palabra tiene capital social para los adultos y los adolescentes. «Respeto», le dice mi hijo adolescente a un amigo cuando se despiden y chocan los puños. Mientras pensaba en por qué esta palabra ha recogido un reconocimiento cultural tan grande, busqué su etimología y descubrí que su significado original es «mirar otra vez» o «mirar con más atención»: *re-spectate*. Es una palabra corta, pero está repleta de sabiduría. Lleva implícita en ella la forma de combatir nuestro pensamiento estereotipado: *mira otra vez*, y con más atención. Nos recuerda que busquemos al individuo y rechacemos el estereotipo. Es un antídoto parcial del autoengaño en que, como insinuaba Feynman, podemos caer con tanta facilidad.

El poder de hacer que las personas se detengan un momento, reflexionen y vuelvan a mirar fue demostrado en una colaboración entre Jennifer Eberhardt y sus compañeros con el departamento de policía de Oakland[254]. Pidieron a los agentes que siguieran un nuevo protocolo antes de ordenar parar a un vehículo: preguntarse a sí mismos si «¿esta parada está guiada por la inteligencia? ¿Sí o no?». Esta pregunta hacía que los agentes pensaran antes de actuar y consideraran si realmente existía una causa razonable para ordenar la parada. La práctica introducía «fricción psicológica» entre el pensamiento y la acción. El año que se introdujo esa norma, las paradas de vehículos de afroamericanos descendieron un 43 %, y la tasa de delitos siguió disminuyendo.

Otra forma en la que podemos «mirar otra vez» y hacernos conscientes de que los estereotipos pueden estar guiando nuestra valoración de otros y el trato que les damos consiste en reunir información que muestre si está interviniendo un estereotipo en la situación en que estamos. Una de mis intervenciones favoritas de acuerdo a este espíritu fue realizada en la década de 1990 por el famoso estudioso de los prejuicios John Dovidio y sus compañeros, en colaboración con el departamento de Defensa[255]. El departamento estaba preocupado por la discriminación racial en los ascensos a oficiales sénior, discriminación que persistía incluso a pesar de que muchos candidatos de las minorías estaban cualificados de sobra, o «en la zona», como lo expresan los militares. Era como si no se estuviera viendo del todo a los candidatos de las minorías.

Dovidio y sus compañeros sugirieron una pequeña intervención para hacer que el personal contratado observase con más atención. A lo largo de una ventana de tres años, los investigadores pidieron a los empleados del departamento que monitorizaran cualquier desequilibrio racial en las tasas de ascensos, y que, si encontraban alguno, que lo explicaran. Esto era bastante más que dar instrucciones de ser «objetivos» y «justos». Era una guía para estudiar lo que mostraban los datos sobre la situación. También había que rendir cuentas. Cuando las personas saben que tendrán que explicar sus decisiones, son más capaces de corregir sus sesgos porque miran sus propias decisiones tal como las mirarían otros desde fuera. La intervención ayudó a los empleados del departamento a apreciar que, de hecho, estaban tomando decisiones sesgadas que desfavorecían a los oficiales de ascendencia étnica minoritaria. Como resultado de esta pequeña intervención, la disparidad racial en las tasas de ascensos desapareció. Una intervención similar diseñada por Emilio Castilla [256] eliminó la tendencia de los supervisores de una gran empresa del sector servicios a aplicar subidas de sueldo más grandes a los trabajadores varones blancos que a los de otros tipos. Tras la intervención, esas brechas desaparecieron. Por añadidura, las subidas de sueldo de los empleados de minorías quedaron mucho más alineadas con sus evaluaciones del trabajo realizado.

Otra forma de prevenir el estereotipado es aplicar tiempos muertos psicológicos, los cuales, como se trató en el capítulo 5, ayudan a crear el espacio mental para pensar más reflexivamente y en profundidad sobre nuestra situación. Cuando la mente se restaura de este modo, es menos probable que confíe en atajos mentales rápidos como los estereotipos, y será más receptiva a considerar los matices de una situación y la individualidad de las personas involucradas. Estos tiempos muertos tienen la máxima importancia cuando nuestras situaciones en el trabajo, la escuela o el hogar nos vuelven apresurados y nos estresan. Incluyen actividades de afirmación de valores y varias prácticas de conciencia plena, como saborear las experiencias cotidianas, enfocar la atención en la respiración y las sensaciones corporales, e incluso meditar [257].

Para volver por un momento al tema del modelado de situaciones, reflexionemos otra vez en lo que las intervenciones que hemos analizado *no* hacen. No intentan «arreglar» a las personas racistas. Eso puede ser un efecto colateral, pero no es a lo que se dirige la intervención. Estimulan la consciencia de la situación que tienen las personas, el impacto de la situación en ellas, y cómo ellas contribuyen a la situación. Todos los padres, profesores, supervisores y entrenadores —todos nosotros— pueden tomarse un tiempo para reflexionar sobre cómo podemos estar amenazando la pertenencia de nuestros hijos, estudiantes, empleados y gente que nos encontramos por todas partes en nuestra vida cotidiana por culpa de los estereotipos que modelan nuestra percepción de las situaciones y las personas con quienes las compartimos.

En el capítulo siguiente exploraremos las formas en que la consciencia de las personas de pertenecer a un grupo estereotipado —y de que ello les obliga a enfrentarse continuamente a la posibilidad de sufrir sesgos— socava su pertenencia a través del fenómeno de la amenaza de los estereotipos. Entonces, consideraremos una vez más las formas en que podemos remodelar esas situaciones para crear pertenencia y oportunidades para todos.

7

¿Cómo se me ve?

Cómo experimentamos que se nos estereotipe y cómo el
modelado de situaciones puede ayudarnos a responder

Las amenazas a la pertenencia infligidas por los estereotipos no provienen solo de la discriminación. Incluso cuando los miembros de grupos estereotipados no se enfrentan a sesgos objetivos en una situación dada, saber que su grupo *puede* ser visto de formas denigrantes es dañino para su bienestar psicológico y físico. Robin DiAngelo, autora de *White Fragility* («Fragilidad blanca»), ha escrito sobre los omnipresentes mensajes negativos que se envían a las personas negras en Estados Unidos. Afirma que los mensajes de «valor blanco» e «insignificancia negra» están «lloviendo sobre nosotros 24 horas al día, 7 días a la semana, y no hay paraguas». Esta tormenta exterior puede crear un tumulto psicológico interno[258].

El rapero Eminem representó en la película *8 Mile*[259] la manera en que una «tormenta psicológica» puede alterar incluso a personas de grupos históricamente no oprimidos. Interpreta el papel de un alter ego de su yo más joven, un rapero blanco llamado Rabbit, que está intentando triunfar en la escena musical de Detroit, como hizo Eminem. Nos encontramos por primera vez con Rabbit en un lavabo entre bastidores; se está mirando en el espejo, escuchando música a todo volumen por los auriculares. Está intentando tranquilizarse porque está a punto de competir en una batalla de rap. Si vence, sería su despegue. Pero vencer será agotador. Las batallas de rap, como estamos a punto de ver, son competiciones durísimas, el equivalente verbal del kickboxing. Cada competidor tiene cuarenta y cinco segundos para lanzar un bombardeo de puñetazos verbales a su rival, improvisados sobre la marcha. Los golpes pueden ser devastadores; no aterrizan en el cuerpo sino en el ego, lo que puede ser igual de doloroso. Para empeorar las cosas, el público no tiene compasión y jalea encantado cuando huele la sangre. Un rapero que hace pausas demasiado largas, tartamudea o falla una rima está perdido.

Rabbit sabe lo que lo espera, y los espectadores de la película podemos ver que se siente estresado. Pero incluso así, nos sorprendemos cuando va corriendo al WC a vomitar. La situación es tan estresante para él por una tormenta perfecta de motivos. Las investigaciones sugieren que el miedo a la desaprobación social puede ser tan estresante como esperar una descarga eléctrica dolorosa[260]. Eso se debe en parte a que al ser una especie social, tenemos miedo de que al destacar delante de una muchedumbre seamos vulnerables a la exclusión. En el caso de Rabbit, su amor al rap aumenta el estrés. Desea con desesperación ser grande. Para rematar todos esos factores, es alguien de fuera: un chico blanco en un juego que se considera de y para negros. Eso sigue siendo cierto hoy, pero el sentimiento era mucho más fuerte en el Detroit de la década de 1990 representado en la película.

Rabbit es muy consciente de que lo ven como alguien que no pertenece del todo. Para dejarle eso deslumbrantemente claro, cuando intenta volver a bastidores con otros participantes antes del concurso, un portero lo detiene y le dice que tiene que ir por la puerta delantera como los clientes habituales; es un paralelismo irónico con la segregación racial que los negros tuvieron que afrontar en los espacios públicos antes de la legislación sobre derechos civiles. Rabbit consigue pasar a bastidores con la ayuda de un amigo negro, pero el portero le da un regalo de despedida: «Tu chico tiene un problema de actitud», le dice al amigo.

Cuando Rabbit sube al escenario es la única persona blanca del local, y siente el golpe de lo que los psicólogos sociales denominan «estado del solista»[261], la experiencia de ser la única persona del propio grupo en una situación social. Está en el escenario con su competidor. El concursante que gane una tirada de moneda decide quién empezará. Rabbit gana y elige ir segundo. El otro tipo lanza una ráfaga abrasadora de insultos a Rabbit, muchos de los cuales, nos damos cuenta, aciertan su objetivo.

«Solo eres un blanco con un micro —rapea su rival—, más falso que un psíquico con identificador de llamada». Guarda tus «chorradas» para «el almacén», continúa, «porque esto es hip-hop, no perteneces, eres un turista».

Ahora es el turno de Rabbit. Sabemos que entre sus amigos está considerado un genio del rap. En el caso de Eminem, es una opinión que más tarde sería compartida por millones. De modo que anticipamos un contraataque brillante. Pero Rabbit se queda mirando al público. Podemos imaginar su monólogo interno. «Tienen razón, no pertenezco a este sitio». «Todos creen que soy un chiste». «Si me atasco, demostraré que tienen razón». El público empieza a cantar: «Atasco». Rabbit y su rival están en el mismo escenario, pero detrás de sus ojos se encuentran en una situación absolutamente diferente. Tras unos pocos atroces segundos más, Rabbit desaparece tras el escenario sin haber rapeado una palabra.

Rabbit ha experimentado un caso extremo de lo que los psicólogos denominan *rendimiento insuficiente,* cuando no hacemos todo lo bien que somos capaces algo que nos importa. Casi todos hemos caído bajo su maleficio en algún momento, quizá al participar en un evento deportivo, al dar una conferencia, en una entrevista de trabajo o en una cita. Intentar entender el rendimiento insuficiente nos lleva directo al poder de la pertenencia. Eminem no experimentó exactamente la misma escena que se ve en la película, pero según escribe en sus memorias *The Way I Am* («Mi manera de ser»), experimentó el atasco gran cantidad de veces. «Era la teoría de *los blancos no pueden saltar* —explica—. Nadie pensó que el chico blanco pudiera ganar» [262].

Al ver a Eminem dar un mal espectáculo en los primeros tiempos de su carrera, como él mismo escribe que hizo en varias competiciones importantes, es posible que muchas personas infirieran que simplemente no tenía talento para el rap, que le faltaba agudeza o que «no tenía lo que hay que tener». Pero un factor importante de sus malas actuaciones parece ser lo que los psicólogos denominan *la amenaza del estereotipo.* Al ser blanco, sabía que estaba estereotipado como no perteneciente al rap, y sentía una ansiedad intensa ante la idea de verificar el estereotipo ante la mirada del público. Ese es el miedo subyacente que hace que Rabbit se quede paralizado.

A los que nunca hemos sido estereotipados quizá nos resulte imposible apreciar por completo el poder de esta amenaza. Pero casi todos hemos experimentado cierto grado de nerviosismo sobre la forma en que somos percibidos, quizá al empezar nuestro primer trabajo, al ir a una escuela nueva o al ir a conocer a la familia de nuestro interés romántico. Podemos sentirlo hasta cierto punto en cualquier interacción social. Los psicólogos también tienen un nombre para este miedo más general a ser valorados negativamente: *la amenaza de la evaluación social*[263].

Yo lo sufrí con un profesor para el que trabajaba, el profesor Armstrong. Aunque era un hombre amable, tenía fama por su intolerancia con las tonterías. Entre sus famosos comentarios al margen en los trabajos de los estudiantes estaba el dibujo de una pila de estiércol apestoso con una pala clavada. Como no era alguien que dejara las cosas poco claras, incluso dibujó unas pequeñas líneas ondulantes que representaban hilillos de efluvios malolientes que emanaban de la pila. Las reuniones con él eran tensas. No vacilaba en protestar o criticar cualquier cosa que uno dijera en cuanto salía de la boca.

Nuestras reuniones se desarrollaban generalmente de esta forma: yo iba a su despacho después de prepararme una semana. Pero casi indefectiblemente, cuando yo compartía una idea para alguna investigación o una interpretación de algún resultado, me miraba con fría indiferencia, las cejas arqueadas en lo que yo interpretaba como escepticismo perplejo. Entonces me hacía una pregunta para la que yo no tenía una buena respuesta. Sin darme cuenta de que era correcto decir que no estaba seguro de la respuesta, podía tartamudear alguna incoherencia, con mi mente barajando a toda velocidad un torrente agotador de pensamientos: «¿Cree que soy idiota? Si cree que soy idiota, quizá es que lo soy». Me daba cuenta del círculo vicioso: al preocuparme de parecer estúpido, actuaba estúpidamente, lo que aumentaba más mi preocupación sobre parecer estúpido. Sin embargo, no era capaz de detener el bucle mental una vez se ponía en marcha. Por suerte, el profesor Armstrong era tan duro porque, como me explicó una vez, le importaban sus estudiantes y le preocupaba que si no nos ponía a prueba tan rigurosamente, no estaríamos preparados para sobrevivir en el «mundo real». También era implacablemente crítico, y cualquier elogio por su parte, incluso uno minúsculo como un pequeño asentimiento de aprobación o, maravilla de maravillas, que dijera: «no es mala idea», hacía que yo saliera exultante de la reunión.

Cuando más tarde empecé a investigar la amenaza del estereotipo, observé retrospectivamente mis dificultades con las dudas sobre cómo me veía el profesor Armstrong, y me di cuenta con asombro de hasta qué punto mi miedo era situacional. Fuera de las clases y las reuniones era un hombre amable, y a veces me invitaba, junto a otros compañeros del laboratorio, a cenar en su casa. Manteníamos conversaciones estimulantes y yo me sentía completamente cómodo y compartía abiertamente mis pensamientos con la duda «estoy siendo idiota» cruzándose por mi mente.

Recordé también cómo toda mi valoración de mi pertenencia a la profesión podía dar un giro de 180º dependiendo de cómo hubiera ido una reunión con él. Podía quedarme tan abatido tras una mala reunión que estaría deprimido una semana entera y empezaría a preparar planes para dedicarme a otra cosa; uno de mis favoritos era abrir una cafetería en una ciudad mexicana con playa.

Mientras reflexionaba sobre esto, recordé que Erving Goffman escribió que nuestro yo social, a lo que evocadoramente se refirió como nuestra «cara», es nuestra «posesión más personal», que puede proporcionarnos una gran «seguridad y placer» pero que, advierte, siempre debemos recordar que no es una propiedad sino meramente «un préstamo» [264]. Hasta cierto punto, que sintamos seguridad de nuestro yo —lo que generalmente llamamos autoestima— depende de si la gente con la que compartimos una situación nos garantiza esa seguridad. Incluso para los más confiados de nosotros, los más privilegiados, los más obviamente talentosos, ciertas situaciones pueden evocar la amenaza de la evaluación social.

A las personas que sufren estereotipos negativos no les hace falta una mirada escéptica del profesor Armstrong para activar la sensación de peligro. No me puedo imaginar lo mucho más estresantes que podrían haber sido mis reuniones con él si, por ejemplo, yo hubiera sido negro. Para los individuos de grupos estereotipados, el estereotipo omnipresente actúa por sí mismo como la mirada escéptica. Viven con la consciencia de que ciertas situaciones pueden contener cables trampa que pueden hacer que su sentido de la seguridad salte en pedazos por los aires. Incluso una figura tan establecida como Katharine Graham recuerda que cuando tomó el timón del *Washington Post* en la década de 1960, convirtiéndose así en la primera mujer que dirigía un periódico estadounidense importante, «sentía que siempre estaba haciendo un examen y que fracasaría si me equivocaba en una sola respuesta»[265].

En situaciones en que el estereotipo predice un rendimiento inferior, como hacer una prueba estandarizada, la consiguiente amenaza de la evaluación social a menudo socava el rendimiento, convirtiéndose en una profecía autocumplida. La investigación fundamental que reveló el funcionamiento de la amenaza del estereotipo fue realizada por Claude Steele y sus compañeros a principios de la década de 1990. Como hombre negro en Estados Unidos, Steele conocía bien este miedo. En su libro *Whistling Vivaldi* («Tarareando a Vivaldi») recuerda la conmoción que fue descubrir, cuando tenía siete años y le prohibieron nadar en una piscina pública de su ciudad, que se lo consideraba esencialmente diferente de las personas blancas; que era «negro»[266]. Como psicólogo investigador decidió estudiar las maneras en que las personas intentan sobrellevar el ser estereotipadas. Una historia que le dejó huella provenía del escritor negro Brent Staples, que descubrió que si silbaba una pieza de Vivaldi mientras caminaba de noche por la calle, quedaba protegido de la dura mirada de los estereotipos sobre los hombres negros. Era su pequeño toque de modelado de situaciones que lo ayudaba a integrarse en una situación tensa. «Cuando las personas me oían, la tensión abandonaba su cuerpo. Algunas incluso sonreían cuando nos cruzábamos en la oscuridad». Steele quería descubrir más formas de reducir las amenazas para las personas que son estereotipadas.

Varios escritores negros, como James Baldwin, W. E. B. Du Bois y Ralph Ellison, han representado la experiencia psicológica de estar sujetos a estereotipos ampliamente conocidos. El narrador negro del *Hombre invisible* de Ellison describe un momento de liberación de la amenaza del estereotipo. Decide ponerse a comer en la calle, para que todos lo vean, un ñame con mantequilla que ha comprado a un vendedor callejero. Es como si estuviera escapando de una jaula psicológica, y mientras saborea el suculento ñame, le da vueltas a la idea de que uno de los grandes triunfos del racismo es «causarnos la mayor de las humillaciones simplemente confrontándonos con algo que nos gusta»[267].

Steele y sus compañeros investigaron científicamente la naturaleza de la amenaza del estereotipo, su extensión y sus efectos, y ayudaron a descubrir formas de combatirlo. Formó equipo con otros dos estudiosos, Joshua Aronson y Steve Spencer. Mientras Spencer se enfocaba en cómo la amenaza del estereotipo socavaba el rendimiento de las mujeres en matemáticas y ciencias, Steele y Aronson decidieron concentrarse en si la amenaza del estereotipo tenía algún papel en la brecha racial de los logros en el rendimiento académico, que parecía comenzar pronto, en los niños en edad escolar, y crecer con el tiempo dedicado a los estudios.

En un influyente artículo de 1995 titulado «Stereotipe Threat and the Intellectual Test Performance of Academically Successful African Americans» («La amenaza del estereotipo y el rendimiento en las pruebas intelectuales de los afroamericanos que tienen éxito académico»), Steele y Aronson mostraron que la amenaza del estereotipo ciertamente socavaba el rendimiento en las pruebas[268], lo que ayudaba a explicar el bajo rendimiento académico persistente y extendido de los estudiantes de minorías estereotipados. «Bajo rendimiento» tiene aquí un significado paralelo al experimentado por el alter ego de Eminem. Hace referencia al fenómeno de que los estudiantes rindan peor de lo que su preparación y capacidades nos harían esperar, basándonos en modelos estadísticos. Los descubrimientos del estudio original han sido corroborados por una serie de trabajos posteriores realizados por Steele, Aronson y otros. De todas formas, me voy a concentrar en su primer estudio, porque a mis ojos sigue destacando como uno de los más rigurosos y contundentes.

Quien sea un producto del sistema educativo estadounidense, probablemente, habrá realizado una prueba estandarizada de algún tipo casi cada año desde primer curso hasta que se gradúa en el instituto. Quien haya ido a la universidad, probablemente, habrá realizado el SAT o el ACT. Quien haya hecho estudios de posgrado, probablemente, habrá realizado el GRE, el LSAT, el MCAT o el GMAT. Estados Unidos tiene un fetiche con las pruebas estandarizadas, apoyado en la fijación casi religiosa que tiene el país en la medición de capacidades presuntamente inherentes. Durante décadas, las decisiones de admisión en los centros han dependido de las puntuaciones de los estudiantes, y miles de ellos que por lo demás tenían expedientes académicos estelares han quedado al margen de las oportunidades educativas por culpa de puntuaciones bajas en estas pruebas. Esto sigue siendo cierto, a pesar de que, como han demostrado Steele, Aronson, Spencer y muchos otros investigadores, estas pruebas están sesgadas sistemáticamente contra algunos grupos.

Para su estudio, Steele y Aronson llevaron a su laboratorio a estudiantes de la universidad de Stanford. La mitad eran negros y la otra mitad, blancos. Seleccionaron a los estudiantes que habían determinado que estaban altamente motivados para hacerlo bien en las clases, con su sentido del yo arropado en el hecho de ser estudiantes excelentes. Todos ellos, al ser estudiantes de Stanford, eran de alto rendimiento.

Cada estudiante fue a una sesión dedicada a él individualmente, y era recibido por un experimentador (hombre y blanco) bien vestido. Tras acompañar al estudiante a una mesa, el experimentador explicaba que le pasarían unos cuantos problemas verbales para que los resolviera. Para un grupo de estudiantes, el experimentador explicaba que los problemas proporcionarían «una verdadera prueba de tus capacidades y tus limitaciones verbales». Cuando el experimentador abandonaba la sala para dejar que los estudiantes hicieran la prueba, les pedía que intentaran al máximo «ayudarnos en nuestro análisis de tus capacidades verbales». Para otro grupo, el experimentador decía que los problemas estaban diseñados para ayudarlos a comprender «los factores psicológicos implicados en el estudio de los problemas verbales». Cuando el experimentador abandonaba la sala, pedía a los estudiantes que se esforzaran al máximo «a pesar de que no vamos a evaluar tu capacidad», con el fin de «ayudarnos en nuestro análisis del proceso de resolución de problemas». Estoy citando a partir del guion del estudio porque, como hemos visto, el modelado de situaciones deriva gran parte de su poder de las palabras específicas elegidas. Aquellas palabras estaban elegidas, según el caso, para invocar el estereotipo de que los estudiantes negros tenían una capacidad intelectual más baja o para expulsarlos.

Los dos grupos realizaron la misma prueba, que era difícil incluso para aquellos estudiantes selectos y que consistía en los problemas más difíciles de la sección verbal del GRE. Aquel fue otro elemento del modelado de situación. Si la prueba no era difícil, no se activaría la amenaza del estereotipo. Por añadidura, los estudiantes solo tenían treinta minutos para resolver treinta problemas, de modo que cada segundo perdido en divagaciones provocadas por las dudas sería importante, ya que aumentaría las posibilidades de que cualquier preocupación mental socavaría el rendimiento.

Los resultados fueron asombrosos. Los estudiantes negros a quienes se había dicho que la prueba medía su capacidad lo hicieron mucho peor que los estudiantes blancos a quienes se les había dicho lo mismo. Pero en el grupo de estudiantes al que se le dijo que la prueba solo valoraría el proceso de resolución de problemas y que no tenía relación con sus capacidades, los estudiantes negros lo hicieron mucho mejor, cerrando en gran parte la brecha con sus equivalentes blancos.

Para descubrir el proceso de pensamiento que podría explicar las diferencias en el rendimiento, los investigadores hicieron pasar por el mismo proceso a otra muestra de estudiantes. Sin embargo, en esta ocasión, después de que les hubieran explicado el propósito de la prueba pero antes de que la realizaran, les dieron una encuesta para que la rellenaran y algunas tareas para que las hicieran. Una encuesta les pedía que indicaran cuánto les gustaban una serie de actividades, algunas de las cuales eran estereotípicas de las cosas que gustan a los negros, como los ñames dulces de Ellison, pero en este caso cosas como el rap o el baloncesto. Los estudiantes negros a quienes se dijo que la prueba mediría su capacidad intelectual marcaron estas actividades como menos disfrutables que los estudiantes negros del grupo al que se le dijo que la prueba no tenía nada que ver con las capacidades. Los investigadores concluyeron que aquellos que habían fingido un interés menor estaban haciendo un esfuerzo por esquivar los estereotipos.

Que la amenaza del estereotipo se había activado lo sugirió también la forma en que los dos grupos de estudiantes negros realizaron una tarea que les pedía que completasen palabras a partir de fragmentos, como por ejemplo «_ _ CE». Los participantes negros del primer grupo utilizaron más palabras raciales, como «race» (raza), mientras que los del segundo grupo utilizaron palabras menos raciales, como «face» (cara). Además, los del primer grupo cayeron en lo que en psicología social se denomina *autohándicap*, respondiendo a otra pregunta de la encuesta diciendo que habían dormido pocas horas la noche anterior. Aquí la interpretación es que estaban ofreciendo preventivamente explicaciones para lo que esperaban que sería un bajo rendimiento inminente. Por comparación, los estudiantes blancos respondieron de forma parecida independientemente de que les dijeran o no que la prueba iba a valorar sus capacidades. Otro detalle llamativo es que cuando se daba la opción de indicar la raza en la encuesta, el 75 % de los estudiantes negros que creían que iban a hacer una prueba de sus capacidades dejó en blanco la línea de la respuesta. En todos los demás grupos, todos los participantes indicaron su raza. Los investigadores interpretaron esto como otra indicación de que el estereotipo se había colado en las mentes de los estudiantes negros del grupo que creía que la prueba medía su capacidad.

La investigación de la amenaza del estereotipo ha sido polémica hasta cierto punto. Por un lado, las empresas de pruebas estandarizadas objetaron a la evidencia de que los resultados de las pruebas están sesgados sistemáticamente para desfavorecer a grupos estereotípicos. También ha habido algunas críticas de la comunidad investigadora. Trato las principales críticas técnicas en la sección de Notas [269]. Han cambiado muchas cosas desde que se realizó este estudio en 1995, incluida la elección del primer presidente negro. A pesar de todo, dos metaanálisis exhaustivos [270], uno tan reciente como el año 2019, sugieren que la amenaza del estereotipo tiene un poderoso impacto en el rendimiento pero bajo condiciones clave como las que afrontó Rabbit: en situaciones donde a las personas les importa hacer las cosas bien y se las empuja hasta los límites de su capacidad.

La amenaza del estereotipo no surge debido a que las personas crean que tal estereotipo se cumpla con ellas. Como afirma Steele [271], la amenaza del estereotipo es en su núcleo una desconfianza situacional. En situaciones donde el estereotipo se aplica, no sabemos si seremos vistos a través de lo que denomina «lentes de reducción». Incluso las personas con autoestima alta pueden preocuparse por que se las degrade de esta forma en la escuela, en el trabajo o en algún otro lugar en el que quieran tener éxito.

Ni siquiera es necesario que seamos la persona que está siendo evaluada para experimentar la amenaza del estereotipo. Dado que el miedo está causado por una preocupación sobre cómo es visto nuestro grupo social, puede activarse incluso cuando otras personas de nuestro grupo —y no nosotros mismos— están en una situación donde pertenecer a ese grupo puede ser visto de manera estereotipada. Uno de mis compañeros más antiguos de Stanford, Julio García, me ayudó a entender esto. Aunque García siempre ha obtenido buenos resultados en las pruebas estandarizadas y ha tenido un buen rendimiento académico, como miembro de una minoría estereotipada seguía sufriendo estrés cuando otros latinos hacían o decían algo que apoyase los estereotipos negativos sobre ellos. Los estereotipos pueden secuestrar la solidaridad del grupo y usarla como arma. Dado que los miembros de los grupos se sienten ligados unos a otros, los estereotipos pueden hacer que se sientan amenazados unos por otros[272].

García y yo desarrollamos un conjunto de experimentos para estudiar este efecto, del que informamos en 2005. Básicamente reprodujimos el estudio sobre estereotipos que habían realizado Steele y sus compañeros, pero con un toque adicional: los participantes negros no hacían ningún test, simplemente *observaban* a un compañero de clase negro (en realidad, un cómplice del examinador) prepararse para hacer una prueba que se le describía como una medición «de tus capacidades y tus limitaciones verbales». A continuación, el cómplice expresaba sus dudas sobre su capacidad de sacar un buen resultado, diciendo: «Las pruebas estandarizadas se me dan muy mal». Comparamos el grupo de observadores negros con un grupo de control que había estado observando al mismo compañero negro prepararse para realizar unos cuantos «rompecabezas verbales» y no expresaba ninguna duda. Más tarde, estos observadores rellenaron unas encuestas que creían que eran para otro estudio, pero que en realidad servían para medir si se sentían amenazados. En comparación con el grupo de control, los participantes negros del primer grupo reportaron que sentían menos autoestima y estuvieron menos de acuerdo con frases como «me siento inteligente» y «siento que otros me respetan y me admiran». Algunos, cuando volvieron a la misma sala que su compañero, apartaron un poco sus sillas, distanciándose literalmente de su asociación con aquella persona. García y yo encontramos resultados similares entre mujeres estudiantes de matemáticas e ingeniería cuando observaban a una compañera que se preparaba para hacer una prueba descrita como una valoración de su capacidad matemática.

Muchos hemos experimentado una versión de este sentimiento de estar siendo amenazados por la manera en que se comporta *otra persona* perteneciente a un grupo con el que nos identificamos y del que se nos considera parte. Como estadounidenses, si viajamos al extranjero podemos ser conscientes del estereotipo del «americano feo»: gente ruidosa, irresponsable y descuidada, y tenemos un cuidado ferviente de evitar dar la menor brizna de confirmación de que ese estereotipo puede ser cierto. Me ocurrió a mí una vez que estuve en Francia. El estereotipo se invocó cuando un transeúnte me reprendió por dejar caer accidentalmente un envoltorio de chicle en la acera. Más tarde, estaba sentado en un café cuando un estadounidense vestido con una camisa hawaiana y unos llamativos pantalones cortos multicolor de la década de 1980 se sentó a otra mesa con un amigo. Llamó a voces a los camareros, les dio órdenes como si fueran sus criados y conversó con su amigo con una voz tan fuerte que otros clientes sentados en las mesas de alrededor podían oírlo todo. Me sentí profundamente avergonzado, como si todos los franceses de la sala me estuvieran viendo —y viendo a todos los estadounidenses— como alguien igual que aquel hombre. Esta es una de las formas en que los estereotipos negativos pueden hacer que la misma situación sea diferente para las personas a las que denigran. Las personas sienten que su sentido del yo está en peligro, incluso cuando ellas mismas no están participando ni siendo evaluadas directamente. Yo pude volver a casa y ponerme a salvo de la mirada del estereotipo del americano feo, pero el impacto de estar bajo el escrutinio de un estereotipo prácticamente a diario y en todo momento, en el lugar de estudio o de trabajo, puede ejercer un efecto debilitante en el sentido de pertenencia de la gente.

En un estudio que realizamos a principios de la década de 2000, Greg Walton y yo quisimos valorar los efectos de la amenaza del estereotipo en el sentido de pertenencia de los estudiantes negros[273]. Pensábamos que verse estereotipados negativamente llevaría a que los estudiantes negros estuvieran relativamente más dispuestos a cuestionar su pertenencia al enfrentarse a una experiencia que para los estudiantes blancos era intrascendente. Reclutamos a estudiantes blancos y negros y los dividimos en tres grupos. Tomamos prestada una técnica del psicólogo social Norbert Schwarz[274] para crear una amenaza potencial al sentido de pertenencia de los estudiantes en una disciplina intelectualmente desafiante: las ciencias informáticas. Pedimos al primer grupo que listaran dos amigos de su clase de informática, y al segundo grupo, ocho amigos. Los participantes del primer grupo no tuvieron problemas para apuntar dos nombres. A casi todos los del segundo grupo les resultó difícil, y a veces imposible, nombrar a ocho. Pensamos que el esfuerzo requerido para sacar una lista de ocho amigos podría llevar a los estudiantes negros a la conclusión de que «quizá no encajo aquí». En cuanto al tercer grupo, era el de «control»; no les pedimos que listaran amistades. A continuación, pedimos a todos los participantes de cada grupo que puntuaran hasta qué punto sentían que pertenecían a la informática y que valoraran su potencial de tener éxito en aquella disciplina, comparados con sus compañeros.

A los estudiantes blancos y negros les resultó igual de difícil listar a ocho amigos en clase de informática. Donde aparecieron diferencias fue en cómo *interpretaron* esa dificultad. Los estudiantes negros del grupo de la lista de ocho reportaron un menor sentimiento de pertenencia que los estudiantes negros de los otros dos grupos. También se valoraron a sí mismos por debajo de la media en su potencial de éxito en ciencias informáticas, en el 30º percentil, mientras que los estudiantes negros de los otros dos grupos se valoraron ligeramente por encima del 50º percentil. Los estudiantes blancos, autoevaluados por término medio en el 43º percentil, no se vieron afectados por la tarea de listar amigos.

Solo para los estudiantes negros, la dificultad de crear la lista de nombres pareció haber provocado el pensamiento: «La gente de mi raza no encaja en las ciencias informáticas». Hay pruebas de esta interpretación en las respuestas que dieron a otra pregunta los estudiantes negros del grupo de la lista de ocho. Se les preguntó si recomendarían a otros dos compañeros de clase, cuyos perfiles les dimos, que se dedicaran a estudiar ciencias informáticas. Las fotos de los perfiles de los otros dos compañeros mostraban que uno era blanco y el otro era negro. Los estudiantes negros no difirieron en la recomendación que le harían al compañero blanco, pero mientras que un 77 % de los estudiantes negros que habían tenido que anotar el nombre de dos amigos o que estaban en el grupo que no tuvo que hacer listas recomendaron al compañero negro que estudiara informática, solo el 30 % de los estudiantes negros de la lista de ocho hicieron esa recomendación.

Podríamos pensar que los estudiantes negros se sintieron desmoralizados porque listaron a un montón de blancos, pero no parece ser el caso. Al final del estudio pedimos a los participantes que identificaran la etnicidad de los amigos nombrados. Descubrimos que la cantidad de blancos que habían apuntado los participantes negros no tenía correlación con su sentimiento de pertenencia. Con lo que sí existía correlación con el sentimiento de pertenencia era con la dificultad con la que habían valorado la tarea de hacer la lista. Era como si los estudiantes negros hubieran interpretado el esfuerzo mental como una prueba de que las ciencias informáticas estaban fuera del alcance de «gente como yo» [275].

Hay quienes han sugerido que la investigación de la amenza del estereotipo muestra cómo gran parte del racismo y el sexismo que percibe la gente puede «estar en su cabeza». Esta interpretación lo entiende todo al revés. La realidad del racismo y el sexismo en nuestra cultura enseña a las personas a recelar de que haya actos de estereotipado, incluso en situaciones en las que todavía no se han producido o que quizá no se produzcan nunca. Esto puede causar que rituales que parecen algo normal para los no estereotipados, como las pruebas estandarizadas, carguen con un significado más sombrío para los estereotipados, muy alejado de ser un terreno de juego igual para todos.

No cabe duda de que la gente puede ser hipersensible y ver ofensas inexistentes, como estudiaron Greg Lukianoff y Jonathan Haidt en su libro *La transformación de la mente moderna* [276]. Pero también es cierto que muchas personas, especialmente aquellas en posiciones de poder y libres de la amenaza continua de los estereotipos, no ven ofensas en su entorno que de hecho sí existen y son evidentes para los estereotipados. Por añadidura, cuando la gente está «quemada» por los prejuicios, incluso aunque solo haya ocurrido una o dos veces, se pone alerta ante la posibilidad de quemarse de nuevo, con toda la razón. Es una forma de condicionamiento psicológico, el mecanismo básico mediante el cual aprendemos qué peligros existen en nuestro entorno. En una investigación realizada por mi antigua estudiante Kody Manke, tras una única experiencia de la amenaza del estereotipo[277], las mujeres y los estudiantes de color mostraron efectos retardados que persistieron durante varias semanas: las mujeres rindieron peor en una prueba subsiguiente, y los estudiantes de color reportaron una mayor expectación al hecho de ser estereotipados en su lugar de estudios, en comparación con los grupos de control que no habían sufrido ese miedo. La experiencia de verse bajo el foco de los estereotipos puede ser tan intensa que las personas los esperan y los perciben. Y no hace falta haberse quemado uno mismo directamente; basta con saber que vivimos en una sociedad donde los sesgos y la exclusión son una posibilidad real y constante.

¿Qué tipo de experiencias enseñan a las personas a ponerse alerta de esta forma?

La película *Los archivos del Pentágono* (*The Post*)[278] —en la que Meryl Streep interpreta magistralmente a la editora del *Washington Post*, Katharine Graham— y la autobiografía de la propia Graham, *Historia personal*, de la que la película se nutre en abundancia, exponen poderosamente las formas en que las personas aprenden que los estereotipos las empequeñecen, a ellas y a otras de su grupo. En el libro, Graham recuerda que desde temprana edad le enseñaron que las mujeres no tenían lugar en la industria editorial. Fiel a esa idea, Eugene Meyer, su propio padre, dejó el *Washington Post* no a su hija sino al marido de esta, Phil Graham. Meyer le dijo a ella que «ningún hombre debería de encontrarse en la tesitura de trabajar para su esposa». Podemos atribuir esta actitud al sexismo de Meyer, pero eso sería cometer con él el error fundamental de atribución. En aquella época, la década de 1940, el sexismo era la norma. Mi madre, que empezó a trabajar a principios de la década de 1970 después de haberse casado, recuerda que su propio padre, todo un ejemplo de amabilidad y generosidad, se quedó asombrado por su decisión y le dijo que: «¿por qué le quitas el trabajo a un hombre?». Como escribe Graham: «Adopté algo asumido por gran parte de mi generación: que las mujeres eran intelectualmente inferiores a los hombres, de que no éramos capaces de gobernar, dirigir y gestionar nada excepto nuestro hogar y a nuestros hijos». Cuando a pesar de todo ocupó el puesto de editora tras la muerte de su marido, comenta que: «Parecía cargar con la sensación de incapacidad como si fuera un equipaje».

La tensión psicológica de su experiencia se muestra dolorosamente visible en una escena concreta de la película. Graham ha convocado una reunión de la junta directiva en la que planea proponer un precio al que las acciones del *Post* se ofrecerán al público. Sabe que se enfrentará a una gran resistencia, porque los miembros de la junta lo considerarán un precio muy bajo. Pero la solvencia del periódico depende de la capacidad de Graham para venderles la idea. Ha estado tan nerviosa por la idea de hacerlo bien que ensaya una y otra vez su presentación. Conoce bien el material. Puede que incluso se sienta un poco confiada, gracias a toda su preparación. Pero mientras camina por el pasillo a la sala de juntas mira hacia un lado y ve en la pared del pasillo un memorial dedicado a las personas que fundaron la empresa, fotos en blanco y negro de hombres blancos. La amenaza del estereotipo se dispara.

Abre la puerta y entra en una sala atestada de hombres blancos con traje. Todos se sientan en torno a la mesa, los hombres bromeando unos con otros y dándose coba con palabras de afirmación y solidaridad que hacen que se sientan en casa. Cuando comienza la reunión, un hombre de aspecto distinguido y pelo cano sentado a la cabecera de la mesa frunce el ceño y dice, como se esperaba, que el precio ofrecido es demasiado bajo. Provocará pérdidas, dice, interrumpiéndose para hacer unos cálculos rápidos con papel y lápiz. Graham conoce la respuesta, y podría cortarle y tomar las riendas. Pero se limita a murmurar entre dientes «tres millones». Nadie la oye porque no están concentrados en ella ni esperan que pueda decir nada útil. «¡Tres millones!», dice el miembro de la junta tras hacer los cálculos. Eso significa, prosigue, que el número de periodistas que serán despedidos será... Se interrumpe otra vez para preguntarle la respuesta a otro miembro de la junta. «Veinticinco», murmura Graham justo antes de que él exclame: «¡Veinticinco!».

Entonces, otro miembro de la junta dice que los inversores se han echado atrás porque les preocupa que Graham carezca de «la habilidad para obtener beneficios serios». Graham ha esperado todos esos ataques y ha ensayado la respuesta muchas veces. Pero no puede pronunciar palabra alguna. Baja la mirada a las notas que ha escrito en su libreta amarilla y le parecen garabatos en otro idioma. Es un caso clásico de rendimiento insuficiente. Levanta la mirada, intentando alejarse a sí misma de la situación lo bastante para reunir sus fuerzas. Pero las palabras siguen sin llegar. La rescata su confidente y compañero, el abogado Fritz Beebe, que pronuncia la respuesta preparada.

Si Graham les hubiera dicho más tarde a los miembros de la junta, quizá en conversaciones uno a uno, que el comportamiento de los hombres en la sala la había «disparado», haciéndole sentir que no encajaba, podrían haberle respondido que: «Son imaginaciones tuyas». Pero, de hecho, el estereotipo se lo estaban plantando continuamente *en su propia cara*.

Además del condicionamiento cultural sobre la inferioridad de las mujeres al que había sido sometida Graham, experimentó en abundancia prejuicios explícitos en el *Post*, como cuenta en sus memorias. Cuando propuso a una mujer como editora de una sección literaria, la reprendieron diciéndole que contratar a una mujer estaba fuera de cuestión: «Las noches de cierre de edición había que trabajar hasta muy tarde, la presión del final de la semana era muy alta, las exigencias físicas para el trabajo eran muy duras». El razonamiento fue tan tajante que Graham no protestó. Luego estaban las indignidades cotidianas que sufría la propia Graham. Cuando murió su marido, que había dirigido el periódico hasta entonces, muchos dieron por sentado que vendería la empresa. Cuando ella se resistió, la presionaron una y otra vez para que vendiera, y los aspirantes a compradores argumentaban, como le dijo un postor, que era lo normal y correcto cuando se trataba de un periódico heredado por una viuda.

Graham experimentó una y otra vez lo que Erving Goffman denominó «mortificaciones»[279]. Lo peor de tales mortificaciones no es el dolor que causan en el momento de producirse, sino la expectativa que crean de que volverán a producirse en situaciones similares, lo que pone a las personas en un estado de alerta constante respecto a si un suceso amenazador se producirá o no. Goffman introdujo el término tras pasar un tiempo observando las interacciones entre personal y pacientes en un cotolengo a finales de la década de 1950. Aunque él estudió una institución especializada, sus observaciones se aplican más generalmente a instituciones de todo tipo, incluidas la escuela y el trabajo.

Goffman se fijó en que en los encuentros cotidianos en el asilo mental se aplicaban mecanismos de control social preocupantes, y una mayor consciencia obtenida tras aquella experiencia, se dio cuenta de que un elemento clave de todo control social son los mensajes corrosivos, tanto sutiles como explícitos, dirigidos a socavar de forma permanente la valía social de las personas, su autoconfianza y su sentido de control sobre la propia vida. En relación a los pacientes, Goffman vio que un método usado para conseguir esto era privarlos del control sobre cuándo y qué comían, así como el exigirles que pidieran permiso para ir al baño. El mensaje: «Ya no tienes control sobre las funciones corporales básicas». Goffman cuenta que una enfermera le preguntaba a un paciente: «¿Te has puesto los dos calcetines? Y, sin esperar respuesta, se inclinaba a mirar los tobillos desnudos. El mensaje que parecía estar enviando, quizá no intencionado pero que se transmitía igualmente, era: «Tu respuesta, o cualquier cosa que digas, no importa». Un paciente vio que se llevaban muchas de sus posesiones personales, su guardarropa fue sustituido por el mismo camisón anodino que llevaban todos los demás pacientes. Goffman escribió que los pacientes eran «despojados de muchas de [las] afirmaciones, satisfacciones y defensas acostumbradas» que ayudan a las personas a reforzar su sentido de la propia identidad. Concluía que «el yo del paciente se ve mortificado sistemáticamente, aunque a menudo sea sin intención».

«Mortificar» significa literalmente «dar muerte», y sospecho que Goffman eligió cuidadosamente ese término porque, a sus ojos, aquellos rituales diarios parecían pequeñas muertes sociales. Podemos admitir que el asilo es una situación extrema, y que la mayoría de los lugares de trabajo, los centros de estudio y las situaciones sociales de todo tipo no son tan mortificantes. Pero muchos de estos escenarios someten a las personas a lo que los sociólogos Hedwig Lee y Margaret Takako Hicken se refieren como «la muerte de los mil cortes» que los prejuicios perpetran sobre sus víctimas [280].

Algunas mortificaciones, por supuesto, son enormes y llamativas. Una potente descripción de una proviene del escritor y leyenda del baloncesto Kareem Abdul-Jabbar. En su libro *Coach Wooden and Me* [281] («El entrenador Wooden y yo») relata una ocasión en que estaba en el vestuario con su equipo de baloncesto del instituto, en uno de los descansos. Estaban perdiendo el partido, y el entrenador (no era Wooden) les estaba gritando. Abdul-Jabbar recuerda que el entrenador «me apuntó con el dedo como si fuera un puñal» y dijo «¡Te estás portando como un negro!». Fue como si la palabra lo hubiera acuchillado. «Algún tipo de esencia se me escapó del cuerpo. No habría podido levantarme de mi asiento ni aunque el edificio estuviera en llamas. Me ardía la cara como si me hubieran dado bofetadas sin parar. Sentí el corazón encogido al tamaño de una nuez». No solo se sentía «traicionado», sino «indigno, como si alguien que me importaba me hubiera tirado a la basura».

Un conocido, Keith, me contó una terrible mortificación que había experimentado [282]. Keith sufre una afección neurológica que le retorció la columna vertebral e inhibió su crecimiento. Mide poco más de 90 cm de alto y camina encorvado. Subir y bajar de un autobús es un desafío enorme que le exige trepar y retorcerse ayudándose con las barandas y el poste de la salida. El conductor habitual de su trayecto es paciente con él, pero un día estaba trabajando un conductor nuevo. Tras ver a Keith bajar retorciéndose del autobús, gritó: «Este autobús es para seres humanos».

Son más habituales los sutiles pero aun así ofensivos mensajes de menosprecio y desaire que se envían mediante actos que se realizan y actos que no se realizan: los pecadillos de acción y omisión. Michelle Hebl y Jenessa Shapiro han documentado las mortificaciones infligidas sobre las personas con sobrepeso, las LGBTQ y las enfermas. En un experimento, las investigadoras colocaron a sus asistentes unas prótesis ocultas bajo la ropa para que parecieran gordos, y a continuación los hicieron ir a comprar a una tienda. En otro estudio, el asistente llevaba una gorra con las palabras «Gay y Orgulloso» al ir a solicitar un trabajo. En otro estudio más, el asistente llevaba en la gorra las palabras «Superviviente del cáncer». El tratamiento que recibieron en esas situaciones se comparó con el tratamiento recibido por esos mismos asistentes cuando no parecían formar parte de un grupo estereotipado. En todos los estudios fueron tratados más negativamente cuando se identificaban como miembros de uno de esos grupos, y experimentaban menos contacto ocular, menos asentimientos, más fruncidas de ceño y más brusquedad. Hebl y sus compañeros descubrieron que incluso los profesionales médicos muestran sesgos de este tipo. Los médicos indican que pasarán menos tiempo con un paciente y que es más probable que afirmen que verlos sería «una pérdida de tiempo» cuando los investigadores manipulan la información sobre los pacientes para presentarlos como personas con sobrepeso en vez de con una figura media. Lo que vuelve especialmente tóxicas a las mortificaciones de este tipo es que son ambiguas, de modo que para la víctima es difícil saber con certeza si son resultado de un sesgo. Las personas pueden gastar gran cantidad de preciosos recursos mentales y emocionales intentando determinar qué está pasando realmente, y en intentar explicar la ansiedad que sienten.

La socióloga Kathryn Edin ha escrito sobre las mortificaciones que sufren las personas pobres cuando buscan apoyo[283]. Comenta que: «¿Y si cualquier programa, público o privado, que pretenda ayudar a los pobres fuera diseñado con la inclusión social como principio definitorio? ¿Y si fomentar dignidad y potenciar sentimientos de pertenencia a la sociedad fuera la norma en las colas de alimentos y los refugios para sintecho?». Nuestras familias y comunidades y nuestra democracia se beneficiarían en conjunto, escribe. Las investigaciones le dan la razón. Un estudio realizado por Catherine Thomas y sus compañeros descubrió que los pobres de Nairobi (Kenia) era más probable que mostraran interés en aprender cómo montar un negocio, y reportaban más confianza en sus capacidades para controlar su situación financiera, cuando la ayuda económica se ofrecía de una forma empoderadora («capacitar a las personas para sustentar a aquellos que les importan y ayudar a que las comunidades crezcan unidas») que de la forma estándar que transmite sutilmente que se los considera «necesitados» («reducir la pobreza y ayudar a los pobres a cubrir sus necesidades básicas»).

La acumulación de mortificaciones puede poner a las personas en guardia ante la posibilidad de recibir más. La investigación en neurociencia muestra que tras una exposición repetida a un estímulo impredecible adverso, prácticamente todos los organismos se ponen alerta ante su recurrencia en situaciones similares a aquellas en que se produjo en el pasado [284]. La respuesta corporal ante amenazas aumenta, no solo cuando está presente el estresor sino mientras se espera la llegada del siguiente. Una anciana negra entrevistada por el sociólogo Joe Feagin describe el efecto en ella, diciendo que había aprendido a ponerse un «escudo» todas las mañanas al salir de casa durante los últimos sesenta años, «para estar preparada para los insultos y la discriminación en lugares públicos, incluso si ese día no pasa nada».

El escritor Ta-Nehishi Coates escribió sobre esta misma vigilancia perenne en su libro *Entre el mundo y yo*, señalando que absorbe «un coste inmensurable de energía» [285]. La vigilancia es estresante, agotadora y letal. Aunque una vigilancia amplificada es una respuesta racional a los prejuicios, un mecanismo de supervivencia para enfrentarse a la posibilidad, puede ser como un sistema de alarma que está constantemente encendido: una distracción que roba la atención del trabajo y los estudios y desgasta a la persona. Quizá la prueba más rotunda del coste que conlleva esta vigilancia se ha encontrado en su impacto en la salud, lo que analizaremos en el capítulo 11.

+ + + +

Uno de los objetivos principales de las intervenciones sabias es prevenir o aliviar el daño que causan estas mortificaciones. Un punto de partida sencillo[286] es retirar los elementos de una situación que sugieran que se está respaldando un estereotipo, como las estatuas Confederadas en los campus y los monumentos que solo honran a hombres blancos. También son elementos clave crear entornos educativos y laborales más diversos e introducir normativas para desalentar los sesgos.

Además, podemos modelar situaciones que aseguren a las personas que pertenecen, como la introducción de experiencias de autoafirmación que fortalezcan el yo en vez de mortificarlo. Una forma de hacer esto es con ejercicios de afirmación de valores, algo que la investigación que realicé con Julio García, Valerie Purdie-Greenaway y Jonathan Cook demostró que puede tener efectos potentes[287]. Julio, un querido amigo y gran pensador que falleció en 2019, me estuvo enseñando constantemente, y ninguno de los dos podríamos haber imaginado adónde nos llevaría esta investigación cuando la empezamos hace veinte años. Acabábamos de recibir una beca y una invitación de una escuela de secundaria para trabajar con sus alumnos, y realizamos un ensayo aleatorio controlado en una escuela para tratar y, esperábamos, aliviar en parte uno de los problemas sociales más apremiantes de nuestra época, la brecha racial en los logros académicos en la escuela. Es apremiante porque, en Estados Unidos, los logros académicos son la pista de despegue para la movilidad económica[288].

Hicimos que los profesores asignaran a un 50 % aleatorio de estudiantes de séptimo curso una actividad de afirmación como parte de un lote de actividades que los chicos completarían al comienzo del año escolar. Este lote incluía una lista de valores importantes para los preadolescentes, como cuidar de los amigos y la familia, y se pidió a los estudiantes que rodearan con un círculo los que eran más importantes para ellos. Después, el ejercicio los instaba a pensar con más profundidad en sus valores, pidiéndoles que consideraran cuándo y por qué eran importantes para ellos, y a continuación, que escribieran respuestas breves a esas preguntas. Aquello era una forma de reconocer ese «algo especial» en ellos mismos que, normalmente, muchos estudiantes no son capaces de expresar en clase. Los demás estudiantes completaron una actividad de control en la que escribían sobre temas neutrales, como algún valor poco importante o una rutina matinal. La intervención llevó alrededor de diez minutos.

He leído cientos de ensayos de afirmación de valores y, aunque muchos son breves, casi todos se sienten de corazón. Los chicos a los que no les iba muy bien académicamente eran a menudo los que tenían las cosas más intensas que decir, como fue el caso de un chico que escribió sobre cómo cuidaba a su madre enferma o el de otro que escribió sobre cómo jugar al fútbol lo hacía feliz. Lo que hace que esta actividad sea psicológicamente poderosa es que reconecta a las personas con los «grandes» valores que les dan significado [289]. Desde esta elevada atalaya psicológica, una situación difícil a menudo parece menos amenazadora.

Al final del trimestre de otoño comparamos las notas de los estudiantes que habían realizado las actividades de afirmación de valores con las de los que no. Descubrimos efectos positivos en aquellos estudiantes que estaban bajo una amenaza de estereotipado relativamente mayor. En este instituto, ese grupo consistía en su mayor parte en estudiantes negros, que formaban aproximadamente la mitad de la población escolar. De hecho, más tarde descubrimos que los máximos beneficios los habían obtenido aquellos que se sentían más inseguros sobre su pertenencia: los estudiantes negros que tenían un largo historial de bajo rendimiento y que en la encuesta realizada para fijar la línea base dijeron que no les parecía que la escuela fuera lo suyo. Para ellos, el efecto fue de casi un punto entero de nota [290], lo que sugiere que eran los que tenían mayor potencial reprimido, potencial que fue liberado por la intervención. De hecho, el porcentaje de estudiantes negros autoafirmados que consiguieron una D o menos en el curso fue de solo un 9%, comparado con el 20% de los estudiantes negros del grupo de control.

Con esos resultados iniciales prometedores, continuamos realizando actividades de afirmación de valores a lo largo de todo el séptimo curso, cambiando cada vez la actividad de modo que los chicos no se aburrieran (en mi web, geoffreylcohen.com, se pueden encontrar ejemplos de actividades). Cuando comprobamos sus notas al final del curso, nos sorprendimos al descubrir que los beneficios persistían. De hecho, el impacto en sus notas tendió a crecer y se había extendido a todas las asignaturas de los estudiantes autoafirmados: matemáticas, inglés, estudios sociales y ciencia. Cuando hicimos encuestas sobre su sentimiento de pertenencia a la escuela durante los dos años siguientes, resultó que era más fuerte y robusto que el de los estudiantes no afirmados; no solo era mayor, sino que era menos probable que disminuyera cuando sacaban una nota mala o, en investigaciones posteriores, cuando reportaron que habían tenido un mal día.

Investigaciones posteriores realizadas con mis compañeros David Sherman y Kevin Binning reprodujeron esos efectos con los estudiantes hijos de inmigrantes latinos de bajos recursos en una escuela de secundaria de la región montañosa occidental de Estados Unidos[291]. Y como un reflejo de la idea de Mary Ainsworth —que la pertenencia estimula la búsqueda de desafíos—, descubrimos que los estudiantes de minorías autoafirmados parecían aspirar a enfrentarse a desafíos superiores. La probabilidad de que se apuntaran a un programa de preparación para la universidad era cinco veces mayor que en el caso de los no afirmados. También eran considerados más prometedores por los profesores, y era menos probable que los asignaran a los cursos de recuperación de la escuela (lo que, como sugieren las investigaciones, es una sentencia de muerte académica para muchos estudiantes de minorías, al colocarlos en una trayectoria de bajas expectativas)[292].

En una investigación dirigida por Parker Goyer, mi laboratorio llegó a descubrir que incluso siete años después de que la intervención hubiera finalizado, los participantes negros afirmados del estudio original tenían una probabilidad catorce puntos porcentuales mayor de ir a la universidad que los integrantes del grupo de control[293]. Era como si el establecimiento de la pertenencia en un periodo formativo de su vida les diera un punto de apoyo para subir por la escalera académica.

Aunque estos descubrimientos pueden parecer como un relámpago en una botella, un equipo dirigido por Geoffrey Borman los ha reproducido en las escuelas de secundaria de un distrito escolar entero[294]. Además, los investigadores siguieron la pista a los participantes durante los nueve años siguientes, hasta la finalización de los estudios de instituto.

En 2021, el equipo informó que el efecto positivo sobre la nota global media de la intervención de afirmación de valores realizada con jóvenes negros y latinos, no solo persistió, sino que se incrementó con el tiempo. La intervención también redujo la tasa de suspensiones y elevó en diez puntos percentiles el porcentaje de estudiantes que se graduaron en el instituto, lo que redujo sustancialmente la brecha en las tasas de graduación entre ellos y sus compañeros de clase no estereotipados.

También se ha encontrado que la afirmación de valores mejora el rendimiento intelectual de grupos tan variados como los adultos y estudiantes universitarios de bajos ingresos, los discapacitados físicos, los estudiantes *online* de países en desarrollo y los estudiantes universitarios blancos que se sentían inseguros de su pertenencia al campus[295]. Además, James Jones ha entrevistado a estudiantes de color y ha descubierto que muchas experiencias de afirmación social en la universidad —un tutor que se interesa por sus preocupaciones, compañeros que apoyan causas relacionadas con la justicia racial— refuerzan su sentimiento de pertenencia incluso cuando tienen que vérselas con tratamientos racistas en cualquier otro lugar del campus[296]. Estas experiencias los ayudan a afirmar su identidad en un sistema donde esta se ve continuamente mortificada. Jones implica que si los campus y las asignaturas se convirtieran en espacios menos alienantes para las minorías en general, no sería tan crucial proporcionar esos oasis situacionales de experiencias autoafirmadoras.

Las autoafirmaciones, al igual que las intervenciones sabias en general, no son la panacea[297]. No funcionan todo el tiempo. De hecho, algunos estudios no han conseguido reproducir sus beneficios. Un metaanálisis de 2021, dirigido por Zezhen Wu, consolidó todos los estudios que ponían a prueba las afirmaciones de valores en las aulas, y descubrió que el efecto general era positivo[298]. Pero había condiciones. Las intervenciones funcionaban mejor en las aulas donde los estudiantes estereotipados eran, de hecho, de bajo rendimiento comparados con sus compañeros de clase, y en centros de enseñanza que ofrecían relativamente más recursos para apoyar el aprendizaje de los estudiantes. En otras palabras: la confluencia de amenaza y oportunidad parece determinar cuándo ayuda la afirmación. El momento oportuno también ayuda.

Dado que las experiencias tempranas pueden poner en marcha un ciclo virtuoso, programar las afirmaciones en un momento temprano puede importar más que el número de «dosis» que reciben las personas. En un estudio, cuando los alumnos recibían la afirmación de valores en las primeras semanas de clase, los beneficios eran mayores que si las recibían apenas dos semanas después[299]. Como seguiremos viendo, las condiciones clave de la vida de una persona y su situación social tienen un gran impacto en la eficacia de la afirmación de valores y otras intervenciones sabias. Ninguna intervención funciona para todo el mundo, en todas partes, en todas las ocasiones. Lo que importa es si una intervención resuena en la mente de las personas y las conecta con su vida, lo que a su vez depende de si proporciona el apoyo adecuado a las personas adecuadas en el momento y el lugar adecuados.

Buena parte de la investigación sobre la amenaza del estereotipo se ha dirigido a ayudar a las personas de color y a los miembros de otros grupos históricamente excluidos a luchar contra la amenaza en la educación, y esto es correcto. Para esos grupos, la amenaza del estereotipo puede ser una fuerza crónica que limita las oportunidades. Sin embargo, este miedo es un obstáculo para cualquiera que esté en una situación en la que piense que se le puede ver bajo el prisma de un estereotipo. La mayoría lo hemos experimentado, incluyendo los miembros de grupos que no han sido marginalizados históricamente. Las investigaciones muestran, por ejemplo, que los estadounidenses blancos experimentan la amenaza del estereotipo cuando se ven envueltos en discusiones sobre temas raciales, y que intervenciones sabias similares los pueden ayudar.

«¿Por qué los americanos fingen que la esclavitud no existió?», preguntó Ruth Ditlmann, una alemana y en aquel momento estudiante de psicología, a su tutora, Valerie Purdie-Greenaway, profesora de psicología en la universidad de Columbia y estrecha colaboradora mía[300]. Ditlmann había viajado recientemente a Estados Unidos para completar su tesis bajo la supervisión de Purdie-Greenaway. Ditlmann hizo esa pregunta en una llamada telefónica desde Virginia, durante las vacaciones de primavera. Había visitado una antigua plantación esclavista porque quería aprender más sobre la historia de la esclavitud. Pero aquella visita la dejó desconcertada.

Los recorridos turísticos mencionaban raras veces, o ninguna, los horrores de la esclavitud. Señalaban el lugar donde dormían los «sirvientes» y cómo los esclavistas blancos y los esclavos negros podían disfrutar juntos un julepe de menta, la famosa bebida sureña, en los descansos del trabajo. La historia había sido completamente esterilizada. En contraste, Ditlmann sabía que en Alemania estaba prohibido por ley minimizar el Holocausto con comentarios como afirmar que las cámaras de gas se usaban solo para limpiar la ropa de los prisioneros de los campos de concentración.

Purdie-Greenaway, una afroamericana, le explicó que la mayoría de los blancos jamás visitaría las plantaciones si los recorridos turísticos fueran históricamente correctos. Le presentó a Ditlmann el concepto de la *fragilidad blanca*[301]. El término fue acuñado por Robin DeAngelo en 2006 para describir la defensividad y la falta de «resistencia psicológica» que muchos estadounidenses blancos muestran cuando asoma el tema del racismo, especialmente cuando se desafían sus presuposiciones sobre la influencia de la raza en su país. Muchos blancos niegan que el racismo exista todavía. Otros muchos, que admiten que es un problema, afirman que ellos personalmente son «ciegos al color» y están comprometidos con la igualdad racial. Pero las investigaciones en mi laboratorio muestran que esos blancos —que abrazan la creencia de que la raza «no debería importar»— pueden ser los que más se ponen a la defensiva cuando alguien comenta que ha sufrido racismo.

La investigación de Wendy Berry Mendes, Jim Blascovich, Jennifer Richeson y sus compañeros descubrió que los adultos blancos muestran una respuesta a amenaza fisiológica cuando entablan conversación con personas negras, especialmente si se trata de temas racialmente cargados, como los perfiles policiales[302]. La amenaza puede ser tan intensa que muestran caídas de rendimiento en tareas de control cognitivo incluso después de que las conversaciones hayan terminado. Esta reacción se puede interpretar como debida a la amenaza del estereotipo; en este caso se trata de blancos que temen que se los vea como racistas. La naturaleza amenazadora de esas conversaciones puede ser especialmente fuerte entre los blancos que afirman estar comprometidos con la igualdad racial: han hecho una inversión identitaria más grande en que no se los considere racistas. Un resultado desafortunado de la amenaza del estereotipo que sienten tantos blancos es que muchos de ellos evitan esas conversaciones, especialmente si cruzan las líneas raciales, y cuando participan en ellas tienden a concentrarse más en proteger su visión de sí mismos que en aprender.

Ditlmann quería saber cómo mejorar esas conversaciones, así que decidió estudiarlas. Invitó a adultos blancos y negros para, en primer lugar, revisar algunas informaciones perturbadoras sobre la historia de la esclavitud en Estados Unidos [303]. A continuación, hizo que los participantes negros escribieran cartas sobre sus reacciones, que ella compartió con los participantes blancos. En otro estudio, hizo que los participantes blancos y negros mantuvieran una dura conversación sobre la esclavitud, que fue grabada en vídeo, transcrita y evaluada por codificadores independientes.

Ditlmann observó que en algunas conversaciones, ya fueran vía texto o en persona, los participantes blancos mostraban menos nerviosismo que en otras. En una encuesta confidencial que realizaron después, no denigraban tanto a su interlocutor negro, y expresaron más interés en la información sobre la esclavitud que habían compartido los participantes negros. También recordaban más de lo que estos habían dicho en las conversaciones, lo que sugiere que habían escuchado y aprendido más.

Ditlmann estudió entonces la naturaleza de la forma en que los participantes negros se habían comunicado, buscando diferencias que pudieran explicar los efectos en los participantes blancos. No encontró demasiada diferencia en el grado en que los participantes negros habían tratado los temas difíciles. Casi ninguno de ellos evitó señalar la dura realidad sobre la esclavitud, que no ha sido representada ampliamente en la historia según la cubren los medios o se enseña en las escuelas. Muchos participantes negros expresaron angustia. Como dijo uno: «Era estremecedor ver el dolor y la absoluta desesperación que soportó mi gente [...] prácticamente despojada de toda nuestra humanidad».

Ditlmann encontró, no obstante, una llamativa diferencia en la forma en que los participantes negros habían interactuado emocionalmente con sus compañeros blancos en los intercambios más fructíferos. Aquellos participantes negros encontraron formas, tanto verbales como no verbales, de bloquear la amenaza del estereotipo que sentían los participantes blancos. Una manera de conseguir esto era una forma de afirmación. Preguntaron a su compañero blanco sobre sus amigos, familias y aficiones, lo que dio a los blancos oportunidades para demostrar sus admirables valores y transmitir su completa humanidad. Los participantes negros también fomentaron la relación con comentarios afirmadores como «has dado en el clavo». A veces incluso expresaban su creencia en que alguna vez se produciría la unidad racial, indicando que creían que los blancos tenían el potencial para unirse a ellos para que fructificara la justicia, por ejemplo, diciendo: «Los americanos blancos y los afroamericanos se sentarán un día a la mesa de la hermandad». En cuanto a la comunicación no verbal durante las conversaciones, los participantes negros de las conversaciones exitosas se inclinaban hacia sus contrapartes blancos, y mantenían una postura corporal mirando de frente hacia su compañero, en vez de ponerse de perfil. Este estilo conversacional sensible pareció aliviar la amenaza del estereotipo en los participantes blancos, al enviarles el mensaje: «Te veo como un ser humano merecedor de dignidad y respeto».

Como representó Robin DiAngelo en su metáfora de los estereotipos como una tormenta de amenazas, la del estereotipo puede activarse en cualquier momento debido a que estos están tan extendidos. Pero la buena noticia es que podemos modelar situaciones para aliviar esa tormenta. Como veremos en la tercera parte, se ha encontrado una serie de antídotos adicionales contra la amenaza del estereotipo, que tienen efectos potentes comparables con los de la autoafirmación. Los grandes problemas sociales del estereotipado y la discriminación se deben afrontar mediante políticas y cambios sociales. Al mismo tiempo, como individuos y miembros de instituciones, hay muchas cosas que podemos hacer para proteger a los que están amenazados por la tormenta.

8

Puedo verlo en tu cara (¿puedo?)

Cómo interpretar a los demás con empatía

En una divertida columna de Dave Barry[304], una pareja, Roger y Elaine, han disfrutado de una encantadora cena y están volviendo a casa, con Roger al volante. Mientras Elaine reflexiona en silencio sobre su relación, dice: «¿Te das cuenta de que esta noche se cumplen seis meses desde que nos vemos?».

Roger no contesta nada, y la mente de Elaine se dispara: «Me pregunto si le ha molestado lo que he dicho. Quizá se siente confinado en nuestra relación; quizá cree que estoy intentando empujarlo a algún tipo de compromiso que no quiere, o que no está seguro de querer».

Mientras tanto, Roger va pensando: «Así que eso quiere decir que era... veamos... febrero cuando empezamos a salir, lo que fue justo después de que sacara el coche del concesionario, lo que significa... A ver el cuentakilómetros... ¡Ah! Tenía que haber cambiado ya el aceite».

Las cavilaciones de ambos continúan en direcciones cada vez más diferentes:

Elaine: Está molesto. Puedo verlo en su cara. Quizá lo estoy interpretando completamente al revés. Quizá quiere más de nuestra relación, más intimidad, más compromiso; quizá ha notado, incluso antes de que lo notara yo, que siento algunas reservas. Sí, apuesto a que es eso.

Roger: Y voy a tener que mirar otra vez la transmisión. Me da igual lo que digan esos idiotas, no toma bien las curvas.

Elaine procede a convencerse a sí misma de que Roger está enfadado con ella porque no está segura de que él es de verdad el caballero de reluciente armadura que está buscando, mientras que Roger va pensando en lo que le dirá al mecánico. De repente, Elaine rompe en llanto. Roger está totalmente confuso, no tiene ni idea de lo que le ha pasado.

Por último, Elaine dice: «Es solo que... Es que... Necesito un poco de tiempo». Despertado de su ensoñación, Roger se da cuenta de que tiene que tener cuidado con lo que va a decir. Dave Barry escribe:

> *Hay una pausa de quince segundos mientras Roger, pensando a toda la velocidad que puede, intenta encontrar una respuesta segura. Finalmente, se le ocurre una que cree que puede funcionar.*
> *—Sí —dice.*

Su comentario no tiene sentido, pero cree que transmitirá que la está apoyando, y así ocurre. Elaine está encantada de que él haya sido tan comprensivo. Pero más tarde, aquella noche, cada uno en su casa, ella no deja de dar vueltas en la cama, preocupada por la posibilidad de haber puesto en peligro su relación. En cuanto a Roger, nota que ha ocurrido algo importante pero decide que jamás será capaz de adivinar qué, así que enciende el televisor y se pone a comer tranquilamente unas patatas fritas.

Aunque la escena es divertida de la forma que la cuenta Barry, la triste verdad es que las relaciones se ven socavadas a menudo por ese tipo de malinterpretaciones, ya se trate de conexiones románticas o relaciones con miembros de la familia, amigos, compañeros de trabajo y desconocidos que nos encontramos en nuestra vida cotidiana.

En muchas situaciones, atribuimos a las personas opiniones y emociones que nos distancian de ellas, alimentando el conflicto. Tendemos a tener más confianza de la que deberíamos en nuestra habilidad para interpretar el comportamiento de la gente, sus expresiones faciales, su lenguaje corporal y su tono de voz. Y demasiado a menudo, debido a que creemos que hemos interpretado bien a otros, no les preguntamos qué piensan y qué sienten, lo que podría haber llevado a descubrimientos importantes que habrían ayudado a establecer una conexión.

Consideremos el caso de un pariente, por ejemplo, una tía, que apoya a un candidato político que estimamos moralmente repugnante. Podemos estar viendo la televisión con ella, y de repente aparece un anuncio publicitario del candidato en el que este hace unos comentarios que nos parecen ofensivos. Nuestra tía deja escapar un pequeño gruñido. Puede que lo interpretemos como una expresión distraída de apoyo. Pero si le preguntáramos si eso es cierto o no, podríamos descubrir que ha gruñido de frustración con ese candidato y que sus comentarios también le parecen ofensivos a ella. (O quizá que tiene indigestión y no se ha fijado en el anuncio). Si le preguntamos por qué sigue apoyando al candidato, puede que explique que le gustaría que dejara de hacer esos comentarios, pero que le preocupa más un problema que ha prometido atender, y ese problema puede que sea algo que también nos preocupa. Eso podría convertirse en la apertura de una conversación reflexiva que podría estrechar nuestros lazos estimulando la mutua comprensión. Por desgracia, en vez de comprobar que nuestro lector de mentes está bien calibrado, tendemos a guardarnos nuestras interpretaciones y construir una ficción en nuestra mente que sustituye a la persona de carne y hueso que tenemos sentada al lado. Los abismos de malinterpretaciones hacen que las personas se distancien.

Muchos estudios han mostrado hasta qué extremo pueden ser incorrectas nuestras lecturas interpretativas de otros. Mientras preparaba el doctorado, estuve implicado en uno que me abrió los ojos. Mi tutor en esa época, Claude Steele, me mandó a la universidad de Michigan para estudiar por qué los estudiantes blancos y negros tendían a sentarse separados en los comedores, algo que ocurría en muchas facultades y que sigue ocurriendo. Steele me dijo que entrevistara a los estudiantes para conocer su perspectiva. Muchos estudiantes negros explicaron que elegían sentarse juntos por motivos parecidos al expresado por uno de los entrevistados: «Pasamos todo el día interactuando con blancos. Y al cabo de un tiempo, uno se *cansa*». Cuando intenté profundizar más, preguntando si era porque los estudiantes blancos estuvieran siendo racistas, generalmente me contestaban que, aunque podía haber algún caso, lo que pasaba más a menudo era que no sabían qué estaban pensando de ellos los estudiantes blancos, así que sentían que tenían que mantener la guardia alta. Dijeron que eso era agotador. Entretanto, los estudiantes blancos tendían a decir que los estudiantes negros no parecían querer sentarse con ellos, así que intentaban respetar aquella preferencia.

Lo que me sorprendió fue que ninguno de los dos grupos entendía lo que estaba pensando el otro. Ninguno de los estudiantes con los que hablé había preguntado a alguien del otro grupo sobre el asunto.

Mis entrevistas revelaron también que tanto los estudiantes negros como los blancos se sentían muy inseguros de a dónde pertenecían —una manifestación clásica de la incertidumbre de pertenencia que documentamos más tarde Greg Walton y yo— cuando entraban solos en el comedor con su bandeja y buscaban algún sitio donde sentarse. Los estudiantes podían tolerar vagabundear como ovejas perdidas durante unos cinco segundos como mucho, y entonces elegían rápidamente una mesa donde tenían confianza en que los demás los recibieran bien. Los dos grupos buscaban la comodidad de las caras conocidas, pero ninguno expresó que se diera cuenta de que las ansiedades eran compartidas. Para los estudiantes negros, esa incertidumbre de pertenencia se combinaba con el hecho de ser una minoría en un campus predominantemente blanco.

Años más tarde, me encantó leer una investigación de las psicólogas sociales Nicole Shelton y Jennifer Richeson que reflejaba lo que yo había observado y oído en aquellos comentarios de estudiantes. Las investigadoras preguntaron a estudiantes universitarios blancos y negros una serie de cuestiones, cuyas respuestas revelaron que los dos grupos tenían bastante interés en hacer más amigos al otro lado de la barrera racial, pero los dos grupos también creían que los estudiantes de la otra raza estaban en general menos interesados de lo que realmente estaban[305]. Shelton y Richeson siguieron profundizando, y descubrieron que los dos grupos raciales reprimían los intentos de establecer amistades entre la otra raza debido principalmente al miedo al rechazo. Entretanto, los dos grupos creían que al contrario le preocupaba relativamente poco el rechazo.

Como ilustra esta investigación, nuestro exceso de confianza en nuestras interpretaciones de los pensamientos y sentimientos de otros surge no solo del exceso de confianza en nuestras habilidades de lectura de mentes, sino del sentimiento frecuente de que nuestras inseguridades son únicas. Nos ponemos nerviosos ante la idea de discutir abiertamente temas incómodos con otros: no podemos imaginar cómo podríamos sacar a colación el tema. Lo que es de ayuda para derribar esta barrera es el conocimiento de que estas ansiedades son normales y superables.

Tim Wilson y sus compañeros desarrollaron una intervención sabia que proporcionaba a las personas este conocimiento [306]. Hicieron que unos estudiantes universitarios de primer curso vieran un vídeo de un estudiante blanco y uno negro de su facultad que comentaban cómo se habían hecho amigos a pesar de la incomodidad que había inicialmente entre ellos. A continuación, los participantes escribieron sobre alguna ocasión en que habían creído que no podrían hacerse amigos de alguien pero más tarde habían descubierto que se equivocaban. Durante la siguiente semana, estos estudiantes hicieron más amistades con estudiantes de minorías que los estudiantes del grupo de control, valorándolo según la composición racial de sus nuevos amigos de Facebook.

A menudo malinterpretamos a otros al no tener en cuenta la situación en que están. En una ocasión, estaba con un grupo de pasajeros esperando embarcar en un avión. Un joven se acercó al quiosco donde unos cuantos estábamos esperando en fila mientras emitían un anuncio. Me di cuenta de que simplemente intentaba oír mejor el anuncio, pero una anciana de la fila creyó equivocadamente que el joven intentaba colarse. «A la cola», dijo con voz molesta, y él respondió irritado: «Déjeme en paz, señora». Ahora ella sentía que le habían faltado al respeto, y contestó algo ofensivo, y al cabo de unos cuantos tira y afloja, cada uno subiendo más su enfado, la confrontación finalizó con ella diciendo con un gruñido: «Eres un joven muy maleducado».

Ninguno consideró la forma en que la situación estaba afectando el comportamiento del otro. Si lo hubieran hecho, podrían haber evitado la pelea e incluso haber creado un lazo basado en su atolladero común.

Algo que amplifica el problema son nuestras suposiciones culturalmente condicionadas sobre cómo interpretar ciertas «señales» enviadas por otros, como las expresiones faciales y el lenguaje corporal. La apariencia de las personas, la manera en que visten, que hablen con una voz muy alta o muy baja y muchas otras expresiones corporales y vocales son cosas que se supone que nos dicen qué tipo de persona son, y tendemos a realizar juicios extremadamente rápidos de los demás basándonos en estas pistas.

Hasta qué punto son rápidos fue ilustrado por un estudio dirigido por el psicólogo cognitivo de Princeton Alexander Todorov y su equipo. Mostraron a varias personas una serie de imágenes estáticas de caras y les pidieron que valorasen lo digna de confianza que era cada persona retratada[307]. Los participantes vieron pasar las fotos de caras una tras otra, una cara por segundo, mientras permanecían en un escáner de imagen por resonancia magnética en funcionamiento que monitorizaba su actividad cerebral. En los primeros quinientos milisegundos de exposición a una cara se activaba la amígdala de los participantes, indicando una reacción emocional. Para las caras con expresiones que la gente asocia a una falta de confianza, la amígdala se activaba más, como ocurre en la respuesta a una amenaza. Todorov descubrió también que cuando más fuerte fuera el consenso sobre si una cara parecía poco de fiar, en general más fuerte era la respuesta a esa cara de la amígdala de cada individuo. Este descubrimiento sugiere que cuando nos dejamos llevar por el instinto, en realidad estamos dejándonos llevar por la multitud. Mostramos conformidad con las expectativas sociales de cómo debemos interpretar a la gente.

Todorov descubrió que los participantes, cuando hacen su propio juicio sobre la confianza que inspiran las caras, en una inmensa medida siguen su instinto. Una vez aparece en nuestra consciencia un juicio precipitado, puede ser sorprendentemente persistente. ¿Por qué? Porque no nos damos cuenta de que muchas de nuestras percepciones las escribe nuestra propia mente, y creemos de forma equivocada que los pensamientos e impresiones que aparecen en nuestra mente dicen más sobre lo que está «ahí fuera». De hecho, interpretamos la velocidad y la facilidad con la que saltan en nuestra mente como una indicación de su validez, un sesgo que los psicólogos cognitivos Daniel Kahneman y Amos Tversky denominan «disponibilidad heurística»: que lo que está mentalmente disponible, lo que aparece rápidamente en nuestra mente, se considera más probable[308].

Estos juicios precipitados llevan a sobreenfatizar cualidades de la apariencia y el comportamiento de las personas que en realidad podrían ser malos indicadores. Tomemos el caso de la valoración de candidatos políticos. Todorov y sus compañeros mostraron imágenes estáticas en blanco y negro de dos candidatos de partidos opuestos que se presentaban para el Senado de Estados Unidos en varios estados diferentes, asegurándose primero de que los participantes no reconocían a los candidatos[309]. Los investigadores emitían una foto cada segundo, y pidieron a los participantes que dijeran rápidamente qué cara creían que parecía más competente. El candidato que era valorado como más competente ganaba la elección el 68 % de las veces. No es una precisión perfecta, especialmente si consideramos que por pura estadística, si los participantes elegían al azar deberían acertar el candidato ganador el 50 % del tiempo. Pero los resultados sugieren que cerca de un 36 % del destino electoral de un candidato depende de la escasa información recogida en el primer segundo de exposición a una fotografía de su cara, sin ninguna información sobre su plataforma y sus políticas, y ni siquiera una exposición a su voz y su lenguaje corporal[310].

A menos que creamos que el aspecto de un candidato es un indicador fiable de sus capacidades, este descubrimiento puede ser inquietante, pues sugiere que nuestra valoración de los candidatos puede ser mucho más superficial y determinada por sesgos culturales sobre la apariencia de lo que nos gustaría creer. En una investigación relacionada realizada por Nalini Ambady, las valoraciones de los estudiantes de lo competentes, confiados y cálidos que son sus profesores, realizadas después del semestre escolar, tienen una fuerte correlación con los juicios precipitados que los observadores hicieron sobre sus profesores basándose en dos segundos de vídeo *sin sonido* que los mostraba dando clase[311]. De hecho, los juicios precipitados predicen aproximadamente un 50 % de la variación de las valoraciones de los profesores realizadas por los alumnos al final del semestre.

Podemos felicitarnos por nuestra asombrosa perspicacia al hacer tales juicios precipitados, teniendo en cuenta que nuestros juicios a más largo plazo se ajustan tan bien a los realizados con tan pocas evidencias. Pero otra posible interpretación es que nuestras valoraciones de los demás se forman en un grado significativo antes de que tengamos cualquier información sustancial en que basarlas. Puede que nos guste pensar que las personas son un libro abierto, pero cuando intentamos leerlas, a menudo no pasamos de la primera frase; quizá ni siquiera de la portada. Como vimos en capítulos anteriores, nuestros juicios precipitados no solo profetizan el futuro, sino que lo crean. Actuamos basándonos en nuestros sesgos compartidos, lo que condena a los demás al destino al que nos parece que están destinados[312].

Está claro que nuestros juicios precipitados pueden tener un coste problemático para el sentimiento de pertenencia de algunas personas, y también costes sociales desafortunadamente grandes. ¿Realmente queremos desechar a políticos basándonos en qué aspecto tienen, en si tienen, por ejemplo, una sonrisa resplandeciente y una mandíbula firme? ¿Queremos excluir a aquellos cuya apariencia y presentación de sí mismos, ya sea mediante el lenguaje corporal o verbal, no se ajusta bien a lo que la sociedad interpreta que es «normal»?

Un buen amigo mío, Martin, era epiléptico, y para prevenir ataques tenía que tomar medicamentos que le enlentecían el habla. Cuando se le daba la oportunidad, Martin brillaba. Durante toda su vida adulta fue voluntario como paramédico de emergencia en una estación de bomberos de su ciudad, donde lo adoraban. Pero Martin tenía problemas para encontrar y conservar empleo, y uno de los motivos es que las entrevistas de trabajo no se le daban bien. No articulaba con concisión las respuestas. De hecho, a veces hablaba tan despacio que costaba trabajo entenderlo. Finalmente consiguió un puesto estable cuando otro amigo mío lo contrató en su empresa. «Lo contraté y volvería a hacerlo», sigue diciendo hasta hoy.

Martin era una de las muchas personas prometedoras que no consigue superar la pequeña grieta de una entrevista[313]. Sospecho que también tenía problemas para establecer relaciones románticas por motivos similares, lo que refleja el sesgo que tenemos en nuestra sociedad contra aquellos que parecen un poco raros. Martin vivía solo. De modo que durante un ataque epiléptico en el que acabó boca abajo en la cama, no había nadie que le pudiera dar la vuelta y se asfixió.

Nuestra valoración sobre el carácter y el estado de ánimo de los demás a veces dice más sobre los nuestros que sobre los de cualquier otro [314]. Las malas interpretaciones son más frecuentes cuando estamos estresados, inseguros o amenazados. Una investigación de Sarah Wert en la universidad de Yale mostró que cuando parejas de amigos escriben sobre alguna ocasión en la que se habían sentido excluidos, a continuación, cotilleaban con más dureza sobre una tercera persona que los dos conocían. Wert sugiere que las personas restauran el sentimiento de que pertenecen estableciendo quién no. Una investigación de David Dunning y sus compañeros descubrió que cuando la autoestima de las personas se ve amenazada, se vuelven más estrictas al imponer sus propios estándares egocéntricos de éxito, creyendo que el éxito en diversas áreas de la vida es menos alcanzable para los que son distintos a ellos. Degradamos a otros, en parte para sentirnos mejor sobre nosotros mismos. El simple acto de centrarse uno mismo, procesando las emociones difíciles y reflexionando sobre los valores personales importantes, puede prevenir esas malas interpretaciones.

Otra fuente de daños es nuestra interpretación incorrecta de los motivos por los que alguien puede sentir ansiedad, esa emoción demasiado común en la vida social moderna. Suelo ir a una vinoteca local donde los camareros son famosos por su habilidad para crear una atmósfera de pertenencia, muy al estilo de la serie de televisión *Cheers*. El camarero principal, Blake, tiene una capacidad increíble para hacer que cualquiera se sienta cómodo y como en su casa, a pesar del abanico de clientes y las discusiones periódicas por el espacio en la barra. Cuando las personas sienten ansiedad en cualquier área, como les puede ocurrir debido al temor a no encajar, exudan esa ansiedad y son vulnerables a las malinterpretaciones.

Experimenté exactamente eso en un desastroso encuentro social en aquel bar. Un amigo me presentó a una mujer que conocía, Beth. Esta me dijo que era dueña de una cadena de salones de belleza, y yo le dije que era profesor. Entonces añadí que la profesión de peluquera me parecía interesante, cosa que es verdad. Como psicólogo social estoy fascinado por la forma en que el pelo de las personas está tan ligado a su identidad. Pero Beth frunció el ceño y pareció enfadada, y yo podía ver que mi comentario le había ofendido, quizá porque creyó que estaba siendo paternalista y sarcástico en vez de sincero. Entré en pánico. Se me aceleró el pulso. Empecé a sudar. Tartamudeando, intenté explicarme, pero mi pronunciación alterada debió de hacerme parecer más culpable de haberla insultado. Nuestro amigo común se dio cuenta de que pasaba algo y se acercó. Mientras escuchaba lo que yo estaba diciendo, creo que vi cómo ponía los ojos en blanco. Inseguro de cómo se me estaría viendo, fui hipersensible de repente a cualquier pista no verbal, lo que descarriló mi tren de pensamiento antes incluso de que pudiera empezar, volviéndome más inarticulado todavía. Sentí como si me estuviera hundiendo en las arenas movedizas de los juicios ajenos. Cuanto más me esforzaba, más me hundía. Empecé a añadir un tono de interrogación a cada frase, como diciendo: «¿Esto está bien?». Evité el contacto ocular; sus miradas agudas como un láser me estresaban todavía más.

Mis esfuerzos para arreglar las cosas no servían de nada. Beth empezó a llorar. Incluso le pidió a Blake que me echara del bar. Nuestro amigo común la consoló, no sin antes murmurar en mi oído: «Geoff, estoy muy decepcionado». Yo estaba desconcertado y ofendido por que me vieran como alguien tan ofensivo. Estaba claro que no había explicado bien que mi interés era genuino. Quizá, también, al saltar sobre el tema de la peluquería había menospreciado sin darme cuenta la faceta emprendedora de Beth. Pero también estaba claro que Beth me había malinterpretado a mí. Había leído mi ansiedad como otra «señal». Si hubiera podido leerme la mente, habría sabido que mis «señales» eran en realidad signos de que quería que la interacción fuera bien y que me había alterado cuando se torció. Quizá Beth, una mujer cuyo negocio estaba instalado en el dominio masculino que es Silicon Valley, había tenido que vérselas en el pasado con demasiados hombres arrogantes, lo que la llevó a sospechar la misma actitud por mi parte.

Tendemos a interpretar la ansiedad de los demás como una señal de que los alteramos[315]. Eso puede ser cierto, pero con la misma frecuencia puede ocurrir que ellos estén preocupados por que *nosotros* no los apreciemos o respetemos a *ellos*. Consideremos los encuentros interraciales. Las personas blancas a veces emiten señales no verbales de incomodidad y ansiedad difíciles de controlar, como evitar el contacto ocular, parpadear con frecuencia y hablar entrecortadamente. La ambigüedad es que el prejuicio blanco puede producir esta «fuga» no verbal, pero también puede producirla el miedo a ser visto como alguien con prejuicios. En otras palabras, las «señales» ansiosas de las personas pueden en realidad ser signos de que quieren que el encuentro vaya bien, y de que tienen miedo de que no sea así. Todos somos vulnerables a que nos malinterpreten de esta forma. A veces entramos en una sala de espejos en nuestras interacciones interpersonales, y nos enredamos en lo que pensamos que otras personas piensan que pensamos, lo que acaba causando todo tipo de estragos.

Los numerosos puntos débiles en nuestros intentos de leer el corazón y la mente de los demás nos exigen que hagamos el esfuerzo de descubrir lo que las personas están pensando y sintiendo en vez de suponer que ya lo sabemos. Pero ¿cómo? La respuesta es espectacularmente simple: preguntando.

Una vez asistí a una boda en la que conocí a una anciana china llamada Emma. Cuando le dije que era psicólogo, se abrió a mí y me pidió consejo sobre cómo conectar mejor con su nieta, que vivía en Pekín. Siempre habían estado cercanas, y todas las semanas hablaban por Skype. Pero al entrar en la adolescencia, su nieta pareció ir alejándose de ella y de sus padres. Bebía alcohol e iba a fiestas demasiado a menudo, y su trabajo en la escuela se estaba viendo afectado. Las conversaciones por Skype, antaño animadas, habían empezado a plagarse de silencios incómodos. Emma no sabía cómo leer a su nieta, me dijo. ¿Por qué se comportaba así? Sugerí que simplemente le pidiera a su nieta que le mostrara su perspectiva, por ejemplo, preguntándole qué pasaba en su vida o cómo se sentía. Esas cuestiones podrían quizá abrirle una ventana a la vida de su nieta.

Emma quedó visiblemente asombrada ante la simplicidad de mi sugerencia. Pensó en silencio unos segundos, y después nos separamos. Pero al final de la fiesta se acercó corriendo a mí y me dijo emocionadamente: «¡La pregunta es la ventana!».

Me gustaría poder adjudicarme todo el mérito por mi consejo, pero en realidad provenía de otros tres psicólogos sociales —Tal Eyal, Mary Steffel y Nicholas Epley— que habían publicado en 2018 un artículo titulado «Perspective Mistaking: Accurately Understanding the Mind of Another Requires Getting Perspective, Not Taking Perspective» («Error de perspectiva: Entender correctamente la mente de otro requiere adquirir su perspectiva, no tomar la nuestra») [316].

Los investigadores han realizado una serie de estudios que muestran que cuando se trata de valorar las emociones y puntos de vista de otra persona, intentar «imaginar su perspectiva» no funciona tan bien como creemos. De hecho, existe una tendencia en todos los estudios, y es que el nivel de acierto sufre cuando las personas intentan imaginar la perspectiva de otros. Epley, en su fascinante libro *Mindwise* («Mentalmente»), reporta que se produce el mismo efecto en el caso de las parejas románticas. Intentar imaginar la perspectiva de otras personas puede hacernos menos perceptivos, sugiere Epley, porque a menudo acabamos imaginándonos a *nosotros* como la otra persona, incluso teniendo en cuenta que la otra persona puede estar en una situación diferente y tener gustos diferentes a los nuestros.

En vez de intentar imaginar la perspectiva de otra persona, Epley recomienda que se la *pidamos*, lo que denomina «adquisición de perspectiva».

Él y sus compañeros mostraron que cuando a la gente se le dice que haga preguntas para intentar conocer a otra persona y sus intereses, actitudes y aficiones, aumenta enormemente el grado en que sus predicciones coinciden con lo que la otra persona reporta sobre ella misma. Esto también era cierto para las parejas casadas. En vez de intentar imaginar cuánto le gustaría al cónyuge pasar un fin de semana de camping, es mejor preguntárselo. Esto parece tan obvio que es casi ridículo. Pero, curiosamente, Epley y sus compañeros mostraron que las personas no aprecian en su totalidad la ganancia de empatía que consiguen simplemente haciendo buenas preguntas y, algo igual de importante, escuchando las respuestas.

Hace muchos años, cuenta Epley, los militares intentaban predecir el efecto en los oficiales de la derogación de la norma «no preguntes, no cuentes» que impedía que gais y lesbianas prestaran servicio abiertamente en la milicia. Una encuesta realizada a oficiales retirados reveló que la mayoría predijo, basándose en su experiencia, que la derogación haría caer la moral de los oficiales. El Pentágono también preguntó simplemente a los soldados en activo cómo creían que reaccionarían. Una mayoría aplastante dijo que no tendría ningún efecto o que tendría efecto positivo. Muchos habían conocido a oficiales gais y no tenían ningún problema con ellos. ¿Quién tenía razón? Un estudio de las consecuencias reales de la derogación, cuando esta se produjo, dio la respuesta: los soldados.

Otro ejemplo de adquisición de perspectiva lo proporcionan Catherine Thomas y sus compañeros, quienes estudiaron la mejor forma de presentar la ayuda económica a los pobres de Nairobi[317]. Como vimos antes, descubrieron que en las presentaciones empoderadoras, que enfatizaban «ayudar a crecer a tu comunidad», generaban más interés por aprender sobre los negocios que la presentación estándar «ayudar a los pobres a cubrir sus necesidades». Pero los investigadores descubrieron también que cuando se pedía a otra muestra de participantes de la misma localidad que imaginaran cómo responderían las personas de su comunidad a las distintas presentaciones, por término medio imaginaron correctamente. Si estamos intentando descubrir la mejor forma de ayudar a las personas, una manera es simplemente preguntarles.

De hecho, una antigua metodología de las ciencias sociales se basa en el valor de la adquisición de perspectiva: la entrevista cualitativa, que en su mejor versión es una conversación sincera y auténtica con alguien sobre su historia y cómo la ve. Puede servir como un poderoso correctivo a las suposiciones estereotípicas que podríamos hacer en otro caso. La autora y activista jamaicana-estadounidense June Jordan, crítica con los investigadores y artistas blancos que intentan imaginar la situación de ser negros en Estados Unidos en vez de escuchar a las personas que la viven, escribió un ensayo cuyo título destila su frustración: «On listening: A Good Way to Hear» («Escuchar: Una buena forma de oír»)[318].

Kathryn Edin ha usado las entrevistas cualitativas para entender con una sutileza conmovedora la experiencia de la pobreza[319]. Su obra desmiente espectacularmente muchos de los estereotipos sobre los miembros de la clase trabajadora de todos los grupos étnicos. Muchos de sus entrevistados eran emprendedores, que habían adquirido múltiples habilidades para «cubrir sus apuestas» y satisfacer las necesidades de autonomía y autoexpresión, educándose para trabajar como barberos, mecánicos diesel, tatuadores, disc-jockeys o alguna combinación de cosas. Varios trabajaban oficiosamente con horarios agotadores. Pocos tenían algún tiempo libre. Muchos de los entrevistados también rechazaban los estándares duros, estilo macho, de la generación anterior de padres. Todos abrazaban su papel como padres y deseaban tanto mantener a su familia como estar accesibles emocionalmente. Un entrevistado dijo que ser padre le «enseñó auténtico amor». Muchos reportaron estar destrozados emocionalmente a resultas de estar separados de sus hijos. «Me ha destruido», dijo uno. Edin también observó que muchos hombres solteros «se sentían degradados como hombres y devaluados como padres» como resultado directo de las políticas sociales, como cuando les «endosaban una orden de manutención sin que hubiera ningún proceso que les garantizara tiempo con los niños». La adquisición de perspectiva de Edin la llevó a concluir que: «Tras décadas de investigación sobre los pobres, hemos descubierto que un tema común es el deseo de dignidad humana básica y respeto».

Esto no quiere decir que las personas sean siempre precisas cuando comparten su perspectiva. Las investigaciones de Daniel Gilbert, Timothy Wilson y sus compañeros mostraron que estamos sujetos a muchos sesgos y puntos ciegos cuando se trata de leernos a nosotros mismos, incluyendo una tendencia al egocentrismo y a pasar por alto aspectos vergonzosos o incómodos de nuestros sentimientos y pensamientos[320]. En vez de profundizar en este gran corpus de investigación —hay unos tratamientos excelentes en el libro de Gilbert *Tropezar con la felicidad*, y en el de Wilson *Strangers to Ourselves* («Desconocidos para nosotros mismos»)—, quiero resaltar simplemente dos puntos. Primero: las personas pueden ser inconscientes a las razones auténticas por las que tienen los pensamientos y sentimientos. De modo que puede ser mejor empezar el proceso de adquisición de perspectiva pidiéndoles que describan *su* perspectiva en vez de que expliquen por qué es esa. Explicar *qué* pensamos y sentimos conscientemente es una tarea mucho menos dependiente de conjeturas y propensa a errores. Segundo: podemos ayudar a las personas a expresar su perspectiva con mayor precisión evitando preguntas que simplemente confirmen nuestras propias creencias sobre ellas. Preguntar a un político conservador: «¿Por qué te parecen tan amenazadores los liberales?», es probable que sea contraproducente. Ese tipo de preguntas tienden a poner a la otra persona a la defensiva y a elicitar información que confirme nuestras creencias. Pero si tenemos una mente abierta cuando interrogamos a la gente y preguntamos de una forma genuina sobre cómo están pensando y sintiendo, es probable que nos sorprendan con información que nos permita verlos como individuos distintivos en vez de a través de estereotipos. Preguntar a un político conservador: «¿Qué opinas de la subida del salario mínimo?», puede inspirar una discusión más razonada e ilustrativa.

Pedir a otros que compartan su perspectiva no solo lleva a una comprensión mucho más precisa entre las personas sino que crea una fuerza enlazadora, que a su vez engendra lecturas mutuas aún más profundas y valiosas. El poder de las preguntas para crear aprecio y calidez entre las personas quedó demostrado en una notable investigación realizada por el psicólogo social Art Aron y su esposa, la psicóloga clínica Elaine Aron. Estaban interesados en la manera en que se podían crear lazos de intimidad entre personas desconocidas una para la otra. Después de muchas investigaciones, crearon lo que denominaron «procedimiento de amistades rápidas»[321].

Se emparejaba a dos desconocidos, y cada uno le hacía al otro una serie de treinta y seis preguntas, que los Aron fueron afinando con el tiempo. Las preguntas empezaban con: «Si pudieras elegir a cualquier persona de cualquier lugar del mundo, ¿a quién invitarías a cenar?». La siguiente era: «¿Te gustaría ser famoso? ¿De qué forma?». La tercera: «Antes de hacer una llamada telefónica, ¿ensayas lo que vas a decir?». La cuarta: «¿Cómo sería para ti un día "perfecto"?». Al ir avanzando por la lista, las preguntas se volvían cada vez más personales; por ejemplo: «¿Cómo te sientes respecto a tu relación con tu madre?» y «Si fueras a morir esta noche sin tener ninguna oportunidad de comunicarte con nadie, ¿qué es lo que más lamentarías no haberle dicho a alguien?, ¿por qué no se lo has dicho todavía?». Compartir vulnerabilidades en un entorno seguro estimula la conexión. Este procedimiento genera de manera consistente sentimientos de cercanía, superando el impacto de cualquier desacuerdo en diversas cuestiones de gustos personales que esperamos que tengan importancia. Llevó incluso a una propuesta de matrimonio como mínimo.

La investigación de los psicólogos sociales Elizabeth Page-Gould y Rodolfo Mendoza-Denton mostró que el procedimiento de amistades rápidas se puede usar como una intervención para mejorar la pertenencia social. Reunieron a estudiantes universitarios latinos y blancos e hicieron que aplicaran unos con otros la lista de preguntas, con una pareja de la misma etnicidad o con una de la opuesta[322]. Descubrieron que la experiencia de realizar esta actividad con una persona de etnicidad diferente ayudaba de una forma especialmente poderosa a los estudiantes latinos que estaban preocupados por que los rechazaran debido a su ascendencia. Después, estos estudiantes reportaron sentirse más satisfechos con su experiencia en la universidad y estaban más dispuestos a animar a un amigo a que se inscribiera, en comparación con los estudiantes latinos que habían realizado el procedimiento con una pareja de su misma etnicidad. Existen incluso algunas evidencias, obtenidas en un estudio posterior, de que este procedimiento reduce la reactividad del cortisol —una firma biológica de la amenaza de la evaluación social— tanto entre los estudiantes latinos como entre los blancos cuando interaccionaban cruzando la línea racial. Además, entre los participantes que tenían una imagen relativamente más negativa del otro grupo étnico, hacer un amigo al otro lado de la línea étnica los animó a iniciar más conversaciones interraciales en su vida cotidiana fuera de la facultad. Una única amistad puede representar una diferencia enorme, no solo al enlazar a las personas entre ellas sino al enlazarlas con sus mundos respectivos. En cuanto a esto, Eminem, Katharine Graham y muchas otras personas de éxito que triunfaron en un mundo donde eran extraños señalaron que tenían «un amigo dentro» que sirvió como puente entre mundos.

¿Por qué preguntar a las personas cosas sobre ellas es un agente tan poderoso en la formación de lazos? Un motivo es que es afirmador para los otros, al hacer que sientan que son interesantes y que ese interlocutor en concreto los considera dignos de atención. Otro motivo es simplemente que llegamos a conocer mejor al otro, con lo que construimos relaciones más auténticas y aprendemos cómo proporcionar un apoyo más individualizado.

Los tutores pueden aprovechar con grandes efectos el poder de la adquisición de perspectiva. Un buen tutor es la intervención educativa más eficaz, y una única sesión puede producir ganancias de aprendizaje notables incluso entre estudiantes alienados de bajo rendimiento [323].

El psicólogo social Mark Lepper dirigió una investigación brillante sobre lo que hace que algunos tutores sean mucho más eficaces que otros [324]. Organizó su laboratorio como una miniaula, con videocámaras para grabar las sesiones de tutoría, y él y su colaboradora María Woolverton reclutaron tutores y una serie de alumnos de diez años que tenían problemas con las matemáticas. A continuación, observaron las sesiones grabadas de los tutores que habían obtenido resultados mediocres con las de los que habían obtenido resultados superiores.

¿Qué diferenciaba a los tutores superiores? Por un lado, en vez de entrar directamente en materia y ponerse a enseñar, hacían preguntas a los estudiantes sobre sus aficiones e intereses. Como en las treinta y seis preguntas de Aron, estas cuestiones afirmaban a los estudiantes y los hacían sentirse vistos como una persona completa, no solo como «un chico con problemas con las matemáticas». Afirmados sobre su valor como individuos interesantes, los estudiantes se sentían más cómodos para afrontar desafíos. Hacer estas preguntas también ayudaba a los tutores a comprender qué motivaba a los estudiantes individuales.

Las preguntas también creaban una conexión entre tutor y estudiante, y los tutores no las limitaban a esa fase de apertura de las sesiones. Los tutores superiores seguían preguntando cosas, manteniendo al niño como un participante pleno en el proceso de su propio aprendizaje. Un detalle notable es que cuando Lepper y Woolverton codificaron las transcripciones de las sesiones, descubrieron que el 90 % de las frases del tutor eran preguntas. En vez de explicar, por ejemplo: «Tienes que empezar a sumar por la columna de las unidades, no la de las decenas», preguntaban: «¿Por dónde empezamos? ¿Por las unidades o por las decenas?». Al escuchar esas interacciones, uno diría que eran los estudiantes los que les estaban explicando las cosas a los tutores. Para continuar descubriendo las lagunas exactas en la comprensión del niño, los tutores superiores, cuando un estudiante daba una respuesta incorrecta, podían decir: «Explícame mejor por qué crees eso». Esto llevaba al estudiante a darse cuenta de que su línea de pensamiento era incorrecta. Me gusta pensar en estos tutores sabios como sherpas de los estudiantes, que los van guiando para que asciendan ellos solos a la cima.

Lepper ha aplicado las ideas obtenidas de su investigación sobre los tutores expertos a su trabajo para la Marina de Estados Unidos, en la enseñanza de las tecnologías de la información a los cadetes[325]. Esta es una de las líneas educativas más populares de la Marina, pues las capacidades que da son críticas para el manejo de barcos enormes y para operar con tecnologías interconectadas complejas. Lepper formó parte de un equipo que creó un programa llamado «tutor digital», basado en su investigación sobre las tutorías, que tiene una interfaz lo más parecida posible a un tutor sabio humano. Hace preguntas en vez de disertar, proporciona pistas que ayudan a los aprendices a descubrir las respuestas por sí mismos y afirma a los aprendices indirectamente en vez de directamente. Los resultados han sido espectaculares: el rendimiento de los cadetes en las pruebas se elevaba al nivel de marinos curtidos en menos de un mes. Una variación posterior del tutor digital se utilizó con veteranos desempleados, y ayudó a la inmensa mayoría a conseguir trabajo en tecnologías de la información en Microsoft, Amazon y otras empresas tecnológicas.

+ + + +

Todos hemos oído que empatizar con otros es una cuestión de meternos en su piel. Pero con personas que tienen unas experiencias vitales y unas perspectivas tan diferentes, cuando intentamos hacer eso, es posible que desbarremos. Necesitamos encontrar formas de cultivar una empatía auténtica; es una misión que se ha vuelto muy urgente en nuestra sociedad cada vez más diversa y dividida[326].

Un enfoque prometedor, que ha recibido muy poca atención, se desarrolló cuando yo estaba terminando mis estudios en Stanford; el responsable fue un compañero de posgrado llamado Ronaldo Mendoza[327]. Mendoza quería determinar cómo podríamos comprender genuinamente la experiencia de otra persona, especialmente cuando nos ofendemos por algo que esa persona ha dicho o hecho. Mendoza tenía buenas expectativas, y escribió que debido a que no hay dos personas iguales, cada encuentro «es una ocasión para trabajar la empatía», y que con cada encuentro «nos convertimos de nuevo en estudiantes».

Realizó un ingenioso experimento que proporcionó una estrategia potente para crear empatía[328]. Mientras que prácticamente todas las investigaciones que he descrito en este libro fueron publicadas en revistas con revisión por pares, este trabajo de Mendoza no lo fue. No pasó al entorno académico, por lo que, al igual que gran parte de su tesis de doctorado, su trabajo duerme en una estantería sin ser usado ni reconocido. Pero creo que está entre los estudios sobre la empatía más importantes jamás realizados, y, como veremos en el capítulo 13, investigaciones posteriores han apoyado este nuevo enfoque sobre la forma de promover empatía al otro lado de las divisiones políticas.

Mendoza reclutó parejas románticas o amistades estrechas de la universidad, e hizo que acudieran preparadas para debatir algo que la otra persona hubiera hecho que les hubiera molestado. En el laboratorio, cada persona compartía su queja con su amigo o pareja. A continuación, los dos miembros de la pareja puntuaban cuánto sentían que entendían a su contraparte y cuánto sentían que su contraparte los entendía a ellos.

En el paso siguiente, con un grupo de estas parejas, Mendoza pidió a cada persona que «pensara en el incidente que ha relatado e intentara ponerse en el lugar de su pareja». Esa es una inducción de empatía estándar. Se les pedía que describieran por escrito la situación en que se encontraba el otro y cómo ellos «se habrían sentido y comportado de haber estado en esa situación». Por ejemplo, una joven destacó como queja el hecho de que su novio había estado consolando a su exnovia antes de atenderla a ella cuando las dos fueron al hospital después de que unos amigos se hubieran visto envueltos en un trágico accidente. La joven intentó ponerse en la situación de su novio e imaginarse cómo ella se habría sentido y comportado.

Con un segundo grupo de parejas, Mendoza puso a prueba una intervención nueva. Les pidió en cambio que pensaran en el incidente que habían comentado y que describieran qué creían que su pareja «estaba *sintiendo* cuando hizo lo que le había molestado». No les pidió que pensaran en cómo la situación les habría hecho sentirse *a ellos*, sino cómo habría hecho sentirse *a su pareja*. A continuación, les pidió que recordaran una *situación análoga* de *su* propia vida «en la que hubieran sentido algo similar a lo que creían que su pareja podía haber sentido». Mendoza sugirió que esta estrategia tenía más posibilidades de evocar lo que realmente queremos decir con la palabra *empatizar*, pues, señala, el origen germánico de la palabra, *einfühlen*, significa literalmente «*sentirse* uno mismo en».

En ambos grupos, cada miembro de la pareja se turnaba para compartir su respuesta escrita con el otro miembro. En otras palabras, *daban* su perspectiva y *obtenían* la perspectiva de su contraparte. A los dos miembros de cada pareja se les pedía entonces que puntuaran de nuevo cuánto sentían que entendían a su contraparte y cuánto sentían que su contraparte los entendía a ellos.

Tras recopilar los datos, Mendoza descubrió dos cosas. Para el primer grupo descubrió que no había habido un aumento en cuánto puntuaban los miembros de las parejas su propio grado de comprensión y el grado de comprensión de su acompañante; de hecho, hubo algunas personas que reportaron sentir *menos* comprensión por parte de su pareja. ¿Por qué?

Porque gran parte de las veces, cuando nos imaginamos en la situación de otra persona, concluimos que: «¡Yo no habría hecho lo que hizo ella!». Esto nos vuelve menos empáticos. Por ejemplo, la joven cuyo novio consoló a su exnovia en el hospital escribió: «Yo me habría asegurado de que mi pareja estuviera bien antes de ir a consolar o a ver cómo estaba otro amigo». Tras la intervención, su valoración de cuánto entendía a su novio bajó de 6 a 2 en una escala de 9. La puntuación de su novio en cuanto a cómo de comprendido se sentía bajó de 7 a 2.

El segundo descubrimiento fue que la intervención empática basada en las emociones aumentó el entendimiento mutuo. Este salto en las puntuaciones dadas por las parejas de este grupo era significativamente mayor que el cambio en las puntuaciones dadas por las parejas del primer grupo. Consideremos la reacción de otra mujer cuya queja era que su novio hizo comentarios sobre «lo atractivas que eran algunas chicas». Él había afirmado, escribió ella, que simplemente estaba «constatando un hecho» y que no había por su parte ningún intento velado de criticarla a ella. Para su ejercicio, ella se imaginó en una situación que no tenía gran parecido factual pero que sí era muy similar emocionalmente:

Pensé en una situación análoga que ocurrió en el instituto, cuando yo comenté que la poesía de una amiga no era potente ni efectiva, y ella se lo tomó mal. Supongo que [mi] sentimiento [era] que yo estaba diciendo algo que era verdad, pero mi amiga no quería oírlo.

Su valoración de cuánto entendía a su novio subió de 7 a 8, pero, lo que fue más impresionante, es que su valoración de lo comprendida que se sentía subió de 2 a 7. Mendoza reportó que hubo varios momentos intensos de conexión en las parejas del grupo de empatía basada en emociones, y algunos participantes comentaron que la otra persona «por fin lo pillaba» en lo que respectaba a la queja planteada.

Todos tenemos un banco de experiencias y recuerdos que podemos usar para aumentar nuestra empatía con los demás, si estamos dispuestos a ello. Podemos tratar nuestros recuerdos como piedra de toque para obtener una conexión mayor en vez de como pesadas losas de autorrecriminación.

Pensar en situaciones análogas en las que nos hemos sentido de forma parecida a alguien que nos ha ofendido, o nos ha respondido de una forma que no nos gusta, nos ayuda a interpretarlos mejor y a apreciar los factores de la situación que afectan a su comportamiento.

No podemos, y no deberíamos, intentar dejar de obtener una buena lectura de los demás. Las interacciones sociales positivas y las conexiones que apoyan la pertenencia dependen hasta cierto punto de la capacidad de las personas para leer bien a los demás. La palabra operativa aquí es «bien». Demasiado a menudo, las malinterpretaciones reescriben las situaciones a peor.

Uno de los privilegios que tengo como científico social es algo que se nos presenta demasiado poco en nuestra vida social cotidiana: la oportunidad de descubrir cuánto me equivoco. El proceso de diseñar un experimento nos obliga a especificar una hipótesis y ponerla a prueba. A los datos les da igual lo que pensemos. Hacemos una pregunta, y el análisis de los datos, tal como lo veo, es una forma de escuchar. Si nuestra teoría sobre lo que hacen las personas es incorrecta, lo descubrimos. Como resultado, he tenido muchos viernes malos —es el día en que llegan los datos—, pero en nuestra vida social cotidiana rara vez tenemos la oportunidad de descubrir lo equivocados que estamos. No suele ser evidente, y no hacemos preguntas para poner a prueba nuestras ideas. Nuestros sesgos mentales no solo causan errores, sino que nos ciegan a su existencia. Mi impresión es que son estos sesgos cognitivos, más que cualquier fallo moral, los que causan tantas incomprensiones y conflictos. Al alimentar la consciencia de lo que Emily Pronin denomina nuestro «punto ciego de sesgo» [329], podemos estar a la altura de tres desafíos:

1. **Humildad:** Estar en guardia ante una fe desmesurada en nuestros juicios y nuestra tendencia a asumir que lo que creemos sobre los demás es correcto.

2. **Empatía:** Intentar apreciar que las ansiedades e inseguridades de otras personas modelan sus comportamientos tanto como nuestras ansiedades e inseguridades modelan el nuestro.

3. **Comunicación:** Preguntarles a las personas su perspectiva, porque cuando no preguntamos, nos privamos de la oportunidad de aprender y conectar.

Hacer frente a estos desafíos y superar nuestros sesgos es un trabajo duro. Pero usando las herramientas de adquisición de perspectiva que se han introducido aquí, y practicando las técnicas de autocuidado psicológico que nos limpian de preocupaciones la cabeza y el corazón, podemos cambiar a mejor la forma en que leemos a los demás.

El lema podría ser: «No solo leas, escucha». Siempre estaremos barajando teorías sobre las personas que conocemos, pero podemos alejarnos un paso de estas teorías en nuestra mente y obligarnos a reconsiderarlas. Podemos recordarnos que debemos intentar entender la situación tal como la ve y la siente la otra persona, al margen de cuánto estemos en desacuerdo en la superficie. Y no importa lo raro que parezca ser alguien, podemos considerar la posibilidad de que, debido a nuestra programación cultural, los raros seamos nosotros[330]. Con estos bocados de sabiduría y con mucha práctica podemos mejorar mucho en cuanto a preguntar en vez de asumir, en la lectura de las situaciones y cómo están afectando a las personas, y en el cultivo de la empatía basada en sentimientos de fraternidad.

Parte III

Estimular la pertenencia en todos los ámbitos de la vida

9

La pertenencia en la escuela

Crear situaciones que ayuden a los estudiantes a desarrollarse

A veces, el más pequeño gesto de reconocimiento y apoyo puede convertir una situación que parece extraña y amenazadora en otra que se siente invitadora y cordial.

Un fresco día de otoño llevé a mi hija a su primer día de orientación para secundaria. Estaba a punto de empezar sexto curso. Cuando cruzamos la entrada de lo que parecía un extenso campus en comparación con la pequeña escuela de primaria a la que estaba acostumbrada, me sentí cohibido, sin saber adónde ir ni qué hacer. No puedo ni imaginar cómo se sentiría mi hija, aunque tenía algunos indicios. Se había encogido un poco, como si cargara un peso, con los brazos colgando por delante de ella como si se preparase para frenar una caída. Intenté encontrar algunas palabras que le dieran confianza. Pero antes de que pudiera hablar, una estudiante sonriente y animada se acercó a nosotros y nos saludó con un alegre «¡Hola!». Empezó a charlar con mi hija. Era su segundo día en la escuela, explicó, y luego le preguntó a mi hija dónde había estudiado primaria. Las dos habían ido a la misma escuela y pronto descubrieron que habían tenido a la misma profesora de primer curso, mostrándose de acuerdo en lo bien que lo habían pasado con ella. Mi hija sonrió y se relajó. Entonces la otra chica le presentó a algunas compañeras más, y al cabo de poco tiempo, mi hija se fue andando alegremente con sus nuevas amigas a explorar el campus.

Desde nuestros primeros momentos en la escuela, a través de las muchas progresiones de curso a curso, de secundaria al instituto, y, para algunos, a la universidad, podemos vernos asaltados por la incertidumbre de pertenencia. Las escuelas pueden ser competitivas, incluso en los primeros cursos, no solo académicamente sino socialmente. Algo que pone las cosas más difíciles todavía es que los estudiantes entran en la escuela con un amplio abanico de experiencias vitales que los preparan de formas diferentes para aprender y socializar. Para un chiquillo, ir por primera vez a la escuela puede ser una de las transiciones vitales más emocionantes y, a la vez, más terroríficas. A cada paso del camino aparecen nuevas amenazas a la pertenencia, ya sea ser asignados a un profesor nuevo, intentar entrar en un equipo deportivo o en la banda, o enfrentarse a la presión de los pares para beber alcohol o tomar drogas. Las redes sociales han añadido gasolina al fuego con su panoplia de formas de excluir, acosar y humillar a los compañeros de clase.

Gran parte del debate sobre la incertidumbre de pertenencia en las escuelas se ha enfocado en las experiencias de los estudiantes de minorías porque estos se enfrentan a desafíos especialmente intimidantes. Pero incluso los estudiantes que puede parecer que «lo tienen todo», porque son populares o vienen de una familia acomodada y destacan tanto académicamente como en actividades extracurriculares, pueden estar acosados por las dudas sobre su pertenencia. Cuando leía las memorias del antiguo vicepresidente de Estados Unidos Dick Cheney, *In My Time*[331] («En mis tiempos»), me sorprendió descubrir que había experimentado una intensa incertidumbre de pertenencia cuando asistió a la universidad de Yale. Fue admitido en 1959 pero la abandonó poco después del primer curso. En el instituto había sido un buen estudiante y una estrella del fútbol americano, y había conseguido una beca completa, pero rindió muy mal en las clases de Yale. «Encontré unas cuantas almas afines, jóvenes como yo, que no se estaban adaptando muy bien y compartían mi opinión de que la cerveza era una de las cosas esenciales de la vida —escribe—. Seguí acumulando malas notas y advertencias disciplinarias». Cheney cuenta que sentía que no encajaba en el campus. Se había criado en la población rural de Casper (Wyoming), y jamás había viajado hacia el Este más lejos de Chicago antes de ir a Yale. Cuando se apeó del tren en New Haven, recuerda que: «Me sentía un poco como si hubiera llegado a otro país».

Esto era cierto incluso a pesar de que su mejor amigo del instituto se reunió allí con él. Se sentía tan incómodo con sus compañeros de clase de Yale que solo hizo un pequeño grupo de amigos. «Muchos de mis compañeros habían ido a la escuela preparatoria —escribe—. Habían tenido experiencias muy diferentes a la mía y sabían cosas que yo no. A veces me parecía como si estuvieran hablando en otro idioma».

Tras regresar a su casa fue a estudiar a la universidad de Wyoming, donde se sentía cómodo y le fue muy bien. Cheney siguió adelante y se convirtió en el consumado hombre de Washington que fue, la persona más joven nombrada jefe de gabinete de la Casa Blanca, a la edad de treinta y cuatro años. Después consiguió un escaño en la Cámara de Representantes, que mantuvo durante diez años, tras lo cual llegó a secretario de Defensa y después a vicepresidente. No carecía de ningún talento fundamental para pertenecer, y su experiencia en Yale muestra cómo incluso estudiantes que han destacado académica y socialmente en una situación escolar pueden tener problemas para pertenecer en otra.

La comunidad educativa ha reconocido cada vez más la importancia de la pertenencia en la experiencia de los estudiantes, y el papel que profesores y administradores pueden representar en apoyarla. Un corpus de investigación sustancial ha establecido que los estudiantes que dicen tener un fuerte sentimiento de pertenencia tienden a estar más motivados para aprender, obtienen mejores resultados académicos, tienen mejores tasas de asistencia, cometen menos infracciones y caen menos en comportamientos dañinos para la salud, y tienen más autoestima y mejor salud mental[332]. Se han desarrollado algunos medios maravillosos para alimentar la pertenencia en las escuelas, aunque todavía hace falta trabajar mucho más en ello y adoptar los métodos efectivos a una escala más amplia.

Una barrera para estimular la pertenencia de todos los estudiantes es la forma en que nosotros, como individuos e instituciones, tratamos con el abanico variado de sus antecedentes y procedencias[333]. Es un abanico muy amplio en Estados Unidos, la sociedad más diversa de la historia. Claude Steele ha argumentado que demasiados de nosotros adoptamos un enfoque daltónico a los problemas asociados con la identidad en Estados Unidos, lo que significa que, esencialmente, los ignoramos. Pero para diseñar una comunidad diversa ideal, una que, como expresa Steele, «funcione para todos, en la que todos sientan que pertenecen y pueden confiar, y sepan que no tendrán obstáculos basados en su identidad», necesitamos reconocer las formas en que las identidades de los estudiantes modelan su experiencia de la escuela. Solo entonces podemos «estructurar entornos de forma que se produzcan conexiones reales» al margen de la raza, el género, el credo y la clase social.

Las becas, las ayudas económicas para la universidad y otras fuentes de oportunidades económicas son críticas para crear escuelas más inclusivas. El economista Eric Bettinger colaboró con H&R Block para proporcionar a los estudiantes en edad universitaria de familias de bajos ingresos una sesión de asistencia de ocho minutos sobre cómo rellenar los formularios de solicitud de ayudas económicas para la universidad[334]. En relación con un grupo de control que no recibió la intervención, fue a la universidad un 8 % más de estudiantes. Si la intervención se le diera a un millón de estudiantes de familias de bajos ingresos, se estima que 80.000 más irían a la universidad. Este estudio muestra que estimular la pertenencia es en parte cuestión de proporcionar oportunidades y orientar a las personas hacia ellas.

Cuando los estudiantes están en la escuela, una gran influencia en sus sentimientos de pertenencia es la atmósfera del centro y si los administradores y profesores establecen normativas y prácticas que instilan normas de respeto e inclusión. Unos cuantos de los métodos más efectivos desarrollados hasta el momento se han descrito en los capítulos anteriores: el aula rompecabezas de Elliot Aronson, el enfoque de Elizabeth Paluck para extender una norma antiabuso en toda la escuela, y la justicia restauradora. Estos aprovechan las ideas de Kurt Lewin sobre el poder de un grupo pequeño para crear pertenencia[335]. Como hemos visto, mis compañeros y yo hemos luchado contra la amenaza del estereotipo experimentada por los estudiantes haciendo que realicen ejercicios de afirmación de valores[336]. Estos podrían implementarse con facilidad en las escuelas para animar a los estudiantes a realizar esas actividades de afirmación en momentos de estrés, como el comienzo del año escolar, antes de hacer un examen o en medio del proceso de solicitud de entrada en la universidad:

momentos en que demasiados estudiantes pueden perderse una salida o dar un giro a peor. Como hemos visto, las escuelas también pueden estimular la pertenencia haciendo que los estudiantes veteranos compartan con los que acaban de llegar (a la secundaria, al instituto, a la universidad o al posgrado) su experiencia de haberse sentido inseguros sobre si encajaban y a dónde pertenecían[337]. Greg Walton, David Yeager, René Kizilcec y sus compañeros han demostrado que este tipo de intervenciones sabias se pueden realizar *online* con miles de estudiantes.

Los efectos de las intervenciones sabias pueden incluso extenderse de una persona a otra, elevando el rendimiento para todas. Una investigación dirigida por un antiguo estudiante mío, Joseph Powers, descubrió que cuando, por casualidad, uno o dos estudiantes en peligro han sido asignados a una intervención de afirmación de valores en su clase, los beneficios se esparcen y aumenta el rendimiento de sus compañeros de clase de todas las procedencias[338]. Al tener menos estudiantes con problemas en su clase, los profesores pueden atender a más niños porque tienen más tiempo y recursos para usar.

La forja de conexiones más fuertes con estudiantes de todos los niveles debería ser también una prioridad. Los educadores hacen esto de forma intuitiva, en pequeños grupos por todo el país, especialmente en los primeros años. La profesora del jardín de infancia de mi hijo visita todos los hogares de los niños al principio del curso, durante media hora, para conocer un poco mejor a sus futuros alumnos y conocer cuáles son sus juguetes favoritos. Esto ayudó muchísimo a que mi hijo se sintiera cómodo en la transición al jardín de infancia. Erin Gruwell trabajó en California con adolescentes de riesgo, e hizo que llevaran un diario por escrito en el que relatar sus problemas, sus valores personales y sus historias, como describe en su libro *El diario de los escritores de la libertad* (fue llevado al cine con Hilary Swank)[339].

Pero cuando los niños alcanzan cierta edad, alrededor de los doce años, es como si se nos olvidara la importancia de la conexión[340]. Como lleva mucho tiempo señalando la eminente psicóloga educativa Jacquelynne Eccles, el cuidado de las conexiones con los estudiantes pasa a un segundo plano respecto a la preparación para las pruebas y el orden social. Pero, de hecho, la importancia del sentimiento de pertenencia no hace más que crecer cuando los niños entran en la adolescencia, y sigue siendo un elemento clave en cada peldaño de la escalera educativa, incluyendo la universidad y los estudios de posgrado. Por ejemplo, Greg Walton y yo descubrimos que basta con proporcionar a los estudiantes universitarios la oportunidad de realizar junto a otras personas una tarea insulsa, como girar clavijas en un tablón de madera, lo cual hace que se sientan mucho más motivados para apuntarse a hacerlo.

Los programas de tutoría son un potente vehículo para establecer y proteger la pertenencia, y las escuelas deberían implementarlos si no los ofrecen ya. Muchas organizaciones fuera de la escuela ofrecen tutorías para niños y jóvenes adultos. Big Brothers Big Sisters of America, que pone en contacto a tutores con jóvenes de riesgo, ha demostrado ser efectivo[341]. Mi inspiración para realizar investigación sobre las tutorías surge de mi propia experiencia como tutor en el instituto, la universidad y la escuela de posgrado. He visto de cerca el gran impacto que pueden tener los tutores al ayudar a que los marginalizados sientan que pueden pertenecer.

Greg Walton, Shannon Brady y yo realizamos una investigación que examinaba las tutorías para los universitarios negros, pues habíamos visto que a menudo experimentaban la incertidumbre de pertenencia[342]. Nuestro estudio descubrió que establecer una relación con un tutor ayudaba a estimular el sentimiento de pertenencia de los estudiantes negros. Por añadidura, muchos de esos estudiantes desarrollaban un vínculo duradero con su tutor, quien los ayudaba a seguir carreras más satisfactorias personalmente después de que se graduaran. También dan fe de los efectos positivos de las tutorías para todos los estudiantes universitarios los resultados de una encuesta Gallup que rastreaba las trayectorias de más de 30.000 licenciados de la universidad. Descubrió que uno de los predictores más fuertes de que los licenciados comunicaran que se sentían implicados en su trabajo y prosperaban en la vida no era si su universidad era pública o privada, pequeña o grande, selecta o no, sino el hecho de que cuando estaban en ella habían encontrado un tutor que los apoyaba y «los animaba a perseguir sus sueños».

Las psicólogas sociales Tara Dennehy y Nilanjana Dasgupta descubrieron fuertes efectos de las tutorías para ayudar a las mujeres estudiantes a superar los efectos de la amenaza del estereotipo en la educación STEM [343]. Reclutaron a 150 mujeres estudiantes que acababan de entrar en la universidad y planeaban dedicarse al programa de ingeniería, y las dividieron al azar en tres grupos. El primer grupo se reunió con una tutora, una estudiante de su mismo género que iba unos años por delante y ya conocía los entresijos de aquello. El segundo grupo se reunió con un tutor también, pero en este caso era un hombre en vez de una mujer. El tercer grupo no recibió tutoría. Las estudiantes con tutores se reunieron con ellos una media de solo cuatro veces, durante alrededor de una hora, a lo largo del primer curso en la universidad. Además, de vez en cuando, podían ponerse en contacto para preguntar algo al tutor por e-mail o por mensajes de texto.

El gran descubrimiento fue que las mujeres con una tutora mantuvieron su sentimiento de pertenencia a las ingenierías durante los siguientes dos años, hasta bastante después de que hubiera finalizado el programa, mientras que las mujeres de los otros dos grupos mostraron un declive constante en su pertenencia, aunque la pendiente era un poco menos inclinada para las mujeres con un mentor masculino. Este descubrimiento es importante porque el sentimiento de pertenencia es el predictor número uno de la persistencia en el programa de ingeniería, clasificándose incluso por encima de la nota media global [344]. Ni una de las mujeres con mentora femenina abandonó el programa al final del primer curso, en comparación con el 15 % que lo abandonó en los otros dos grupos. Es una ganancia inmensa a cambio de cuatro horas de tutoría.

Aunque las sesiones de tutoría eran breves, su éxito se podía atribuir al hecho de que estaban bien diseñadas. Las investigadoras no se limitaron a juntar tutores y tutorizadas y decir «ahí vais», como sucede en muchos programas de tutoría. Realizaron una sesión previa para entrenar a los mentores sobre cómo compartir historias de sus propias experiencias con la incertidumbre de pertenencia y la forma en que las afrontaron, basándose en los mensajes clave que Greg Walton y yo habíamos creado para nuestra intervención de pertenencia social: los obstáculos son normales, y se pueden superar con tiempo y estrategia. Y, en efecto, el proceso por el cual los estudiantes ganaron conocimientos se aceleró, de modo que las lecciones que los tutores habrían deseado haber aprendido antes eran pasadas ahora a la siguiente generación de estudiantes cuando entraban en la universidad. Los tutores también iniciaron actividades sociales para construir una conexión personal fuerte con las tutorizadas. Además, las orientaron, ayudándolas a establecer una red social y señalándoles recursos que les ayudarían a avanzar en sus carreras, como las prácticas de verano. Todos estos aspectos de la tutoría estaban dirigidos a ayudar a las estudiantes a encauzar su situación. También enviaban un mensaje psicológico potente: «Creemos en ti. Convertirte en ingeniera no es un sueño descabellado».

Los tutores varones ayudaron a las mujeres a mantener notas altas en ingeniería durante el primer curso, pero eso no se tradujo en una mayor retención del programa de ingeniería o, para el caso, en un deseo de hacer carrera o conseguir un grado avanzado en STEM. Por contraste, las tutoras mujeres sí promovieron esos desenlaces. Una posibilidad firme es que las mentoras mujeres proporcionaban dos cosas que los hombres no podían dar: un ejemplo de éxito para su género, alguien «como ellas» que había tenido éxito y demostraba que era posible, y una información a la medida sobre cómo afrontar la incertidumbre de pertenencia debida a ser mujeres en un entorno predominantemente masculino.

Que la tutora fuera mujer también disminuía la amenaza de acoso sexual, que puede tener efectos devastadores en el sentimiento de pertenencia de las personas. La escritora Naomi Wolf recuerda los efectos traumáticos de un incidente de acoso, cometido por el eminente erudito Harold Bloom, que experimentó cuando estudiaba en Yale. Wolf estaba interesada en escribir poesía y lo respetaba como un importante crítico literario. Durante una reunión con él, Bloom le apoyó la mano en la cara interior del muslo. Aquello «destrozó mi sentimiento de ser valiosa para Yale como estudiante», cuenta. Ciertamente, las investigaciones han descubierto que hacer que las estudiantes simplemente *imaginen* que un profesor se les insinúa hace que duden de sus capacidades académicas, expresen menos interés en el campo de ese profesor y experimenten un descenso de autoestima[345]. Esos efectos se encontraron en estudiantes tanto mujeres como hombres, aunque el impacto era ligeramente mayor en las mujeres.

Otra forma de estimular la pertenencia en los centros de enseñanza es la «pedagogía culturalmente relevante» (PCR) [346]. La PCR hace referencia a las prácticas educativas que dan prioridad al éxito de los estudiantes, proporcionan formas para que los estudiantes conserven su integridad cultural y estimulan su capacidad para comprometerse críticamente con el contenido académico. Tom Dee, que ha estudiado extensamente la PCR, me dijo que se parece a «una intervención psicológica social inusualmente intensiva y sostenida». Dee y sus compañeros se inspiraron en un corpus de enseñanza cualitativa antiguo e influyente que subrayaba el poder educativo de la PCR para los estudiantes de color, incluyendo la investigación pionera de Gloria Ladson Billings. La investigación de Dee en dos distritos escolares del Área de la Bahía proporcionó pruebas del impacto positivo de la PCR. Un estudio se centraba en una asignatura de estudios étnicos impartida en noveno curso en el distrito escolar unificado de San Francisco. Un segundo estudio, en el programa African American Male Achievement (AAMA) de Oakland, una iniciativa expuesta en un excelente libro de Na'ilah Suad Nasir y sus compañeros, *We Dare Say Love* («Nos atrevemos a decir amor»). El AAMA se centra en un curso que proporciona a los jóvenes negros narrativas afirmadoras para entenderse a sí mismos, su identidad racial, la historia africana y afroamericana e incluso el sentido de la vida. Los estudiantes de ese curso reportan que se sienten vistos como seres humanos y no bajo el prisma de un estereotipo.

En una evaluación rigurosa del curso de estudios étnicos, Dee y su coautora, Emily Penner, descubrieron que aumentaba la nota media global de los estudiantes en unos sorprendentes 1,4 puntos. Es una mejora de casi un punto y medio entero. Cuatro años más tarde, aproximadamente el 90% de los estudiantes que habían dado ese curso se graduaron en el instituto, en comparación con el 75% de sus pares. El segundo estudio, el realizado sobre el AAMA, descubrió que redujo prácticamente a la mitad la tasa de abandono entre los muchachos negros en edad de instituto y que tuvo beneficios colaterales en las tasas de abandono de las chicas negras. «Muchos estudiantes históricamente marginalizados experimentan las escuelas como espacios altamente alienados», afirmó Dee en una entrevista, y añadió que el impacto de estos programas «nos desafía a reconsiderar radicalmente la forma en que pensamos sobre la promoción de la equidad en la educación». Los resultados de Dee proporcionan pruebas de peso de que un modelado de situaciones inteligente puede cambiar las trayectorias vitales de los estudiantes.

Los profesores, individualmente, en sus interacciones diarias con los estudiantes, también pueden hacer mucho para estimular el sentimiento de pertenencia de estos. De hecho, las investigaciones sugieren que la calidad de la relación profesor-alumno tiene un fuerte impacto en la pertenencia del estudiante, a menudo mayor que el de la relación del estudiante con sus compañeros[347].

Un amigo mío llamado Steve, que se crio en la pobreza en el medio oeste estadounidense, me contó una historia sobre cómo una profesora le cambió la vida. Cuando era pequeño había esperado continuar su vida de pobreza porque no le iba bien en la escuela. Tenía la sensación de que la mayoría de los profesores lo veían a través del estereotipo de ser simplemente otro chico de granja pobre con escaso potencial.

Pero su profesora de cuarto, la señorita Zinn, era una aguda observadora. Se dio cuenta de que aunque Steve hacía bien los deberes, siempre se equivocaba cuando ella escribía un problema en la pizarra. Un día, cuando los demás salían al recreo, le dijo que se quedara en clase; entonces le pidió que leyera lo que ella había escrito en la pizarra, y se dio cuenta de que no lo podía ver y que necesitaba gafas. En cuanto le pusieron unas, empezó a destacar. Pero la señorita Zinn lo ayudó a ver mejor no solo de forma literal: también lo ayudó a ver mejor su propio potencial. Le dio trabajo extra; él estuvo a la altura del desafío. Le dijo que podría ganarse la vida «con su cerebro, no con su espalda», y que tenía el potencial para llegar lejos. Y él llegó.

Buena parte de la formación de los profesores incluye algunos conocimientos sobre cómo impulsar la pertenencia de los estudiantes; una encuesta entre profesores de Estados Unidos indicó que el 76 % de los encuestados había recibido algo de formación en esa línea, y la mayoría deseaba más[348]. Ayudar a que los profesores cuiden la pertenencia de sus alumnos ha sido el punto destacado de las investigaciones sobre educación realizadas en mi laboratorio. Un conjunto de estudios que realizamos se centró en un problema clave: el estilo en que los profesores critican el trabajo de los alumnos. Las relaciones profesor-alumno que promueven más la pertenencia son aquellas en las que los estudiantes «se sienten respetados, estimulados y escuchados por su profesor», y donde «el profesor es justo y tiene expectativas altas»[349]. A este estilo de enseñanza, en el contexto de ofrecer comentarios críticos a los estudiantes, lo llamamos «crítica sabia»[350]. Al diseñarlo nos inspiramos en las numerosas historias de éxito de profesores y escuelas por todo el país que ayudaron a estudiantes desatendidos a alcanzar sus sueños.

Pero proporcionar comentarios que sean a la vez instructivos y estimulantes no es exactamente sencillo. Claude Steele, Lee Ross y yo lo denominamos «el dilema del mentor». Debemos proporcionar a los estudiantes la información que necesitan para mejorar su trabajo y su aprendizaje general, pero las críticas pueden socavar su confianza y su motivación. Las investigaciones muestran que las críticas son especialmente generadoras de tensión en los estudiantes de minorías, quienes generalmente son conscientes del estereotipo de que tienen menos habilidad y menos nivel de compromiso con la escuela[351]. Puede que esperen que sus profesores estén sesgados por culpa de ese estereotipo. Por la parte del profesor, la preocupación por no alterar a los niños lleva a menudo a refrenar las críticas, lo que socava el rendimiento de los alumnos. El Consejo Nacional de Investigación llegó a la conclusión de que los profesores que obtienen los mejores resultados combinan «un entorno de cuidados y apoyo» con la «presión académica», que definen como un «foco en el aprendizaje y altas expectativas». Cuando se ofrecen sabiamente, las críticas son esenciales para transmitir esas altas expectativas a la vez que alivian la comprensible desconfianza que los estudiantes de minorías pueden tener hacia sus profesores.

Steele, Ross y yo quisimos encontrar una forma de ayudar a los profesores a proporcionar comentarios que fueran bien recibidos al otro lado de la línea racial. Llevamos a nuestro laboratorio a un grupo de estudiantes de Stanford, la mitad de los cuales eran negros y la otra mitad, blancos, diciéndoles que estábamos creando una revista para reseñar perfiles de grandes educadores de todo el país. Les pedimos que escribieran una carta de recomendación para su profesor favorito y les dijimos que la mejor se publicaría en la revista. Dejamos claro que la habilidad para escribir cartas de recomendación era solo eso, una habilidad, que exigía la capacidad de redactar bien y organizar los pensamientos. El motivo de tanta alharaca era que queríamos que los participantes se tomaran la situación en serio, que se sintieran implicados en ella. Y a la luz del problema de la amenaza del estereotipo, queríamos que pensaran que la situación era una en la que los estereotipos podrían aplicarse, para que así pudiéramos determinar cómo nuestro experimento podría ayudarlos a escudarse de este miedo. También les preguntamos si podíamos sacarles una foto para acompañar el texto presentado, con lo que quedaban alertas ante el hecho de que la persona que evaluaría la carta iba a conocer su raza. Los estudiantes se esforzaron escribiéndolas, y leerlas fue inspirador.

Un equipo de ayudantes de investigación y yo nos encargamos de valorar las cartas, sin fijarnos en la etnia de los autores y haciendo la valoración antes de que se los asignara aleatoriamente a una de nuestras condiciones experimentales. En todas las cartas anotamos comentarios al margen que ofrecían propuestas de mejora, además de correcciones gramaticales.

Un grupo de estudiantes, de nuevo la mitad negros y la otra mitad blancos, recibieron dos páginas de comentarios críticos que habíamos expresado cuidadosamente de forma genérica. Aunque sustanciales, los comentarios señalaban debilidades comunes a prácticamente todas las cartas, como que la carta «tenía demasiados adjetivos y pocos ejemplos específicos», y ofrecimos sugerencias similarmente aplicables a casi todas las cartas, como que «debes darle más vidilla al texto» y «haz que la carta sea más vívida, personal y persuasiva». A los estudiantes se les dijo que un tal doctor Gardiner Lindsay había criticado las cartas, un nombre que implicaba que ese doctor era blanco.

A un segundo grupo de estudiantes les dimos las mismas dos páginas de críticas, pero en este caso iban precedidas de algún comentario positivo escrito a mano, presuntamente por el doctor Lindsay, como: «En general, buen trabajo», «Realmente se trasluce tu entusiasmo» o «Tienes ideas interesantes y señalas algunos detalles muy buenos». Estos comentarios estaban pensados para que imitaran los que hacen la mayoría de los profesores. Las investigaciones mostraban que tendían empezar acentuando lo positivo.

A un último grupo de estudiantes le ofrecimos críticas sabias, dándoles las mismas dos páginas de críticas pero precediéndolas con el siguiente comentario escrito a mano por el profesor Lindsay:

Me resulta evidente que te has tomado la tarea en serio, y voy a hacer lo mismo haciéndote unos comentarios directos y sinceros. La carta en sí está bien en principio, has seguido las instrucciones, listado los méritos de tu profesor, proporcionado pruebas que los apoyan y, lo más importante, presentado una carta bien redactada. Por otro lado, juzgando con más exigencia, la única que realmente cuenta —esto es: si tu carta sería publicable en nuestra revista—, tengo algunas reservas serias. Los comentarios que te proporciono en las siguientes páginas son bastante críticos, aunque espero que sean útiles. Recuerda: no me tomaría la molestia de hacerte estos comentarios si no creyera, basándome en lo que he leído en tu carta, que eres capaz de alcanzar el elevado estándar que he mencionado.

Esas palabras estaban cuidadosamente preparadas para reafirmar a los estudiantes y, en el caso de los estudiantes negros, contrarrestar la amenaza del estereotipo, enviando el mensaje de que el estudiante no estaba siendo visto como limitado sino como alguien que podía alcanzar más nivel. Recordando el efecto Pigmalión, también creímos que era esencial alabar a los estudiantes por su *potencial* antes que por su rendimiento actual.

Para valorar el efecto de las tres clases de crítica, pedimos a los estudiantes que rellenaran una encuesta breve sobre lo que opinaban sobre los comentarios y si deseaban o no revisar la carta, además de cuánto valoraban la escritura.

Descubrimos que las críticas sabias reducían la creencia expresada por los estudiantes negros de que sus cartas habían sido juzgadas con sesgo. Mientras que los estudiantes negros de los otros dos grupos sospecharon más sesgo que los estudiantes blancos, los estudiantes negros del grupo de la crítica sabia consideraron tanto como los blancos que los comentarios no eran sesgados. Los estudiantes negros del grupo de la crítica sabia reportaron también la máxima motivación para revisar su carta, comparados con los de los otros dos grupos. Los participantes blancos, estudiantes de Stanford que no estaban luchando contra el estereotipo racial, en general respondieron positivamente en los tres grupos; aparentemente daban por supuesto que se imponía un estándar elevado y que el crítico creía en su potencial para alcanzarlo. Pero en el grupo de la crítica sabia, todos los estudiantes, independientemente de su raza, expresaron una creencia más fuerte en que ser un buen escritor era importante para su imagen de sí mismos, y algo que podría ser la base de una futura carrera. Era como si aquel único encuentro creado en laboratorio hubiera influenciado su concepto de sí mismos.

En un experimento de seguimiento hicimos que todos los estudiantes revisaran su primer trabajo, y los resultados fueron intensos. Llevamos a nuestro laboratorio a estudiantes de STEM, hombres y mujeres, e hicimos que recibieran comentarios críticos sobre una breve charla estilo TED que les habíamos pedido que impartieran sobre su investigación favorita[352]. Esperábamos que la crítica sabia redujera la amenaza del estereotipo en las mujeres. Así fue. En comparación con las mujeres que solo recibieron comentarios críticos, las destinatarias de la crítica sabia impartieron unas charlas finales mejores, según juzgaron evaluadores independientes que escucharon las grabaciones. Un número siete veces superior incorporó alguna sugerencia clave realizada por el crítico.

Un estudio sobre la crítica sabia que realizamos mis compañeros y yo con estudiantes de secundaria proporcionó también resultados asombrosos, demostrando su poder para modelar trayectorias académicas[353]. Hicimos que estudiantes de séptimo curso escribieran un ensayo sobre algún héroe personal; una figura histórica, un familiar, un profesor, un entrenador o un amigo. Junto a los profesores de la escuela habíamos creado un módulo curricular que requería que los estudiantes y los profesores pasaran primero varias clases hablando sobre qué hace que alguien sea un héroe, y leyendo material sobre el tema. Esto eran formas de inspirar a los estudiantes para que se sintieran implicados en la calidad de los ensayos.

Junto a los profesores, establecimos cinco criterios clave para evaluar los ensayos: una introducción y una conclusión claras, argumentos convincentes, ejemplos que apoyaran sus argumentos, redacción clara y buena gramática. Dijimos a los profesores que ofrecieran a los alumnos cualesquiera ánimos y críticas que les ofrecían normalmente cuando comentaban sus ensayos, de modo que cualquier efecto de los comentarios sabios se añadiría a la situación normal.

Para un grupo de alumnos, hicimos que los profesores escribieran a mano esta nota, que es una versión simplificada de la nota de comentarios sabios usada en nuestro primer estudio: «Te hago estas críticas porque tengo grandes expectativas y sé que puedes estar a la altura de ellas». Para un segundo grupo de control, hicimos que los profesores escribieran: «Te hago estos comentarios para que tengas información sobre tu texto».

Tuvimos cuidado de mantener a los profesores ignorantes de qué alumnos recibían qué nota: hicimos que las escribieran por adelantado, y nuestro equipo de investigación las añadió al azar a los ensayos de los alumnos antes de devolvérselos. De esta forma podríamos obtener una lectura pura del impacto causal de la nota.

Entre los estudiantes que recibieron la nota de crítica sabia aumentó notablemente la cantidad de los que se tomaron el tiempo necesario para presentar un texto revisado, una opción que se les había ofrecido a todos, y en el caso de los estudiantes negros, el incremento fue colosal. Para los estudiantes blancos, el incremento fue de un 62 % en el grupo que recibió la nota genérica y un 87 % en el grupo de crítica sabia. Para los estudiantes negros, la cifra ascendió del 17 % al 72 %.

La crítica sabia aumenta la motivación de los estudiantes para mejorar su trabajo, creando confianza en los profesores a la vez que hacía que los estudiantes sintieran que estaban siendo vistos, respetados y apreciados. Lo hacía reformulando la crítica para convertirla en una reafirmación en vez de una amenaza. Desde el punto de vista de los estudiantes, la crítica significaba ahora «creo en ti» en vez de «eres tonto». Habíamos realizado el estudio con alumnos de séptimo porque habíamos descubierto que la pérdida de confianza en los profesores era un problema extendido entre los estudiantes de secundaria. En el caso particular de los estudiantes de color, la desconfianza interfiere con el aprendizaje y predice una probabilidad mucho menor de que, años más tarde, entren en la universidad[354]. La crítica sabia es importante en todas las edades, por supuesto, incluyendo en situaciones laborales muchos años después de que los estudios hayan finalizado. Pero, pensamos, los estudiantes de secundaria constituían un punto de vulnerabilidad, y por tanto una ventana de oportunidad para mejorar la confianza de los estudiantes[355].

En mi investigación con David Yeager, Julio García y Valerie Purdie-Greenaway, un análisis de los resultados del estudio realizado con estudiantes de secundaria mostró los efectos posteriores de la crítica sabia sobre esta ventana de oportunidad[356]. Los estudiantes negros que habían expresado una confianza relativamente baja en los adultos de su escuela fueron los que más se beneficiaron, tanto a corto como a largo plazo. En una encuesta realizada a final de curso, expresaron mayor confianza en sus profesores que sus compañeros del grupo de control. Al confiar más, también se metieron en menos problemas en la escuela el curso siguiente, recibiendo la mitad de citaciones disciplinarias que el grupo de control. Lo más sorprendente es que cinco años después, según los registros oficiales de inscripciones, el 70 % de los estudiantes negros que habían recibido la nota de crítica sabia se inscribieron en la universidad, comparados con el 40 % de sus compañeros.

Debe de ser increíble la influencia que pueden tener los profesores si una nota con solo una frase en un determinado momento formativo puede producir este resultado. Volviendo a la metáfora de Ray Bradbury, un acto de apoyo en el momento adecuado es como empujar la primera ficha de dominó de la fila, con fichas que se van haciendo cada vez más grandes. Una palabra tranquilizadora o una palmada en la espalda oportuna pueden parecer triviales pero ser profundamente significativas, e incluso una experiencia que cambia la vida. Pero, por supuesto, los efectos de una crítica sabia consistente y auténtica pueden ser incluso más poderosos.

La investigación sobre la crítica sabia muestra que podemos proteger la pertenencia sin sacrificar los estándares académicos. La crítica sabia les dice a los estudiantes: «el listón está alto, pero puedes pasar por encima». ¿No es evidente que los profesores deberían decirles a los alumnos que creen en su capacidad para alcanzar un estándar mayor? Ninguno de los profesores con los que hemos trabajado ha reportado que haya hecho algo así cuando critica algo. Además, la investigación sugiere que demasiado pocos profesores hacen críticas sustanciales y constructivas a sus estudiantes de minorías[357]. Kent Harber ha descubierto que los instructores blancos tienden a acallar sus críticas y a ofrecer comentarios positivos en exceso a los estudiantes de minorías, en parte por su propio temor a la amenaza del estereotipo. Eso no solo priva a los estudiantes de información con la que podrían mejorar sino que contribuye a la desconfianza, ya que los estudiantes perciben que no se les están haciendo comentarios sinceros y lo toman como un signo de que el profesor no cree en su potencial.

Sin embargo, algunos profesores practican la crítica sabia. Un compañero mío, un hombre negro llamado Mohammed, compartió una historia sobre un profesor que lo había hecho cambiar cuando era joven. Mohammed había sido un estudiante procedente de una familia de bajos ingresos, que había conseguido una beca para un instituto privado. Pero se estaba dejando llevar, me dijo. Entonces lo asignaron a un profesor de matemáticas de décimo. El profesor, un surasiático de piel oscura, lo estudió. Al cabo de pocos días, llamó a Mohammed cuando estaban saliendo de clase. «Mohammed —dijo—, la gente espera menos de ti; esperan que simplemente vayas tirando». Entonces añadió simplemente que: «Pero yo sé que eres capaz de más». Me dijo que esa única frase lo conmovió de forma duradera. Cuando le pregunté por qué, me dijo: «Me sentí visto. Mi yo completo había sido visto».

Está claro que algunos profesores hacen un trabajo maravilloso enviando un mensaje de crítica sabia a sus alumnos. Pero la investigación sugiere que muchos más podrían aprender a hacerlo. Que una notita puede marcar una diferencia enorme en el destino de los chicos negros sugiere lo raro que es que reciban incluso la mínima brizna de validación que merecen.

+ + + +

¿Los niños de minorías reciben menos validación en la escuela? Nuestra investigación sugiere que, a menudo, no es el profesor o el estudiante quienes tienen la culpa, sino la dinámica tóxica que se despliega entre ambos, como un baile en el que los dos bailarines no consiguen sincronizarse del todo y se frustran cada vez más el uno con el otro[358]. Hemos identificado esta dinámica en las interacciones de profesores con estudiantes negros, especialmente niños. Muchos estudiantes de color llegan a la secundaria motivados y confiando en sus profesores. Pero entonces se los manda desproporcionadamente al despacho del director o se los castiga, a menudo por comportamientos que no son claramente desobedientes, lo que sugiere que los profesores, a menudo de forma inconsciente, están sesgados. Esto puede ocurrir con profesores de todos los grupos étnicos, aunque la mayoría de los profesores de estudiantes negros en Estados Unidos son blancos. Como resultado, los estudiantes negros pierden la confianza en sus profesores y su sentimiento de pertenencia a la escuela decae, lo que los lleva a ser más desafiantes y más sensibles a la provocación. Entretanto, según van empeorando su comportamiento y su rendimiento, los profesores los ven como problemáticos, se hartan y recurren a acciones disciplinarias punitivas para ponerlos a raya, como envíos al despacho del director, castigos y suspensiones. Pero estas acciones a menudo solo empeoran la fuente del problema: la incertidumbre de pertenencia de los chicos. Para los profesores es demasiado fácil ceder a la susceptibilidad de la mente a emitir juicios precipitados: el error fundamental de atribución hace de las suyas. Además, el estereotipo está ahí mismo, preparado para que lo saquen del estante cultural para interpretar al chico.

La buena noticia es que, dado que este problema se apoya en un bucle de retroalimentación entre profesores y estudiantes, una pequeña interrupción en el momento adecuado puede representar una gran diferencia a largo plazo. Cuando se les asegura a los estudiantes en el momento justo que son respetados y que los profesores creen en su potencial, se crea una nueva dinámica de éxito.

Con el fin de ayudar a los profesores a desarrollar su capacidad para reconocer esta dinámica y corregirla, un antiguo estudiante de la universidad de Stanford, Jason Okonofua, experimentó con un método para aumentar la consciencia de los profesores[359]. Okonofua es hijo de padre nigeriano y madre negra sureña, y recuerda que al criarse en Memphis (Tennessee), «tuve experiencias reales como víctima de discriminación, y más aún del temor de ser un mal representante de los americanos negros». Vio que sus hermanos mayores se metían en problemas en el sistema escolar y se alienaban cada vez más de este. Tuvo la impresión de que mucho se debía a una falta de comprensión por parte de los profesores sobre la experiencia de ser negro en la escuela.

Okonofua, que ahora es profesor en la universidad de Berkeley (California), dirigió un estudio que reveló una forma de abrir los ojos de los profesores al poder de la situación en la vida de sus alumnos, sin poner a los profesores a la defensiva. En un módulo de formación *online* de setenta minutos de duración, que constaba de dos sesiones breves, conectó la virtud de la habilidad y la empatía con los propios valores de un grupo de profesores de secundaria. *Algunos* profesores, leían en el módulo, no se daban cuenta de lo importante que es para todos los estudiantes el sentir que pertenecen a la escuela, y algunos no comprendían por qué los chicos se portaban mal a menudo debido a que sentían que no pertenecían. *Pero en cuanto se daban cuenta*, proseguía el módulo de Jason, podían tener, y ejercían, un montón de poder para incrementar el sentimiento de pertenencia de los alumnos mediante la construcción de relaciones fuertes con los alumnos y al intentar entender la escuela desde el punto de vista de aquellos. Hizo que aquellos puntos calaran con la ayuda de historias personales que habían contado los estudiantes. Por ejemplo:

En secundaria no me parecía que encajara. Parecía que los profesores siempre elegían a los otros estudiantes. Así que no prestaba atención en clase y a veces me metía en líos. Un día me castigaron, y en vez de estar simplemente sentado ahí, mi profesor habló conmigo de lo que había pasado. Me escuchó de verdad. Y entonces me dijo que él había tenido a veces problemas en secundaria, pero que las cosas mejoran después. Me sentó bien saber que había en la escuela alguien en quien podía confiar.

Esta adquisición de perspectiva ayudó a los profesores a darse cuenta de que los estudiantes a menudo se portan mal porque su sentimiento de pertenencia se ve amenazado, y lo importante que es dar apoyo a la pertenencia de los estudiantes *especialmente* cuando se portan mal. El objetivo era frenar el error fundamental de atribución y redirigir a los profesores hacia un enfoque compasivo de la disciplina, en vez de uno punitivo.

Cuando hablé con Okonofua sobre su estudio, le dije que parecía que lo que estaba haciendo era enseñar a los profesores cómo empatizar. Pero contestó que él no lo veía de esa manera. Solo estaba reconectando a los profesores con creencias y valores que ya tenían, ayudándolos a ver la oportunidad de estar a la altura de ellos en su experiencia cotidiana en el aula. «Los profesores están descorazonados», me dijo, porque creen que son «el malo de la película» o que «se supone que deben controlar a los estudiantes, pero no firmaron para eso». Dijo que el mensaje que quería enviarles es: «Tú eres el profesor en primera línea. Estás en una posición crucial para modelar la vida de esos chicos, una posición que no ocupa nadie más».

A continuación, pidió a los profesores que escribieran su propio punto de vista sobre el apoyo a los estudiantes y sus propias experiencias gestionando los conflictos con ellos. Su descripción evoca los principios de modelado de situaciones descritos en el capítulo 1. Como explica Okonofua sobre el ejercicio, los profesores eran «tratados como expertos y agentes de cambio positivo para otros, no como receptores del remedio». Algo fundamental para esto era decirles a los profesores que lo que escribieran iba a circular entre otros profesores para ayudarlos a entender la importancia de estos temas. Como muestra de lo que escribieron los profesores, esta es una respuesta:

NUNCA guardo rencor. Intento recordar que mis alumnos son todos el hijo o la hija de alguien que los ama más que nada en el mundo. ¡Son la luz de la vida de alguien!

270

Muchos personalizaron el mensaje:

Cuando era niño, recuerdo que me preocupaba cómo me tratarían los profesores de mi escuela. Pero siempre recordaré a la señora Mc-Bride, que me trató con respeto y confianza. Me demostró que los profesores pueden representar toda la diferencia en cómo se sienten los estudiantes sobre la escuela. Ahora me aseguro de tratar a mis alumnos con respeto y el resultado es que, a cambio, ellos me respetan más.

Los resultados del estudio fueron espectaculares. Los registros escolares oficiales revelaron que, en comparación con un grupo de control formado por profesores cuyo módulo *online* se concentraba en formas de usar la tecnología para promover el aprendizaje, los profesores que recibieron esta breve formación enviaron a suspensión a la mitad de estudiantes durante el resto del curso.

Alguien escéptico podría preguntar si no sería que los profesores simplemente dejaron que los estudiantes que merecían suspensión se libraran. No. Se encontró el mismo descenso espectacular de suspensiones entre esos mismos estudiantes incluso cuando los investigadores se fijaron en las suspensiones que habían ordenado los profesores que no habían participado en la intervención. Al parecer, los profesores que forjan mejores relaciones con sus estudiantes no solo hacen su propio trabajo más fácil, sino también el de otros profesores. La formación mejoró los resultados de los estudiantes de todos los grupos étnicos, y tanto para niños como para niñas. Por añadidura, los resultados fueron especialmente potentes con los estudiantes que tenían un historial de suspensiones. Mientras que el 51 % de los que asistían a clases de profesores que no recibieron la formación fueron suspendidos otra vez, esa cifra bajó a un 29 % en las clases de los profesores que la habían recibido. Como resultado de la intervención, también mejoró la relación de esos estudiantes con sus profesores, y los estudiantes reportaron que se sentían más respetados.

Debido a estos resultados espectaculares, varios distritos escolares han implementado el programa de formación de profesores de Okonofua. Teniendo en cuenta el impacto destructivo de las suspensiones[360] en los estudiantes y sus familias, la intervención de Okonofua parece muy prometedora en cuanto a mejorar la vida de muchos niños y de las personas que se preocupan por ellos. Si la intervención se realizara con 20.000 profesores de instituto de todo el país, cada uno de los cuales enseña a una media de 50 alumnos al año, se estima que potencialmente se beneficiaría a un millón de estudiantes. Se estima también que serían suspendidos 52.000 estudiantes menos.

Paremos un momento para considerar qué hace la intervención sabia de Okonofua. En un sentido, su objetivo es hacer más sabios a los profesores. Los anima a ver a sus alumnos de una manera más tridimensional. Los aparta de la tendencia a pensar que el mal comportamiento se corresponde a cierta «mala esencia» del chico, que es el juicio reflejo originado por el error fundamental de atribución. El poder de la intervención deriva en buena parte de su habilidad para animar a los profesores a que vean a sus alumnos bajo una nueva luz, especialmente cuando se portan mal. Los ayuda a entender mejor la situación de los alumnos desde su perspectiva, y a entender el poder que tienen los profesores para modelar la situación para mejor.

El impacto de la intervención también deriva del respeto que concede a los profesores, ayudándolos a corregir el rumbo a la vez que protege su propio sentimiento de pertenencia, y de que los empodere en vez de simplemente darles instrucciones. Okonofua sabía que para leer a los estudiantes de una manera empática es necesaria una mente afirmada y abierta, en vez de una cerrada y a la defensiva[361]. Cuando nos sentimos «hartos» corremos el máximo riesgo de hacer juicios precipitados. Por eso los entornos escolares afirmadores y comprensivos son buenos no solo para los estudiantes, sino también para los profesores.

Ningún capítulo sobre la pertenencia en la educación estaría completo sin tratar los desafíos especiales de la adolescencia. Los consejos para padres y educadores sobre el desarrollo infantil ponen demasiado énfasis en las edades más tempranas, especialmente de uno a tres años. A veces se los representa como un periodo crucial, con efectos sobre los niños que duran toda la vida. Se han realizado muchos trabajos importantes sobre esta etapa, y se han obtenido conclusiones esenciales[362]. Pero también es importante entender que las experiencias difíciles a edades tempranas pueden ser revertidas por experiencias posteriores positivas. Por añadidura, incluso los niños criados en las familias más comprensivas pueden encontrarse desafíos profundos en el entorno socialmente complejo de la escuela. Hay numerosos puntos vulnerables —y ventanas de oportunidad— a lo largo de nuestra vida en los que un pequeño apoyo puede servir de mucho[363].

Los niños pasan por un torbellino de cambios que comienzan entre los once y los doce años, no solo biológicos sino sociales y psicológicos también[364]. Todos conocemos los cambios físicos. Siempre me asombran las diferencias en las fotos de los niños, una tomada al principio de la secundaria, a los once años, y otra al final, a los trece o catorce. Pueden parecer personas completamente diferentes. Lo que es más difícil de percibir son las situaciones sociales a que se enfrentan los niños, muchas de las cuales no están a la vista, y sus efectos psicológicos acumulativos. Como adultos, puede que ya no apreciemos lo intensas que son las presiones sociales en los adolescentes y cómo han sido agravadas por las redes sociales. Las tasas de problemas de salud mental en los adolescentes, problemas como la ansiedad y la depresión, han dado un salto en los últimos años, y la tendencia ha sido agravada por la pandemia de CO-VID. La cifra de adolescentes que han cometido suicidio ha estado subiendo desde 2006, y en junio de 2020, en la cumbre de la pandemia, el número de adolescentes que confesaron haber considerado seriamente suicidarse durante el mes anterior fue cinco veces mayor que el mismo mes un año antes. Incluso en ausencia de tales extremos, muchos adolescentes se enfrentan a un agotamiento de preciosos recursos psicológicos debido a los desafíos cotidianos de esos años. El sentimiento de pertenencia a la escuela de los niños, su confianza en los adultos, su autoestima y su motivación para el trabajo académico tienden a decaer en la adolescencia. Y la participación en comportamientos arriesgados e imprudentes crece.

¿Qué podemos hacer para apoyarlos durante esta transición? Podemos fomentar su sentimiento de pertenencia de varias formas. En un estudio con una muestra representativa de todo el país de 12.000 adolescentes, los dos factores protectores más poderosos para cada forma de aflicción y de comportamiento de riesgo de los adolescentes —incluyendo la angustia emocional, el abuso de drogas, la violencia y el suicidio— fueron lo fuerte que era su sentimiento de pertenencia a la escuela y lo fuerte que era su sentimiento de pertenencia al hogar[365]. El «efecto pertenencia» sobrepasaba los efectos del rendimiento académico, la autoestima, la religiosidad, el quedar atrasados un curso, la ausencia parental y el acceso a armas en casa. Muchos de estos factores de riesgo nos llaman la atención porque son visibles, pero la importancia de la conexión, al ser difícil de «ver», a menudo se nos pasa por alto.

Pero demasiadas escuelas de secundaria e institutos crean situaciones que amenazan la pertenencia de los estudiantes, no intencionadamente sino debido a un foco equivocado en el carácter de los niños en vez de en sus circunstancias. Aunque se ha prestado mucha atención al papel de sus pares, como en el trabajo o en el abuso, muchos de los problemas surgen de las prácticas y normativas instituidas e implementadas por superintendentes, directores, profesores y otros miembros del personal. Uno de mis artículos favoritos sobre educación captura esta idea en su título: «¿Qué les estamos haciendo a los adolescentes?». Los autores, Jacquelynne Eccles y sus compañeros, argumentan que muchas de las formas en que se dirigen las escuelas están increíblemente mal ajustadas a la sed de pertenencia y conexión de los adolescentes.

Al haber visitado muchas escuelas de secundaria, sé que muchas son maravillosas, pero incluso algunas de las mejores están caracterizadas por prácticas reminiscentes de los rituales mortificadores que Erving Goffman observó en los asilos mentales. La socialización entre pares se desalienta a menudo, no solo durante las clases sino en los pasillos en los momentos intermedios. La puntualidad se trata como una virtud cardinal, que se impone con regularidad a lo largo del día con una campana, un ritual tomado prestado de las fábricas. A los adolescentes, a menudo, no se les concede el beneficio de la duda en las decisiones disciplinarias y se les aplican sentencias duras, como la suspensión, algo que las investigaciones han demostrado que hacen más daño que bien[366]. A veces también se les acusa falsamente de malos comportamientos, a menudo sin que tengan una oportunidad genuina de corregir el error. Esto, naturalmente, erosiona la pertenencia a la escuela de los estudiantes y su confianza en los adultos.

Otro problema es que las relaciones entre profesores y alumnos no son, por regla general, tan cercanas como en la escuela primaria. En la mayoría de las escuelas secundarias y los institutos, los estudiantes circulan de un aula a otra con diferentes profesores a lo largo del día. Esto les hace mucho más difícil establecer una relación de confianza con cualquiera de los docentes.

Las competiciones de suma cero entre los estudiantes también amenazan a la pertenencia. Con las listas de honores, los centros asignan el recurso artificialmente escaso del «honor» a solo un puñado selecto de estudiantes. Muchos profesores creen que solo pueden asignar cierto número de notas A y B sin importar lo bien que lo hagan los alumnos de su clase. Como mostró Muzafer Sherif hace décadas, estas prácticas alimentan la división[367]. En las actividades atléticas, a menudo reina la competición entre los estudiantes, debido al número limitado de plazas en los equipos; incluso la membresía en clubes extracurriculares puede ser muy competitiva. Por añadidura, los niños de familias menos acomodadas pueden quedar excluidos de formar parte de los equipos y actividades extracurriculares a causa de requisitos «pagar para jugar», actividades que, irónicamente, son oportunidades especialmente buenas para que esos estudiantes se sintieran exitosos y formaran lazos de apoyo con los adultos de la escuela. Las investigaciones han demostrado convincentemente el poderoso impacto positivo para todos los jóvenes de los deportes de equipo y las actividades extracurriculares, pero especialmente para los que tienen problemas[368]. Bajar las barreras para este tipo de actividades es un paso obvio que deberían dar las escuelas para promover la educación de los adolescentes y su bienestar.

¿Qué más podemos hacer para apoyar a los adolescentes? Hay algo que sabemos que no funciona: echarles sermones para que se porten mejor. De hecho, un estudio mostró que cuando los adolescentes situados en un escáner MRI en funcionamiento escuchan clips de audio de sus madres criticándolos, su cerebro muestra un aumento de actividad en regiones asociadas a las emociones negativas y una reducción de actividad en regiones asociadas con la empatía y el tener perspectiva[369]. Era como si los adolescentes se desconectaran de las críticas. Kurt Lewin podría habernos advertido de los peligros de estas tácticas de mano dura.

¿Cuál es la alternativa? Una es hablar *con* los adolescentes, no hablar *a* los adolescentes. Conectar con ellos interesándonos en sus intereses, mostrando que apreciamos las cosas que son importantes para ellos. Una intervención sabia hizo esto de forma brillante con el fin de aumentar el interés de los estudiantes en la ciencia y las matemáticas[370]. Diseñada por Judith Harackiewicz y sus compañeros, la intervención educaba a los padres para conversar con sus hijos adolescentes sobre cómo los frutos de la ciencia y las matemáticas saturaban sus vidas en forma de videojuegos, teléfonos móviles y demás. En comparación con un grupo de control, la intervención aumentó el número de cursos de ciencias y matemáticas a los que los estudiantes asistieron en los dos últimos años de instituto.

Las investigaciones muestran también que funciona bien el enfoque, inspirado por Lewin, de implicar a los adolescentes en actividades que les den oportunidades para sacar a relucir su mejor faceta, con guía adulta de estilo democrático. En efecto: les proporciona a los adolescentes información básica para ayudarlos a tomar buenas decisiones. Pero también los ayuda a experimentar pertenencia, y una identidad como joven adulto responsable, animarlos a participar en actividades en las que poner en juego esas facetas, como los grupos de voluntariado. Este tipo de programas previene consistentemente los comportamientos imprudentes, como el sexo no seguro, mejor que cualquier campaña de información[371].

En cuanto a los programas antiabuso, la mayoría no funcionan porque siguen el enfoque de las campañas persuasivas[372]. Pero existen intervenciones sabias que sí funcionan, como las actividades interactivas que animan a los adolescentes a verse a sí mismos y a los demás como «trabajos en curso» y no como «productos finalizados». Las actividades de afirmación de valores también pueden ayudar. Se ha descubierto que mejoran las notas y el comportamiento no solo de los adolescentes negros y latinos, sino de todos los adolescentes al margen de su raza y género, *si* las actividades se asignan temprano en la transición a la escuela secundaria y, más adelante, se añaden variaciones de las actividades en momentos de alto estrés. Las actividades de afirmación de valores también protegen las relaciones de los estudiantes entre ellos, una fuente básica de pertenencia, y por tanto los mantienen vinculados. Bajo la dirección de Kate Turetsky, mis compañeros y yo mapeamos las redes sociales de estudiantes universitarios —sus relaciones con sus compañeros— al principio y al final de un exigente curso introductorio a la biología molecular y celular, una puerta de entrada a la carrera, que entre los estudiantes se consideraba un curso «de criba». Descubrimos que aquellos a los que se les había pedido al principio del semestre que escribieran sobre sus valores esenciales, tenían más amigos cuando el semestre finalizó, y el número de ellos que se inscribió en el siguiente curso de la serie de ciencias biológicas se incrementó en doce puntos porcentuales comparado con estudiantes de un grupo de control que no había escrito sobre sus valores.

Otra estrategia es ayudar a los adolescentes a ver los comportamientos deseables como algo que se corresponde con sus valores. Los estereotipos sobre los adolescentes los encasillan como centrados en ellos mismos, incluso obsesionados con todos los dramas cotidianos de su vida. Pero, en realidad, muchos están profundamente interesados en el estado del mundo y en ayudar a convertirlo en un lugar mejor[373]. Cuando se los guía para conectar esos valores con comportamientos que los encarnan, se muestran más inclinados a adoptar tales comportamientos. Esa es la estrategia que usó Elizabeth Paluck cuando movilizó cuadrillas de estudiantes para luchar contra el abuso.

Una serie de ingeniosos estudios de Chris Bryan y sus compañeros consiguió grandes resultados en la mejora de la calidad de la comida que los estudiantes eligen, ayudándolos a conectar sus valores con comportamientos de alimentación sanos[374]. A un grupo de estudiantes se le dio información estándar sobre nutrición y buenos hábitos de alimentación. Con otro grupo se realizó una exposición que describía prácticas engañosas y manipuladoras bien documentadas de la industria alimentaria, usadas para avivar la apetencia de la gente por las comidas grasas y con exceso de azúcares y especialmente dirigidas a los niños y a los pobres. «Contratan científicos para descubrir los puntos ciegos del cerebro. Entonces inventan comidas que engañan al cerebro para ansiar más y más azúcares y grasas, tengas hambre o no», leyeron los estudiantes. También revisaron testimonios de otros estudiantes que decían que planeaban «luchar contra eso» «comprando y comiendo menos comidas procesadas», promoviendo una nueva norma que apelaba tanto al sentido de la justicia de los adolescentes como a su amor por la rebelión. En un toque brillante, una variedad posterior de la intervención hacía que los chicos realizaran una actividad «haz que sea verdad», en la que escribían encima de la publicidad de comida para convertirlos en «verdades». Por ejemplo: en un anuncio de McDonald's que representaba una enorme Big Mac con las palabras: «Lo que quieres cuando pides una ensalada», un estudiante añadió unas pocas palabras que convertían la frase en «Lo que quieres cuando pides una ensalada debería ser una ensalada».

Comparados con los estudiantes a los que se les dio información sobre alimentos sanos, los chicos del grupo de la intervención sabia hicieron más elecciones de alimentación sana al día siguiente para comer algo, y en un estudio de seguimiento realizado en los tres meses siguientes, estuvieron más inclinados a comprar fruta y leche para la comida en vez de sodas y galletas.

La moraleja para padres y educadores es conectar la información que quieren impartir con las cosas que les importan a los adolescentes. Y no subestimar lo preocupados que están por hacer cosas buenas y portarse bien.

Ninguna de estas intervenciones es, según expresaron David Yeager y Greg Walton, una «bala mágica»[375]. En cambio, cada una es como una chispa que pone en marcha una reacción en cadena. Ninguna cantidad de información ayudará a un estudiante que no sabe leer a sobresalir en clase de inglés, ni a un chico que tiene punzadas de hambre a concentrarse en un problema de matemáticas difícil. Son necesarios recursos económicos y humanos que apoyen, reconozcan y refuercen el crecimiento de los estudiantes. Robert Rosenthal y Lenore Jacobson resumieron la sabiduría incrustada en su investigación de Pigmalión-en-el-aula con la frase: «Esperar más, recibir más»[376]. Yo propongo una variación: «Esperar más, *dar* más, recibir más». Las mejores aulas contienen una sinfonía de elementos que refuerzan el mensaje y crean la realidad, «Perteneces».

Por ejemplo, en un trabajo dirigido por Omid Fotuhi y Phillip Ehret, mi laboratorio descubrió que una intervención de afirmación de valores aumentaba el porcentaje de estudiantes de rentas bajas que solicitaban y recibían ayuda económica para ir a la universidad, pero *solo* cuando acompañábamos la afirmación con una serie de notas de apoyo para los estudiantes a lo largo del año, recordándoles que dieran los siguientes pasos en los momentos oportunos del proceso de solicitud, como peldaños de una escalera[377]. De forma similar, el apoyo económico puede activar los efectos de las afirmaciones de valores y otras intervenciones sabias. Un metaanálisis de todos los estudios sobre las afirmaciones de valores probadas con los estudiantes mostró que estas intervenciones son más eficaces en las escuelas mejor financiadas. Las normas del aula y las acciones del profesor pueden también reforzar los mensajes de pertenencia y crecimiento en las intervenciones sabias. Las oportunidades auténticas y la disposición psicológica a aprovecharlas son notas vitales en esa sinfonía.

También debemos tener en mente que las intervenciones sabias son sabias porque están guiadas por una apreciación de la experiencia psicológica de aquellos a quienes intentan apoyar. Si se ofrecen sin empatía, son ineficaces. Después de que diera una charla en una empresa de Silicon Valley, una directiva me pidió una copia de nuestra nota para las críticas sabias, para poder dársela a todos sus empleados todos los días. Esa es una conclusión equivocada; el interés y la autenticidad tras la intervención son esenciales. De hecho, la investigación sobre los mejores profesores muestra que tienen una cosa en común: tienen fe en el potencial de sus alumnos y personifican esa fe en sus encuentros cotidianos con ellos[378].

También hacemos honor a la perspectiva de primera mano de los estudiantes cuando intentamos «pillarla». No hay sustituto para el hacer preguntas y a continuación trabajar con los estudiantes o con compañeros, a veces entre bambalinas, para modelar a la medida soluciones situacionales. «Si no te sientes en casa, quiero saberlo» es el principio guía. No importa cuánto creamos que sabemos, a menudo no sabemos tanto como creemos sobre la situación de otras personas. Veamos dos ejemplos[379].

El personal docente y los administradores de la mayoría de las universidades estadounidenses tienden a creer que los estudiantes están impulsados ante todo por el deseo de seguir lo que los apasiona y abrirse su propio camino, según una investigación de Nicole Stephens, Hazel Markus y sus colaboradores. Sin embargo, estos investigadores reportan también que muchos estudiantes de bajos ingresos, cuando se les pregunta, dicen que los impulsa en gran medida el deseo de proveer a sus familias y entregar algo de vuelta a su comunidad. Las investigaciones sugieren que los folletos y las declaraciones de objetivos de las universidades que mejor se alinean con las motivaciones de los estudiantes de familias de bajos ingresos reducen la incertidumbre de pertenencia y mejoran el rendimiento de estos.

Otro ejemplo de adquisición de perspectiva proviene de una investigación pionera de Shannon Brady. Al encuestar a los oficiales de asuntos estudiantiles de varias universidades, descubrió que la mayoría de ellos *quieren* que los estudiantes sientan que pertenecen al campus. Pero cuando Brady echó un vistazo al impacto real de las cartas que enviaban para informar a los estudiantes de que estaban teniendo un bajo rendimiento, descubrió que la reacción abrumadora de los estudiantes era la vergüenza. La vergüenza es la némesis de la pertenencia. Hace que las personas quieran «que se las trague la tierra», según la psicóloga clínica June Tangney, y desmotiva a las personas de buscar la ayuda que necesitan y de descubrir que muchos otros también han «estado ahí». Trabajando con varias oficinas de asuntos estudiantiles, Shannon diseñó otra carta mejor y más sabia. Incorporaba muchas de las estrategias de este libro, como dar seguridad a los estudiantes sobre su capacidad para alcanzar altos estándares y usar historias de estudiantes veteranos para transmitir que las dificultades en los estudios son normales y se pueden superar. Sus experimentos descubrieron que la nueva carta hizo llegar el mensaje clave a los estudiantes sin socavar su sentimiento de pertenencia.

Todos los descubrimientos de las investigaciones específicas convergen en una lección general: hay que evitar los juicios precipitados del error fundamental de atribución. Conseguir la perspectiva de los estudiantes es un antídoto. Otro es concentrarse no en evaluar a los estudiantes sino en empoderarlos mediante la mejora de su situación o al menos ayudándolos a gestionarla mejor. Si el sistema educativo gasta menos recursos intentando medir la capacidad mediante sus variados regímenes de tests e invierte más recursos en intentar cultivar la capacidad modelando mejores situaciones, nuestros centros de enseñanza serían mucho más eficaces y equitativos[380].

Una experiencia personal me hizo darme cuenta de lo importante, aunque escurridiza, que es la sabiduría de la psicología social. A pesar de las buenas intenciones, es fácil caer en el error fundamental de atribución, fracasando a la hora de tener en cuenta las perspectivas y las experiencias vitales de los demás. Esto ocurre especialmente cuando estamos cansados y estresados o nos sentimos inseguros. Cometí este error con un estudiante al que tutoricé.

Los miembros del personal docente en casi todas las universidades dedican un tiempo cada año a discutir el progreso de los estudiantes de posgrado. Aunque muchas conversaciones son positivas y la mayoría sirven de ayuda, a veces nos encontramos pensando sobre algún estudiante cuyo progreso es lento y que parece necesitar algo. Pero qué es ese «algo» puede permanecer oculto casi siempre, y nos descubrimos tanteando en la oscuridad en busca de respuestas. Sospecho que el propósito de las conversaciones —evaluar el progreso del estudiante— impulsa nuestra mente a enfocarse en valoraciones de la persona en vez de su situación; en mi caso, una vez tuve un estudiante inteligente, Caleb (que me ha permitido compartir su historia). Estaba realizando un trabajo inspirado pero no había progresado tan deprisa como esperábamos. Intenté no ser demasiado crítico, pero me descubrí diciéndole cosas como que esperaba que «le echara más ganas» y «se pusiera las pilas» durante los periodos lentos.

Me llevó un año sentirme cómodo como nuevo profesor de la universidad, antes de cambiar el rumbo. Se me ocurrió que debería rebobinar mi cámara mental y repasar mi visión de Caleb. Conocía las dificultades de su vida familiar, pero no había llegado a apreciar el grado en que podría ser un factor que le impidiera avanzar. Hablé con él más sobre el tema. Provenía de una familia rural pobre, y era el primero de toda su familia que asistía a la escuela de posgrado. Uno de sus padres ni siquiera se había graduado en el instituto, y cuando Caleb lo hizo, toda su familia lo vitoreó porque «había llegado». Tenía hermanos en diversos estados de desbarajustes económicos y familiares. Uno había sido gravemente herido en un tiroteo en una fiesta. Otro era un sintecho y había ido a vivir con Caleb, que intentaba ayudarlo a conseguir un trabajo y reencaminar su vida. La familia lo llamaba continuamente para pedirle dinero. Él se lo enviaba, a pesar de que solo ganaba un magro estipendio como estudiante de posgrado. Se me ocurrió que no solo estaba tutorizando a Caleb, sino a Caleb *en su situación*.

Decidí explicarles a mis compañeros la situación de Caleb, aunque me preocupaba que pensaran que estaba buscándole excusas. Quizá pensarían que era un mal tutor. Pero, casi de inmediato, incluso los profesores más duros empezaron a pensar formas en que pudiéramos ayudar a mi estudiante, por ejemplo, adónde podríamos ir para conseguir alguna beca extra. Entre todos nos organizamos para apoyarlo de formas que nunca me habría imaginado. Caleb se recuperó y prosperó. Fue en parte gracias al apoyo objetivo que le dimos, pero también al mensaje subjetivo que transmitía ese apoyo: «Creemos en ti». Ahora, mi antiguo estudiante es un profesor de éxito y un apreciado tutor, por derecho propio, de muchos estudiantes, incluyendo a otros que provienen de entornos desfavorecidos. La historia de Caleb ilustra la sabiduría de las palabras de Lisbeth Schorr, quien, tras revisar extensamente escuelas y programas sociales exitosos de todo el país, concluyó que: «en su reacción y disposición a estar ahí» «son más como familias que como burocracias»[381].

Las lecciones de la psicología social son fáciles de impartir, difíciles de entender y aún más difíciles de materializar. Podemos pasar la vida entera desaprendiendo el condicionamiento cultural nocivo y reconociendo los sesgos cognitivos. Los recordatorios periódicos ayudan. Por suerte, un recordatorio se puede encontrar en la propia palabra «educar». Proviene de una palabra del latín, *educĕre* (de *ex ducĕre*), que significa «sacar». Contrariamente a nuestra noción «de sentido común» de que un educador es alguien que «mete» conocimiento e información en el alumno, una metáfora mejor es que es un guía que ve y extrae nuestro potencial oculto.

10

La pertenencia en el trabajo

Combatir la discriminación en el lugar de trabajo
y construir espíritu de equipo

En su libro *Anxiety at Work*[382] («Ansiedad trabajando»), los especialistas en cultura empresarial Adrian Gostick y Chester Elton escriben sobre una joven empleada llamada Chloe que, recién salida de la universidad, aterrizó en lo que creía que era el trabajo de sus sueños en un banco de inversiones. Tenía unas credenciales espectaculares, incluyendo una nota media global de la universidad casi perfecta, y dominaba la tecnología que necesitaba usar en el trabajo. Además, era socialmente inteligente y capaz de entablar amistades con rapidez. Pero a pesar de todo eso, sentía una intensa incertidumbre de pertenencia en el trabajo, intimidada por compañeros que se habían graduado en universidades más prestigiosas y que consiguieron pasantías apreciadas en empresas importantes. Comentó que «todas las mañanas, la empresa enviaba algún e-mail masivo sobre los logros de algún otro», lo que alimentaba aún más sus dudas. «Lo sentía como una burla», recordaba. Pronto empezó a sentir una angustia abrumadora los domingos por la noche ante la idea de volver a la oficina. Compartió sus preocupaciones con su jefe, que simplemente le dijo que no se preocupara. Las dudas y el estrés de Chloe no hicieron más que aumentar. Entonces, un día, simplemente no fue a la oficina. Como ha estado haciendo un número cada vez mayor de empleados en los últimos años, se «esfumó»; simplemente abandonó el trabajo sin dar aviso y nunca volvió a comunicarse con su jefe o con nadie de la oficina.

El caso de incertidumbre de pertenencia de Chloe puede parecer extremo, pero las investigaciones han mostrado que el problema de que las personas se sientan desafectas a su trabajo se está extendiendo. Las encuestas de Gallup, una de las principales autoridades en temas de lugares de trabajo, revelan que solo un tercio de los empleados en Estados Unidos se sienten «muy implicados en su trabajo, entusiastas sobre este y comprometidos con él»[383]. No es una cifra tan mala como la del 25 % del año 2000, pero sigue habiendo mucho espacio para mejorar.

Las empresas que estimulan la pertenencia tienen un compromiso y una retención de los empleados mejor. Se ha encontrado que incluso pequeñas experiencias de conexión proporcionan grandes beneficios. El profesor Adam Grant, de la escuela empresarial Wharton, mostró que en ocupaciones tan diversas como la de salvavidas o la de captador de fondos, cuando los empleados escuchan historias personales sobre cómo su trabajo ha ayudado a otros, muestran mayores ganancias de rendimiento, fichan más horas y trabajan más duro en comparación con los empleados a los que se les dice cómo su trabajo aumentará sus capacidades[384].

Mi experiencia trabajando con empresas es que aunque prácticamente todos los supervisores explicarán lo importante que es fomentar la pertenencia, muchos menos son conscientes de las amenazas a la pertenencia que modelan la experiencia cotidiana del trabajador medio en su propio puesto de trabajo. Un poco de adquisición de perspectiva los podría ayudar.

Hay numerosos motivos por los que los sentimientos de pertenencia están tan amenazados en el trabajo. Los más importantes son los más evidentes pero también los más desatendidos. El hecho de que demasiados trabajos no son seguros y no pagan lo suficiente para mantenerse a uno mismo y a la familia encabeza la lista. Los trabajos estables que ofrecen un salario razonable, escriben Angus Deaton y Anne Case, son la base de una vida «dignificada y significativa». Como dice Martin Sandbu en su libro *The Economics of Belonging* («La economía de la pertenencia»), la crisis de pertenencia que ha asediado una porción tan grande de Estados Unidos en las pasadas dos décadas se puede rastrear en parte hasta las respuestas inadecuadas de los gobiernos y las empresas a los avances revolucionarios de la tecnología que han devastado las oportunidades de los estadounidenses sin título universitario[385].

Día a día, una serie de rasgos de la situación de los lugares de trabajo puede amenazar la pertenencia. El aumento en los últimos veinte años de la cantidad de personas que trabajan desde casa y el ascenso del empleo autónomo han debilitado los lazos entre compañeros, haciendo que muchos empleados se sientan aislados. También contribuyen los estilos de gestión autoritarios. Algunos supervisores aplican prácticas de liderazgo punitivas y coercitivas que hacen que los empleados se sientan impotentes y menospreciados, y esto, como podría haber advertido Kurt Lewin, crea atmósferas de los lugares de trabajo divisivas y resentidas. Las investigaciones sugieren que todos nosotros, supervisores incluidos, tendemos a subestimar el grado en que otras personas están motivadas por el deseo de pertenecer y de contribuir a una misión más grande[386]. Como resultado, demasiados jefes confían demasiado en un conjunto de herramientas limitado: incentivos materiales, como bonificaciones salariales, y amenazas. Si los supervisores superaran esta ceguera, probablemente liberarían un mayor potencial en los lugares de trabajo, como veremos.

De todas las amenazas a la pertenencia, los antiguos problemas de discriminación están entre las más poderosas y acuciantes, de modo que para tratar sobre los remedios, empezaré por aquí.

Aunque muchas empresas profesan desde hace tiempo su compromiso con la construcción de una fuerza de trabajo más diversa, en general los resultados de sus esfuerzos han sido decepcionantes, y, en algunos casos, los programas han reducido la diversidad. Como informaron Frank Dobbin y Alexandra Kalev en 2016, en un artículo de portada de la *Harvard Business Review* muy difundido, titulado «Por qué fracasan los programas de diversidad»[387], el porcentaje de hombres negros en puestos directivos en las empresas de Estados Unidos con cien o más empleados solo aumentó de un 3 % a un 3,3 % entre 1985 y 2014. En 2020, la cifra sigue siendo de solo un 3 %, según los datos más recientes.

La cantidad de mujeres blancas en puestos directivos, otro objetivo habitual de las mejoras, se mantuvo atascado entre 2000 y 2014, y para 2020 ascendió ligeramente hasta llegar al 32 %. Las minorías siguen enfrentándose a la discriminación a la hora de contratar empleados, y las mujeres no han alcanzado todavía la igualdad salarial y siguen luchando contra el acoso sexual. Un patrón común que fue documentado por Claude Steele hace muchos años es que una vez que una empresa ha contratado a un empleado de una minoría, se duerme en los laureles y contrata menos en el futuro.

La falta de diversidad no es solo injusta, además es mala para los negocios. Katherine Phillips sintetizó un extenso corpus de evidencias para mostrar que la diversidad puede mejorar el rendimiento por muchos motivos[388]. Los grupos de empleados con experiencias vitales similares tienden a tener bases de conocimientos solapadas y perspectivas más unificadas, lo que puede llevar a los miembros del equipo a tomar decisiones peores en comparación con los grupos compuestos de personas de abanicos más amplios de experiencias y conocimientos. Los integrantes de grupos más homogéneos se cuestionan mutuamente menos las ideas, lo que puede llevar a un exceso de confianza en los juicios, a no considerar opciones alternativas y a una falta de innovación. La diversidad en los equipos de trabajo ayuda a poner freno a la conformidad y la arrogancia, y dirige la atención a las formas en que los productos y servicios pueden hacerse más interesantes para un rango más amplio de clientes.

Casi todas las empresas pueden beneficiarse de la construcción de una fuerza de trabajo más diversa. Pero que se materialicen los beneficios de la diversidad depende de las situaciones que modelamos, desde el proceso de captación hasta la experiencia de la contratación y la gestión cotidiana. Si creamos situaciones que fomenten la pertenencia para todos, entonces aparecerán los beneficios de la diversidad.

Hay un problema, sin embargo, y es que a quienes están al cargo les cuesta ver muchos de los elementos amenazadores de las situaciones de los lugares de trabajo. Esta lección me quedó clara cuando realicé una consultoría para una importante empresa de Silicon Valley que estaba interesada en promover la diversidad. La dirección estaba desconcertada porque los aspirantes negros y latinos no tenían más éxito en las entrevistas de trabajo para la empresa, pues los solicitantes a los que habían invitado al campus tenían excelentes credenciales; no los habrían llamado para una entrevista de no haber sido así. Me fijé en que los directivos no habían tenido en cuenta el hecho de que prácticamente todos los empleados negros y latinos que ya trabajaban para la empresa se dedicaban a tareas de bajo nivel; por ejemplo, como vigilantes del aparcamiento. Ver a las minorías únicamente en ese tipo de puestos pudo haber indicado a los candidatos de minorías que en aquel lugar estaban activos los estereotipos raciales, lo que, sugiere la investigación, puede aumentar la amenaza del estereotipo y socavar la pertenencia[389].

Atraer a un abanico diverso de solicitantes es otro desafío para muchas empresas. Una fuente del problema, que tiene fácil remedio, es el lenguaje de las ofertas de empleo, que, intencionadamente o no, puede tirar para atrás a ciertos grupos de personas. Un estudio descubrió que frases que transmiten algo como «somos una empresa dominante de ingeniería que se alardea de tener muchos clientes importantes», habitual en los anuncios de empleo para ocupaciones dominadas por los hombres, desanima a las mujeres a presentarse, en comparación con frases en la línea de «somos una comunidad de ingenieros que tienen relaciones productivas con muchos clientes satisfechos»[390]. Debido a que palabras como «dominante» están asociadas con la masculinidad, el primer anuncio hace que las mujeres se planteen si serán adecuadas para el puesto, y expresarán menos interés en solicitarlo. Los efectos de utilizar lenguaje sutilmente específico de un género son con casi toda seguridad inintencionados, pero en cualquier caso tienen un efecto poderoso.

Del mismo modo, según la investigación de Valerie Purdie-Greenaway y sus compañeros, las declaraciones de intenciones ciegas al color que enfatizan la creencia de la empresa en el poder unificador de las semejanzas entre los empleados y afirman que «tu raza, tu etnia, tu género y tu religión son irrelevantes en cuanto cruzas la puerta» no son demasiado efectivas para estimular la pertenencia y la confianza de los candidatos de minorías, y darían mejor resultado declaraciones del firme compromiso de la empresa con la diversidad y de su creencia en que las diferencias entre los empleados son una fuente de fuerza[391]. De hecho, se ha comprobado que las declaraciones que afirman el compromiso de una institución con la diversidad mejoran el rendimiento de las minorías.

Desde el momento en que mujeres, minorías y miembros de otros grupos infrarrepresentados entran en el proceso de entrevistas, se ven sometidos a sesgos en la forma en que se los evalúa; sesgos que han persistido a pesar de numerosos estudios que exponen el problema. Las empresas que desean fomentar la diversidad pueden reconocer estos sesgos y tomar medidas, lo que resulta un desafío porque a menudo operan de forma inconsciente. A pesar de todo, como veremos, las empresas disponen para ello de varias intervenciones sabias.

Un ejemplo pernicioso de la influencia de los sesgos es que los entrevistadores blancos a veces muestran señales de incomodidad cuando están entrevistando a candidatos de minorías, lo que puede tener efectos adversos en la actuación de los entrevistados[392]. Carl Word, Mark Zanna y Joel Cooper realizaron en 1974 un trabajo que preparó el camino, y sus descubrimientos han sido respaldados por investigaciones posteriores. Al estudiar cómo se comportaban los entrevistadores blancos con los candidatos negros, los investigadores descubrieron que los entrevistadores cometían más errores de dicción al entrevistar a candidatos negros y parecían tener problemas para mantener el hilo de sus pensamientos, con lo que a menudo se repetían torpemente. Los entrevistadores blancos también decían «hum» más veces y hablaban con un ritmo entrecortado, quedándose a menudo cortados a mitad de una frase. Lo más llamativo era que se sentaban más lejos de los candidatos negros y las entrevistas de estos eran varios minutos más breves. Estas diferencias eran sutiles, muy difíciles de detectar sin una cuidadosa valoración cuantitativa.

A continuación, los investigadores entrenaron a un nuevo grupo de entrevistadores para que interactuaran de esta forma incómoda con un grupo de candidatos blancos, para ver si este estilo tenía efectos adversos en comparación con otro grupo de candidatos blancos a los que se entrevistaba de la forma normal. Los candidatos se grabaron en vídeo (con el entrevistador fuera de cámara) y su actuación fue evaluada por jueces independientes. En comparación con los candidatos blancos a los que se entrevistó de la forma en que se los entrevista normalmente, el grupo de blancos entrevistados como si fueran negros fueron calificados por los jueces independientes como menos aptos para el trabajo. No sabemos por qué, pero una posibilidad muy fuerte es que los candidatos blancos se encontraron más incómodos durante la entrevista. La incomodidad puede ser contagiosa. Los investigadores concluyeron que nuestro enfoque para valorar el potencial de un empleado «podría beneficiarse si se asumiera que el "problema" de la actuación de los negros no residía por entero en ellos, sino que se debía a la propia estructura de la interacción».

Las investigaciones también revelan sesgos en la forma en que se evalúa a los hombres y a las mujeres[393]. Dana Kanze y sus compañeros estudiaron cómo los inversores de capital riesgo entrevistan a los emprendedores que solicitan financiación. Los investigadores descubrieron diferencias en el tipo de preguntas que se hacían a las mujeres o a los hombres. Las preguntas dirigidas a las mujeres se concentraban en los problemas potenciales con que se podría encontrar su negocio, mientras que las dirigidas a los hombres se concentraban en el potencial *positivo* del negocio propuesto.

Los inversores de capital riesgo también parecen valorar las capacidades y el carácter de los emprendedores de forma diferentes si son hombres o mujeres. Por ejemplo, en un estudio, el hombre emprendedor medio era caracterizado como «joven y prometedor», «agresivo pero realmente un buen emprendedor» y «cauto, sensible y razonable». Por el contrario, la mujer emprendedora media era caracterizada, si era joven, como «inexperta», «entusiasta pero débil» y «demasiado cauta y poco dispuesta a correr riesgos». Estas valoraciones pueden explicar en parte la disparidad entre los capitales concedidos a los hombres y los concedidos a las mujeres. Una investigación realizada en colaboración entre la Columbia Business School y la Escuela de Economía de Londres, en 2019, descubrió que las mujeres emprendedoras tenían un 63 % menos de posibilidades de obtener financiación.

Los criterios que privilegian los empleadores el contratar empleados pueden también contribuir a la exclusión. Algunas ideas sobre las cualidades que son importantes para tener éxito en el trabajo pueden ser discriminatorias. Por ejemplo, la creencia en que la pasión es un impulsor primario de los logros es una visión de la motivación claramente occidental[394]. Pero en una investigación dirigida por una de mis estudiantes, Xingyu Li, junto con la psicóloga cultural Hazel Markus, analizamos datos de un estudio realizado con más de un millón de estudiantes elegidos entre muestras representativas de cincuenta y nueve sociedades. Descubrimos que el enlace entre el nivel de pasión expresado por los estudiantes por un campo y los logros que obtenían en este era más débil entre los estudiantes procedentes de sociedades orientales más interdependientes que entre los estudiantes de las más independientes sociedades occidentales. Buscar en las entrevistas indicadores de «pasión» por encima de todo puede llevar a que tanto los centros de estudios como los empleadores pasen por alto el potencial de muchos estudiantes y candidatos a un trabajo, especialmente a aquellos que provienen de las numerosas culturas del mundo que valoran más la interdependencia que la independencia.

Otro sesgo que aparece en las decisiones de contratación se muestra en una investigación de Lauren Rivera[395]. Esta estudió el proceso de contratación en empresas importantes de todo Estados Unidos, y descubrió que las empresas citan frecuentemente la falta de «encaje» de un candidato en su organización para explicar por qué descartan a candidatos cuya identidad o estatus —principalmente, candidatos procedentes de entornos de bajos ingresos, minorías y mujeres— son diferentes a los de quienes toman las decisiones clave. ¿De dónde surge este sentimiento de «no encajar»? A menudo, de los entrevistadores. Un entrevistador puede preguntar: «¿Qué te gusta hacer para divertirte fuera del trabajo?». Si la respuesta es jugar al golf en vez de jugar a los bolos, es más probable que observen al entrevistado bajo una luz más positiva. Pero el sesgo puede ser más insidioso aún. Hay investigaciones que han mostrado que la mayoría de nosotros creemos generalmente que las personas que comparten nuestras cualidades idiosincrásicas tienen más posibilidades de tener éxito, al margen de su raza, su género o su clase social. Lo que «hace falta» para tener éxito en un trabajo, en los estudios y en la vida, es algo que definimos de formas que estimulen nuestra autoestima, pensando, en esencia, que: «si lo hago yo, es un signo de éxito». Si yo juego al golf o veo el fútbol o leo el *New Yorker*, tenderé a interpretar esas actividades como parte del perfil de las personas que pertenecen a la categoría «puede tener éxito». Las entrevistas proporcionan una cantidad enorme de alimento para estos sesgos. Nos dejan a todos demasiado margen para buscar un mini-yo en vez de un empleado que aporte una diversidad genuina.

Es posible que incluso alteremos inconscientemente nuestra idea de las cualidades necesarias para hacer un trabajo, para favorecer a personas de ciertos grupos. Eric Uhlmann y yo realizamos una investigación que reveló que las personas cambiaron sus criterios en cuanto a la experiencia y las cualidades personales requeridas para el puesto de jefe de policía de cara a justificar el haber privilegiado a los candidatos hombres sobre las candidatas mujeres[396]. Hicimos que un grupo de participantes evaluara a un candidato masculino al que se describía con un grupo de cualidades que las personas asocian estereotipadamente a ser «inteligente por los libros». Tenía un título universitario, habilidades administrativas y conexiones políticas, pero muy poca experiencia en la calle. También se dijo que se comunicaba bien con los medios y tenía cónyuge y un hijo. Para otro grupo, el candidato masculino fue descrito con un grupo de cualidades que las personas asocian estereotipadamente a tener «inteligencia callejera». Se dijo que no tenía estudios superiores pero era duro y había trabajado en barrios problemáticos, además de que corría riesgos, estaba en buena forma física y vivía solo.

Para los dos candidatos, los participantes puntuaron las cualidades que se decía que tenía como «más importante para el trabajo de jefe de policía». Valoraron como menos importantes las que no tenía. En otras palabras: reajustaron su valoración de los criterios para el trabajo a las credenciales del candidato masculino. Incluso «tener hijos» fue valorado como más esencial para el puesto si el candidato masculino tenía familia, y menos si no la tenía. Por comparación, al evaluar a candidatas femeninas, los participantes no cambiaron su valoración de la importancia de las cualidades dependiendo de que la candidata las tuviera o no. Llegamos a la conclusión de que los participantes tenían un sesgo: que los hombres eran más apropiados para el puesto de jefe, y su mente intentaba encontrar la forma de justificar que se eligiera al hombre. Al querer elegir al hombre, pero poder seguir diciendo que la decisión estaba basada en los méritos del candidato, cambiaban el criterio de méritos.

Este sesgo pareció actuar de manera inconsciente. Las personas que alteraron más su criterio con el fin de favorecer al candidato masculino —una señal de un sesgo mayor—, al final del estudio se puntuaron a sí mismas como las más objetivas. Creían sinceramente que habían elegido al hombre apropiado para el puesto, cuando de hecho habían estado eligiendo los *criterios* apropiados para el hombre. Una vez más, comprobamos lo difícil que es estar a la altura del dictado de Feynman: «El principio fundamental es que no debes engañarte a ti mismo..., y tú eres la persona más fácil de engañar».

Aunque los sesgos en la contratación desfavorecen principalmente a mujeres y minorías, pueden excluir a cualquiera que se vea como un extraño, lo que incluye a los hombres en algunas profesiones. La investigación demostró que si existe el sesgo de que una mujer es más apropiada para determinado trabajo, por ejemplo, profesora de estudios femeninos, quedan en desventaja los candidatos masculinos a causa del mismo tipo de reajuste de los criterios. Este tipo de sesgo no solo provoca discriminaciones; también es probable que agrave la incertidumbre de pertenencia, ya que los candidatos a los trabajos pueden percibir que se los está mirando con ojos sesgados.

¿Qué pueden hacer las empresas para tratar con estas sutiles fuentes de discriminación? Una estrategia es establecer criterios de contratación claros y comprometerse con su aplicación. Uhlmann y yo diseñamos una simple intervención sabia para implementar este procedimiento. Hicimos que algunos evaluadores se comprometieran por anticipado con los criterios que eran importantes para el trabajo de jefe de policía *antes* de examinar las credenciales de los candidatos. Mientras que un grupo de control siguió evaluando a los candidatos masculinos más positivamente que a las mujeres con credenciales similares, los evaluadores que recibieron nuestra intervención puntuaron a los hombres y las mujeres como igual de cualificados para el trabajo. En parte como resultado de esta investigación, la práctica del «compromiso con los criterios» se ha adoptado como política de contratación en empresas de todo el país. Se puede usar una práctica similar para las entrevistas, decidiendo con antelación las preguntas que se harán a todos los candidatos.

Hay otras formas de modelar las situaciones para promover equidad en el lugar de trabajo. Hemos visto anteriormente que pedir a los que toman las decisiones que monitoricen y expliquen los desequilibrios de raza y de género en los ascensos y las subidas de sueldo reduce espectacularmente las disparidades. Otra intervención antisesgos para las empresas es que, siempre que sea posible, oculten a los que toman las decisiones la raza, el género o la pertenencia a cualquier grupo social estereotipado[397].

Otra parte del proceso de contratación que puede llevar a resultados discriminatorios es el uso de pruebas de empleo, que pueden disparar la amenaza del estereotipo. Hay dos intervenciones sabias que pueden ayudar a mitigar este miedo: las intervenciones de autoafirmación y las de pertenencia social. Un estudio descubrió que añadir un ejercicio de afirmación antes de realizar una prueba de empleo para los solicitantes de un trabajo de agente de policía aumenta el porcentaje de candidatos de minorías que lo aprueban[398].

Las autoafirmaciones también pueden ayudar a librarse de sesgos dañinos a los entrevistadores y a los que toman las decisiones. Las investigaciones sugieren que nuestras valoraciones de otros dicen a menudo más sobre nuestras necesidades psicológicas que sobre los méritos de los demás[399]. Atender estas necesidades puede llevar a valoraciones más justas. Por ejemplo, un estudio de Steve Fein y Steve Spencer mostró que una actividad de afirmación de valores reduce el extremo al que las personas no judías ajustan a estereotipos antisemíticos extendidos (como el de las «princesas judías americanas») sus valoraciones de una candidata judía a un puesto. Del mismo modo, las investigaciones muestran que las experiencias afirmadoras de la identidad, como obtener comentarios positivos por un trabajo bien hecho, reducen la tendencia de las personas a definir con estrechez de miras, de formas que se halaguen a sí mismas, qué hace falta para tener éxito.

Todos estos son ejemplos de modelado de situaciones que, aunque no eliminan los estereotipos, pueden evitar que estos influyan en las decisiones de contratación.

Ninguna de estas intervenciones tiene garantías de funcionar. Como he dicho a lo largo del libro, el impacto de las intervenciones sabias depende de otras fuerzas en juego en cualquier situación dada, y de muchas de ellas no somos conscientes. Esto significa que en el modelado de situaciones siempre debemos monitorizar los resultados, antes y después de cualquier cambio que introduzcamos, para determinar si nos estamos acercando a nuestros objetivos o no. ¿Están disminuyendo las disparidades? ¿El nuevo procedimiento de ascensos hace avanzar de la misma forma y al mismo ritmo a los hombres y mujeres cualificados? Tomándole prestada una metáfora a Kurt Lewin: si no monitorizamos nuestro progreso hacia una meta concreta, somos como el capitán de un barco sin brújula, a la deriva en el mar, girando furiosamente la rueda del timón pero navegando en círculos[400].

Hay esperanzas de que se pueda progresar. Las investigaciones han mostrado que en cinco años de implementación por parte de las empresas de un programa riguroso dirigido a contratar a más mujeres, la cifra de mujeres blancas, negras, hispánicas y asiáticas que ocupan puestos directivos en esas empresas ha aumentado en un 10 % por término medio[401]. Las mejoras de la diversidad pueden llevar a progresos aún mayores, pues la existencia de modelos para las personas de grupos históricamente excluidos puede reducir su temor a la amenaza del estereotipo y su incertidumbre de pertenencia[402].

Pero crear fuerzas de trabajo más diversas es solo un paso necesario. Las situaciones dentro de las empresas deben también modelarse para estimular la pertenencia de las personas de todo tipo una vez llegan. Dos pioneros de la investigación sobre la diversidad, Robin Ely y David Thomas, escribieron que demasiadas empresas adoptan un enfoque de «añadir diversidad y remover»[403]. No tratan los rasgos de sus lugares de trabajo que socavan la pertenencia. Pero las empresas tienen muchos medios para alimentar el sentimiento de pertenencia de sus empleados, de palabra y de obra. Uno de estos medios es establecer y cumplir enérgicamente normativas que promuevan la inclusión.

Debido a la inercia en la promoción de equidad para minorías y mujeres, muchos se muestran escépticos sobre el valor de tales normativas. A mí me animaron las investigaciones que mostraron efectos positivos. En 2019, un estudio riguroso dirigido por William Hall y Toni Schmadre evaluó los efectos de las políticas de inclusión de género en las empleadas que trabajaban en un campo STEM, la ingeniería[404]. Las normativas incluían la disponibilidad de recursos para atender desequilibrios entre el trabajo y la vida familiar como el cuidado de los hijos, normativas para gestionar el acoso, oportunidades educativas y formativas para mujeres y hombres, y anuncios de empleo y declaraciones de principios que afirmaban el valor de la diversidad. En las empresas que implantaron esas normativas, las mujeres sintieron menos amenazas del estereotipo y reportaron más interacciones positivas con los compañeros masculinos que en las empresas que no las implantaron. En esencia, las mujeres se sentían más aceptadas.

Las psicólogas sociales Mary Murphy y Elizabeth Canning proponen otra vía a la pertenencia, asentada en sus investigaciones: promover una cultura laboral de «mentalidad de crecimiento»[405]. Una cultura de crecimiento es una en la que las normas se enfocan hacia *mejorar*, no hacia *demostrar*. Murphy encuestó a empleados de empresas Fortune 1000 y descubrió que las mujeres empleadas estaban menos preocupadas por los estereotipos negativos en las empresas que habían abrazado la creencia de que la capacidad no es fija, sino que se puede cultivar y ampliar. De hecho, en esas culturas de crecimiento, tanto los hombres como las mujeres que trabajan allí confían más en su empresa, se sienten más implicados en ella y reportan tener más apoyo para la innovación, la creatividad, la colaboración, el comportamiento ético y la toma de riesgos. Citando de los artículos periodísticos: Murphy muestra el ejemplo positivo de la Xerox Corporation bajo el liderazgo de la antigua CEO Anne Mulcahy. «En declaraciones públicas, los ejecutivos describen con orgullo el crecimiento y aprendizaje de su CEO a lo largo de 35 años, desde las ventas hasta la cabeza de la organización», y el foco no estaba en «demostrar lo lista que era una persona o un departamento» sino en «invertir en las experiencias y el desarrollo de una mayor porción de talento».

Otra forma de crear atmósferas de pertenencia es entrelazar los valores de autoafirmación con la declaración de principios de la empresa. Esto puede unir a las personas en un propósito común. Una de las mejores descripciones que he visto de esta práctica proviene de Stephen Covey, en su libro *Los 7 hábitos de la gente altamente efectiva*[406]. Al visitar un hotel, Covey se quedó asombrado ante el impecable servicio a todos los niveles y en toda circunstancia concebible. Estaba a la altura del lema de la cadena de hoteles: «Servicio personalizado sin concesiones». Covey le preguntó al gerente cómo habían alcanzado unos estándares tan excelentes. El gerente explicó que ese hotel había establecido su propia declaración de principios, que aunque «en armonía» con la de la cadena, se ajustaba a «nuestra situación, nuestro entorno, nuestra época». Covey preguntó que quién había elaborado esa declaración de principios, y el gerente contestó: «Todos». Habían contribuido asistentas, camareras y recepcionistas, y los valores de la declaración de principios habían llegado a insuflar prácticamente todas las decisiones y encuentros de los empleados. Reflejando el espíritu democrático de los líderes de Kurt Lewin, Covey afirma que implicar a los empleados y a los propios valores de estos en los principios de la empresa es esencial. «Márcalo, pon un asterisco, rodéalo con un círculo, subráyalo —escribe—: *Sin implicación no hay compromiso*». Deben realizarse más investigaciones sobre los efectos de estas normativas en las empresas, pero es una señal esperanzadora que las normativas que unen a los empleados en torno a valores compartidos tienen un impacto positivo en la cultura empresarial.

El enfoque democrático en la creación del lema del hotel fue probablemente la clave del éxito. La pertenencia se fomenta en las empresas en que los empleados, idealmente en todos los niveles, tienen la oportunidad de aportar su voz en la resolución de problemas y de sentir que son una parte del equipo respetada y apreciada. Una forma de asegurar que los empleados se sienten valorados y vistos como esenciales para las operaciones de la empresa es informarlos de los problemas de alto nivel a los que se enfrenta esta y animarlos a desarrollar estrategias conjuntas para el éxito, como hizo Lewin en su investigación en la fábrica de pijamas. Netflix ha implementado prácticas similares, como describe su antigua responsable de talentos Patty McCord en su libro *Powerful*[407] («Poderosos»). La empresa celebra periódicamente una reunión con todos los nuevos empleados, en la que los jefes de todos los departamentos realizan presentaciones detalladas sobre la parte de cada uno en el negocio y se anima a los empleados a preguntar sobre ellas. Los desafíos y planes estratégicos de la empresa se describen también en profundidad. La intención es dejar claro a todos los empleados cómo pueden contribuir a la misión de la empresa y transmitir que cada uno de ellos es visto como esencial para el éxito de esta.

Siguiendo también a Lewin, la inclusión democrática de los empleados no debería ser *laissez-faire*. Los líderes deben establecer una dirección, y esto es así en todos los niveles de gestión, desde el CEO a los supervisores de equipos pequeños. Al revisar un extenso corpus de trabajos, el destacado investigador organizativo J. Richard Hackman descubrió que los equipos de los entornos laborales, y, para el caso, de todas las áreas, rara vez rinden todo lo bien que podrían[408]. De hecho, el rendimiento queda por debajo de lo que se predice basándose en las capacidades y experiencia de los miembros individuales del equipo. ¿Por qué? Porque la mayoría de los equipos no están estructurados y dirigidos de una forma que permita que todos sus miembros puedan realizar su contribución óptima o que asegure que la aportación de cada miembro se integre constructivamente en el conjunto. Hackman enfatiza la importancia del equilibrio adecuado entre liderazgo y autonomía de los empleados, argumentando que los supervisores deberían ejercer autoridad sobre la «*dirección*, el objetivo declarado que persigue el equipo», mientras que la autoridad «sobre los *medios* para alcanzar ese objetivo [...] debería estar en el propio equipo». Y, por supuesto, una de las directivas clave que puede fijar un líder es crear un entorno de trabajo justo e inclusivo.

Un líder también puede establecer la dirección de un equipo mediante «micronormativas», con comportamientos aparentemente triviales que establecen normas poderosas. Adam Grant, por ejemplo, recalca que los líderes deberían enlazar, tanto con palabras como con actos, una visión del éxito del equipo o la empresa con un conjunto de valores esenciales, lo que lleva a los empleados a ver su trabajo como significativo y afirmador[409]. En un experimento hizo que un supervisor de una empresa de software diera un discurso breve e inspirador a los nuevos miembros del personal de ventas. El supervisor formuló la visión de la empresa y cómo el trabajo de los empleados se relacionaba con esta, y expresó su creencia en su capacidad para materializar el sueño compartido. Aquellas palabras fueron reforzadas por una experiencia que Grant y la empresa modelaron para reforzar las normas: una visita de un beneficiario directo del trabajo del personal de ventas —un empleado de otro departamento— que presentó un testimonio personal sobre cómo la división de ventas había creado empleos y financiado salarios. Esta intervención para conectar a los nuevos empleados con su trabajo, y a unos con otros, elevó las ventas y los ingresos durante las siguientes siete semanas. Los trabajadores que recibieron esta intervención generaron más de doscientas ventas adicionales que un grupo que no recibió ninguna.

Otra forma de estimular el sentimiento de pertenencia de los empleados es crear equipos a los que se anima a dedicarse a la solución colectiva de problemas. Esto presenta con regularidad oportunidades para que todos los miembros de los equipos expresen sus puntos de vista y contribuyan con su talento. Pero los líderes de estos equipos deberían establecer la norma de que los compañeros se traten con respeto unos a otros, dejando espacio para todos en las discusiones y escuchándose con atención entre ellos. Como vimos con los estudiantes de alto nivel que abrieron el camino en el establecimiento de las normas antiacoso en las escuelas, los supervisores, como miembros de mayor estado de los equipos, pueden establecer normas poderosas. Un objetivo clave es fomentar lo que la estudiosa del liderazgo Amy Edmonson denomina *seguridad psicológica*, que describe como «la creencia en que el entorno es seguro para correr riesgos interpersonales[410]. La gente se siente capaz de hablar cuando es necesario, con ideas, preguntas o preocupaciones relevantes, sin que las acallen de forma arbitraria. La seguridad psicológica está presente cuando los compañeros confían en los otros y los respetan y se sienten capaces de ser sinceros, o incluso obligados a serlo». No importa lo ingeniosos o dotados que sean los miembros individuales del equipo: si la atmósfera no inspira la seguridad psicológica que las personas necesitan para expresarse, es probable que se guarden para sí aportaciones valiosas. Como me dijo un gerente de Google: «Si no tienes seguridad psicológica, estás desaprovechando el potencial de casi todos los miembros del equipo».

Los supervisores que no están convencidos de la importancia de estimular la pertenencia pueden ser persuadidos por las pruebas de sus efectos en el rendimiento de los equipos[411]. Un estudio de Google ampliamente publicado, llamado Proyecto Aristóteles, determinó que la seguridad psicológica era una característica clave común a todos los equipos de mayor rendimiento. Las investigaciones han revelado también asombrosas caídas del rendimiento si no se muestra respeto a los empleados. En un estudio realizado en 2018, veinticuatro equipos médicos de Israel, cada uno compuesto por un doctor y dos enfermeros, recibieron información sobre un bebé que sufría una enfermedad y era necesario obtener un diagnóstico en una hora. Se les dijo que un médico experto estaría observándolos por webcam, y entonces el experimentador supuestamente llamó al experto, con los equipos escuchando la llamada. En realidad, se estaba reproduciendo un mensaje pregrabado; con un grupo de equipos, el experto comentó que «no lo impresionaba la calidad de la medicina en Israel» y que esperaba que los miembros del equipo «no durarían una semana» si estuvieran trabajando para él. Los equipos que escucharon el mensaje derogatorio trabajaron peor tanto en la diagnosis como en la realización de procedimientos médicos que los equipos que oyeron comentarios neutrales de ese mismo experto. ¿Por qué? Los investigadores proporcionaron pruebas de que los comentarios descorteses pusieron a los participantes a la defensiva, distrayéndolos de la tarea y haciendo que fueran reticentes a compartir información y pedir ayuda. Además, investigaciones posteriores han descubierto que un comentario descortés se puede extender como un virus, infectando la mente de otros trabajadores y haciendo que estén más predispuestos a ver hostilidad en los demás y a responder con hostilidad.

Hacer preguntas, la base de la adquisición de perspectiva, también puede estimular la pertenencia de los empleados, tanto en reuniones colaborativas para resolver problemas como en las conversaciones uno-a-uno entre supervisores y empleados. Ya vimos anteriormente cómo el hacer preguntas a las personas sobre ellas mismas y sobre sus valores crea lazos. Reafirma a los empleados transmitiéndoles que se los ve como una persona completa y no como un engranaje en la máquina laboral. Una investigación de Jeffrey Sánchez-Burks y sus compañeros descubrió que los empleados de culturas latinas responden especialmente bien a las experiencias en el lugar de trabajo que afirman la conexión, como las preguntas sobre el fin de semana, la familia, películas y otros aspectos de la vida social[412]. Pero casi todos los empleados se benefician de la conexión en el lugar de trabajo.

El poder de realizar preguntas de autoafirmación quedó demostrado en dos experimentos de campo que realizamos mi compañera Yue Jia y yo[413]. Los empleados de dos empresas, una un servicio de entregas y la otra una compañía de taxis, fueron asignados al azar para responder un par de preguntas sobre sus valores más importantes y por qué eran importantes para ellos, un estímulo estándar de afirmación de valores; tenían que responder por escrito. Razonamos que esta actividad crearía un amortiguador ante el estrés y los ayudaría a recordar cómo su trabajo se conectaba con sus valores. En comparación con un grupo de control que escribió sobre valores menos importantes, esos empleados rindieron más durante los dos meses siguientes. Los beneficios fueron especialmente potentes entre empleados que habían expresado al comienzo del estudio que se sentían quemados en el trabajo. En una investigación dirigida por Arghavan Salles, la misma actividad de afirmación de valores mejoró el rendimiento de las mujeres que hacían la residencia de cirugía, tal como se midió en las evaluaciones formales que efectuaron sus supervisores clínicos.

En las reuniones de grupo, hacer preguntas también ayuda a garantizar que todos tienen una oportunidad de participar y la perspectiva de todos es tenida en cuenta. «El buen liderazgo consiste en hacer buenas preguntas», escribe John Hagel, que ha trabajado durante cuarenta años como ejecutivo y consejero de negocios en Silicon Valley[414]. Demasiados líderes, señala, asumen que «las afirmaciones enérgicas crean [...] confianza en su competencia». Pero mucho más eficaz, añade, es «inspirar preguntas» que «transmiten que no tienen todas las respuestas». Por supuesto, algunos empleados serán más reticentes. De modo que otra forma de micronormativa que pueden practicar los supervisores es prestar atención a aquellos que no hablan sonsacándoles su aportación, haciendo preguntas como: «Carol, tú tienes experiencia en esta área; ¿qué opinas?». Si un empleado parece especialmente tímido o inseguro, una forma de crear más seguridad es, antes de hacer una pregunta públicamente, conseguir opiniones de todos con antelación a la reunión, y *entonces* decir: «Carol, me parece que lo que escribiste sobre el proyecto es interesante. ¿Qué tal si compartes tus ideas con el grupo?».

Por impactantes que puedan ser estas prácticas, sus beneficios no duran mucho tiempo si la directiva no atiende el tema de los estereotipos y otros mensajes nocivos sobre quiénes pertenecen y quiénes no. De modo que un objetivo clave es crear consciencia del problema de los sesgos y el poder de un lugar de trabajo diverso en el que todos sientan que pertenecen. Pero teniendo en cuenta lo que hemos visto sobre cómo las personas pueden ponerse a la defensiva cuando se discuten temas de sesgos y diversidad, ¿cómo crear consciencia de forma eficaz?

En abril de 2018 saltó la noticia sobre un supervisor de un Starbucks de Filadelfia que había llamado a la policía simplemente porque dos hombres negros se habían sentado a una mesa sin comprar nada. Aunque cuando llegaron los agentes les explicaron que estaban esperando a otra persona con la que tenían una reunión de negocios, los dos hombres fueron detenidos y esposados. La indignación pública fue intensa; la respuesta de la empresa, rápida. El supervisor fue despedido y, un único día de mayo, la empresa cerró todos los locales de Estados Unidos y dio a prácticamente todos sus 175.000 empleados estadounidenses un curso sobre diversidad[415]. Pero se ha expresado mucho escepticismo sobre la eficacia que pueda haber tenido el curso.

Casi todas las empresas Fortune 500 imparten cursos sobre diversidad. La mayoría de las universidades y colegios universitarios, también. La formación sobre diversidad se ha convertido en una industria multimillonaria. Pero ¿funciona? La respuesta, en líneas generales, es que no, según Dobbin y Kalev. Pero este fracaso no es una indicación de que la formación sobre diversidad sea inherentemente defectuosa. Se trata más bien de que está muy mal diseñada e impartida. Según una de las principales estudiosas de esta área, Corinne Moss-Racusin, no deberíamos hablar en general de la formación sobre diversidad porque los enfoques varían ampliamente. El diferenciador clave entre las que dan buenos resultados y las que no está en si el programa se apoya en la investigación científica. Los programas que no tienen esa base —que es cierto que son la mayoría— no sirven de gran cosa.

En un ejemplo de formación sobre diversidad respaldada por la investigación, Patricia Devine, Molly Carnes y Will Cox diseñaron un taller que promueve «cultura sobre sesgos»[416], lo que quiere decir consciencia tanto sobre el problema como sobre las estrategias para superarlo. Estas incluyen una interacción cada vez mayor con miembros de otros grupos y la construcción de hábitos mentales que corrigen el sesgo, como los descritos en el capítulo 6. En el resultado más impresionante obtenido al comprobar los efectos de su taller, descubrieron que el personal docente de cuarenta y seis departamentos STEM universitarios, asignados al azar a este taller de dos horas y media, contrataron más docentes femeninas en los dos años siguientes, y el porcentaje de nuevas contrataciones subió del 32 % de mujeres al 47 %. Los departamentos de un grupo de control no mostraron incremento. En otro estudio que evaluó las respuestas de unos dos mil profesores que asistieron al taller, la experiencia mejoró el sentimiento general de pertenencia entre todo el personal docente, hombres y mujeres, según lo que reportaron en una encuesta de la universidad sobre la vida laboral.

A pesar de lo impresionantes que han sido los resultados de todos estos programas, un enfoque se destaca como especialmente bien diseñado e impactante, al reunir muchos de los métodos de modelado de situaciones que hemos analizado. Este enfoque es una intervención sabia creada por la psicóloga social Jessi Smith y sus compañeros, con el objetivo de combatir el sesgo contra las mujeres en posiciones STEM en las universidades[417]. Estados Unidos ha dado pasos importantes en este esfuerzo a lo largo de la pasada década, y el porcentaje de puestos permanentes de personal docente femenino en posiciones STEM ha aumentado del 24% en 2011 al 37% en 2017. Una causa probable es un compromiso de la Fundación Nacional de Ciencias en 2001 para financiar programas dirigidos al objetivo de alcanzar la igualdad de género. Con un largo camino por delante hasta alcanzar ese hito, el programa desarrollado por Smith y su equipo parece ser especialmente prometedor. Incorpora muchas de las sugerencias de Dobbin y Kalev, y ha tenido tanto éxito que varias organizaciones están trabajando ahora para adoptarlo.

En un experimento, el personal docente de catorce departamentos STEM de una universidad fue asignado al azar para participar en la intervención, y otros nueve departamentos sirvieron como grupo de control; estos últimos recibieron solo una presentación antidiscriminación estándar impartida por la oficina de recursos humanos. Los investigadores observaron después la diversidad de género en las búsquedas de personal docente realizadas a lo largo de un año, y descubrieron que los departamentos que recibieron la intervención llevaron más del doble de candidatas al campus para entrevistarlas que los departamentos del grupo de control, y en última instancia presentaron el 62% de las ofertas a mujeres, en comparación con solo un 21% entre los departamentos del grupo de control. Por añadidura, hay pruebas de que era más probable que las mujeres aceptaran esas ofertas en el grupo de la intervención. En los dos años siguientes, la intervención se aplicó a todas las búsquedas STEM en toda la universidad y ayudó a alcanzar una paridad de género casi perfecta: las mujeres compusieron exactamente el 50% de las contrataciones. Pero los beneficios se extendieron más allá de la contratación; cuanto más personal docente tomaba parte en la intervención, mayores eran la satisfacción con el trabajo reportada y el sentido de pertenencia al trabajo, y eso era así tanto para las mujeres como para los hombres. ¿Qué hace la intervención?

En su núcleo hay prácticas para proteger y cultivar la pertenencia de todos, no solo los candidatos a un trabajo sino también el personal docente que toma las decisiones de contratación. Este puede sufrir también su propia incertidumbre de pertenencia. Las investigaciones muestran que los programas para estimular la diversidad y el multiculturalismo pueden hacer que las personas blancas y los hombres se sientan dejados de lado y se pongan a la defensiva[418]. Algo fundamental para la eficacia de este programa es con cuánta precisión apunta a esas barreras para la pertenencia, que a menudo no se atienden en la mayoría de los demás programas.

Al principio de una nueva búsqueda de trabajo, los miembros del comité de búsqueda, a quien Lewin llamaba «los guardabarreras», asisten a una reunión de dos horas descrita como un taller, porque la palabra «formación» puede resultar desalentadora. Están también presentes un representante del programa de diversidad y un miembro del personal docente de otro departamento que había asistido previamente al taller. Los grupos se mantienen reducidos, de cuatro a diez personas, porque los grupos de este tamaño son especialmente buenos para descongelar actitudes anticuadas, como Lewin lo expresó, y abren a las personas a otros puntos de vista. Además, los grupos son tan diversos en su composición étnica y de género como la demografía del departamento permita, y se envía pronto una invitación a unirse a mujeres y minorías para inspirar más participación de estas. Los antiguos participantes describen cómo su departamento había incrementado el porcentaje de mujeres, lo que es una buena manera de establecer que una nueva norma está arraigando en la universidad. Sus testimonios envían además el mensaje de que la diversidad es un valor que todos compartimos, y que juntos podemos dar pasos para promoverla. Los antiguos participantes describen su propia experiencia de aprender sobre sus sesgos y cómo superarlos, detallando cómo dieron pasos para promover la igualdad en sus propios departamentos. El punto, que se transmite con claridad, es apoyar y empoderar a los nuevos participantes y a sus departamentos para que tomen las mejores decisiones posibles. Algo esencial para el proceso es que no se culpabiliza al personal ni se expresa ninguna justa indignación en el taller. Esto ayuda a aplacar cualquier defensividad que pudieran sentir los participantes. El énfasis se pone en hacer juntos cambios positivos. «El terreno de juego no es equitativo. No es culpa nuestra —dijo uno de los representantes del programa en uno de los talleres—. Pero sí es culpa nuestra si cerramos los ojos a eso».

A los participantes no se los libra de hacer frente a la dura realidad. Se les muestran datos que ilustran el grado de diversidad de género en su propio departamento comparado con la tendencia nacional. También se les muestran pruebas de que la infrarrepresentación femenina no se puede explicar solamente por la escasez de doctoradas en ciencias; de hecho, su número ha aumentado espectacularmente en los últimos veinte años. Se expone también la investigación científica que muestra el poder de los sesgos para influenciar nuestro pensamiento cotidiano, y Smith y sus compañeros escribieron que eso debe hacerse con ejemplos específicos de «las incontables formas en que el sesgo contribuye a la amenaza del estereotipo, a la incertidumbre de pertenencia, al desequilibrio entre el trabajo y la vida personal y a una horda de consecuencias negativas»[419]. El taller tiene como objetivo incrementar no solo la consciencia cognitiva, sino la emocional, y para conseguir eso se emplea la adquisición de perspectivas. Se comparten una serie de relatos breves de la experiencia de las personas con los sesgos. En un caso, una decana compartió una historia de cuando era una joven candidata para un trabajo docente en ciencias. Durante la entrevista conoció a un profesor, y este le explicó que su esposa había abandonado su carrera para apoyar la de él, y a continuación le preguntó a la candidata si su marido estaba dispuesto a hacer lo mismo por ella. La experiencia fue tan incómoda que perdió de inmediato su interés por aquel trabajo. Se comparten también otras historias de candidatos que habían rechazado ofertas o abandonado la búsqueda. Ese elemento del taller se basa en las investigaciones que muestran que las historias sobre la experiencia de verse sujetos a sesgos son más difíciles de desestimar que los meros hechos factuales[420]. Moss-Racusin y sus compañeros han creado un almacén de historias y entrevistas expertas para ilustrar el sesgo de género, y está disponible públicamente (https://academics.skidmore.edu/blogs/vids/).

A continuación, se presentan estrategias específicas para que cada participante las use para hacer cambios. Esto es importante porque las investigaciones muestran que limitarse a enseñar pruebas de sesgo de género o racial puede desesperanzar a las personas y puede amenazar la pertenencia que sienten las mujeres y minorías en el lugar de trabajo, en vez de estimularla[421]. Los participantes reciben listas de chequeo de enfoques respaldados por investigaciones para superar los sesgos y sus efectos. También reciben plantillas para crear trabajos inclusivos, descubren *newsletters* y servidores de listas donde pueden reclutar una selección diversa de candidatos, y se les dan hojas de trabajo que los ayudan a establecer criterios claros e inclusivos para revisar las solicitudes de los candidatos.

Todos estos pasos son como recomendaría Lewin. Ha desaparecido el enfoque «ordeno y controlo» demasiado común de los programas de diversidad que, según Dobbin y Kalev, «ignoran prácticamente todo lo que sabemos sobre cómo motivar a las personas a que hagan cambios»[422]. Pero el taller está lejos de ser puramente teórico, como hemos visto. En una encuesta anual se pide a cada departamento que fije objetivos para el año siguiente y monitorice el progreso del año anterior. Smith y su equipo analizan las respuestas y envían un informe-resumen a todas las partes interesadas del campus, que lo usan para determinar los recursos y apoyos que se asignan a cada departamento. Este proceso, me dijo Smith, a menudo crea un sentimiento celebratorio cuando se alcanzan los objetivos, y promueve consciencia y responsabilidad, lo que hemos visto que son potentes fuerzas antisesgo.

También se atiende en el programa a los candidatos al trabajo. Estos se reúnen para mantener una breve conversación con los enlaces con el personal docente, para conocer las oportunidades y los recursos que ofrece la universidad para cubrir las necesidades del personal, además de las políticas de diversidad proactivas, cuidado de los niños, dormitorios familiares y defensores de la familia para ayudar a establecer un equilibrio trabajo-vida personal. La situación del lugar de trabajo, como pueden ver los candidatos, está estructurada de una forma que apoye su éxito si se les ofrece el trabajo y deciden aceptarlo. A continuación, se invita a los candidatos a dar su perspectiva, si desean compartirla, en una entrevista confidencial, lo que les permite expresar sus preocupaciones y explorar cómo tratarlas en su asociación con la universidad. Smith me dijo que el objetivo es «tratar al candidato como a un ser humano, un amigo y una persona auténticamente completa». Esta reunión tiene lugar durante la primera visita del candidato al campus, que es esencial porque es el momento en que se conocen las normas y se fijan las expectativas.

Los investigadores también desarrollaron una serie de formas de apoyar al nuevo personal femenino. Por ejemplo, organizaron talleres sobre la redacción de las solicitudes de subvenciones, porque recibir subvenciones es, para bien o para mal, la moneda del reino en muchas universidades. También crearon un premio a la distinción científica para el personal docente femenino y un ritual en el que profesores asentados presentaban a la nueva docente a su primera clase, alabando sus logros. Estos métodos de modelado de situaciones pueden parecer poca cosa, pero sirven como armas contra el estereotipo de que «STEM no es para mujeres».

El programa también incluye un mecanismo para que el personal docente comparta los problemas antes de que estallen, de modo que la universidad pueda abordarlos proactivamente. Los miembros de un equipo de «defensores de la equidad» actúan como confidentes y solucionadores de problemas, y, si es necesario, mediadores, tanto para los miembros del comité de búsqueda como para los candidatos.

Como hemos visto a lo largo del libro, lo que el programa *no* hace es tan crítico como lo que sí. No se enfoca en arreglar las malas actitudes de la gente o en suprimir sesgos bien arraigados, incluso a pesar de que puedan existir. En vez de eso se fija la meta más modesta de aumentar la consciencia de las personas sobre la situación y sobre sí mismas, y proporcionarles estrategias concretas y oportunidades para actuar. Como vimos en el capítulo 1, este enfoque empoderador y participativo coloca a la gente en nuevos roles y siembra en ella nuevas identidades. Es necesario un compromiso mucho mayor con programas bien modelados como este, así como más financiación. Las fundaciones filantrópicas y las empresas pueden representar un papel al apoyarlos, sustituyendo los programas ineficaces dominantes en la actualidad por enfoques respaldados por la ciencia.

De todas formas, con la abundancia de recursos ya disponibles procedentes de estos y otros estudios, cada organización puede empezar a poner en marcha algunas de las prácticas presentadas aquí. Alimentar los sentimientos de conexión entre los empleados, tanto la de unos con otros como con la empresa, no tiene por qué ser intimidante.

11

Pertenencia y salud

Estimular la pertenencia para reforzar nuestro cuerpo
y nuestra mente

Essam Daod estaba agotado cuando me reuní con él, pero eso no era
nada nuevo. Él y su esposa, María Jammal, son los cofundadores de Humanity Crew[423], una organización internacional que proporciona la primera respuesta de apoyo psicológico a refugiados. Han venido a Palo Alto
a una recaudación de fondos, y fueron lo bastante amables para hacer un
hueco para reunirse conmigo. Había oído hablar de su trabajo a través de
un amigo y me habían inspirado. Daod es un psiquiatra y psicoterapeuta
por formación. Se ha metido en el agua para sacar a niños refugiados de
botes de goma atestados de pasajeros. Muchos de los refugiados están
huyendo de zonas en guerra, a menudo gobernadas por milicias brutales.
Casi todas las mujeres han sido violadas, me cuenta. Muchos refugiados
sufren trastorno de estrés postraumático. Y alcanzar la seguridad es solo el
comienzo de su viaje. Construir una vida nueva en una tierra extraña
presenta numerosos desafíos intimidantes, que a menudo incluyen las
enfermedades psicológicas y físicas que genera el trauma.

«Pero —dice Daod— incluso bajo esas condiciones tan duras, puedes
cambiar la situación con palabras. El objetivo principal es suavizar el
trauma». Usa uno de los medios más poderosos para estimular la pertenencia: la afirmación. «Intento que se vean a sí mismos como héroes»,
dijo en una entrevista para *Haaretz*. Les dice: «Qué valor, habéis hecho
algo que no se podía hacer, nuestro capitán creía que estabais muertos,
pero habéis triunfado», o: «Cruzasteis el mar turbulento. Escapasteis del

mal». Las palabras son ciertas, y proporcionan a los niños una forma empoderadora de «recontar su historia» como un relato heroico de una manera que ellos no habrían podido. En respuesta, dice, la tensión en la cara de los niños se suaviza y su cuerpo se relaja. Algunos incluso sonríen. Se ha creado una conexión. Los niños también se relajan psicológicamente, lo que hace que sea más fácil tratarlos.

Daod y su personal de Humanity Crew son conscientes de la fuerte relación entre el bienestar psicológico y el físico, y comprenden que, como muestran muchas investigaciones, sentirnos seguros y conectados socialmente mejora la salud. «Es imposible rescatar el cuerpo sin rescatar la psique», afirma[424].

Cuando yo era estudiante de posgrado en la década de 1990, el psiquiatra de Stanford David Spiegel lanzó ondas sísmicas por toda la institución médica con un estudio que revelaba los poderosos efectos positivos sobre la salud de tener un sentimiento de pertenencia[425]. Evaluó los efectos de los grupos de apoyo social en mujeres con cáncer de mama terminal, reuniendo una vez a la semana pequeños grupos de mujeres con esta afección para hablar de sus problemas y las estrategias para confrontarlos; cada grupo estaba dirigido por una terapeuta de apoyo. En la época en que empezó a estudiar los grupos de apoyo, a finales de la década de 1970, tales grupos eran raros. A las víctimas de cáncer generalmente se les hacía sentir que no debían hablar de su dolor y sus miedos, ni siquiera con su familia, lo que era de hecho aislarlas socialmente. Por desgracia eso sigue siendo así para personas con problemas de salud de todo tipo. Quienes padecen una enfermedad terminal mencionan la sensación de que el mundo está dividido entre la comunidad de los que viven y el reino solitario de los que se están muriendo. En uno de los estudios de Spiegel, una paciente que tenía el esófago dañado por culpa de la radiación dijo que se sentía apartada del mundo cuando veía a otras personas comer, mientras que a ella le costaba un esfuerzo inmenso tragar un poco de sopa. Como mostró el trabajo de Spiegel, los grupos de apoyo representan un papel esencial en proporcionar a los pacientes una conexión con la que pueden contrarrestar el aislamiento social que los separa del mundo. Incluso aunque estar con otros no resuelve los problemas que tengamos, enfrentarnos juntos a estos problemas los vuelve menos amenazadores y hace que nos sintamos más fuertes.

Cuando Spiegel visitó el área de psicología social de Stanford hace unos años para reflexionar sobre sus décadas de investigaciones, nos dijo que, al principio, muchas de las mujeres invitadas a los grupos decían que no tenían tiempo para asistir, y muchas de las que sí acudían se sentían incómodas[426]. Pero pronto se asentó un «pegamento social». El lazo se debía en gran medida a la autenticidad del apoyo emocional, que validaba su miedo a morir y les permitía expresar verdades que no creían que pudieran compartir con sus seres queridos. Una paciente contó que cuando un día se derrumbó, su marido le dijo que todo estaría bien, lo que no hizo más que enfurecerla. Solo cuando en otra ocasión que volvió a caerse su marido se echó en el suelo a su lado y lloró con ella, se sintió verdaderamente apoyada por él. También agradecía que el grupo le permitiera llorar. Spiegel anotó en su informe sobre la investigación que el grupo proporcionaba «un lugar al que pertenecer y donde expresar sentimientos».

Los pequeños grupos eran espacios seguros para desahogarse, mientras que con las familias y los amigos, las mujeres a menudo solo sentían que debían ocultar el miedo, la ira y la tristeza. Una madre dijo que se sentía abrumada por la forma en que tenía que interpretar constantemente ante su familia la charada de que estaba «luchando contra el cáncer». La presión de tener que mostrarse como una valiente guerrera era agotadora. Muchas mujeres llegaron también a expresar que se sentían culpables por ir a morirse, porque sería como fallar a su familia y causarle dolor. Spiegel nos contó que muchas participantes dijeron que el grupo era «el único lugar del mundo donde se sentían como en su casa».

Además de la aceptación, las mujeres recibían afirmación por parte del grupo. Representaban papeles autoafirmadores entre ellas, como mentoras y consejeras, algo que los estudios han mostrado que tiene efectos psicológicos edificantes[427]. En los grupos de apoyo para el cáncer, las mujeres se sentían más motivadas para cuidar de sí mismas y para ayudar a otras a cuidarse.

Es comprensible que cualquiera que padezca un cáncer terminal se sienta desmoralizado. Pero debido a su experiencia con los grupos de apoyo, Spiegel dijo que muchas mujeres se «re-moralizaban». Muchas comentaban sentirse valerosas. Empezaron a enfrentarse con su situación de forma proactiva y colaborativa, concentrándose en hacer buen uso del tiempo limitado que les quedaba, por ejemplo, planeando unas últimas vacaciones en familia. El propio Spiegel había sido escéptico en cuanto a otras investigaciones correlativas que sugerían que el apoyo social podía aumentar la longevidad, de modo que a mediados de la década de 1980 realizó un experimento aleatorizado para poner a prueba el efecto de sus grupos de apoyo en la supervivencia de las mujeres con cáncer de mama terminal. Para su sorpresa, las mujeres que habían sido asignadas a los grupos de apoyo vivieron por término medio un año y medio más que las mujeres cuyas condiciones también había estado observando pero que no habían asistido a los grupos. Aunque no todos los estudios muestran el mismo efecto en la longevidad, un metaanálisis realizado en 2019 de doce estudios aleatorios rigurosos realizados hasta la fecha encontró un sólido efecto positivo[428]. Los beneficios eran poderosos pero condicionales, algo que hemos visto que es típico de las intervenciones sabias. Los beneficios aparecieron solo en los estudios que trabajaban con una muestra relativamente mayor de pacientes solteras. Aunque no sabemos con seguridad por qué es así, una fuerte posibilidad es que la intervención aliviaba parte del aislamiento que las pacientes solteras habrían sentido. Para muchas, el matrimonio proporciona una fuente estable de pertenencia, especialmente para aquellas personas que se encuentran en circunstancias arduas. De hecho, los pacientes de cáncer que están casados viven por término medio cuatro meses más que los que no, incluso cuando se tiene en cuenta estadísticamente la gravedad del cáncer y la edad, la raza, el género y los ingresos.

Estudios biológicos cuidadosos han demostrado más tarde que las células cancerígenas son menos agresivas y se reproducen y metastatizan más despacio en la sangre de las personas que están menos solitarias[429]. Este descubrimiento ha inspirado cuatro nuevos ensayos clínicos de medicamentos para mejorar la salud de los pacientes de cáncer y sus perspectivas futuras mediante el bloqueo de las respuestas lucha-o-huida que se producen cuando las personas se sienten solas o amenazadas. Debido a los descubrimientos de Spiegel y a trabajos muy posteriores, los grupos de apoyo son ahora omnipresentes en la industria de los cuidados médicos. Muchos estudios han confirmado que pueden tener efectos positivos significativos en la salud física, además de reducir enormemente la depresión de los pacientes y mejorar su calidad de vida en general.

Gran cantidad de investigaciones adicionales han ilustrado los mecanismos mentales y físicos mediante los que la pertenencia contribuye a la salud. Steve Cole, de la facultad de Medicina de la UCLA, ha realizado un trabajo especialmente importante. Sus investigaciones han revelado que cuando las personas están en una situación prolongada de angustia social, sus genes empiezan a funcionar de manera diferente. Cuando las personas están expuestas a casi cualquier tipo de estresor crónico grave —abusos físicos, traumas, carencias económicas, discriminación prolongada o soledad—, los genes que activan la respuesta inmune inflamatoria del cuerpo ante las amenazas físicas, como por ejemplo los patógenos bacterianos, están más activos. A la vez, los genes implicados en la respuesta antiviral se vuelven menos activos. Nuestros genes «se concentran» en la defensa bacterial en vez de en la viral cuando nuestro cerebro percibe que estamos solos y en peligro.

Cole llama a esta reacción «respuesta transcripcional conservada a la adversidad»[430] («conserved transcriptional response to adversity»; CTRA). «Transcripción» se refiere aquí al proceso mediante el que la información de nuestro ADN se transcribe en ARN, el cual guía la producción de proteínas que determinan la respuesta inmune del organismo. El patrón de transcripción que estudia Cole se «conserva» en dos sentidos. Está «conservado» como un patrón común que se ve en diferentes tipos de adversidades, y se ha conservado a lo largo de la evolución, manifestándose en diferentes especies desde los peces hasta los mamíferos y los primates. Es una estrategia adaptativa para anticiparse a heridas físicas y el peligro de infección bacterial. Pero la CTRA se activa principalmente por el estrés fisiológico, y en el mundo en que vivimos ahora, gran cantidad de amenazas psicológicas y sociales que no causan heridas físicas también activan el estrés físico y hacen que la CTRA trabaje horas extra.

El trabajo de Cole ha mostrado que la expresión genética de la CTRA se produce en respuesta no solo a las amenazas físicas sino a las amenazas sociales percibidas. Como dijo en una entrevista realizada en 2020: «Al organismo le da igual qué nos da miedo»[431]. El miedo a una serpiente, a un virus o al rechazo de los demás «estimulará nuestro sistema inflamatorio [...] y armará un lío con un amplio abanico de sistemas fisiológicos que necesitamos para mantenernos sanos». Puede parecer irracional que el sistema de detección de amenazas de nuestro cerebro no discrimine entre peligros físicos y psicológicos, pero de hecho es subracional, lo que significa que el sistema de defensa contra amenazas está controlado por estructuras cerebrales profundas que piensan de una forma extremadamente rápida. Esto era una excelente ventaja para la supervivencia cuando los humanos se enfrentaban al ataque de tigres dientes de sable, osos, leopardos y leones, pero esta respuesta tiene un precio. La activación del sistema de defensa cuando estamos estresados pero es muy poco probable que recibamos heridas produce como efecto secundario que aparezca el peligro de otras enfermedades. Y si se activa constantemente, como nos ocurre con los estresores prolongados de la vida moderna —en contraste con el estresor agudo que sería el ataque de un oso—, nos sale especialmente caro. Como respuesta a las amenazas psicológicas, el sistema de defensa puede resultar debilitante y agotador psicológica y cognitivamente, y también emocionalmente.

Cole explica que si la CTRA se dispara a menudo o es crónicamente persistente, «actúa como una especie de fertilizante o acelerante de los procesos de enfermedad». Al causar inflamación crónica, la CTRA puede contribuir al conjunto de condiciones asociadas con la inflamación, como el cáncer, la diabetes y la arteriosclerosis, que a su vez puede llevar a enfermedades cardiovasculares, infartos y enfermedades neurodegenerativas. Nuestros ancestros del Pleistoceno morían de enfermedades infecciosas y hemorragias, pero nosotros en la actualidad morimos principalmente a causa de enfermedades que se despliegan lentamente y asaltan nuestro cuerpo, gota a gota, acumulando daño biológico[432].

Además, la investigación en laboratorio de Cole y sus compañeros ha encontrado que las personas con elevada actividad CTRA son más vulnerables a las infecciones virales. Las células han reducido su respuesta antivírica, de modo que es más probable que un virus subvierta la maquinaria celular normal para replicarse a sí mismo. Si la CTRA finaliza al cabo de pocos días, es poco probable que los efectos a largo plazo en la salud sean importantes. Pero, señala Cole, «si se activa y a continuación persiste o es recurrente durante semanas o meses, se producirán más daños, y no son fáciles de reparar».

Entre las señales a largo plazo más potentes que nuestro sistema nervioso central envía a nuestro genoma está la de: «estoy solo». Nuestro genoma ha evolucionado para «aprender» que cuando estamos aislados, estamos en peligro mortal. «Fundamentalmente —me dice Cole—, la CTRA es la sombra biológica de la desconfianza y la precariedad». En nuestro mundo moderno, sentirnos desconectados de otras personas es una enorme desventaja para la salud.

Por añadidura, muchas amenazas psicológicas son persistentes. Como ha señalado el biólogo Robert Sapolsky, la percepción de la amenaza puede vivir en la mente mucho tiempo después de que la amenaza haya desaparecido en la realidad, debido a que la mente humana es propensa a rumiar[433]. A menudo nos obsesionamos con las ofensas, reproduciéndolas mentalmente una y otra vez. Además, muchas aflicciones mentales, como la depresión o el trastorno de ansiedad, son crónicas, lo que puede llevar a las personas a desarrollar una «perspectiva del mundo insegura». Las personas empiezan exagerando las amenazas, como ocurre con los trastornos de ansiedad. Como resultado, el sistema de respuesta a las amenazas puede estar permanentemente activo. Esto ayuda a explicar por qué las personas solitarias, estigmatizadas socialmente o expuestas a otras adversidades prolongadas tienden a estar menos sanas y a morir antes, incluso mucho después de que su vida haya mejorado.

Veamos algunos ejemplos del enlace entre las adversidades sociales crónicas y las enfermedades. David Williams, profesor de salud pública de Harvard, ha documentado a lo largo de dos décadas un patrón preocupante. Ha descubierto que un predictor importante de la brecha en la salud entre blancos y personas de color en Estados Unidos, que persiste incluso entre los niveles más elevados de ingresos, es la experiencia de discriminación y estereotipado en la vida cotidiana[434]. De hecho, para prácticamente todas las infecciones virales, los negros son desproporcionadamente susceptibles. Los informes de la pandemia de COVID-19 indican que la tasa de mortalidad a consecuencia del virus fue dos veces mayor para los negros, latinos y americanos nativos que para los blancos. Otros grupos ampliamente sometidos a sesgos son vulnerables de la misma forma. Por ejemplo, el estigma soportado por las personas LGBTQ en muchas regiones de Estados Unidos ha sido asociado a consecuencias adversas para la salud, incluyendo las primeras muertes de pacientes de sida en la década de 1990.

La investigación de Sheldon Cohen, psicólogo sanitario de Carnegie Mellon, ha apoyado también la correlación entre las aflicciones sociales crónicas y el peligro para la salud. Cohen ha dedicado una carrera profesional destacada a ejecutar repetidamente un experimento ingenioso[435]. Desde 1991 ha reservado periódicamente la unidad de resfriado común del consejo de investigación médica de Salisbury (Inglaterra) —que es como un hotel-placa de petri humana para el estudio de las enfermedades contagiosas— o un hotel de Pittsburgh. Al principio del estudio, el lugar se esteriliza completamente. A continuación, recluta voluntarios sanos para mantenerlos en cuarentena en un apartamento durante cinco o seis días, solos o con uno o dos voluntarios más. A principio de la cuarentena, cada voluntario recibe una rociada nasal del virus del resfriado o de la gripe, de modo que todos los participantes quedan expuestos de la misma forma. El resto del tiempo lo pasan en su mayor parte en sus habitaciones, pero a veces van a los espacios comunes para comer o interactuar socialmente. Se les exige que eviten todo contacto físico, se laven las manos con frecuencia y mantengan la distancia social. Antes del experimento pasan por un filtro de selección, de modo que Cohen sabe que no sufren alguna infección previa del tracto respiratorio superior.

A continuación, mira quién desarrolla una enfermedad del tracto respiratorio superior (pilla un resfriado o desarrolla la gripe) y la gravedad de los síntomas. Por supuesto, los comportamientos de riesgo, como no dormir bastante, hacer poco o ningún ejercicio y fumar, son predictivos. Pero, además, basándose en encuestas que rellenan los participantes al principio del estudio, aquellos que se sienten menos conectados o apoyados socialmente son más susceptibles. ¿Por qué? Su mayor actividad

CTRA puede ser una razón. Bajo esta perspectiva, podemos ver los entornos sociales como contenedores de patógenos sociales que disparan una respuesta biológica. Los comentarios descorteses o racistas y otras formas de exclusión social que practicamos unos sobre otros pueden meterse bajo nuestra piel, literalmente, y hacernos vulnerables a las enfermedades, ya sean recurrentes en nuestra situación o reproducidos en nuestra mente.

Cada vez se comprende mejor que las personas que viven en regiones pobres y menos educadas de Estados Unidos son también más vulnerables a muchas aflicciones biológicas[436]. Es cierto que nuestro código genético importa, pero también importa nuestro código postal. Un estudio a gran escala descubrió que la brecha de longevidad entre condados por todo Estados Unidos puede llegar a ser de hasta veinte años. El tiempo que vivimos depende de *dónde* vivimos. ¿Por qué? Muchos barrios pobres de Estados Unidos tienen menos acceso a alimentos nutritivos, educación y atención médica y más exposición a desperdicios tóxicos y contaminación del aire. Asimismo, los residentes de estos barrios experimentan niveles de angustia mayores que los del público en general debido a estas circunstancias, además del sentimiento de estar desconectados de su comunidad y su país. Una cacofonía de elementos que trabajan juntos para crear una dura realidad y un sentimiento de ser dejados atrás.

¿Qué podemos hacer para proteger a las personas de los efectos en la salud asociados con las amenazas a la pertenencia? Es evidente que debemos encontrar formas más eficaces de crear una sociedad justa e inclusiva en la que la gente se sienta a salvo. El presidente Franklin Delano Roosevelt acertaba cuando incluyó «libertad del miedo» como una de las cuatro libertades fundamentales que todas las personas deberían disfrutar. La política social es un vehículo que podemos usar para lograr esto.

A corto plazo, las investigaciones han identificado una serie de formas de reducir o evitar la activación de la respuesta a amenazas. Las ideas de Bowldy y de Ainsworth sobre la importancia del apego temprano tienen un lado biológico: incluso para aquellos niños que crecen en un entorno con dificultades económicas, tener un padre que les proporciona un refugio seguro, lo que permite que los niños se sientan conectados y cuidados, predice menores CTRA y hace que sea más probable que crezcan sanos[437].

Otra muestra de esperanza proviene del trabajo de Steve Cole, quien, junto con Barbara Fredrickson y sus compañeros, midió un montón de variables psicológicas, como los niveles de ansiedad y soledad, en tres grupos separados de participantes adultos[438]. A continuación, evaluaron la expresión de la CTRA analizando muestras de sangre, lo que de hecho era preguntarle al genoma su perspectiva sobre lo que hace falta para una vida sana. Una variable psicológica apareció como el predictor más robusto de una expresión genética de menor CTRA: el bienestar eudaimónico. Este es un término usado por los psicólogos para referirse a la experiencia subjetiva de llevar una vida llena de sentido, finalidad y autenticidad. Deriva del griego «eudaimonía», que significa «buen espíritu». Es uno de los dos tipos básicos de bienestar identificados por los psicólogos. El otro es el bienestar hedonista, nombrado por el término griego para «placer», que se refiere a la experiencia subjetiva de felicidad, a menudo basada en la gratificación sensorial. En el bienestar hedonista consumimos experiencias positivas para nosotros, pero con el bienestar eudaimónico, somos nosotros los que las creamos para el mundo. Una persona con un elevado bienestar eudaimónico tiende a dar altas estimaciones de frecuencia para la primera frase a continuación, pero no necesariamente para la segunda:

Durante la semana pasada, ¿cuán a menudo sentiste que tu vida tiene un sentimiento de dirección o significado?

Durante la semana pasada, ¿cuán a menudo te has sentido feliz?

El estudio de Cole, Fredrickson y sus compañeros descubrió también que el bienestar hedonista no tiene correlación con una expresión genética de baja CTRA, y, de hecho, en algunos análisis, el bienestar hedónico predice una alta CTRA. Organizar nuestra vida para obtener placer y evitar el dolor no es una receta infalible para la buena salud. Parece más sano enjaezar las energías del yo a compromisos que vayan más allá del interés propio, por ejemplo, a ayudar a los demás.

Estos resultados eran tan sorprendentes que fueron atacados tras su publicación. Pero los investigadores replicaron sus descubrimientos con dos muestras adicionales, cada una con más de cien adultos. La relación entre el bienestar eudaimónico y la expresión genética de la CTRA no es solo estadísticamente significativa, sino que lo es en un grado muy alto, y la relación ha sido replicada tanto en las culturas individualistas occidentales como en las culturas colectivistas orientales. Sobrepasa incluso los efectos de la soledad, lo que significa que esta deja de predecir la CTRA si el bienestar eudaimónico de las personas se tiene en cuenta. Esto sugiere que uno de los efectos perniciosos de la soledad es apartar a las personas de las oportunidades de potenciar su sentimiento de formar parte de actividades con una finalidad social. De hecho, un motivo por el que los grupos de apoyo de Spiegel eran tan eficaces parece ser que daban a muchas de las mujeres la oportunidad de descubrir un sentimiento de finalidad ayudando a otras pacientes a hacer frente al cáncer.

Esta investigación refuerza los descubrimientos de muchos estudios: un sentimiento de finalidad es una fuente de bienestar psicológico y físico.

Uno de los aspectos poderosos de la finalidad es que siempre podemos elegir tener uno, no importa lo duras que sean nuestras circunstancias. El psiquiatra y superviviente del Holocausto Viktor Frankl escribió con elocuencia sobre esto en su clásico *El hombre en busca de sentido* [439]:

Hay mucha sabiduría en las palabras de Nietzsche: Quien tiene un por qué por el que vivir puede soportar casi cualquier cómo [...] En los campos de concentración nazis podríamos haber visto que aquellos que sabían que había una tarea esperándolos para que la completaran eran los más aptos para sobrevivir [...] En cuanto a mí, cuando me llevaron al campo de concentración de Auschwitz, me confiscaron el manuscrito que tenía listo para publicar. Ciertamente, mi profundo deseo de escribir de nuevo aquel manuscrito me ayudó a sobrevivir a los rigores del campo en que estuviera. Por ejemplo,

> *cuando en un campo de Bavaria contraje el tifus, escribí en trocitos*
> *de papel muchas notas con la intención de ayudarme a reescribir el*
> *manuscrito si vivía hasta el día de la liberación. Estoy seguro de que*
> *esta reconstrucción de mi perdido manuscrito en los oscuros barraco-*
> *nes de un campo de concentración bávaro me ayudó a superar el pe-*
> *ligro del colapso cardiovascular.*

Ayudar a las personas a encontrar un sentimiento de finalidad es uno de los medios para ayudarlas a sentirse conectadas a los demás, ya sea a otras personas de su comunidad o de más lejos. Además, según nuevos datos recogidos por Cole, un sentimiento de finalidad ayuda a proteger a las personas contra los daños físicos de la adversidad económica[440].

La finalidad y la pertenencia se refuerzan mutuamente[441]. Queremos sentirnos apoyados, sí. Pero ser una persona que «importa» en el mundo social también refuerza nuestro sentimiento de pertenencia. Esto ayuda a explicar por qué las investigaciones que estudian un amplio rango de programas formales dirigidos a alimentar un sentimiento de finalidad han revelado efectos positivos en la salud. William Damon ha estudiado y escrito extensamente sobre la finalidad y ha mostrado lo importante que es para ajustarse de forma sana. Ve el propósito como algo con dos facetas: significado para el mundo y significado para uno mismo. El mundo tiene una necesidad, y nosotros tenemos un papel en que sea atendida.

Un estudio mostró que los escritores cuyas autobiografías contienen más referencias positivas a la realización de roles ligados a relaciones significativas, como ser padre o apoyar a los vecinos, amigos y compañeros, viven más tiempo[442]. En otra investigación, los análisis lingüísticos de muestras de discurso oral y textos escritos de las personas indican que una concentración en lo social, medida por el uso de pronombres de la tercera persona del plural (ellos, ellas), predice mejores consecuencias en cuanto a la salud, incluyendo una menor CTRA, mientras que el foco en uno mismo, medido por el uso de pronombres de la primera persona del singular (yo, mí), predice peores consecuencias[443]. Por añadidura, teniendo en cuenta las líneas base de salud relacionadas con edad, sexo y raza, y otros marcadores de bienestar, las personas que puntúan alto en medidas de finalidad viven más tiempo libres de discapacidades y enfermedades[444]. Si pudiéramos embotellar la finalidad, sería un medicamento multimillonario.

Por suerte tenemos muchas formas de reforzar el sentimiento de finalidad, sin necesidad de tomar medicinas. Un estudio examinó si los adolescentes asignados al azar a participar en un programa de voluntariado en el que ayudaban a los necesitados demostraban obtener beneficios en su salud[445]. Los marcadores de inflamación extraídos de muestras de sangre, incluidos el colesterol y la interleucina-6, eran sustancialmente más bajos en esos adolescentes que en otros que habían sido asignados a la lista de espera del programa. Su índice de masa corporal era menor, también. Steve Cole y sus compañeros realizaron un estudio similar con ancianos jubilados, asignando a algunos a participar en un programa de tutoría para niños, y descubrieron que el nivel de expresión genética de CTRA descendió notablemente.

El voluntariado formal no es en modo alguno la única forma de estimular un sentimiento de finalidad. Un experimento que Cole realizó con Sonja Lyubomirsky y su equipo mostró que realizar regularmente pequeños actos de amabilidad hacia los demás puede ayudar también[446]. Asignaron aleatoriamente a personas a uno de estos tres grupos: un grupo de control al que se le pedía llevar un registro de sus actividades cotidianas; un grupo al que se le pidió que ejerciera amabilidad con los demás, como preparar una cena para los amigos, y un grupo al que se le pidió que practicara la amabilidad consigo mismo, por ejemplo, dar un paseo o disfrutar de un día en un *spa*. Al cabo de cuatro semanas, de estos dos últimos, el único grupo que mostró reducciones de la expresión genética de CTRA en relación con el grupo de control fue el que practicaba la amabilidad con los demás.

Nuestro sentimiento de finalidad en la vida también puede ser estimulado cambiando nuestra perspectiva. Debido a que las situaciones son experiencias en nuestra mente, podemos cambiarlas modificando nuestra percepción de ellas. Por ejemplo, podemos reflexionar sobre cómo nuestro trabajo, nuestra paternidad y nuestro tiempo dedicado a la familia y amigos están al servicio de la ayuda a otros, y cómo de ricos en significado son. Damon afirma que, hasta un grado bastante grande, el sentimiento de finalidad es una elección que hacemos, y nuestros días pueden estar plenos de finalidad si elegimos apreciar cómo ayudamos a los demás[447]. El psicólogo Andrew Fuligni dirigió un estudio en 2009 que hizo avanzar nuestra comprensión de esto. A un grupo de adolescentes, la mayoría mexicanos estadounidenses que vivían en barriadas desfavorecidas, se les pidió que contestaran a una encuesta sobre su papel dentro de su familia. Los que eran responsables de múltiples tareas domésticas, como cuidar de algún pariente enfermo, ayudar a sus hermanos con los deberes y limpiar y cocinar, tenían mayores indicadores de inflamación en su sangre. Pero esos niveles eran mucho menores entre los adolescentes que expresaban un fuerte sentimiento de finalidad sobre sus papeles, por ejemplo, verse a sí mismos como buenos hijos o hijas. Entrenarnos, y entrenar a otros, para vernos como significativos los papeles que interpretamos es una forma simple de adoptar esta perspectiva sana. Un compañero me dijo que era capaz de mantener la moral alta mientras se enfrentaba a los problemas de cuidar a un recién nacido, al mismo tiempo que se mantenía a la altura de las exigencias de ser un profesor ayudante, diciéndose a sí mismo, como si repitiera un mantra: «Soy un héroe, estoy siendo un héroe para mi bebé».

Hay algo que respalda el valor de este autoentrenamiento: muchos estudios han comprobado que los ejercicios de afirmación de valores mejoran la salud. Conectar con nuestros valores nos ayuda a reenfocarnos en nuestra finalidad, haciendo que los pequeños problemas no parezcan hacerse tan grandes[448]. David Sherman hizo que unos estudiantes universitarios que estaban a punto de realizar los exámenes de mediados de curso completaran una serie de actividades escritas en las que reflexionaban sobre sus valores más importantes. Los estudiantes que no hicieron esas actividades tenían en la orina niveles elevados de epinefrina, una hormona implicada en la respuesta corporal a amenazas. Pero aquellos que escribieron sobre sus valores no experimentaron ningún incremento en los niveles de epinefrina. Otro estudio evaluó a mujeres que habían pasado hacía poco tiempo por cirugías, quimioterapia u otros tratamientos contra el cáncer de mama. Los investigadores hicieron que las pacientes completaran una actividad escrita. En cuatro sesiones repartidas a lo largo de tres semanas, cada una de veinte minutos, las pacientes escribieron en respuesta a la siguiente indicación:

Lo que querría que escribieras en estas cuatro sesiones son tus pensamientos y sentimientos más profundos sobre tu experiencia con el cáncer de mama. Me doy cuenta de que las mujeres que lo sufren experimentan toda una serie de emociones, y quiero que te concentres en todas y cada una de ellas. En tu texto quiero que te sueltes de verdad [...] Puedes pensar sobre todos los sentimientos y cambios que has experimentado antes del diagnóstico, después del diagnóstico, durante el tratamiento, y ahora [...] Idealmente, me gustaría que te enfocaras en sentimientos, pensamientos y cambios que no has comentado en gran detalle con los demás. También puedes enlazar tus pensamientos y sentimientos sobre tu experiencia con el cáncer con otras partes de tu vida, por ejemplo, tu infancia, la gente a la que quieres, quién eres o quién quieres ser [...] No te preocupes por la gramática, la puntuación o la estructura de las frases [...] Simplemente escribe.

Esta actividad de escritura tiene un largo historial en la psicología social[449]; fue creada y puesta a prueba por el psicólogo social James Pennebaker en 1990. Pennebaker, un investigador ecléctico e imaginativo, fue pionero en esta técnica y ha escrito extensamente sobre ella en libros como *Opening up* («Abrirse»). En este estudio, los investigadores descubrieron que tres meses más tarde, las mujeres que habían realizado la actividad de escritura de Pennebaker reportaron menos síntomas relacionados con la enfermedad, como la tos o la garganta irritada, y habían programado menos citas médicas para atender morbilidades relacionadas con el cáncer, en comparación con un grupo de control de mujeres que solo escribieron sobre hechos relacionados con el cáncer y su tratamiento. ¿Por qué? Un análisis en profundidad posterior del contenido de los ensayos, realizado por el psicólogo de la salud David Creswell y sus compañeros, sugiere que el ingrediente clave fue una narrativa autoafirmadora. Lo que demostró ser más predictivo de los beneficios en la salud fue escribir sobre cualidades admirables de uno mismo, como los valores esenciales («Soy bastante dura, y va a hacer falta algo más que un poco de cáncer de mama para hundirme. Soy una luchadora») o fuentes de significado personal («Llevamos más de treinta años casados, y tenemos mucha suerte de seguir amándonos»). Muchas llegaron a la autoafirmación no a pesar de la adversidad, sino debido a ella, dándole un significado que integraron en su concepto del yo. Lyubomirsky añadió una etiqueta de advertencia a la intervención: cuando las personas reflexionan sobe los duros sucesos de sus vidas, es importante que escriban o hablen, no solo piensen. Pensar no proporciona el cierre narrativo que sí dan escribir o hablar, y a menudo lleva a la gente a que se hunda en un bucle meditabundo que prolonga su angustia.

Aunque no sabemos exactamente por qué funciona este procesamiento profundo del trauma, estas palabras del decimocuarto Dalai Lama sobre cómo afrontar la pérdida dicen mucho [450]:

La forma de pasar por la tristeza y la pena producidas por una gran pérdida es usarlas como motivación y para generar un sentimiento de finalidad más profundo. Cuando mi maestro falleció, pensé que ahora tenía incluso más responsabilidad en cuanto a cumplir sus deseos, de modo que mi tristeza se tradujo en más entusiasmo, más determinación. A aquellos que han perdido a un querido amigo o un pariente les he dicho que es muy triste, pero esa tristeza debería traducirse en más determinación para cumplir sus deseos. Si la persona que has perdido pudiera verte, y estás determinado y lleno de esperanza, sería feliz. Con la gran tristeza de la pérdida, uno puede vivir una vida incluso más significativa.

Un estudio realizado por Christine Logel y por mí evaluó los efectos en la salud de una intervención de afirmación de valores con un grupo de personas que se enfrentan a amenazas continuas a su pertenencia: las personas con sobrepeso y obesas [451]. Logel reclutó a universitarias de primer curso que estaban preocupadas por su peso; seleccionó a mujeres porque el sobrepeso se estigmatiza especialmente entre ellas. Dos meses y medio después, las mujeres a las que habíamos pedido que escribieran sobre sus valores más importantes habían perdido más peso, y tenían un índice de masa corporal menor y una cintura más estrecha que el grupo que se dedicó a una actividad de control. Dos años después, Logel y Xingyu Li siguieron la pista a aproximadamente un 70 % de todas las mujeres que participaron en el estudio y descubrieron que los beneficios habían sido duraderos entre las mujeres que comenzaron el estudio con un índice de masa corporal relativamente mayor. Mientras que las mujeres que no habían realizado la afirmación habían ganado *más* peso, las que la realizaron lo mantuvieron. Un motivo de esto puede ser que las afirmaciones activan los circuitos de recompensa del cerebro, y la activación de estos circuitos, a su vez, reduce la respuesta de estrés. Dado que el estrés puede llevar a las personas a comer más grasas saturadas y azúcares, las afirmaciones parecen una buena forma de combatir la ganancia de peso inducida por el estrés.

Se ha descubierto también que los ejercicios de afirmación de valores contribuyen a la buena salud al inspirar a las personas a ser más responsables sobre la toma de medicamentos, más receptivas a información sobre las amenazas a la salud y más abiertas a los consejos sobre el cambio de hábitos, como hacer dieta[452]. Por ejemplo, en un estudio, un grupo de asiduos a los bares completó una afirmación de valores y leyó un mensaje persuasor sobre los peligros del alcohol para la salud. Cuando un mes después los investigadores hicieron el seguimiento de los participantes, descubrieron que muchos habían disminuido su consumo de alcohol; respecto a un grupo de control, fueron el doble los que redujeron la ingesta hasta los niveles recomendados por el gobierno. En otro estudio dirigido por el cardiólogo Ed Havranek, mis compañeros y yo descubrimos que para las personas negras de bajos ingresos que sufrían hipertensión, aquellas que habían sido asignadas aleatoriamente para realizar una afirmación de valores antes de visitar a su proveedor de servicios de salud mantenían conversaciones más cordiales y respetuosas con sus médicos que los pacientes asignados a un grupo de control. Además, las conversaciones de los pacientes afirmados también revelaban más información sobre su estado médico. En el seguimiento de los pacientes, aquellos que realizaron la afirmación estuvieron más dispuestos a tomar los medicamentos prescritos que los del grupo de control.

En 2018 tuve la suerte de participar en una evaluación comprehensiva de los resultados de todos los estudios publicados hasta la fecha que se habían realizado para evaluar los efectos de la afirmación en la salud, bajo la guía de Rebecca Ferrer, del Instituto Nacional del Cáncer[453]. La evaluación descubrió un efecto positivo general en todos los estudios. También identificó las condiciones bajo las que las afirmaciones funcionaban mejor: cuando la percepción de la amenaza es alta y cuando los recursos materiales necesarios para el cambio están disponibles. Es decir: cuando la gente tiene razones para sentirse amenazada («Puedo tener riesgo de diabetes») y se le proporcionan pasos claros y otros recursos para apoyar un cambio (por ejemplo, guías dietéticas claras), las afirmaciones son especialmente impactantes. En otras palabras: las afirmaciones no son un curalotodo. Crean un estado de apertura, que se traduce en un cambio de comportamientos duradero cuando otros recursos clave para la situación están disponibles.

A la luz de estos descubrimientos, algunos profesionales médicos han empezado a administrar afirmaciones a los pacientes. En una ocasión, estaba rellenando un formulario para inscribirme en un programa de vida sana de Stanford cuando de repente me descubrí respondiendo preguntas de afirmación de valores de uno de mis estudios.

Pero si nuestros proveedores de servicios de salud no han adoptado esta práctica, podemos asignarnos, y a nuestros seres queridos, algunos ejercicios de afirmación para realizarlos antes de ir al médico. (Hay una muestra de estas actividades en geoffreylcohen.com). Al igual que otras pausas psicológicas, estos ejercicios pueden verse como dispositivos atencionales que redirigen nuestra consciencia a lo que es más importante para nosotros, algo que es fácil perder de vista en épocas de estrés.

También recomiendo algunas pequeñas actividades de afirmación que mis compañeros y yo hemos probado con una serie de personas durante el periodo de confinamientos debido a la epidemia de COVID[454]. Estábamos preocupados por los efectos del aislamiento social. Uno de los participantes en el estudio reflejó el sentimiento de muchos cuando dijo que lamentaba la pérdida de la oportunidad de sentarse en su porche y charlar con la gente[455]. Bajo la dirección de Isabelle Tay, nuestro laboratorio pidió a algunas personas que planearan durante el día actividades breves que les recordaran sus valores más importantes. A veces les pedíamos que hicieran una fotografía de algo que reflejara su valor más importante y escribieran un pie. Las respuestas fueron fascinantes porque, muchas veces, la gente no hacía nada fuera de lo corriente, sino que simplemente reportaba ver una actividad bajo una nueva luz.

Por ejemplo, una madre hizo una foto de unas flores amarillas que sus hijos le habían dejado junto a la ventana de la habitación. Sintiéndose incompetente por pasar tan poco tiempo con ellos, eso le recordó la importancia de «la amabilidad y mostrar interés por los demás» y cómo sus hijos mostraban eso hacia ella «a pesar de mis incapacidades». Una de nuestros estudiantes hizo una foto de un ciprés, que, escribió: «se eleva alto pero se inclina con el viento» y es un «antiguo símbolo persa de cómo uno debería comportarse en la vida». También compartió una foto de su padre, quien «encarnaba muchos de mis valores» y cuyas últimas palabras para ella fueron «comprométete a conseguir un trabajo que haga del mundo un lugar mejor». Pero incluso las fotografías relacionadas con aspectos mundanos de la vida cotidiana tenían buenos efectos. Otra persona hizo una foto de dos hogazas de pan recién horneado y escribió: «Una de las formas en que alivio el estrés y paso tiempo con mi familia. Hornear siempre me hace sonreír cuando veo a la otra persona disfrutando de lo que he hecho». Otra le sacó una foto a su gato y simplemente anotó: «Chester es mi todo, lo quiero más que a nada». Al encuestar a las personas antes y después de que hicieran la actividad, descubrimos un incremento de los sentimientos de pertenencia, y fueron mayores para aquellos en que la incertidumbre de pertenencia era mayor.

A mi compañero Raj Bhargava y a mí nos conmovieron tanto muchas de estas respuestas que creamos un curso para estudiantes de instituto y universitarios, diseñado para ayudarlos a entrar en contacto con sus valores esenciales y a crear situaciones en su vida que se alinearan con estos. Nos sorprendió el impacto que tuvo, con estudiantes que se aclararon sobre decisiones de su vida y su carrera a las que estaban dando vueltas; en conjunto, los estudiantes de aquella clase mostraron de forma consistente saltos significativos en su bienestar y su sensación de finalidad.

También me sorprendió ver un fuerte efecto en la salud de otra intervención sabia que hemos estudiado: la crítica sabia[456]. Los análisis de sangre de estudiantes que recibieron una serie de intervenciones indicaron que ayudar a los estudiantes a ver «sabiamente» las críticas, de la forma descrita en el capítulo 9, redujeron su CTRA, un efecto que se dio no solo entre estudiantes desfavorecidos sino en la totalidad. No sabemos con seguridad por qué esta práctica concreta tiene un efecto biológico tan fuerte, y todavía debemos reproducir los resultados. Pero creo que la respuesta puede ser que gran parte de la sensación de amenaza que sienten los estudiantes universitarios está relacionada con su trabajo académico. Muchos se desmoralizan por las notas bajas y los comentarios negativos, y a menudo se sienten tan avergonzados que no buscan ayuda. Ayudar a los estudiantes a ver las críticas como un signo de estándares elevados, y de la creencia de su profesor en su habilidad para alcanzarlos, puede convertir lo que de otra forma habría sido una amenaza en una afirmación y una ocasión para luchar por un propósito más elevado.

Un último medio de estimular la pertenencia para mejorar la salud es proporcionar a los pacientes una recepción más cálida y acogedora en los centros de atención sanitaria y en los seguimientos. Durante un año acompañé a mi padre a muchas visitas al médico mientras luchaba contra el cáncer terminal, y me sorprendió lo alienante y debilitante que puede ser a veces el tratamiento médico. Algunos de sus cuidadores, por ejemplo, hablaban con él como si fuera un niño, mientras que otros convertían los cuidados en un arte. Los doctores ocupados pueden ser gruñones y rara vez se toman tiempo para conocer a sus pacientes, algo que no es solo una cortesía: no conocerlos socava la calidad de los cuidados. El modelo de la sanidad dirigida por las compañías de seguros, junto a la llegada de nuevas tecnologías destinadas a aumentar la velocidad con que son tratados los pacientes, ha agravado este problema. Los médicos sufren presiones para ver al máximo número de pacientes al día, y la conexión vital entre médico y paciente se ve amenazada[457].

Lauren Howe y Ali Crum han mostrado los efectos positivos de que los proveedores de servicios de salud sean más amables con los pacientes[458]. Dieron a los médicos un guion breve que estos debían seguir: tenían que presentarse de manera informal, referirse al paciente por el nombre de pila, mantener el contacto ocular y sonreír, y se les pedía que pusieran cuadros agradables en la pared. Los pacientes que vieron fueron todos voluntarios que habían sufrido una reacción alérgica inducida por la aplicación de una histamina en la piel. Los médicos aplicaban una crema, que en realidad era un placebo. En los pacientes recibidos por los médicos que seguían el guion, la inflamación de la piel debida a la reacción alérgica se redujo significativamente más que en aquellos atendidos por médicos que habían recibido un guion que los animaba a ser distantes. Los investigadores también habían preparado detalles para insinuar si el médico era competente o no, como una placa de identificación que significaba que era solo un «estudiante de medicina» o un «asistente», un despacho organizado para que se viera pulcro o desordenado, y cometer o no errores guionizados (como colocar mal la banda del tensiómetro). El impacto de la calidez del médico era tan grande como el de la competencia percibida.

El poder de realizar conexiones amistosas y comprensivas con los pacientes fue también demostrado en un estudio clásico realizado por el investigador médico Donald Redelmeier y sus compañeros en una sala de urgencias con pacientes sintecho[459]. Además de recibir la atención estándar, algunos pacientes tenían una interacción agradable con un voluntario que los *escuchaba* y con quien sintonizaban charlando de intereses comunes, como programas de televisión, pero que no proporcionaba ninguna atención médica. La interacción aumentó la satisfacción del paciente y redujo la tasa de costosas repeticiones de visitas en un 33 %, en comparación con un grupo de control formado por pacientes que solo recibieron los cuidados estándar.

En cuanto al seguimiento de los pacientes, un estudio mostró efectos positivos espectaculares. Los investigadores hicieron que el personal médico enviara postales oportunas a antiguos pacientes que habían intentado suicidarse. Las postales simplemente declaraban que el personal del hospital pensaba en ellos, les deseaba que les fuera bien y se preguntaba qué tal estaban. En relación con un grupo de control que no recibió postales, la intervención redujo a casi la mitad el número de reintentos de suicidio.

Parafraseando a Essam Daod: a veces es posible rescatar el cuerpo rescatando a la psique.

Sin embargo, más allá de cualquier intervención está el espíritu de cuidado que permea una institución, siendo cada encuentro una nota musical que contribuye a un coro resonante. No conozco ninguna descripción mejor de profesionales médicos que demuestran este espíritu que una carta de un médico de Arizona[460]. En respuesta a una historia narrada en *podcast* sobre una esposa que no podía estar al lado de su padre cuando lo hospitalizaron por COVID, el doctor escribió:

Para mí, lo más duro de esta pandemia no son las largas horas lejos de mi familia o las magulladuras de mi cara debidas a la máscara N-95. Lo más duro es que mis pacientes están separados de sus seres queridos en su lucha. Tengo a pacientes enganchados a un ventilador cuya familia desearía estar con ellos, para cogerles la mano, para susurrar una despedida si llegaba ese desenlace temido. La tragedia de la distancia física significa que no podemos abrazarnos en el momento en que más lo necesitamos. Al igual que tu esposa no puede estar al lado de su padre, muchísima gente anhela estar con sus seres queridos. Me pregunto si podrías compartir este pequeño consuelo con tus oyentes que puedan estar sufriendo por la separación.

En nuestro hospital, nadie está solo. No cuando llegan, y no cuando reciben la feliz alta para que vayan a recuperarse a su casa, y no incluso si se despiden de este mundo. Antes de cada examen físico que hago, antes de ajustar el ventilador o comprobar los medicamentos o escuchar los pulmones, me tomo un momento para sujetar la mano de mi paciente y decirles unas palabras incluso si están sedados, incluso aunque las batas y las mascarillas y los guantes nos separen, los saludo, les digo que estamos luchando por ellos, les recuerdo que se los quiere.

Nuestras enfermeras aprenden los nombres de las esposas y los hijos y amigos y hablan de ellos al paciente mientras hacen su trabajo. Tu esposa me ha dicho que las rosas han florecido, le dice una enfermera al paciente mientras lo recoloca. Tu hijo se alegrará mucho de saber que has despertado, dice otra. Nos quedamos. Siempre estamos ahí. Sabemos que muchos de vosotros, las familias de los enfermos, daríais cualquier cosa por estar ahí vosotros mismos. Siento muchísimo que no podáis. Pero, por favor, recibid una pequeña medida de consuelo sabiendo que estamos haciendo lo que podemos para ser una familia para ellos hasta que podamos devolvéroslos. Nunca están solos.

Según una importante revisión de un gran número de estudios, las pruebas de que la conexión social es crítica para la salud humana son «inequívocas», y los autores concluyen que «quizá no hay otros factores que puedan tener un impacto tan grande tanto en la duración como en la calidad de vida, de la cuna a la tumba»[461]. Todos podemos ayudar a que aquellos que se enfrentan a desafíos médicos se sientan comprendidos y cuidados, incluso de formas pequeñas, asegurando que no sientan que están enfrentándose solos al desafío. Las investigaciones muestran que incluso la percepción de que el apoyo social estará disponible si los pacientes o los cuidadores lo buscan, es tranquilizadora[462]. Hacer llamadas regularmente para ver cómo están y expresar preocupación e interés por amigos y familia, dejando claro que está perfectamente bien que compartan sus miedos y lo difícil que les resulta la situación; enviar notas de apoyo, y ofrecernos a aliviar parte de la carga de las tareas domésticas, no solo reforzará su sentimiento de pertenencia sino que contribuirá a mejorar su salud.

12

La pertenencia en la actitud policial y la comunidad

Crear entendimiento para combatir los abusos sistémicos

Hace unos años, Sally, una amiga mía, decidió dejar su trabajo como investigadora de la fiscalía para convertirse en agente de policía. Deseaba trabajar en la comunidad, conocer a los residentes, trabajar con ellos para mantener el orden y, por supuesto, «atrapar a los malos», en palabras suyas. El historial de Sally como investigadora era estelar, recibió recomendaciones superlativas y superó todas las pruebas de acceso. Estaba muy emocionada cuando la contrató un departamento de policía de una barriada rica del Área de la Bahía, en California. Pero antes de que transcurriera el periodo de prueba de dos meses, la despidieron.

Unirse al departamento le abrió cruelmente los ojos. En primer lugar, el tipo de implicación en la comunidad en que ella creía no es que se desalentara; se ridiculizaba directamente. Después de que ayudara a una joven a encontrar a su padre, que padecía demencia y se había perdido, la hija le mandó a Sally unas flores como muestra de agradecimiento; fue el primero de la serie de regalos y notas que los miembros de la comunidad le enviaron para darle las gracias por su servicio. A raíz de eso, varios compañeros le dijeron que no debería estar perdiendo el tiempo con esas cosas. El agente que le asignaron como supervisor durante el primer mes era muy crítico con los modales respetuosos y amistosos de Sally al realizar paradas de vehículos. Le dijo que debía acercarse a los coches con la mano ya preparada junto a la pistolera y asumir que cualquiera podía ser un malo en potencia. Mientras que Sally habría preferido hacer ronda a pie, el compañero insistió en que se quedaran dentro del coche mientras vigilaban el barrio.

Un día, mientras patrullaban por un campus universitario, el compañero le dijo que abordara a un latino que parecía sospechoso. Sally no lo tenía muy claro, pues no había visto motivos de preocupación, pero su supervisor insistió. Ella se acercó al hombre y empezó y le hizo unas preguntas con cortesía. Pero el supervisor, al fijarse en que el hombre llevaba algo que consideró que eran distintivos de bandas, la interrumpió y le dijo que lo registrara. A Sally le resultaba incómodo, pero quería conservar el trabajo, así que obedeció.

Cuando el supervisor tuvo que escribir el informe sobre el rendimiento de Sally, fue mordaz. Sally no me ocultó que en aquella época aún tenía mucho que aprender sobre el trabajo policial, pero le pareció que el informe era tan desequilibrado que decidió señalar ante los mandos las imprecisiones y los sesgos en la evaluación. Su queja no tuvo efecto. Tampoco recibió ningún crédito por los muchos actos de servicio a la comunidad que había realizado. Después de que la despidieran estuvo sin trabajo durante casi un año, pero finalmente recibió una oferta de otro departamento, del que comenta que «no podría estar más a gusto». Participa en actos de relaciones públicas, representa al departamento de policía en reuniones de la comunidad y el condado, da charlas a los niños en los colegios, y dice: «también puedo atrapar a los malos».

Cuando me contó su historia, pensé que las normas del trabajo policial en su anterior departamento debían de haber sido extremas. No hay duda de que muchos departamentos de policía de todo el país proporcionan un buen entrenamiento a sus agentes sobre cómo ganarse la confianza de la comunidad. Pero tal como mostró el interés del país en la brutalidad policial tras el asesinato de George Floyd y muchos otros casos similares, el abuso físico de las minorías está extendido por todas partes, y la experiencia de Sally es sintomática de un problema sistémico. Como vimos en el capítulo 6, el problema también engloba los actos cotidianos de falta de respeto que quitan legitimidad a la policía a ojos de los miembros de la comunidad.

Se está dedicando mucho trabajo a «cómo crear un agente de policía mejor». Pero quizá eso sea el objetivo equivocado. Esa sería la tarea si creemos que el comportamiento policial solo tiene que ver con el tipo de persona que son los agentes. Por supuesto, en las fuerzas de policía hay manzanas podridas, y estas deben ser castigadas, y algunas, incluso, expulsadas del cuerpo. Pero como escribió Norm Stamper, antiguo jefe de policía de Seattle, en el libro *To Protect and Serve: How to Fix America's Police* («Proteger y servir: cómo arreglar la policía de Estados Unidos»), los problemas del comportamiento policial son sistémicos: «La policía es defectuosa —ha dicho—. Trágicamente, ha sido defectuosa desde los propios inicios de la institución. Ha evolucionado hasta una estructura organizativa paramilitar y burocrática que aleja a los agentes de policía de las comunidades que han jurado proteger y servir». Argumenta que la actividad policial debería entenderse como una asociación entre el público y la policía, en gran medida como Sally había soñado que sería[463].

Para construir una asociación mejor, es necesaria la confianza entre el público y la policía. ¿Cómo se puede estimular esa confianza? Un enfoque prometedor es enseñar a los agentes a mostrar un claro respeto en sus interacciones con el público.

Consideremos este experimento de Lorraine Mazerolle y sus compañeros en la universidad de Queensland (Australia), en el que los investigadores alteraron la forma en que la policía realizaba detenciones aleatorias de vehículos para hacer controles de alcoholemia[464]. La mayoría de los conductores odian esas paradas. Algunos se enfadan. Mazerolle y sus compañeros querían ver si podían escribir un guion mejor para esos encuentros. Un grupo de conductores, al ser detenidos, recibían del agente el discurso estándar. Esto es lo que oían (los nombres de los agentes son ficticios):

Hola, soy el agente Peterson de la policía de tráfico de Oxley. Lo hemos detenido para realizar un control de alcoholemia aleatorio. Le pido que sople aquí para analizar su aliento. Esto es un medidor de alcoholemia. Para cumplir lo que le solicito, coloque la boca en la boquilla hasta que yo le diga que pare.

Otro grupo de conductores oyó esto:

Hola, soy el agente Smith de la policía de tráfico de Oxley. ¿Ha realizado alguna vez una prueba de alcoholemia? [...] Estamos deteniendo vehículos al azar. Esto significa que no lo hemos parado específicamente a usted para hacer la prueba [...] Solo en Queesland se produjeron 354 muertes en 2009 en accidentes relacionados con el alcohol. Una de las partes más difíciles de nuestro trabajo es decirle a una persona que un ser querido ha muerto o está gravemente herido [...] Aquí tiene un boletín con algunos consejos adicionales de prevención de delitos. También le cuenta qué está pasando en la comunidad e incluye algunos números importantes si desea ponerse en contacto con nosotros en cualquier situación que no sea de vida o muerte.

Los investigadores no cambiaron exactamente la forma en que los agentes ven a los ciudadanos, pero sí cambiaron la forma en que los ciudadanos se sienten vistos por los agentes, con potentes efectos. El nuevo guion es un ejemplo de modelado de situaciones. Es un poco más largo, un minuto adicional en este estudio. La genialidad radica en pequeños detalles que dicen mucho. El primer mensaje «comunicado» es de solidaridad: «Estamos juntos en esto, como una comunidad». El segundo es de dignidad: «Te veo como un ser humano, así que me voy a tomar el tiempo de explicarte por qué te he parado». El tercero es de la propia humanidad del agente: «Me rompe el corazón ver que hay personas que mueren sin necesidad». Un cuarto mensaje es de justicia: «No nos hemos fijado específicamente en ti, esto es aleatorio». El contenido literal apenas llama la atención, pero los mensajes psicológicos son potentes.

Tras su encuentro con los agentes, los conductores recibían una encuesta que debían rellenar y enviar por correo. Meses después, los investigadores analizaron los datos de las encuestas y descubrieron que los conductores a quienes habían detenido con el guion revisado puntuaban al agente como más respetuoso y justo que los conductores que habían recibido el discurso estándar. Además, este único encuentro tenía efectos en cadena. Los conductores detenidos con el guion revisado reportaban más confianza en la policía en su conjunto. Los más beneficiados eran los inmigrantes étnicos, que a menudo se sienten inseguros sobre su pertenencia al nuevo país y, comprensiblemente, desconfían de la policía. También hubo alguna prueba de que la intervención aumentó la preocupación de los conductores por el tema de la conducción bajo el efecto del alcohol; reportaron un mayor cambio de actitud hacia este problema.

El estudio no era perfecto; ninguno lo es. La cifra de conductores que recibieron la encuesta y la enviaron respondida estaba debajo del estándar para conseguir resultados sólidos, aunque, como nota positiva, respondió aproximadamente la misma cantidad de conductores de los dos grupos, lo que es importante para establecer la validez de los resultados. Aun así, es difícil saber hasta qué punto se pueden sacar conclusiones generales. Tenemos que ser a la vez escépticos y abiertos de mente. Estos estudios son increíblemente difíciles de ejecutar por muchas razones, entre las cuales están la desconfianza de la policía hacia los académicos y a la mera logística de la metodología. Pero creo que los datos nos dan una indicación importante de que un pequeño cambio en la forma en que la policía aborda estos encuentros con el público puede hacer que los ciudadanos se sientan más vistos y, en respuesta, más confiados en la policía y más identificados con su misión.

Un buen apoyo de esta idea ha aparecido en un estudio de 2020 realizado en colaboración con el departamento de policía de Chicago[465]. Los investigadores George Wood, Tom Tyler y Andrew Papachristos trabajaron con la policía para crear e implementar un taller de un día para los agentes, orientado, como describen, a enseñar a los agentes «justicia procedimental», término acuñado por el estudioso de Yale Tom Tyler para referirse a la justicia en los procesos de una organización o de un encuentro. Cuando las personas perciben que los procedimientos que modelan la forma en que son tratadas son justos, confían más en las autoridades y las obedecen más, incluso si no les gusta el resultado. La gente obedece la ley, argumenta Tyler, no tanto por el miedo al castigo si la quebrantan como porque la consideran legítima.

En el taller, los agentes aprendían sobre la importancia y la filosofía de la justicia procedimental, y se les enseñaban técnicas (muy semejantes a las que Lorraine Mazerolle había embebido en su reescritura del guion para los encuentros policiales) para indicar un espíritu de solidaridad durante las paradas, una creencia en la dignidad del ciudadano sin importar cuál fuera la situación, y una garantía de que estaban siguiendo procedimientos justos. Los policías aprendían también sobre la historia del racismo y la persistencia de los sesgos. El principio general era que la policía debía construir respeto y legitimidad en la comunidad, y no actuar como «fuerzas de ocupación» que mantienen el orden mediante un «ordeno y controlo».

El impacto de este taller fue evaluado no mediante un experimento aleatorio sino con un método casi igual de bueno: un diseño escalonado de adopción del programa. En total participaron 8.480 agentes. Al hacer un seguimiento de qué agentes habían participado en el programa y sus registros antes y después, los investigadores podían fijarse en cualquier cambio concreto. Se descubrió que el programa redujo sustancialmente las malas conductas policiales. A lo largo de un periodo de dos años se presentaron 732 quejas menos de malas conductas contra los agentes que habían participado en el taller, una reducción del 10 %. Adicionalmente, durante el mismo periodo, hubo 105 pagos menos para resolver reclamaciones contra la policía. Incluso para aquellos que no creen que la policía tenga un problema de sesgos, este resultado debería ser impresionante. Cada pago de indemnización asciende por término medio a cuarenta mil dólares, lo que significa que aquel taller de un día ahorró al departamento, y en última instancia a los contribuyentes, 4,1 millones de dólares.

Emily Owens y sus compañeros trabajaron con comisarías de policía de Seattle para mejorar la calidad de las interacciones de la policía con el público usando un enfoque diferente, en el que a los agentes se los animaba a adoptar las normas de justicia procedimental en un breve encuentro con su supervisor[466].

Una selección de 1.105 agentes, elegidos porque algún miembro de la comunidad había presentado una queja contra ellos, se asignaron al azar a uno de dos grupos. En un grupo, un sargento de policía llamaba a su despacho a los agentes y les pedía respetuosamente que revisaran la forma en que manejaban un incidente con un ciudadano. Abordaba la discusión usando la forma participativa de los líderes democráticos de Lewin, de modo que los agentes no se pusieran a la defensiva. El sargento enfatizaba que la misión de las fuerzas de policía era hacer cumplir la ley usando la justicia procedimental, pero explicaba que el propósito de la reunión era simplemente hablar sobre cómo el agente había usado la justicia procedimental durante el incidente específico y qué se podía aprender de la experiencia. El sargento les pedía sus puntos de vista haciendo buenas preguntas que motivaban a reflexionar:

¿Qué has aprendido del incidente?

¿Qué creíste que te encontrarías cuando llegaste, y qué te encontraste realmente una vez allí?

¿Qué información incorporaste a tu toma de decisiones cuando se desarrolló la escena?

Al final de la conversación, el sargento daba la vuelta al guion jerárquico y preguntaba:

¿Puedes comentarme algo sobre mi desempeño en esta entrevista?

No había sermones ni asignación de culpas. Al final del estudio, los agentes que participaron en la reunión reportaron sentir que lo que habían dicho le importaba a su supervisor —que tenían voz—, algo que las investigaciones muestran que es un elemento clave en la justicia procedimental que funciona bien. Los agentes del otro grupo no mantuvieron esta conversación, lo que permitió a los investigadores medir los efectos de la charla. Cuando al cabo de un mes y medio se evaluó el comportamiento de los agentes de los dos grupos, los que habían sido llamados al despacho del sargento mostraron una probabilidad un 33 % menor de verse involucrados en incidentes con uso de fuerza. También tenían mayor probabilidad de emitir citaciones en vez de hacer una detención, lo que sugería que habían evitado que los incidentes se agravaran.

Además, esos agentes se relacionaban más activamente con el público, y reportaron entre tres y cuatro veces más paradas durante la semana posterior a la conversación que los agentes del otro grupo. Esto podría indicar que estaban mostrando un exceso de celo, pero, de hecho, y al contrario de la creencia popular, se trataba del tipo de implicación más vigorosa que desean de la policía la mayoría de los miembros de las comunidades de minorías en entornos urbanos. Quieren una presencia policial fuerte y comprometida, no solo autoritaria. Esta interpretación del aumento de las paradas está respaldada por el descubrimiento de que esos agentes mostraban una probabilidad mayor de implicarse en alguna forma de asistencia a la comunidad, como ayudar a alguien que se hubiera caído.

Debido a que confiamos en las personas a las que hemos llegado a apreciar, otra estrategia para reforzar la justicia procedimental es que la policía forje relaciones positivas con la comunidad. Pero debido a los recortes de presupuesto, muchos puestos de relaciones con la comunidad en las fuerzas de policía, como el que ocupa ahora mi amiga Sally, han sido eliminados. Estos puestos se concentran en crear lazos con las comunidades. Los agentes asisten a reuniones comunitarias, participan en vigilias vecinales, trabajan con grupos juveniles, median en discusiones entre vecinos, visitan escuelas y ferias de la comunidad. Cuando el dinero escasea, estos son los primeros puestos que se eliminan, porque se consideran menos esenciales que actuar en caso de delitos. Pero las investigaciones sugieren que las relaciones con la comunidad están entre los recursos más preciados del departamento de policía a la hora de prevenir la delincuencia.

¿Por qué son tan importantes los procesos procedimentalmente justos? Una respuesta es que son afirmadores. Tom Tyler sugiere que comunican a los ciudadanos que son vistos y valorados a ojos de la autoridad[467]. De hecho, como señala Matthew Lieberman en su libro *Social*, el trato justo, como todas las recompensas sociales, activa prácticamente los mismos circuitos de recompensa del cerebro que las golosinas. Algunos nos hemos criado acostumbrados al trato justo y solo nos fijamos en lo importante que es cuando no lo recibimos. Todos los que hemos sufrido la experiencia de ser tratados injustamente —por un policía, un profesor, incluso un vendedor— sabemos lo mortificante y odioso que puede ser. Se siente como si estuviéramos siendo indignos del respeto al que tiene derecho cualquier ser humano. Pero en respuesta al trato justo, los ciudadanos abrazan más las normas de la comunidad. En un estudio para valorar este efecto, los perpetradores de violencia doméstica redujeron la probabilidad de cometer otro acto de violencia en su hogar si sentían que la policía los había tratado con justicia procedimental.

Una historia de un compañero ilustra el poder que pueden tener las autoridades como fuentes de afirmación que ponen a las personas en un camino mejor. La sobrina de mi compañero había quebrantado la ley varias veces, lo que en última instancia la llevó a parar a la cárcel. Cuando la soltaron, quebrantó los términos de la condicional, lo que la volvió a meter entre rejas. Parecía atrapada en un círculo repetitivo. Pero en la siguiente sentencia, el juez le dijo: «Quiero lo mejor para ti y creo en tu capacidad para tener éxito en la vida». Dado que la joven se había ido acostumbrando a que los jueces la hablasen con severidad, aquellas palabras tuvieron un poderoso efecto afirmador. Aquel juez estimuló su confianza en su capacidad para tomar el control de su vida, y así lo hizo.

Un experimento realizado en 2021 por Jason Okonofua y sus compañeros proporciona pruebas científicas de que tales comunicaciones afirmadoras con los delincuentes pueden tener grandes efectos[468]. Crearon un módulo de formación de treinta minutos que animaba a los agentes de la condicional a empoderar y afirmar a sus supervisados, construyendo con ellos relaciones de respeto. Diez meses después, menos de sus convictos en libertad condicional habían sido detenidos de nuevo, en comparación con los supervisados de los agentes de la condicional que habían recibido una versión de control de la formación.

Todas estas investigaciones sugieren que la responsabilidad personal, un valor básico de una sociedad democrática, se afianza con más facilidad cuando las personas sienten que se les concede una medida completa de dignidad y respeto: cuando sienten que pertenecen.

Lo prometedoras que son estas diversas estrategias para mejorar las relaciones entre la policía y el público ha quedado demostrado en la ciudad de Camden (Nueva Jersey). Camden llegó a ser conocida como «la ciudad que la esperanza olvidó». Era una de las ciudades de Estados Unidos más desfavorecidas económicamente y más asediadas por el crimen, con una tasa de delitos en 2012 mayor que la de muchos países en desarrollo. Pero gracias a las reformas instituidas en los métodos policiales y en otras formas de mejora de la comunidad, que han sido alabadas tanto por la izquierda política como por la derecha, la ciudad se ha revitalizado y el crimen ha disminuido. Las reformas fueron apoyadas por el gobernador de aquella época, el Republicano Chris Christie, y se basaban en décadas de estudios realizados por académicos tanto liberales como conservadores. (Una guía para las fuerzas de la ley y los responsables de las comunidades está disponible en https://www.niot.org/cops/camdensturn).

Como se muestra en el documental *Camden's Turn*[469] («El giro de Camden»), el proceso comenzó con la contratación de un nuevo jefe de policía inspirado e innovador, J. Scott Thomson. Este recuerda que la fuerza tuvo que lanzar una «campaña política para superar años de desconfianza». Thomson, que es blanco, mostró una sensibilidad aguda hacia las experiencias y perspectivas de la población mayoritariamente negra de la ciudad. La gente tenía todos los motivos para desconfiar de la policía, dijo, porque muchas personas habían visto usar a los agentes una fuerza excesiva y responder con indiferencia a los problemas de la comunidad. Además, reconoció el largo historial de brutalidad policial dirigida a los negros y argumentó que aunque los agentes actuales no son responsables «del» pasado, tienen una responsabilidad «hacia» él. Lo que habían hecho los policías en el pasado modelaba la forma en que eran vistos en la actualidad. Una de las responsabilidades de un agente, afirmó, es actuar de formas conscientes de la historia y hacer su parte para cambiar la idea de lo que significa ser un agente de policía.

Para abordar la psicología que contribuye a las malas relaciones, Thomson organizó talleres para ilustrar a los agentes sobre sus sesgos implícitos y cómo estos podían llevar a tratar discriminatoriamente a las personas de color. También instituyó muchas normas nuevas para el comportamiento policial cotidiano. Un cambio espectacular fue que exigió una respuesta más rápida a las llamadas sobre incidentes, y el tiempo de respuesta medio cayó en picado de una hora a cinco minutos. Tenía un foco explícito en cambiar el papel y la identidad de los agentes de policía, de «guerreros» a «guardianes». Los agentes recibieron formación para evitar tácticas que podían escalar la tensión y por tanto poner en peligro a ellos mismos y a otros, y se los enseñó a ver su objetivo como llevar «paz a la situación». Es esencial para los agentes que se mantengan seguros y siempre estén mentalmente preparados para el peligro. Pero algunos de los comportamientos de la policía habían inflamado confrontaciones y las habían vuelto más peligrosas para todos los implicados. Desde el punto de vista del comportamiento, había muchas cosas que podían hacer de acuerdo al espíritu del modelado de situaciones para prevenir que cualquier encuentro se disparara fuera de control.

Los agentes también fueron instruidos para realizar acciones policiales dirigidas a establecer lazos con la comunidad: salir de los coches y caminar por las aceras, hablar con los residentes para conocer sus preocupaciones, lo que facilitaba la adquisición de perspectiva. Thomson les dijo: «No voy a medir el número de detenciones que realizáis y me da igual cuántas multas ponéis. Queremos que establezcáis relaciones». Al patrullar de esta forma, incluso durante las tormentas invernales, los agentes se convirtieron en rostros familiares para los miembros de la comunidad. El departamento también organizó ferias «conoce a la policía» en las que los agentes jugaban al fútbol americano de toque con los niños y repartían helados, y los agentes visitaron escuelas de primaria para leer a los niños. Thomson comprendió que al alimentar el sentimiento de los niños de ser vistos como miembros valiosos de la comunidad, podía disuadirlos de empezar a participar en actividades delictivas. También organizó un programa de tutoría en el que exconvictos aconsejaban a los jóvenes para que no se metieran en líos.

Los objetivos superordinados, otra clave de la creación de pertenencia, se reforzaron continuamente[470]. Los policías y la comunidad no se veían unos a otros en términos de Nosotros-contra-Ellos tanto como antes, y empezaron a verse como colaboradores en una causa común. Thomson abordó también mejoras en el entorno de los barrios, como la demolición de edificios abandonados y la creación de espacios públicos mejores. Reconquistó los parques de las manos de los vendedores de droga y estableció liguillas de béisbol para los niños. Comprendió que si la mejora de la vida de la comunidad era vista como una meta superordinada tanto por los policías como por el público, una meta para la que todos tenían que colaborar, el pensamiento Nosotros-contra-Ellos daría paso en ambas partes a la confianza requerida para hacer cambios sustanciales. En resumen, fue un modelador de situaciones brillante.

Es cierto que todavía debe realizarse una evaluación académica formal del «giro» de Camden, y una evaluación del impacto causal de estas intervenciones a nivel de la comunidad en su conjunto siempre será una empresa apoyada en conjeturas. Aun así, junto a otras investigaciones que hemos analizado aquí, la historia de Camden ilustra la posibilidad de integrar las intervenciones sabias en un enfoque coherente de la actividad policial dentro de una comunidad entera. Las mejoras esperadas llevarán tiempo, pero en los cinco años de la dirección de Thomson, los delitos violentos se redujeron en un 21 %. Solo los homicidios se redujeron en un 28 %. Los registros oficiales sugieren que la graduación en los institutos creció, y que se abrieron más negocios. El tono de la vida en la ciudad mejoró, con una nueva atmósfera. Los niños jugaban en los parques, y los miembros de la comunidad salían a pasear y charlaban unos con otros.

La historia de Camden da fe de que incluso en circunstancias aparentemente desesperadas, un modelado de situación cuidadoso puede catalizar transformaciones sociales sustanciales al prestar atención a la necesidad de pertenencia que tiene todo el mundo.

13

La pertenencia y la política

Modelado de situaciones para salvar diferencias partidistas

En mi primer año en la universidad tuve un compañero de habitación, Hank, cuyos puntos de vista políticos eran diametralmente opuestos a los míos. Eso se debía en parte a que yo me crie en un barrio residencial de Nueva Jersey, y él, en la Georgia rural. Tras un periodo inicial de sentirme inseguro respecto a mi pertenencia a la universidad de Cornell, llegué a sentirme como en casa, pero Hank me dijo que todavía no sentía que encajara allí. Le molestaban, por ejemplo, los estudiantes que llevaban vaqueros envejecidos artificialmente. Él, por contraste, llevaba el artículo genuino de un azul profundamente oscuro; cualquier desgaste que luciera se lo había ganado. Cuando un estudiante decidió adornarse con un sombrero de mapache a lo Davy Crockett, Hank se ofendió muchísimo. El término «apropiación cultural» no se había inventado aún, pero Hank consideró que la cumbre del egoísmo para un urbanita del nordeste era apoyar la matanza de una criatura para llamar la atención con su indumentaria. Su incertidumbre de pertenencia se agravaba a causa de su orientación política; era profundamente conservador, mientras que la cultura extendida en el campus de Cornell era bastante liberal.

Pasé largas noches durmiendo poco tras los maratones en que nos metíamos discutiendo temas políticos. Típicamente, comenzaban con los dos trabajando tranquilamente cada uno en su escritorio, y uno hacía un comentario, quizá provocado por algo que acababa de leer. Hank solía alterarse con los puntos de vista de algún autor que estuviera leyendo, por ejemplo, cuando un biólogo escribía que la homosexualidad existe en los animales.

Una vez le pregunté ingenuamente si pensaba asistir a la manifestación a favor de la libre elección al día siguiente. El comentario inicial podía ser la chispa que detonara una conflagración, y nuestras batallas a veces se acaloraban tanto que en la puerta de la habitación se formaba un grupo de mirones asombrados. De los derechos de los homosexuales, al aborto, a la pobreza, a la raza, los puntos de vista políticos de Hank me resultaban escandalosos. Argumentaba, por ejemplo, que para él estaba bien usar la palabra *nigger* porque lo que esa palabra significaba para él era diferente de lo que significaba para los negros y para la mayoría de la gente. También afirmaba que la homosexualidad debería ilegalizarse porque era antinatural.

Yo tenía la sensación de que debería haber sido capaz de aplastarlo con mis argumentos, pero me costaba un mundo intentar convencerlo de que sus puntos de vista eran incorrectos. Él era extraordinariamente bien hablado e instruido. Había sido una estrella en el equipo de debate de su instituto, y se notaba. También había meditado sus opiniones a fondo, lo que, descubrí para mi horror, era más de lo que yo podía decir de mí mismo. Habitualmente hacía pedazos mis argumentos, y lo usual era que yo perdiera los debates a pesar de estar seguro de que moralmente tenía razón. Una vez me enfadé tanto que se me trabó la lengua y me limité a mirarlo furiosamente sin palabras, sintiendo que podría haberle dado un puñetazo.

Lo que salvaba estas situaciones era que Hank era una persona amable, y siempre hacía gestos amistosos tras nuestras discusiones para restaurar nuestra relación. De nuevo, era más de lo que podía decir de mí mismo. Yo me tomaba nuestras discusiones por lo personal y guardaba resentimiento. En aquella época, me frustraba mi fracaso al intentar hacerlo cambiar de opinión, pero ahora veo que nuestras discusiones fueron formativas en el desarrollo de mi consciencia política. Aprendí a regañadientes que muchas de mis convicciones más fuertes no se basaban en argumentos racionales que pudiera expresar en palabras en aquella época, sino en las racionalizaciones improvisadas que usaba para defenderlas. También aprendí que, como han demostrado muchas investigaciones, en general las personas no cambian sus puntos de vista políticos en respuesta a argumentos, al menos no sin que se den las condiciones adecuadas en la discusión. De vez en cuando, yo podía plantearle algún argumento devastador a Hank, y él me concedía el punto. Pero sus puntos de vista generales no cedían.

Teniendo en cuenta el partidismo acalorado que ha ido escapando desde mediados de la década de 1990 y la truculencia con la que tanta gente se ha mantenido firme en puntos de vista extremos y sin fundamento, la idea de que las personas simplemente no cambian su punto de vista, especialmente en temas políticos, se ha extendido cada vez más. Las investigaciones en psicología social han demostrado desde hace mucho tiempo que el sesgo de confirmación lleva a la gente a descartar la información que contradice sus puntos de vista, e incluso hace que los afiancen todavía más. La psicología social también ha realizado contribuciones importantes para la comprensión de este preocupante fenómeno, empezando hace muchas décadas.

En 1977, Lee Ross, junto con Charles Lord y Mark Lepper, realizaron un estudio que sigue destacando como la demostración más poderosa de la resistencia y la polarización que muestran las personas en respuesta a datos que se oponen a sus puntos de vista[471]. Partidarios y adversarios de la pena de muerte revisaron una mezcla de evidencias relacionadas con la eficacia de la pena capital como una política para disuadir a la gente de cometer asesinatos. Los participantes revisaron pruebas científicas de los dos lados del tema, que habían sido cuidadosamente elaboradas para ser equivalentes en rigor metodológico. De hecho, los estudios eran inventados, de modo que los investigadores podían variar astutamente si el mismo estudio metodológico producía un descubrimiento que la apoyara o no. El resultado fue el sesgo de confirmación. Los dos lados evaluaron como superiores los estudios que apoyaban su propio punto de vista. También encontraban fallos en la metodología del mismo estudio que habrían alabado si hubiera apoyado su opinión. Un detalle más perverso es que los participantes reportaron a continuación que el corpus de evidencias en su conjunto los había convencido de que tenían aún más razón sobre la pena capital que lo que habían creído al principio. Debido a este sesgo, limitarse simplemente a exponer a las personas a puntos de vista alternativos, por ejemplo, alterando las noticias que ven en las redes sociales, es poco probable que tenga los efectos esperados. Las investigaciones sugieren que puede hacer incluso que las personas se atrincheren en sus puntos de vista. Por ejemplo: a pesar de lo caras que son, las campañas políticas en las elecciones de Estados Unidos no tienen prácticamente ningún efecto en las decisiones de los votantes.

En un estudio similar, Michael Schwalbe dirigió una investigación en mi laboratorio para examinar cómo los puntos de vista de la gente en las elecciones presidenciales de 2016 podrían afectar a su susceptibilidad a las noticias falsas. Reclutamos a más de 1.500 liberales y conservadores, asegurándonos de que la muestra reflejaba la demografía de la población de Estados Unidos. Presentamos a los participantes noticias sobre Donald Trump, algunas de las cuales eran pro-Trump y otras anti-Trump [472]. Algunas de esas historias eran ciertas («A los dos años de su mandato, Trump sigue presumiendo sobre el mercado de valores»), y algunas eran falsas, incluso directamente increíbles («Trump asiste a una fiesta de Halloween privada con orgías vestido de Papa» o «Trump derrota al gran maestro de ajedrez Magnus Carlsen»). Pedimos a los participantes en el estudio que estimaran la probabilidad de que cada historia fuera verdadera o falsa, y descubrimos que los dos grupos mostraron aproximadamente el mismo grado de sesgo, siendo los conservadores mucho más crédulos con las buenas noticias sobre Trump, falsas o no, y los liberales mucho más escépticos, falsas o no. De hecho, los participantes consideraron las noticias falsas que apoyaban su punto de vista como más ciertas que las noticias verdaderas que se oponían a este.

La susceptibilidad a las noticias falsas es tan fuerte entre las personas más instruidas como entre las menos. Por añadidura, cuando preguntábamos qué historias era más probable que compartieran, tanto liberales como conservadores mostraban más disposición a compartir con sus amigos o en las redes sociales las noticias que apoyaban su punto de vista, contribuyendo así a la dispersión de las noticias falsas. Nuestra mente no es un procesador imparcial de información. Tomando prestada una metáfora del psicólogo social Arie Kruglanski, se parece más a un molino que machaca el grano de nuestra vida cotidiana en una confirmación de que «nuestra forma» es la «forma correcta».

Tales descubrimientos parecen justificar la desesperación sobre la posibilidad de mitigar el partidismo y encontrar un terreno común para resolver nuestros problemas sociales, especialmente cuando muchos otros factores poderosos han exacerbado la polarización política en Estados Unidos y en todo el mundo. Por ejemplo, en Estados Unidos, el formato «el ganador se lo lleva todo» del sistema electoral fomenta el pensamiento Nosotros-contra-Ellos. La división de los medios de comunicación en silos partidistas ha representado un papel importante, también. Como han descubierto los psicólogos sociales, nuestra mente tiende a verse atraída con más fuerza por la información negativa, lo que ha motivado coberturas cada vez más enconadas y alarmistas, tanto en los medios de comunicación generales como en las redes sociales[473]. Las investigaciones también muestran que tendemos a creer que somos más objetivos en nuestra valoración de tales informaciones que lo que lo somos realmente. La combinación de sesgos y coberturas directamente falaces, por un lado, y nuestra ilusión de objetividad personal, por otro, es tóxica. El estudio de Schwalbe descubrió que los dos factores que predicen una mayor susceptibilidad a creer noticias falsas son el consumo de más medios tendenciosos *y* la creencia en que los puntos de vista políticos propios no se dejan influenciar por la desinformación y otras influencias sesgadas.

Para entender cómo tratar esta división política, necesitamos entender sus causas. León Tolstói parece haber comprendido algo profundo sobre por qué las disputas políticas llevan tan a menudo a endurecer los puntos de vista en vez de a cambios en las perspectivas. Cuando uno de los personajes de su novela *Anna Karénina* le pregunta a otro por qué las personas discuten acaloradamente cuando «nadie convence a nadie», la respuesta que recibe es «porque uno no puede entender qué es lo que su oponente quiere demostrar»[474]. De hecho, la razón por la que las personas defienden sus puntos de vista es más a menudo el intento de demostrar que son miembros respetables de su «tribu» política elegida que el demostrar que sus puntos de vista son correctos. Su fidelidad está dirigida con más intensidad al grupo que a sus ideas. Esto es cierto en general incluso para las personas que pueden reunir un arsenal de argumentos bien construidos en defensa de su punto de vista; como nos pasa a todos, puede que no sean conscientes de qué es lo que los motiva en realidad. Esta fidelidad al grupo es el motivo por el que las exhortaciones a pensar más críticamente o a informarse más no cambian las perspectivas de las personas e incluso son contraproducentes. Incluso los expertos políticos y los científicos sociales bien establecidos muestran un fuerte sesgo de confirmación cuando se enfrentan a pruebas de que, como es el caso a menudo, sus predicciones eran erróneas. Este problema está tan reconocido y extendido que la comunidad de inteligencia de Estados Unidos ha trabajado con psicólogos sociales para desarrollar módulos de formación para instruir a sus analistas sobre los sesgos mentales.

Por suerte, las investigaciones de la psicología social han proporcionado conocimiento sobre cómo podemos apagar los fuegos de la división. Como hemos visto, una fuerza importante que impulsa la polarización, y la deshumanización y demonización que la acompañan, es el deseo de pertenecer. Si queremos crear espacio psicológico para el entendimiento y la construcción de puentes sobre las líneas divisorias políticas, tenemos que reconocer que las personas se vuelven tan truculentas sobre sus puntos de vista en gran medida debido a que encuentran los puntos de vista opuestos amenazadores para su sentimiento de pertenencia y, por extensión, a su sentido del yo. Por añadidura, este sentimiento de amenaza no es simplemente irracional. Por un lado, está en parte arraigado en la biología[475]. La investigación neurocientífica muestra que cuando las personas leen afirmaciones que desafían una creencia política que han mantenido mucho tiempo, se activa su respuesta fisiológica a amenazas, indicada por la mayor actividad de la amígdala. Por contraste, parece que cuando llegan a conclusiones que racionalizan el ignorar cualquier evidencia discordante, se activan las regiones del cerebro asociadas con la recompensa o el refuerzo. Nuestro sistema biológico de amenazas y recompensas refuerza la fidelidad a las ideas del grupo.

Además, los partidistas políticos tienden a reaccionar con vehemencia hacia los miembros de su grupo que expresan ideas disidentes[476]. Recuerdo un reportaje sobre un antiguo miembro de un grupo Demócrata local que apoyó a Trump en las elecciones de 2016. Aunque había sido un participante destacado del grupo durante muchos años y tenía una amistad profunda con muchos de los miembros, fue excluido. El vilipendio por parte de algunos miembros de su partido del secretario de estado

Republicano de Georgia después de que refutara los alegatos de fraude en los votos en las elecciones presidenciales de 2020 fue un ejemplo especialmente pronunciado del ostracismo al que hacen frente aquellos que disienten de su tribu política.

Quizá no sea difícil de entender por qué las personas se afirman tanto en sus puntos de vista incluso ante evidencias cristalinas en contra. Ser expulsados de nuestra tribu fue en el pasado una amenaza física a la supervivencia, y nuestro cerebro parece verlo así todavía. A modo de autoprotección, realizamos un montón de gimnasia mental consciente e inconsciente para no pasarnos de la raya.

Para demostrar cómo el deseo de pertenencia impulsa la oposición a los argumentos racionales, realicé una serie de estudios que expusieron este proceso de racionalización[477]. Tras reclutar liberales y conservadores en varios campus universitarios, los llevé al laboratorio para participar en lo que creían que era un estudio sobre la memorización de las noticias de los medios pero que en realidad era un estudio de actitudes políticas, un engaño necesario para camuflar el propósito del estudio y evitar comportamientos no naturales. Un artículo de prensa que leyeron describía una normativa de asistencia social y si había recabado apoyo de los legisladores Republicanos y Demócratas. Los participantes ignoraban que aunque los artículos parecían auténticos, habían sido fabricados y su contenido estaba modelado cuidadosamente. Para un grupo de participantes, el artículo afirmaba que los Demócratas apoyaban la normativa y los Republicanos se oponían. Para otro grupo, se invertían las posiciones. Para un tercer grupo, no se daba información sobre la posición de los partidos. Además, para uno de los grupos se decía que la normativa proporcionaba un apoyo generoso a los pobres en cuestiones de vivienda, alimentación y educación, y para otro, el apoyo se describía como «mínimo». A continuación, preguntamos a los participantes su propia posición sobre la normativa de asistencia social, bajo el disfraz de «tus actitudes pueden afectar tu recuerdo del contenido del artículo».

Los Republicanos deberían haber apoyado la normativa de beneficios mínimos y los Demócratas, la versión generosa, si eran leales a la ideología y la postura de su partido. Y así fue mientras no tuvieron información sobre lo que su partido pensaba. Pero al margen de la descripción de la normativa, los participantes ajustaron su punto de vista a lo que se les dijo que defendía su partido, incluso cuando esos puntos de vista iban de hecho en contra de la ideología de este. Esto ocurrió incluso cuando las dos normativas se presentaron una junto a la otra. Los estudiantes estaban tan dedicados a apoyar la normativa que presuntamente había defendido su partido que muchos estuvieron dispuestos a escribir extensas cartas de apoyo a un grupo de discusión público.

El poder de la mente humana para racionalizar semejantes contradicciones quedó demostrado en otra parte del estudio. Los Demócratas que apoyaron la normativa «dura», cuando se les preguntó por qué, escribieron sobre la importancia de que los pobres aprendieran a ayudarse a sí mismos, representando a la normativa como algo que estaba en línea con los valores Demócratas sobre proporcionar oportunidades para los pobres. Los Republicanos a los que se les dijo que su partido apoyaba la normativa «generosa» justificaron su apoyo como debido a la creencia en el humanitarismo profesada por los Republicanos. Ninguno de los grupos dijo que apoyaran la normativa porque la apoyaba su partido. De hecho, lo negaron tajantemente. Incluso en condiciones de anonimato absoluto, valoraron el punto de vista de su partido como el factor menos influyente en sus puntos de vista políticos, muy por debajo del contenido factual de la normativa y sus propios principios morales. Este resultado muestra lo inconscientes que pueden ser los procesos de conformidad a los puntos de vista del partido.

Numerosos estudios, incluso algunos que han usado grandes muestras representativas de todo el país, han replicado el poder de las «indicaciones del partido» para polarizarnos. Por ejemplo, en Estados Unidos, en cuanto a los puntos de vista de liberales y conservadores sobre la política ambiental, las subvenciones a la agricultura y las normativas COVID-19, y en los Países Bajos, en cuanto al punto de vista de la ciudadanía sobre las políticas de inmigración. También en la política internacional, a menudo la lealtad al grupo pasa por encima del contenido de las políticas. Los israelíes apoyaban un plan de paz si creían que lo habían diseñado representantes israelíes, incluso cuando resultó que, de hecho, lo había propuesto una delegación palestina en una conferencia bilateral para la paz celebrada en 1993. Como ha escrito el neurocientífico Matthew Lieberman, nuestra mente es como un agente doble que trabaja en secreto para nuestro grupo[478]. Cualquiera que sea la forma en que nuestro grupo quiera que nos amoldemos, lo haremos hasta un extremo sorprendente.

El analista político Ezra Klein, autor del libro *Por qué estamos polarizados*, escribió un artículo sobre estos descubrimientos titulado «The Depressing Psychological Theory That Explain Washington»[479] («La deprimente teoría psicológica que explica Washington»). Pero antes de que cometamos el error fundamental de atribución y digamos «la gente es idiota», tenemos que comprender que gran parte de la forma en que los grupos nos influencian es modelando nuestra percepción del mundo. Imaginemos que vivimos en un territorio ocupado, y aunque queremos la paz, tenemos miedo de que se aprovechen de nosotros. Leemos que un plan de paz incluye la provisión de una «fuerza de seguridad». ¿Creemos que «fuerza de seguridad» significa una pequeña presencia policial o una gran fuerza militar opresiva? Sería razonable inferir lo primero si descubrimos que nuestro grupo apoya el plan, y lo segundo si descubrimos que se opone a él. Determinar si nuestros juicios sobre la realidad deberían ser «de arriba abajo» y modelados por nuestro grupo o «de abajo arriba» y modelados nada más que por los hechos es una cuestión difícil[480].

Lo que *es* preocupante es que cuando nuestros juicios son de arriba abajo, rara vez somos conscientes de hasta qué extremo lo son. El resultado es que desestimamos al otro lado por sesgado, y creemos que nosotros somos los objetivos[481]. Y aunque la conformidad extrema puede tener beneficios en un escenario homogéneo donde vivimos en una única tribu, es una receta para la división e incluso la violencia en una sociedad donde muchos grupos deben vivir juntos. Si elegimos rechazar una normativa que es mejor que cualquier cosa que pudiera poner en marcha nuestro partido, simplemente porque la han propuesto nuestros adversarios, ¿en qué nos vamos a poner de acuerdo?

Aunque nuestras mentes pueden ser muy sigilosas a la hora de engañarnos, hay algunas formas de atajar este sesgo inconsciente que han resultado ser eficaces. La psicología social ha proporcionado ideas sobre cuándo y por qué las personas abren su mente a veces a información que contradice sus puntos de vista. Las investigaciones muestran también que incluso si las personas no cambian sus ideas, se las puede inspirar a respetar a aquellos a quienes han visto como equivocados y amenazantes, e incluso empatizar con ellos.

En mi experiencia con Hank vi la posibilidad de que las personas abran su mente y su corazón e incluso cambien espectacularmente su punto de vista. Al año siguiente de que fuéramos compañeros de habitación, fui a hacer un curso en el extranjero, y cuando regresé a Cornell me tropecé con Hank. Tenía una sonrisa más brillante de la que recordaba y parecía mucho más feliz. Me dijo que mientras yo estaba fuera, se había unido a una fraternidad porque quería encontrar una comunidad de estudiantes en la que pudiera sentirse a gusto. En la época de reclutamientos había encontrado una fraternidad que le gustó mucho. Los miembros eran amistosos, él se sentía cómodo con ellos, y lo aceptaron. Pocas semanas después, en una cena con sus hermanos de fraternidad, Hank empezó a hablar de sus ideas sobre la homosexualidad, y uno de los hermanos dejó de golpe los cubiertos y se quedó mirándolo fijamente. «¡Acabas de condenar mi vida entera!», dijo, y se marchó.

Hank se quedó estupefacto. No sabía que aquel compañero era gay, y resultó que otros cuantos lo eran también.

«Pensé muchas veces en ti», me dijo. Los argumentos que yo le había expuesto y no habían conseguido desplazar su mente ni un milímetro empezaron a resonar. Habló con el compañero al que había ofendido y comprendió el daño que le había hecho, y el daño que la homofobia causa en general. Su corazón se abrió al tema. Entonces, su mente se abrió también.

Hank seguía viviendo en una residencia universitaria, y un día se fijó en que alguien había arrancado un cartel que anunciaba una reunión sobre los derechos de los homosexuales. Me dijo que aún no apoyaba los derechos de los homosexuales en el momento de aquel incidente, pero apoyaba el derecho a la libertad de expresión y era absolutamente anticensuras. Preguntó en la residencia para encontrar al que había arrancado el cartel y descubrió que era un tipo que yo recordaba como bastante amable y simpático. Pero estaba en el ROTC, el programa de becas militares, y en esa época, sus normas desfavorecían en general a las personas LGBTQ. Hank habló con aquel tipo, y la conversación se puso fea. El tipo empujó a Hank contra una pared y siseó una amenaza con el puño levantado y listo para golpearle en la cara. Le había asombrado que Hank hubiera adoptado el papel de defensor de los derechos de los gais. Al final del tercer curso, Hank estaba expresando abiertamente muchos de los argumentos sobre los derechos de los homosexuales que yo le había expresado a él en el pasado. Sin embargo, su punto de vista cambió no gracias a esos argumentos, sino porque había llegado a identificarse con un grupo cuyos miembros le importaban, y defendían normas de tolerancia y vivían de acuerdo a ellas. También se sentía afirmado por los miembros del grupo, lo que, como veremos, es un catalizador para abrir la mente de las personas.

La lección que aprendí de la conversión de Hank es que las personas cambian sus puntos de vista a veces, incluso si se trata de opiniones políticas profundas, no gracias a las reglas de la lógica sino a las de la psique. La fraternidad de Hank le ofreció un fuerte sentimiento de pertenencia, lo que le dio la compasión y la seguridad para abrir su mente. Además, el cambio llevó su tiempo. Una conclusión que podemos sacar es que *si* queremos construir puentes que crucen divisiones partidistas, debemos encontrar formas de aliviar la sensación de amenaza al sentimiento de pertenencia de las personas, sensación que se activa al considerar puntos de vista contrarios.

Una forma de hacerlo es proporcionar alguna afirmación a aquellos que tienen los puntos de vista opuestos[482]. Trabajando con Joshua Aronson y Claude Steele diseñé una serie de estudios para ver si la amenaza percibida a causa de la confrontación política podría aliviarse permitiendo a las personas que tomen un valor que aprecien en algún otro dominio y lo afirmen. Siguiendo el estudio clásico de Lee Ross y sus compañeros, reclutamos defensores y adversarios de la pena capital y los llevamos a nuestro laboratorio. Usando el procedimiento de afirmación de valores, primero les pedimos que seleccionaran un valor de una lista, que habíamos construido cuidadosamente para excluir el dominio de la política de modo que los participantes pudieran centrar su valía personal más allá de la identidad que estaba siendo desafiada. A continuación, les pedimos que escribieran por qué ese valor era importante para ellos. Después leyeron un artículo científico de tres páginas que se oponía a su punto de vista sobre la pena capital y que era idéntico en casi todos los aspectos para los defensores y los adversarios, refiriéndose a los mismos estudios y métodos de investigación. La única diferencia estaba en la conclusión. Para los adversarios, el artículo contradecía su punto de vista, argumentando que la pena capital salvaba vidas al disuadir a los posibles asesinos. Para los defensores, sugería lo contrario. A otro grupo de participantes le pedimos que escribiera sobre algún valor poco importante y por qué podría ser importante para otra persona —un buen ejercicio de escritura pero no uno que los afirmaba—, y luego leyeron el mismo artículo. Los participantes que escribieron el de afirmación de valores puntuaron el artículo sobre la pena capital, a pesar de que tenía una conclusión con la que no coincidían, como más convincente, y a su autor como más razonable e informado, que los participantes que no realizaron la afirmación. (Todos los participantes fueron entrevistados a fondo al final del estudio).

Un experimento de seguimiento —que usaba una autoafirmación más poderosa en la que los participantes recibían comentarios positivos sobre su capacidad para ser sensitivos a las emociones de los demás— mostró que los dos grupos, una vez afirmados, adoptaron unas actitudes más moderadas hacia la pena capital. El porcentaje de participantes que puso su actitud aproximadamente en el centro de la escala de actitudes se incrementó en 22 puntos porcentuales brutos más en el grupo afirmado que en el grupo no afirmado.

Desde que nuestra investigación fue publicada en 1999, el efecto de la autoafirmación sobre la apertura a información y puntos de vista contrarios se ha replicado una y otra vez. En un estudio de 2007, mis compañeros y yo mostramos que los partidarios del debate sobre el aborto estaban más dispuestos a encontrar terreno común en una negociación sobre las leyes del aborto, por ejemplo, si se debían o no restringir los abortos durante el tercer trimestre, si primero habían realizado una afirmación de valores. También eran menos propensos a denigrar al otro lado como sesgado e irracional. En 2011, Sabina Čehajić-Clancy y sus compañeros mostraron que los ciudadanos israelíes que realizaban una afirmación de valores estaban más dispuestos a reconocer lo que Ross ha denominado «verdades duras» sobre el trato de Israel a los palestinos, como la posibilidad de que las atrocidades del conflicto palestino-israelí las hubieran cometido ambos bandos, la necesidad de una solución de dos estados y sus propios sentimientos de culpabilidad, a menudo reprimidos, sobre lo que les había pasado a los palestinos. Bajo la dirección de Kevin Binning, en 2015, mis compañeros y yo descubrimos que los ciudadanos estadounidenses que realizaban una actividad de afirmación de valores eran más propensos a sustentar sus valoraciones del presidente de Estados Unidos basándose en los méritos de su actuación —datos económicos contrastados— más que en su popularidad en las encuestas.

Un ejemplo del mundo real del poder de la afirmación de valores para desescalar tensiones entre adversarios políticos y ayudar a encontrar algún terreno común lo proporcionan los acuerdos de Camp David, en 1978, según lo relata el expresidente Jimmy Carter en el libro *Conversations with Carter* («Conversaciones con Carter»)[483]. Carter había organizado la cumbre, en la que llevó al primer ministro de Israel, Menachem Begin, y al presidente de Egipto, Anwar Sadat, a Camp David (Maryland) para mantener una semana de negociaciones. Las posibilidades de un acuerdo de paz parecían remotas. Egipto quería que Israel devolviera tierras y prisioneros políticos, a lo que Israel se oponía tajantemente, e Israel quería que Egipto prometiera una tregua permanente, algo ante lo que Egipto era reticente. Las negociaciones tomaron un mal cariz, y el primer ministro Begin empezó a recoger su equipaje. Pero Carter lo interceptó en el ascensor.

Carter sacó de una carpeta nueve fotografías de él mismo, Begin y Sadat juntos en la cumbre. Se las pasó a Begin y le dijo que eran un recuerdo para sus nueve nietos. En la parte de atrás de las fotos, Carter había escrito en cada una el nombre de uno de los nietos de Begin. Cuando este miró las fotos, no dijo nada durante un rato, pero sus ojos se anegaron en lágrimas. Entonces leyó en voz alta los nombres de cada nieto y dijo: «Tiene que haber una forma. Hay una forma. Por nuestros hijos, por la próxima generación». Begin volvió a la mesa de negociaciones. Al final de la semana, él y Sadat se estrecharon las manos sobre los históricos acuerdos de Camp David.

Carter había recordado a Begin su profundo compromiso con los valores de la familia y de hacer del mundo un lugar mejor para sus descendientes.

¿De qué forma podemos, como individuos, proporcionar afirmación a aquellos que están al otro lado de la división política, para construir mejores relaciones y quizá incluso encontrar un terreno común? Por un lado, podemos declarar nuestra creencia en los valores compartidos, como la familia, el mundo que heredará la siguiente generación, el cuidado de los amigos y la comunidad. Podemos evitar implicar que sus puntos de vista están basados en la ignorancia o en sesgos y preguntar a las personas, con genuina curiosidad, cuáles son sus puntos de vista y por qué los apoyan, lo que hace que las personas se sientan vistas y oídas. Y podemos escuchar con respeto sus respuestas. Nuestros intentos de adquisición de perspectiva pueden sorprendernos. En muchos casos, descubriremos que el motivo de la disensión no es tanto que nuestros adversarios tengan valores diferentes o diferentes puntos de vista sobre los mismos valores; más bien es porque el tema, tal como lo percibimos, es diferente[484]. Cuando liberales y conservadores discuten sobre seguridad social, subsidios o derecho al aborto, a menudo no se dan cuenta de que parten de diferentes asunciones factuales sobre cuál es el problema social y cuáles son realmente las políticas que se están considerando. Mediante la adquisición de perspectiva podemos identificar mejor las fuentes de nuestros desacuerdos y examinarlas.

También podemos tener cuidado con el lenguaje que usamos, afinando nuestra capacidad de «dar perspectiva». Puedo notar cómo la sensación de amenaza crece en mi cuerpo cuando, en medio de una conversación política, la otra persona hace una pausa dramática y emite uno de estos tropos: «el hecho es que», «deja que te diga una cosa» o «la realidad es». Es especialmente desagradable el «no lo entiendes», que implica que hay un «algo» al que se refiere el pronombre «lo» flotando por el espacio justo encima de nosotros, como un arquetipo platónico, accesible para todos aquellos que tengan los ojos despejados. Demasiados de nosotros caemos en esa retórica porque nuestra mente nos ciega a nuestros propios sesgos y porque es satisfactoria, porque dispara el sistema de recompensas del cerebro.

El resultado es que, demasiado a menudo, nosotros también ensalzamos a las personas que apoyan los puntos de vista del grupo con el que hemos elegido alinearnos, y denigramos a aquellas que no. Si bajamos la guardia y mostramos respeto, o al menos interés, por las creencias y argumentos de los demás —respondiendo con comentarios como «ya veo lo que dices, no lo había mirado así» o «eso es interesante, ¿me puedes decir más sobre por qué piensas eso?»—, los demás estarán más dispuestos a bajar su guardia también. Por supuesto, como cualquier estrategia, no siempre es la más adecuada. A veces las posiciones sobre las que argumentamos a favor o en contra son cuestiones morales apremiantes, o incluso de vida o muerte, y cualquier indicación de acuerdo con puntos de vista contrarios sería inapropiada. Pero como mínimo podemos empezar muchas más conversaciones con curiosidad y apertura, y tener la esperanza de que aquellos con los que estamos hablando respondan bien.

Esto no quiere decir que debamos necesariamente cambiar nuestros puntos de vista, o expresarlos como si fueran una cuestión de opinión. Pueden estar fundamentados en hechos sólidos y basados en la experiencia personal, como son los puntos de vista de las personas de color o LGBTQ sobre el trato discriminatorio generalizado que sufren y los abusos a manos de agentes de policía. El detalle es que la mejor manera de abrir la mente de los demás a que aprecien nuestro punto de vista es escuchar respetuosamente y cualificar nuestra expresión de nuestras ideas. En el caso de discutir la discriminación, por ejemplo, los comentarios generales son menos eficaces que un lenguaje como: «creo firmemente que la discriminación sigue estando extendida porque la he experimentado en persona, al igual que muchos de mis amigos y parientes».

Cuando se trata de temas partidistas, una investigación liderada de nuevo por Michael Schwalbe mostró que el lenguaje que usamos puede reducir la polarización política y la animosidad[485]. Schwalbe reclutó una muestra *online* de alrededor de setecientos Demócratas y Republicanos, dividida más o menos mitad y mitad entre los dos grupos. La víspera del primer debate presidencial entre Donald Trump y Hillary Clinton, en septiembre de 2016, a un grupo de participantes se lo animó a considerar su posición política y la posición de los contrarios como cuestiones de opinión. En primer lugar, se les hizo una serie de preguntas, en cada una de las cuales se les preguntaba qué *pensaban* y qué *sentían* sobre los votantes estadounidenses, y que puntuaran cómo de razonables, crédulos y sesgados *pensaban* que eran *en su opinión* los seguidores de su propio candidato y del candidato contrario. A continuación, leían una entrada de blog, que habíamos escrito nosotros, que expresaba una posición razonablemente bien informada contraria a la suya pero presentada como una cuestión de opinión, usando en abundancia expresiones como «pienso», «siento» y «creo». A este grupo lo llamamos «grupo de encuadre de opinión».

Al grupo de control le hicimos responder el mismo conjunto de preguntas sobre los votantes estadounidenses pero sin que el lenguaje usado especificara que les preguntábamos qué pensaban o sentían. A continuación, leían el mismo blog pero con las expresiones de opinión eliminadas.

Cuando pedimos a los dos grupos que expresaran sus impresiones sobre el blogger, lo consideraron igualmente extremo en sus puntos de vista. Pero los miembros del grupo de encuadre de opinión eran menos propensos a atribuir sus creencias al interés propio o a que se hubiera tragado la propaganda y la desinformación. Esto es importante porque lo que provoca la demonización de aquellos al otro lado de la división partidista no es solo *qué* pensamos que creen sino *por qué* pensamos que lo creen[486]. Si pensamos que han considerado cuidadosamente los temas y han llegado a sus propias conclusiones, somos menos hostiles hacia ellos. De hecho, en nuestro estudio descubrimos que el grupo de encuadre de opinión puntuaba al blogger como más razonable y menos malvado.

A continuación, dimos instrucciones a los participantes de que vieran al día siguiente el primer debate presidencial. Cuando más tarde les preguntamos qué opinaban del debate, el grupo de encuadre de opinión estaba menos predispuesto que el grupo de control a creer que su candidato favorito había ganado. Tres semanas después, tras el último debate presidencial, la tendencia de los Demócratas y los Republicanos a polarizarse en su opinión sobre los dos candidatos, y a denigrar a aquellos que tenían un punto de vista diferente, fue menor en el grupo de encuadre de opinión que en el grupo de control.

En un componente final del estudio, pedimos a los participantes que eligieran un libro de una selección que incluía libros que presentaban a cada candidato bajo una luz positiva, como *The Art of the Deal* («El arte del trato»), de Donald Trump, y *Hard Choices* («Decisiones difíciles»), de Hillary Clinton, así como otros que los presentaban bajo un prisma negativo, como *Trump Revealed* («Trump revelado») o el anti-Clinton *Crisis of Character* («Crisis de carácter»). Las personas del grupo de encuadre de opinión era más probable que eligieran un libro que presentara una imagen positiva del candidato de la oposición que las personas del grupo de control.

Lo más prometedor fue un cambio en la forma en que los dos grupos de participantes expresaban su punto de vista sobre los dos candidatos presidenciales. Algunas personas expresaron su punto de vista más como declaraciones de hechos incontrovertibles. Otras lo expresaron de manera más subjetiva, usando palabras como «siento» y «pienso». Las personas del grupo de encuadre de opinión se expresaron de forma más subjetiva y menos declarativa que las personas del grupo de control, incluso a pesar de que no hubiéramos sugerido que lo hicieran así y de que su exposición a la intervención de encuadre de opinión había tenido lugar hacía semanas. Creo que es una buena señal que cuanto más expresamos nuestro punto de vista como una opinión, más se animan los otros a hacer lo mismo, lo que ayuda a mitigar la defensividad y la polarización.

No estoy defendiendo que todos dejemos de intentar acercar a las nuestras las creencias de quienes tienen puntos de vista opuestos. Esa es una de las empresas fundacionales de una ciudadanía democrática. Lo que digo es que lograremos los mayores progresos y causaremos los menores brotes de polarización si nos entrenamos para ser genuinamente curiosos y respetuosos respecto a los puntos de vista ajenos, si reconocemos que los nuestros son también cuestión de opiniones y si enfatizamos las áreas de valores comunes. La mayor parte del tiempo podemos simplemente expresar nuestras opiniones con más precisión y sinceridad si reconocemos nuestra incertidumbre.

El poder de combinar estos enfoques en la discusión de temas políticos quedó demostrado en uno de los estudios más alentadores que conozco, realizado en 2017 por los científicos políticos David Broockman y

Joshua Kalla, en una intervención sabia llamada *captación profunda*[487]. Trabajando con el LGBT Center y SAVE, dos organizaciones con sede en Los Ángeles, entrenaron y dispersaron un equipo de captadores de votos para que fueran puerta a puerta en una de las regiones más políticamente conservadoras de Florida, el condado de Miami-Dade, y discutieran leyes para proteger de la discriminación a las personas transgénero. Las conversaciones sobre temas polémicos pueden ir terriblemente mal, por supuesto. Pero fieles al origen de la palabra «conversación», que significa «dar la vuelta con», estas conversaciones se modelaron cuidadosamente para que fueran colaborativas.

Los investigadores reclutaron a 1.800 residentes de una lista de votantes registrados y los repartieron al azar en dos grupos, que fueron visitados por los captadores. Con el grupo de control, los captadores mantuvieron una conversación de diez minutos sobre temas medioambientales. Con el otro grupo mantuvieron una conversación sobre las personas transgénero y las políticas de protección que se les podían aplicar. Este segundo grupo, y no el primero, mostró un incremento amplio y duradero de su apoyo a las personas transgénero.

Podríamos pensar que para que cualquier intervención tenga semejante fuerza, tendría que haber presentado argumentos poderosos a los residentes. Pero el rasgo más notable de las conversaciones es lo que no tenían. Los captadores presentaron pocos argumentos directos. Aunque estaba claro que estos apoyaban los derechos de las personas transgénero, jamás presionaron con su punto de vista a los votantes. No hablaron desde una posición superior.

Lo que hicieron fue colocar a los votantes en un papel empoderado. Se les dijo que afrontaban una decisión importante en las siguientes elecciones: tenían la opción de votar para rechazar o sostener una ley que protegiera los derechos de las personas transgénero. A continuación, los captadores les preguntaban su opinión sobre el tema. Los captadores estaban entrenados para no expresar juicios ni cualquier alegría o disgusto ante las respuestas de los votantes, sino tan solo limitarse a escuchar con atención. Hacían preguntas como «¿Puede decirme algo más sobre eso?», y jamás usaban el lenguaje estilo «deja que te diga cómo es esto» que hemos mencionado antes. También intentaban establecer una conexión. Si llevaban gafas de sol, se las quitaban. Mantenían el contacto ocular, sonreían cuando era apropiado y mantenían el cuerpo orientado hacia el votante, algo que las investigaciones sugieren que estimula la conexión y el aprendizaje[488]. Dejaban al votante el espacio necesario para que se expresara y explorase sus pensamientos, y escuchaban con curiosidad auténtica, haciendo que los votantes se sintieran afirmados y que su perspectiva importara. Los captadores habían sido entrenados para «dar un salto de fe» y creer que en cada votante habría algo que les gustaría o considerarían interesante.

A continuación, los captadores mostraban un vídeo breve que presentaba dos lados del debate sobre los derechos de las personas transgénero, incluyendo una auténtica persona transgénero que hablaba de sus problemas.

Tras esto, los captadores preguntaban a los votantes su reacción al vídeo, seguida de esta pregunta: «La realidad es que todo el mundo se ve juzgado en algún momento, y eso duele. ¿Puede hablarme de alguna vez que se haya sentido juzgado o lo hayan tratado de forma diferente por ser quien es?». Si el votante decía que no, le preguntaban si alguna vez había presenciado ese tipo de juicio dirigido a alguien, y cómo les había hecho sentirse. Estas preguntas seguían el enfoque para la construcción de empatía que Ronaldo Mendoza diseñó y probó en la década de 1990, hacer que las personas recordaran situaciones análogas de su propia vida en la que hubieran sentido emociones similares.

Casi todos los votantes compartieron una historia. Si vacilaban, los captadores compartían una historia propia. Algunas conversaciones se volvieron más íntimas, con todos los implicados mostrando vulnerabilidad. Entonces se les preguntaba a los votantes si la experiencia que habían analizado les había abierto una perspectiva a las experiencias de las personas transgénero. Muchos dijeron que sí. Un votante, un exmilitar, que no había simpatizado con las personas transgénero al principio de la conversación, relató su experiencia de verse rechazado al buscar empleo porque padecía trastorno de estrés postraumático. Se sentía enfadado cuando los demás saltaban a las conclusiones sobre todo su carácter basándose en aquel único dato sobre él, y respondió que ahora comprendía cómo una persona transgénero se podía sentir si la rechazaban para un empleo por un único aspecto de su identidad. Al compartir historias y mostrarse vulnerables uno con el otro, el votante y el captador se convertían en un grupo de dos personas que recordaba a los grupos de discusión democráticos que había creado Kurt Lewin.

Solo después de la conversación los captadores explicaban por qué creían personalmente que eran necesarias leyes inclusivas para las personas transgénero, pero no imponían su punto de vista a los votantes. Simplemente expresaban su perspectiva, empezando con las palabras «yo pienso».

Al final de la conversación, se les preguntaba a los votantes: «Ahora que hemos hablado de esto, si mañana tuviera que votar para incluir a las personas transgénero en nuestra ley contra la discriminación, ¿votaría a favor o en contra?». El propósito de esta última pregunta era fijar cualquier cambio a una línea base de apoyo general, lo que Lewin denominaba «congelar». Muchos decían que la conversación había cambiado su punto de vista. Pero lo más impresionante es que las encuestas que un tercero les envió tres meses después descubrieron que esos participantes continuaban expresando menos antagonismo hacia las personas transgénero, se resistían más a la propaganda antitrans y apoyaban más las leyes antidiscriminación para proteger a las personas transgénero, en comparación con el grupo de residentes que habían conversado sobre temas medioambientales.

Desde entonces, Broockman y Kalla han replicado sus descubrimientos usando otros temas. Por ejemplo, han creado empatía hacia los inmigrantes indocumentados animando a las personas a compartir historias sobre las veces que se hubieran encontrado en una posición vulnerable y alguien les hubiera mostrado compasión. Escuchar historias de los problemas de las víctimas del odio es más transformador que recibir una serie de argumentos abstractos a favor de la inclusión. Tales historias pueden ayudarnos a sentirnos a nosotros mismos en las experiencias de otros, por decirlo así, resaltando sentimientos y valores humanos universales[489]. Pasar algún tiempo con personas a las que hemos visto negativamente también puede abrirnos los ojos. Después de que Spencer Cox, gobernador de Utah, pasara un tiempo con jóvenes transgénero, revirtió su postura sobre las leyes antitrans, y declaró públicamente que: «Cuando pasas un rato con esos chicos, te cambia el corazón de formas importantes».

Otro ejemplo del poder de la generación de empatía para superar divisiones políticas viene de la resolución de uno de los conflictos políticos más largos del siglo xx. Lee Ross, que ha realizado un importante trabajo de negociación de acuerdos de paz, trabajó con el grupo Community Dialogue en la década de 1990 para ayudar a alcanzar la paz en Irlanda[490].

Reunieron un grupo variado de representantes de clase media y clase trabajadora de ambos lados del conflicto, además de policías, políticos y figuras paramilitares que habían cometido actos terroristas. Su trabajo contribuyó en gran medida a la firma del acuerdo de Belfast, que trajo el fin de la violencia en Irlanda del Norte.

Un elemento clave del proceso fue que se pidió a los participantes que compartieran sus historias sobre cómo el conflicto les había afectado a ellos y a sus familias. Los unionistas, que querían mantener la lealtad política a Gran Bretaña, explicaron lo difícil que les era aceptar una identidad completamente irlandesa en vez de británica y renunciar al castigo de aquellos miembros del IRA que habían cometido actos de terrorismo e iban a formar parte del nuevo gobierno. En cuanto a los nacionalistas, el ejercicio les permitió explicar lo difícil que les era renunciar al sueño de una Irlanda unida con gobierno mayoritario, el sueño por el que habían muerto los héroes de las canciones y las historias. Otra parte clave del proceso fue escuchar a las dos partes hablar de sus hijos, cónyuges, padres y hermanos que habían muerto o estaban discapacitados a causa del conflicto. Al final de este ritual, las dos partes, dijo Ross, estaban más dispuestas a aceptar la necesidad de encontrar una manera de seguir adelante sin más violencia.

Para resumir, en cualquier diálogo con rivales políticos se debería:

- Afirmar que los vemos con dignidad y como personas con integridad. Esto se puede transmitir de forma verbal y no verbal.
- Comunicar nuestra curiosidad e interés en aprender; una mentalidad de crecimiento nos anima a abrirnos y anima a abrirse a los otros.

- Presentar nuestros puntos de vista como opiniones más que como hechos.

- Usar historias para capturar la dimensión humana del problema[491]. Aunque debemos ser conscientes del poder de las historias para confundir, estas pueden ayudar a las personas a alcanzar una comprensión más completa de un problema que la que se alcanzaría solo con datos y argumentos.

- Hacer preguntas sobre los puntos de vista de las personas y sus razones para sostenerlos, de una forma que provoque una reflexión y consciencia de las contradicciones en las creencias y los valores.

- Evocar empatía hacia los efectos negativos de las políticas y la retórica que apoyan las personas, preguntándoles si alguna vez les han hecho sentirse de la misma forma que las víctimas, quizá preguntándoles también si quieren compartir sus experiencias.

- Hablar con los individuos lejos de la influencia de su grupo. Las conversaciones personales uno-a-uno y las conversaciones y discusiones en grupos reducidos del tipo que creó Lewin funcionan mejor que los debates y diálogos entre grupos preexistentes.

- Dejar tiempo para que las personas reflexionen sobre cómo les ha influenciado la conversación.

- Siempre que sea posible, hablar cara a cara. Un ingrediente de la captación profunda y de muchas otras intervenciones usadas para tender puentes es que realizan encuentro en persona. El lenguaje corporal y el contacto ocular dicen mucho sobre nuestra calidez y nuestra consideración. La emoción y la calidez que transmitimos en nuestra voz puede ser tan importante como las palabras que usamos, como sabe cualquier padre. De hecho, las investigaciones han descubierto que las personas son menos propensas a denigrar a los que tienen creencias contrarias sobre temas políticos polarizadores cuando oyen a los otros explicarse con su propia voz, en vez de simplemente leer una transcripción de lo que han dicho[492].

Por supuesto a veces necesitamos interactuar por texto o mediante las redes sociales, en cuyo caso tenemos que hacer un esfuerzo extra para compensar la ausencia del canal no verbal. En este medio, nuestras emociones son más difíciles de leer de lo que pensamos, sugieren las investigaciones, especialmente con el texto escrito[493]. Como resultado, los intercambios pueden escalar hasta convertirse en auténticas guerras verbales. ¿Hay alguna forma mejor? Un investigador envió un «tweet sabio» a usuarios de Twitter[494], todos ellos hombres blancos, que tenían un historial de twittear la palabra-N a otros usuarios. El investigador diseñó varios bots, usuarios ficticios de Twitter, para que enviaran mensajes a los usuarios ofensores, y descubrió que el siguiente mensaje enviado por un usuario blanco de Twitter que tenía cientos de seguidores tuvo éxito para conseguir una reducción duradera del lenguaje racista: «Hey, tío, recuerda que se trata de personas reales que sufren cuando las acosas con ese tipo de lenguaje».

Esto no quiere decir que no debamos señalar a los racistas, sino que en vez de saltar ante un ataque, quizá podríamos comenzar nuestros intentos de cambio protegiendo la pertenencia de las personas. Es algo que podemos hacer, si no mediante canales no verbales, sí mediante las palabras que usamos.

Confrontar los temas difíciles en vez de evitarlos puede ser algo transformador si lo hacemos modelando cuidadosamente la situación de estas formas, para abrir las mentes y los corazones en vez de poner a los otros a la defensiva. Si no hacemos que se sientan amenazados, nos sorprenderemos de los avances en el entendimiento que podemos conseguir.

Aplicar estos principios requiere práctica. A menudo fracasaremos. Y a veces, por supuesto, los intentos de empatizar nos dejarán desmoralizados y listos para lanzarnos al ataque o renunciar a la reconciliación. No hay duda de que esos pasos extremos son necesarios a veces. Pero el tema abrumador de la investigación es que nos damos demasiada prisa para tomar ese camino. A veces, cuando tenemos la sensación de que «la gente no cambia nunca», se debe a que hemos estado usando sin parar las mismas llaves incorrectas para abrir una puerta, o porque el cambio se está desarrollando más lentamente de lo que esperamos, como me ocurrió con Hank.

Varias organizaciones[495] han desarrollado programas que incorporan estas lecciones para involucrar al público en la curación de las divisiones políticas. Uno de estos grupos es Acción Popular, fundado en la década de 1970 para combatir la práctica discriminatoria de las líneas rojas usada para impedir que las personas negras pudieran mudarse a barrios predominantemente blancos. Como informó Robert Kuttner en la revista *American Prospect*, en 2017, la organización puso en marcha otra iniciativa que formó a voluntarios para ir puerta a puerta en comunidades rurales pobres. Hablaron con los residentes blancos que habían votado a Donald Trump en las elecciones de 2016 sobre los problemas a los que se enfrentaban y sobre si tenían la sensación de que las políticas de la administración de Trump los estaban ayudando. Los captadores dejaron claro que abogaban por el partido Demócrata, pero no impusieron su punto de vista. Al preguntar a los residentes sobre su vida y escucharlos con atención, los captadores los afirmaron, ayudándolos a sentir que se los miraba con empatía y que eran miembros importantes de la comunidad. Al hacer preguntas adecuadas, los captadores también dirigieron la atención de los residentes hacia la «disonancia» entre sus creencias políticas y la realidad de hasta qué punto las políticas de la administración de Trump atendían realmente sus necesidades[496].

Los captadores también animaron a los residentes a ser participantes plenos en la posibilidad y el proceso de su propio cambio, dejándoles espacio para que pensaran en las cuestiones que les habían hecho y tomaran una decisión. Los captadores habían sido entrenados para llevar la conversación a una discusión sobre los intereses comunes que compartían con los residentes. La investigación sobre los efectos de esta captación profunda sugiere que el 3 % de las personas encuestadas, todas las cuales habían declarado precisamente que planeaban volver a votar por Trump, acabaron votando por Joe Biden. Kuttner señala que esa cifra es mayor que el margen de victoria de Biden en los estados que decidieron las elecciones.

Algunas organizaciones se han enfocado en facilitar conversaciones grupales entre Demócratas y Republicanos, además de con independientes, para abrir su mente a los puntos de vista de los otros y combatir la hostilidad[497]. Una de estas es la llamada Living Room Conversations, que proporciona una serie de guías en su página web para ayudar a los anfitriones a dirigir «conversaciones significativas que estimulen la conexión con los demás» (https://livingroomconversations.org/). Aconsejan la creación de grupos de entre cuatro y seis personas, con tres rondas de preguntas para cada participante. La primera ronda de preguntas se basa en la investigación sobre afirmación de valores:

- ¿Cuáles son tus esperanzas y preocupaciones respecto a tu familia, tu comunidad y el país?
- ¿Qué diría tu mejor amigo sobre quién eres?
- ¿Qué sentido de finalidad, misión o deber te guía en la vida?

El científico político James Fishkin y sus compañeros han hospedado grupos de discusión pequeños y acogedores pero plenos de información entre liberales y conservadores; estos grupos han mostrado un descenso espectacular de la animosidad hacia el partido contrario.

Todas estas intervenciones tienen un parecido con los grupos seguros y democráticos de los que fue pionero Kurt Lewin.

Cualquiera de nosotros puede elegir formar parte de uno de estos esfuerzos. Es probable que aprendamos mucho sobre aquellos a quienes nos ha costado entender, quizá incluso ayudemos a aplacar las tensiones crecientes en nuestra comunidad y en todo el país. Pero incluso en nuestra vida cotidiana podemos ser catalizadores del civismo y la pertenencia. Mientras que todos deberíamos trabajar para cambiar a mejor nuestras instituciones, incluyendo los medios y el gobierno, también podemos animarnos sabiendo que mediante nuestras propias acciones y palabras en nuestros encuentros cotidianos podemos reducir el conflicto en nuestra vida inmediata y quizá incluso inspirar más compasión y apertura de mente en los demás.

CONCLUSIONES CLAVE

Cómo podemos crear pertenencia

La investigación sobre la incertidumbre de pertenencia muestra lo fácilmente que nuestra pertenencia puede ser socavada, pero la ciencia del modelado de situaciones muestra que todos estamos empoderados para combatir esa incertidumbre en nosotros mismos y en los demás. Nuestra vida es una serie de situaciones, muchas de ellas nada diferentes a las «situaciones extrañas» de Mary Ainsworth en cuanto a que presentan desafíos a nuestra pertenencia. Con las perspectivas y herramientas introducidas en este libro podemos asegurar la sensación de conexión que nos fortalecen a nosotros y a los demás para hacer frente a esos desafíos.

El poder de la situación es un poder que todos compartimos. Para usar bien este poder, podemos trabajar para convertirnos en observadores astutos de las situaciones. Podemos considerar aspectos de ellas que sean difíciles para los demás, como el ser el único miembro de un grupo particular presente en una sala. Podemos sintonizar más con las relaciones entre las personas, en vez de concentrarnos en sus atributos personales internos. También debemos ser consciente de cómo las situaciones pueden estar activando en nosotros percepciones equivocadas y reacciones inapropiadas. ¿Nos estamos dejando llevar por un estereotipo? ¿Estamos asumiendo que entendemos lo que motiva el comportamiento de alguien? ¿Estamos actuando a la defensiva? Podemos conseguir cierto control sobre la situación, y especialmente sobre nuestro propio comportamiento dentro de ella, siendo más conscientes de las fuerzas que modelan la situación y a nosotros.

Las normas sociales y los cambios sistémicos son fundamentales para abordar la crisis de pertenencia. Pero también podemos, cada uno de nosotros, sacar el máximo partido a las situaciones que tenemos delante. Podemos apoyar la pertenencia de otros, y reforzar y proteger la nuestra propia, dedicándonos al modelado de situaciones. Cuanto más apliquemos las ideas y los métodos introducidos en este libro, más resultados positivos provocaremos, en un bucle de realimentación empoderador. Podemos buscar oportunidades para practicar cada día, incluso en los rincones más pequeños de la vida social.

+ + + +

Un paso clave es cultivar una consciencia de estas formas de pensar y comportarnos que apoyan la pertenencia.

Combatir el error fundamental de atribución

Para cambiar a mejor una situación, necesitamos verla tal como es. Tener en mente el error fundamental de atribución puede ayudar a mitigar la tendencia impulsiva a ver a las personas como intencionadamente ofensivas o amenazadoras. Necesitamos acordarnos de considerar las posibles causas situacionales del comportamiento de los demás, lo que incluye los aspectos de la situación no como nosotros los percibimos sino como los perciben ellos. Entonces estaremos mejor posicionados para cambiar el comportamiento de una forma positiva.

Adquirir perspectivas y cultivar la empatía

Podemos cortocircuitar nuestro impulso a creer que percibimos lo que otros están pensando y sintiendo sobre una situación, sobre ellos mismos y sobre nosotros, comprometiéndonos a preguntar en vez de intuir y continuando con una escucha atenta. Cuando intentamos empatizar con las personas que nos han ofendido, en vez de imaginar cómo actuaríamos nosotros en su situación podemos preguntar cómo se sienten y a continuación intentar recordar alguna situación análoga de nuestra vida en la cual nos sentimos o respondimos de forma parecida[498].

Evitar el autoritarismo

Tendemos a pensar en los autoritarios como líderes políticos arrogantes y poderosos. Pero más a menudo de lo que nos gustaría admitir, todos podemos ser autoritarios en nuestra vida cotidiana, asumiendo que «nuestra forma» es la «forma correcta» y que aquellos que no están de acuerdo deben ser convertidos, denigrados o expulsados. Incluso cuando estamos en el lado de la virtud, vamos a ganar pocos corazones y pocas mentes si usamos un estilo autoritario. Al recordarnos a nosotros mismos que al intentar obligar a las personas a cambiar su punto de vista casi siempre sale el tiro por la culata, podemos actuar como los captadores profundos que han sido tan eficaces a la hora de abrir mentes. Podemos compartir nuestras propias historias y pedir a los posibles adversarios que nos cuenten las suyas, lo que nos da a todos margen psíquico para considerar nuevas perspectivas.

Esto no quiere decir que debamos contenernos siempre de afirmar nuestras propias opiniones, o que siempre debamos intentar evitar el conflicto. Hay ocasiones que merecen un repudio enérgico de puntos de vista que han sido expresados, o de comportamientos ofensivos y dañinos que han sido perpetrados. Si alguien suelta un comentario racista, a menudo es apropiado responder en términos inequívocos que ese comportamiento nos parece mal. Si nos enteramos de que un compañero de clase o del trabajo está siendo vituperado o acosado, señalar que ese comportamiento está muy mal quizá sea lo mejor que podemos hacer. Tales actos de resistencia pueden fijar normas, que son un poderoso impulsor de comportamientos. Pero debemos esforzarnos para expresarnos —incluso en esas situaciones tensas— de una forma que minimice el daño a la pertenencia de la otra persona. Esto nos proporciona la mejor oportunidad de hacer que capten la idea.

No creas todo lo que piensas [499]

Este chascarrillo de pegatina de coche, que se puede rastrear hasta las antiguas enseñanzas taoístas, destila una gran sabiduría sobre los sesgos. Solo que pensemos algo o incluso que veamos algo no significa que ese algo sea correcto. Tenemos una fe desmesurada en el valor de nuestros pensamientos, sentimientos y percepciones, y los tratamos como si fueran un diagnóstico de lo que está «ahí fuera» delante de nuestros ojos, y no nos damos cuenta de que a menudo se trata de construcciones de nuestra mente indignas de confianza. Cuando intentamos leer a las personas, a menudo leemos a partir de nuestro propio guion y nuestros estereotipos. Cuando juzgamos, a menudo damos demasiado crédito a las emociones y los impulsos que flotan en nuestra mente. Cuando debatimos, a menudo no nos damos cuenta de cómo nuestros puntos de vista están modelados por influencias poderosas pero invisibles, como las normas y la presión de la conformidad. Una forma de mantenernos alejados de estos sesgos es ser conscientes de que podemos caer en ellos.

Casi todos hemos experimentado el hecho extraño de que los sueños en los que habitamos mientras estamos dormidos parecen reales, por absurdos que se puedan volver. La vida en la vigilia es diferente de los paisajes oníricos de muchas formas, pero comparte con ellos este rasgo: el fenómeno de nuestra mente creando nuestras percepciones y, simultáneamente, experimentándolas como reales [500]. Una vez somos conscientes del grado al que nuestra mente crea nuestra realidad, incluso cuando estamos despiertos, podemos estar mejor situados para cuestionar nuestras percepciones y modelar situaciones que estén más alineadas con nuestros valores.

Por qué hacemos algo es tan importante como lo que hacemos

Cualquier intervención sabia depende para ser eficaz de lo que se percibe como motivación para realizarla. Si los estudiantes o los trabajadores piensan que el mensaje «creo en tu capacidad para alcanzar un estándar más elevado» es solo palabrería para manipularlos en vez del reflejo de una creencia real en ellos, la intervención no funcionará. Lo que hace que nos sintamos más conectados, sugieren las investigaciones, es la percepción de que se nos está viendo y se nos está respondiendo con autenticidad[501]. Las intervenciones sabias son herramientas para expresar una creencia, una perspectiva o un deseo genuinos, no trucos para manipular. Son los puntos de entrada a las conexiones auténticas, no sustitutos de estas. Las investigaciones sugieren, por ejemplo, que las afirmaciones de valores pierden su eficacia cuando las personas se sienten obligadas a realizarlas, o si sienten que otros están siendo paternalistas con ellas[502]. El mensaje «necesitas una afirmación para ayudarte a rendir» puede hacer más daño que no presentar mensaje alguno. Lo que importa no es solo lo que hacemos, sino cómo se interpreta.

Hace años, cuando era un estudiante universitario, tenía la esperanza de llegar a conocer un poco mejor a alguien de mi residencia. Llamé a su puerta y le ofrecí una bolsita de plástico transparente llena de caramelos coloridos y atada con un lazo. Sin que ella lo supiera, el regalo era en realidad una intervención sabia que había desarrollado una profesora para la que yo trabajaba, Alice Isen[503]. Esta había mostrado que un pequeño regalo es un poderoso inductor de un estado de ánimo positivo, lo que puede ser un agente de enlace. Yo pretendía que mi regalo fuera una forma de expresar mi afecto positivo hacia mi compañera estudiante. De hecho, se le iluminó la mirada y en su cara apareció una sonrisa. Entonces, para impresionarla, expliqué que el regalo era una forma científicamente comprobada de inducir un estado de ánimo positivo. Fue como desafinar una nota en mitad de la melodía. Toda la felicidad desapareció de su cara. Se encogió de hombros, me dio las gracias y cerró la puerta.

Esta pequeña anécdota ejemplifica cómo el *porqué* tras lo que hacemos importa tanto o más como *qué* hacemos. La lección es aplicable también a las intervenciones sabias que realizamos: no es tanto lo que hacemos sino por qué lo hacemos lo que nos da un sentimiento de finalidad y pertenencia en nuestra vida cotidiana, algo que contribuye notablemente al bienestar y a la salud.

Pensar en el momento oportuno

A menudo hacemos las cosas correctas en un momento inapropiado. Las críticas, las afirmaciones, los consejos y las seguridades tienen su lugar, pero el momento en que las damos importa tanto como el hecho de que las demos. De todos los momentos en que se puede apoyar la pertenencia, el principio de un desafío o una transición son a menudo los más efectivos. Al principio, los procesos se pueden alterar. Pero una vez se han ido acumulando sus consecuencias, puede ser mucho más difícil modificar las trayectorias.

Circular por el tráfico social con los ojos bien abiertos

Tengamos en mente el potencial para causar un accidente social, sin importar lo buenas que sean nuestras intenciones. Cuando mi padre me enseñó a conducir, me repetía continuamente que el aliado más importante del conductor no es una habilidad concreta, sino el hecho de estar alerta. Si vemos venir un problema, decía, o nos anticipamos a su posibilidad teniendo en cuenta las condiciones de la carretera, podemos evitar casi todos los accidentes. Somos más vulnerables a lo que no vemos, decía. Los factores que influencian las condiciones del tráfico social son a menudo invisibles, lo que hace que nuestra vida esté llena de conflictos inintencionados potenciales que afecten a la pertenencia. Es poco probable que seamos capaces de evitar todos esos conflictos, o incluso la mayoría. Pero cuanto más alerta estemos, mejores conductores de situaciones seremos, y también mejores modeladores.

No nos limitemos a leer a las personas; cambiemos sus situaciones

Mientras seguimos buscando a los estudiantes, empleados y parejas «correctos», debemos también ser conscientes de que la mejor faceta de cualquiera es más probable que asome cuando la situación es apropiada para ellos, algo que está parcialmente en nuestro poder de modelado.

Aguantar

Una virtud que nace de la investigación sobre las intervenciones sabias es la paciencia. Debido a que la psicología de otras personas es difícil de ver, los grandes cambios psicológicos pueden tener lugar sin que nos demos cuenta, especialmente si se producen en ausencia de cambios de comportamiento. Por añadidura, la transformación por la que pasa una persona puede, al igual que muchos fenómenos geológicos, ser tan sutil y gradual que es imposible notarla a corto plazo. Las presiones para evitar a las personas que nos han decepcionado o con las que estamos en desacuerdo, o para desentendernos de ellas, son bastante grandes. Pero si aprendemos a habituarnos a nuestra incomodidad y adoptamos una mentalidad de crecimiento, puede que nos sorprendamos ante las distancias que es capaz de recorrer la gente.

No subestimar el potencial para conectar y el poder de conexión

Aunque las investigaciones han mostrado lo difícil que puede ser cambiar los puntos de vista de la gente, las intervenciones sabias pueden crear puentes de conexión con aquellos a quienes hemos visto o que nos ven como adversarios. Las intervenciones sabias también pueden desbloquear el potencial oculto de nuestros centros de enseñanza, lugares de trabajo, centros de salud y hogares. No es casualidad que, en muchos casos, estas intervenciones desbloqueen justo el potencial de las personas que se han visto como no pertenecientes por completo. Y de vez en cuando, incluso un pequeño acto de apoyo o un breve instante de conexión tendrán efectos duraderos, como las ondas de un guijarro arrojado a un estanque.

+ + + +

Al estar sintonizados con estas ideas, que son la base de la alfabetización situacional, seremos más capaces de realizar este conjunto central de prácticas para construir pertenencia en nuestra vida cotidiana.

1. ***Hacer preguntas y escuchar las respuestas.*** Apreciar lo mucho que podemos descubrir sobre las personas y sus circunstancias impulsa la curiosidad. A su vez, mostrar curiosidad genuina sobre los demás es uno de los constructores de lazos más poderosos. Y al adquirir la perspectiva de otros en vez de suponerla, estamos mejor situados para proporcionarles el apoyo que realmente necesitan.

2. ***Dar nuestra perspectiva.*** Un complemento a la necesidad de adquirir perspectiva es ofrecer la nuestra. Demasiado a menudo no conseguimos profundizar en por qué sostenemos nuestros puntos de vista y nuestros sentimientos, ni articular claramente cuáles son. Compartir más plenamente, en especial nuestras propias historias, puede hacer que los demás nos vean con ojos nuevos. Las investigaciones sugieren que con explicar no solo qué sentimos, sino *por qué* lo sentimos, puede evitar que otros nos estereotipen [504]. Cuando no estamos de acuerdo, podemos expresar de todas formas nuestro punto de vista, pero al igual que un conductor amable que quiere cambiar de carril, deberíamos señalizar nuestra intención y dar tiempo a la gente para que haga espacio para nosotros en su mente. Vayamos despacio.

3. ***Ser corteses.*** Hay un motivo por el que prácticamente todas las culturas tienen un protocolo de cortesía, y por qué Goffman vio similaridades entre nuestros pequeños rituales de respeto y los rituales religiosos que casi todas las culturas realizan en honor a lo sagrado [505]. No interrumpir; decir «por favor» y «gracias»; disculparnos cuando hacemos daño, haya sido intencionado o no, e incluso si los demás parecen hipersensibles sobre el daño causado, son señales de que vemos a los demás como pertenecientes al círculo de aquellos a quienes debemos mostrar respeto.

4. ***Afirmar.*** No me refiero con esto a repartir elogios vacíos o a halagarnos a nosotros mismos ante el espejo, algo que las

investigaciones muestran que es contraproducente[506]. Me refiero a que deberíamos crear oportunidades, por pequeñas que sean, para que las personas expresen quiénes son y qué valoran, y para que se sientan valoradas. Al contrario de la creencia popular, muchas autoafirmaciones no toman la forma de: «Soy bueno, soy listo, caigo bien», sino de: «Esto es a lo que estoy comprometido, y por qué», lo que «afirma» el yo. Dejamos escapar demasiadas oportunidades de afirmar a las personas, lo que, irónicamente, tiene la máxima importancia cuando parecen menos merecedoras de afirmación: cuando están amenazadas, estresadas o a la defensiva.

5. ***Evitar el lenguaje autoritario.*** Recordemos que solo con decir «Yo pienso» antes de dar nuestra opinión transmitimos que entendemos que estamos hablando desde un punto de vista y que pueden existir otros. También podemos expresar abiertamente nuestra ambivalencia en ciertas cuestiones, algo que tendremos en muchos temas importantes. Deberíamos tomarnos el tiempo para aprender sobre los puntos de vista opuestos. Incluso mientras estamos en desacuerdo con ellos, a menudo podemos establecer una buena relación mostrando que hemos escuchado con atención y no nos estamos limitando a proyectar nuestro punto de vista en los demás. Antes de hacer comentarios críticos, podemos señalar nuestras intenciones, como en la crítica sabia, de modo que nuestras sugerencias no se vean como dictatoriales sino como gestos de interés y respeto.

6. ***Usar canales no verbales.*** Enviar indicios no verbales de interés y de respeto a los demás puede ser una poderosa fuerza para conectarnos: asentir, sonreír, inclinarnos hacia delante, establecer contacto ocular. Hay que tener cuidado porque es fácil pasarse de la raya, y las investigaciones han mostrado que una de las cosas más dañinas que podemos hacer es parecer falsos. Los gestos de flirteo en el lugar de trabajo o de estudios también pueden dañar la actitud y la

pertenencia. Dicho esto, dejar que nuestro comportamiento no verbal exprese adecuadamente que se disfruta de forma apropiada la compañía de otras personas es generalmente algo bueno.

7. **Comportarnos con cuidado.** Mi padre pensaba que ser un conductor consciente requería ante todo tener el estado mental adecuado. Si estamos cansados, enfadados o estresados, debemos salir de la carretera y recuperarnos. Como mínimo debemos cuestionarnos más nuestra mente. La misma lección se aplica a la vida social. Cuando nos sentimos amenazados perdemos de vista nuestros valores, que son nuestra guía sobre cómo queremos ser nosotros y cómo queremos que sea el mundo. De forma natural dirigimos nuestras energías hacia el interior, lo que nos deja menos dispuestos a ser más atentos con los demás. Cuanto más cultivemos nuestro sentimiento de pertenencia, más capaces seremos de alimentarlo en otros y menos dispuestos estaremos a mostrar conformidad con estereotipos, normas y guiones dañinos que saltan con tanta facilidad a nuestra mente. «Volver a mirar» —como nos pide la palabra *respeto*— requiere que estemos en un buen espacio mental y emocional.

8. **Modelar nuestras situaciones con cuidado.** Debido a que *quién* somos está entrelazado con *dónde* estamos, podemos automodelarnos usando el modelado de situaciones[507]. Una forma en que podemos modelar nuestras situaciones cotidianas es simplemente ser un guardabarreras de la multitud de influencias sociales en nuestra vida y en las vidas de aquellos que nos importan. Cultivar una vida social plena; estar en contacto con la familia y los amigos; encontrar formas de expresar nuestros valores, como dedicarnos a propósitos más grandes que nosotros mismos, y esforzarnos por estar atentos a nuestra propia mente mediante los diversos tiempos muertos y ejercicios psicológicos analizados a lo largo de este libro son cosas que nos fortalecerán en esta misión de estimular la pertenencia.

La consciencia y los buenos hábitos se cultivan con la práctica. No importa lo mucho que sepamos, siempre estamos aprendiendo cómo aplicar ese conocimiento a situaciones nuevas. Es demasiado fácil olvidar las lecciones y no ver su relevancia en el calor del momento. «Para estar estudiando psicología —me dijo una vez un amigo en medio de una discusión—, a veces tienes muy poca idea». En mi defensa, creo que lo de tener poca idea es un estado básico humano al que a veces retrocedemos, a menos que practiquemos continuamente la aplicación de lo que sabemos. Como dijo el difunto gran pacificador Nelson Mandela: «No soy un santo a menos que pienses que un santo es un pecador que no deja de intentarlo» [508].

Todos podemos dar y recibir ayuda de los demás mientras buscamos cómo reforzar la pertenencia. Aunque a menudo fracasaremos en el intento de mejorar las cosas tanto como nos gustaría, pequeños gestos y breves experiencias de conexión pueden tener efectos sorprendentes. Podemos inspirar. Barack Obama, al comentar su trayectoria vital, dijo que muchas personas le proporcionaron ese tipo de apoyo en los momentos justos [509]. Reflexionando sobre lo poderosa que fue su influencia, ofreció una visión de cómo podemos todos encontrar oportunidades para proporcionar esa asistencia. «Quieres ver si puedes quizá imaginar cómo salpicar con ese polvo de estrellas a otras personas».

En cualquier encuentro dado, en cualquier día, podemos encontrar formas de conjurar algo de la magia del modelado de situaciones. Al ayudar a estimular la pertenencia en los demás, también nos sentiremos más conectados, empoderados y satisfechos. Podemos hacer que cada situación sea un poco mejor para nosotros y para las personas con quienes la compartimos.

Notas

Escanea el QR y accede a las notas del libro.

Agradecimientos

Las investigaciones que describo en este libro son el fruto de muchas colaboraciones entre muchos científicos, empezando con Kurt Lewin y sus discípulos en la década de 1930. Agradezco a los investigadores de la psicología social por haber creado este corpus de conocimientos y a los profesores que se lo han comunicado a una audiencia más amplia.

El poder de la situación lo ejemplifica el departamento de Psicología de Stanford, que ha apoyado y catalizado tantas investigaciones sociopsicológicas importantes a lo largo de muchas décadas. La Stanford Graduate School of Education ha nutrido de forma similar a muchos investigadores que han trabajado dentro de esta tradición. Estoy agradecido a mis compañeros de Stanford.

Siento un profundo agradecimiento hacia mis mentores: Claude Steele, Lee Ross y Hazel Markus. Ellos me enseñaron tanto las herramientas de nuestro oficio como un conjunto de valores que me han acompañado en mis investigaciones y mi docencia. Sus ideas impregnan este libro. Lee merece una mención especial porque falleció mientras yo estaba escribiendo ese libro. Creo que ser consciente de los sesgos cognitivos que Lee investigó durante su extensa trayectoria profesional es uno de los pasos más importantes que podemos dar con el fin de estimular la pertenencia.

Mis antiguos compañeros Julio García y Valerie Purdie-Greenaway también son mis mentores. Gran parte de nuestra investigación, que describo a lo largo de este libro, representa los productos de nuestras décadas de colaboración, por las cuales estoy inmensamente agradecido. Joshua Aronson y Kent Harber han sido también compañeros durante mucho tiempo y me han inspirado y enseñado. David Dunning fue un mentor maravillosamente comprensivo y generoso cuando yo era un estudiante;

me enseñó muchas cosas en las que todavía me baso. El difunto Ed Zigler fue un mentor generoso y me ayudó a situar nuestra investigación educacional en el contexto más amplio del desarrollo infantil. Greg Walton, David Sherman, Jonathan Cook y David Yeager han representado también un importante papel en las investigaciones y las ideas en el centro de este libro, y he sido afortunado por haber tenido tantos colaboradores maravillosos y tantas conversaciones con ellos a lo largo de los años. Del mismo modo, las investigaciones, las ideas y los comentarios de Sonja Lyubomirsky han contribuido enormemente también a mis investigaciones en laboratorio sobre las intervenciones sabias. Ronaldo Mendoza fue una inspiración temprana en mis investigaciones. Más recientemente, él y Leah Lin han proporcionado generosamente comentarios perspicaces sobre varias partes de este libro.

Estoy agradecido a los muchos estudiantes de posgrado, compañeros posdoctorales, compañeros del personal docente y personal de los proyectos con quienes he tenido el privilegio de colaborar y que han encabezado gran parte de las investigaciones descritas en el libro, incluyendo a Nancy Apfel, Peter Belmi, Kevin Binning, Shannon Brady, Patricia Chen, Phil Ehret, Omid Fotuhi, Parker Goyer, Adam Hahn, Tiffany Ito, Shoshana Jarvis, Yue Ria, René Kizikcek, Xingyu Li, Kirsten Layous, Wonhee Lee, Christine Logel, Kody Manke, Joseph Moore, Joseph Powers, Stephanie Reeves, Arghavan Salles, Michael Schwalbe, Nuria Shnabel, Arielle Silverman, Suzanne Taborsky-Barba, Isabelle Tay, Kate Turetsky y Eric Uhlmann. También doy las gracias a los muchos y entregados ayudantes de investigación y estudiantes colaboradores que han ayudado a llevar a cabo nuestras investigaciones.

Prácticamente nada de mi investigación en mi laboratorio habría sido posible sin el apoyo generoso de varias fundaciones y organizaciones, incluyendo la National Science Foundation, la Spencer Foundation, la WT Grant Foundation y la Russell Sage Foundation.

Emily Loose proporcionó correcciones excepcionales y comentarios incisivos en los primeros borradores del libro. Alison MacKeen y Celeste Fine, de Park&Fine, me guiaron con paciencia y maestría durante los muchos años de la propuesta del libro y el proceso de publicación. Alison

MacKeen también proporcionó comentarios agudos y meditados desde las primeras etapas del desarrollo del libro. Estoy agradecido a Alane Mason, de W. W. Norton, por sus comentarios y orientaciones, y también doy las gracias al creativo equipo de producción de Norton. Patricia Wieland y Rebecca Munro proporcionaron cuidadosos comentarios editoriales.

Me entusiasmó tener la oportunidad de aprender de tanta gente que generosamente me proporcionó comentarios críticos y meditados, mantuvieron correspondencia conmigo sobre su experiencia o sus investigaciones, compartieron su historia o aceptaron ser entrevistados para este libro. Esta lista incluye a Joseph Anderson, Elliot Aronson, James Comer, Rodolfo Cortés Barragán, Eric Bettinger, David Broockman, Steve Cole, Essam Daod y María Jammal, Thomas Dee, Geraldine Downey, Don Green, Edmund Gordon, Rainier Harris, Laura Kiken, Arie Kruglanski, Jung Eun Lee, Mark Lepper, Kenneth McClane, Salma Mousa, Jason Okonofua, Elizabeth Paluck, Emily Pronin, Jackie Rosen, Robert Rosenthal, Mary Rowe, Nidia Rudeas-Gracia, Norbert Schwarz, Mark Snyder, Jessi Smith, Mohammed Soriano-Bilal, Steve Wert, Tim Wilson y Philip Zimbardo. También estoy en deuda con el difunto James March por muchas conversaciones constructivas y por su consejo de despedida de «entender Don Quijote».

Muchas gracias a otros amigos que han contribuido a este libro compartiendo sus comentarios, participando en conversaciones o proporcionando cualquier número de otras intervenciones sabias, incluyendo a Joe Artale, Raj Bhargava, Joseph Brown, Joanna Castro, Peter Cohen, Jonathan Cook, Geraldine Downey, Dev Patnaik, Sharam Pavri, Mehran Sahami, Jeff Schneider, Ray Shanley y Bennet Wilburn.

Gracias a Sarah Wert y a mis hijos, Benie y Emrey Cohen, por las muchas formas en que me han desafiado y me han cambiado. Y, por supuesto, un inmenso agradecimiento a Susan Cohen, Roger Cohen y Barbara Cohen, que estuvieron y están siempre ahí.